南开大学人权研究中心资助出版

THE TRACK OF
HUMAN RIGHTS
IN CHINA

The Collection of
General Reports of
the Blue Book of
China's Human Rights
2011-2022

2011-2022 年
人权蓝皮书总报告集

# 中国人权轨迹

李君如 常 健

——

编著

社会科学文献出版社
SOCIAL SCIENCES ACADEMIC PRESS (CHINA)

# 撰稿人简介

**李君如**　中国人权研究会第四届理事会副会长，中共中央党校原副校长，研究员，博士生导师，第十届全国政协常委，第十一届全国政协常委，2011~2023 年度《中国人权事业发展报告》（人权蓝皮书）主编。

**王林霞**　中国人权研究会原副秘书长，历史学博士，2011~2012 年度《中国人权事业发展报告》（人权蓝皮书）执行主编。

**常　健**　中国人权研究会常务理事，南开大学人权研究中心（国家教育与培训基地）主任，南开大学周恩来政府管理学院教授、博士生导师，2011~2023 年度《中国人权事业发展报告》（人权蓝皮书）执行主编、副主编。

**李云龙**　中国人权研究会顾问，中共中央党校（国家行政学院）教授、博士生导师，2011~2023 年度《中国人权事业发展报告》（人权蓝皮书）专家组成员。

# 序　言

李君如

乍一看这本小书的书名，会感到很奇怪："中国人权蓝皮书总报告集"，这是一本什么样的书？

中国人权蓝皮书已经编辑出版了 12 辑。每一辑都有总报告，现在把这 12 辑总报告汇编出版。于是，就有了读者面前这本小书，有了这个书名。

编著这本小书，总要有署名。现在的署名是：李君如、常健。当初，我被授命主编人权蓝皮书时，总报告的署名就是一个难题。这个蓝皮书是中国人权研究会编的，而且有一个以著名法学家、会长罗豪才为主任的编委会，总报告理应由会长（主任）署名。我同罗会长商量时，他强调蓝皮书是主编主持编写的，总报告由主编署名较好。考虑到具体工作是南开大学人权研究中心做的，执行主编是研究会的王林霞同志和南开大学的常健老师，我决定由我们三人共同署名写总报告。后来因王林霞同志工作变动，总报告就由我和常健老师署名。经过反复研究，最后还是决定由主编和副主编即我和常健老师署名撰写总报告。这次汇编总报告集，也就由我们两人署名了（其中有一辑把李云龙老师写的关于脱贫攻坚战的报告也收入了总报告）。写下关于署名问题的这个说明，目的是要告诉大家，编写中国人权蓝皮书是一项全新的事业，无论是编辑的体例、编写的内容、文章的风格以及征集文章的办法、审稿的形式，以至于像总报告署名这样的问题，我们都没有现成的可以借鉴的经验，只能靠自己摸索。

经过这 12 年摸索，我们关于中国人权蓝皮书的编辑工作越来越规范化，尤其是设置的专栏致力于体现中国特色人权理论及其逻辑体系，是成功的。在中国人权蓝皮书出版 10 周年的座谈会上，我在发言中指出，我们这本人权蓝皮书可以说是最敏感的一本蓝皮书，因而也是很瞩目的一本蓝皮书。我们的编辑工作，从没有经验到积累一定经验，到逐步形成这本蓝皮书的特色，再到出中英文版，逐步扩大蓝皮书的影响力，经历了一个集体探索的过程。与此同时，我在会上和大家交心说：在我接受任务编辑人权蓝皮书的时候，有三点思考和想法：一是建立一个全面正确展示中国人权事业发展的具有特殊权威性的思想阵地；二是培育一支具有正确思想理念的研究中国人权理论和实践的专家学者队伍；三是探索形成具有中国特色的人权理论体系和话语体系。在编辑人权蓝皮书的进程中，我们一直在探索两个相互联系的问题：一个是蓝皮书的专栏设置，另一个是专栏设置背后的人权理论逻辑。专栏设置问题，实际上是我们对中国特色人权理论及其话语体系的认识问题。前不久，我在"中欧人权国际会议"上介绍过这一问题。我说："这本蓝皮书，以'生存权和发展权'、'经济、社会和文化权利'、'公民权利和政治权利'、'特定群体的人权保障'、'人权立法和国际合作'为序设置专栏，体现了中国的人权思想。"我还介绍说，从2020年起，中国人权蓝皮书新设置了"数字化与人权保障"专栏。我说："从中国人权蓝皮书专栏设置的这一新变化中，可以注意到这样两点：一是，中国人权理论工作者十分重视信息化、网络化、数据化、智能化对人权保障提出的新问题；二是，我们认识到，信息化、网络化、数据化、智能化推进下的人权保障问题，不仅是一个全新领域的人权问题，而且是涉及各个方面人权的综合性人权问题。"由此可见，我们的人权蓝皮书编辑工作，与其说是"编辑"，不如说是"构建"——构建中国特色人权理论及其逻辑体系。

但是，正由于我们的蓝皮书从体例到专栏、从内容到写法都已经有所规范，这就给总报告的撰写出了一道难题。如果总报告对一年来中国人权事业的进展做一个综述和点评，那势必和各个专栏的内容重复；如果写一篇一年来某个重大人权问题的报告或评论，那又和专栏文章没有区别，和"总报告"三字的要求也不相符合。经过这12年探索，现在我们对总报告的主题、内容和写法可以说已经有所感悟。概括起来，就是"大""总""实""论"四个字。

一是"大"。每年的总报告都紧紧围绕当年中国最大的政治活动和与此

紧密相联系的人权事业发展的大事要事，确定主题。比如5年一次的党代会
和每年的中央全会都要对中国的改革发展作经验总结和新的部署，比如国家
每5年都要制定一个经济社会发展规划，比如党和国家的重大节庆活动诸如
庆祝中国共产党成立100周年、庆祝中华人民共和国成立70周年、纪念改
革开放40周年等都要总结发展经验，这些部署、这些总结都不可避免会涉
及中国人权事业的发展。我们就围绕这些重大政治活动及其提出的重大人权
问题，来确定每年的总报告的主题。实践证明，这是一个成功的经验。

　　二是"总"。每年的总报告的内容和写法都突出"总论"而不是"综
述"。也就是从总体上把握当年中国最大的政治活动和与此紧密相联系的人
权事业发展的大事要事，归纳分析中国人权事业的新进展和新特点。除了
2011年中国人权蓝皮书的总报告作为创办这部蓝皮书的第一辑，写的是中
国人权事业发展的历史和现状的总体情况，2012年以后的每一辑人权蓝皮
书的总报告，反映的都是当年中国人权事业发展的新进展及其总面貌。这样
的总报告和各个专栏的报告，既有内在的联系，又不一样。事实上，每年的
总报告在人权蓝皮书中，都起到了"提纲挈领"的重要作用。

　　三是"实"。"皮书"具有求实、务实、真实的特点，人权蓝皮书由于
其敏感性，更要"实"。这就决定了我们的人权蓝皮书不仅每一个专栏的报
告要真实可靠，而且总报告也要充分体现中国人权事业在一些重大问题上取
得的实实在在的进步。有的总报告涉及历史，我们写中国人权的历史发展既
不透过，也不夸张，始终坚持实事求是的原则。为体现"实事求是"这四
个字，总报告不仅注重引用素材的客观真实性，而且努力通过数理统计法、
列表法等方法把定性分析和定量分析结合起来，体现中国人权事业在一些重
大问题上取得的新进展新特点。

　　四是"论"。求实是中国人权蓝皮书的特点，分析也是中国人权蓝皮书
的特点。收入各个专栏的每一篇报告，我们都要求能够既指出取得了哪些进
步，又指出我们还有哪些不足，并提出解决问题的建议。因此，我们在审稿
统稿时，十分注意报告有没有分析、分析得准不准、是不是有道理。但是，
总报告讲的是中国人权事业总体上特别是大事要事上的新进展，难以做到像

各个专栏报告那样的分析。因此，总报告注重在事实基础上进行必要的理论分析。现在大家读到的总报告，不仅客观真实地反映中国人权事业取得的新进展，而且注重对取得的新进展进行理论分析，努力揭示新进展中的新特点。

由于我和常健老师在专业上具有互补性，我们在撰写总报告时可以各自发挥专业特长，使这些总报告具有"大""总""实""论"的特点。

写到这里，我们要感谢中国人权研究会对我们的信任和支持，尤其要感谢罗豪才、向巴平措、白玛赤林前后三任会长的信任和支持，要感谢人权蓝皮书编委会成员董云虎、薛进文、谢寿光、李步云、陈振功以及王林霞，要感谢中宣部人权事务局的唐献文、鲁广锦、任丹红、吴雷芬、齐明杰和殷浩哲等同志，还要感谢南开大学人权研究中心的同志和参加人权蓝皮书选题、审稿和统稿工作的专家组成员。

我们相信，在以习近平同志为核心的党中央领导下，中国人权事业将以崭新的面貌呈现在世界面前。我们也希望中国人权蓝皮书越编越好，总报告也能够越写越好，为中国人权事业增光添彩。

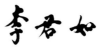

2022 年 4 月

# 目　录

# 中国人权的历史成就和发展进步

李君如　常　健　王林霞

摆在读者面前的，是中国历史上第一部人权蓝皮书。这部蓝皮书的问世，是中国人权事业发展和人权理论研究的一个重要成果。也正因为这是中国第一部人权蓝皮书，所以它担当的使命，不仅是中国人权事业和人权理论研究的年度性记载，而且是新中国成立以来中国人权事业发展和人权理论研究的全面回顾。

尊重和保障人权，是中国人民的渴望，也是中国共产党矢志不渝追求的目标。尤其是中华人民共和国建立以来的 60 多年间，尽管经历了各种风风雨雨，但是中国的人权事业仍然取得了举世瞩目的巨大成就。

## 一　中国在人权事业上的历史性进步

自从 1840 年鸦片战争以来，中国在武力威胁下同世界列强签订了一系列丧权辱国的不平等条约，进入了半殖民地半封建社会。从那个时候开始，中华民族面临着两大历史任务，一是求得民族独立和人民解放，二是实现国家繁荣富强和人民共同富裕。与此相联系，中国的人权事业也面临着两大历史任务，一是要求得整个国家、整个民族的集体人权，二是要实现和保障全社会每一个公民的人权，首先是公民的生存权和发展权。这样艰巨的任务，绝非任何个人所能够完成的。这样的历史任务，实际上是历史对中国所有的阶级、政党及其领袖的考试。林则徐、魏源为代表的地主阶级革新派参加了这一考试，洪秀全为代表的农民阶级参加了这一考试，康有为、梁启超为代表的资产阶级改良派参加了这一考试，孙中山为代表的资产阶级革命派参加了这一考试。其中，孙中山先生领导的辛亥革命推翻了中国的君主专制制度，为中国的人权事业作出了杰出的贡献，但是没有能够改变中国半殖民地半封建社会的性质，从根本上解决中国的人权问题。是中国共产党，在这一关系到中国前途命运的考试中，获得了优异的成绩。

在中国共产党的领导下，中国经历了两次人权大解放。

第一次，是中国共产党领导人民推翻帝国主义、封建主义和官僚资本主义的反动统治，建立了人民当家作主的新中国，使得广大人民群众获得了弥足珍贵的人权。

"人权"理念，是在第一次世界大战后，同"民主""科学"一起，在"五四"新文化运动中，传入中国的。中国共产党就是为了在中国实现人权、民主和科学而诞生的。

中国共产党在民主革命时期的中心任务，就是争取民主、人权，包括政治上反对帝国主义、封建主义和官僚资本主义，经济上争取农民的土地权、工人的结社权和基本的福利，等等。特别是中国共产党在 1949 年召开了中国人民政治协商会议，制定了反映和保障中国人民基本人权的《中国人民政治协商会议共同纲领》，建立了人民当家作主的新中国，实现了中国历史上第一次人权大解放。

作为一个中国人，一提到 1949 年，就会在耳边回响起一个令人自豪的声音："占人类总数四分之一的中国人从此站立起来了。"从那一时刻开始，《中华人民共和国婚姻法》《中华人民共和国工会法》《中华人民共和国土地改革法》《中华人民共和国劳动保险条例》等保障人权的法律法规应运而生；尤其是，中国共产党领导人民制定宪法、进行普选、建立人民代表大会制度，提倡民族平等和团结，建立民族区域自治制度，从制度上保证了人权的实现。新中国成立以来，中国人的人权一步一步地从纲领上的要求变为活生生的现实。这就是历史的真实。

当然，不能否认，在中国人权发展的道路上有过曲折，犯过错误，特别是像"文化大革命"时期那样大规模地侵犯人权的错误。但是，另一方面，也必须指出，这些失误都是中国共产党自己纠正的。

第二次，是中国共产党领导人民彻底否定"文化大革命"，推进改革开放，完善民主和法制，建设中国特色社会主义，使得广大人民群众获得了历史上从未有过的人权。

经过"文化大革命"，中国共产党痛定思痛，在拨乱反正中恢复了被林彪、江青集团践踏和摧残的人权。特别是，以1978年召开的党的十一届三中全会为标志，中国共产党摒弃"以阶级斗争为纲"，把工作重点转移到经济建设上来，开始了改革开放这场新的革命。从农村实行家庭联产承包责任制和建立深圳等四个经济特区以来，无论是推进经济体制改革、科技体制改革、教育体制改革、文化体制改革、政治体制改革，还是推进和谐社会建设、党内民主建设，所有这一切改革和发展，都极大地推进了中国人权事业的发展。尤其是1997年党的十五大把"尊重和保障人权"写进党代会报告，2004年第十届全国人民代表大会第二次会议把"尊重和保障人权"写进《中华人民共和国宪法》，标志着中国共产党已经明确地把"尊重和保障人权"作为治国的根本理念和重要任务。改革开放以来这30多年，实现了中国历史上第二次人权大解放。

中国历史上这两次人权大解放，具有三个特点。

一是，中国公民的人权是在维护国家的集体人权过程中逐步实现的。中国是一个经过长期浴血奋斗，挣脱帝国主义和封建主义统治，才争取到实现基本人权条件的国家。中国不可避免地会在个人的人权与国家的集体人权相统一中尊重和保障人权。谁都知道，中国经历了100多年半殖民地半封建社会，世界上几乎所有的资本主义强国都侵略过、欺负过中国。在那种"强权即公理"的年代，几亿中国人哪有人权可言？中国人唯有获得了民族的独立和解放，获得了整个国家在世界上应该享有的权利，才有中国人个人的人权。这是从中国100多年苦难的历史中获得的真理。正如邓小平所说的："人们支持人权，但不要忘记还有一个国权。"国权，就是一个国家集体的人权。事实上，在维护国家主权的同时，依法保证全体社会成员平等参与、平等发展的权利，正是中国尊重和保障人权的一大特点。

60年前，《世界人权宣言》说，发布这个宣言是"鉴于对人类家庭所有成员的固有尊严及其平等的和不移的权利的承认，乃是世界自由、正义与和平的基础"，是"鉴于对人权的无视和侮蔑已发展为野蛮暴行，这些暴行玷污了人类的良心，而一个人人享有言论和信仰自由并免予恐惧和匮乏的世界的来临，已被宣布为普通人民的最高愿望"，等等，中国人对此的理解尤为深切。因为，中华民族为了获得这种"对人类家庭所有成员的固有尊严及其平等的和不移的权利的承认"，为了反对侮蔑中国人人权的"野蛮暴行"，进行了艰苦卓绝的斗争，作出了巨大的牺牲。今天，中国正在和平发展的道路上迅速崛起，但是有的人却把中国的发展看做对他们的所谓"威胁"，他们竭力限制的依然是我们民族在世界上平等发展的权利，而对于中国人来讲，国家的发展和强大正是实现和保障每一个公民的人权的条件。

二是，中国公民的人权是在经济社会的全面发展中逐步实现的。历史留给我们的，是一个世界上人口最多的发展中国家。人口多，人权问题也多；发展中国家，人权问题也处在发展中。这些基本的国情，给中国人权事业的发展提出了许多国家都没有的巨大挑战。应该注意到的是，1949年新中国成立时，我们就已经明确了国家政权属于人民，人民行使国家权力的机关是由人民普选产生的各级人民政府；人民依法享有选举权、被选举权以及思想、言论、集会、出版、结社、通讯、人身、居住、迁徙、宗教信仰及示威游行的自由。但是，这些人权的实现，并不容易。其中，既有执政党领导工作中的问题，也有社会成熟程度的问题。从1978年中国改革开放以来，我们在实现由"以阶级斗争为纲"到"以经济建设为中心"的战略转变过程中，得到的一个最重要的认识，就是：摒弃"以阶级斗争为纲"，不再发动违法的整人运动，尊重和保障了人权；坚持"以经济建设为中心"，不断改善民生，更是实现和保障了人权。中国今天在人权事业发展中所取得的一切进步和成绩，都源于30多年前邓小平提出和领导的工作重点的战略转移和改革开放。现在，我们进一步提出，要在加快发展的同时，把构建社会主义和谐社会放到更加突出的地位，要以改善民生为重点推进社会建设，中国人民的人权进一步得到尊重、实现和保障。经验告诉我们，在中国，公民的生存权和发展权是所有的人权中首要的基本人权。在经济社会的发展中，以实现公民的生存权和发展权为基础，实现公民其他方面的基本人权，是中国尊重和保障人权的第二大特点。

联系到《世界人权宣言》第 3 条规定的，"人人有权享有生命、自由和人身安全"，在中国这样贫穷落后的发展中国家，要落实这一人权，必须把公民的生存权、发展权作为首要的基本人权。这一认识，来自中国人民一个半世纪以来艰苦奋斗的历史，来自中国共产党对新中国成立以来特别是改革开放以来经验的总结，也来自中国对当代世界一大批发展中国家改变不发达状态的经验的观察和思考，因此它具有一定的普遍适用性。可以这样说，这是我们中国人对世界人权事业的一大贡献，也是中国对世界人权理论的一大发展。

三是，中国公民的人权是在中国共产党的正确领导和艰辛努力下逐步实现的。中国人权事业发展的历史，不仅证明了中国共产党为在中国尊重和保障人权作出了巨大的贡献，而且证明了中国公民人权的实现与中国共产党的正确领导是分不开的。中国共产党在建党初期和北伐战争时期，就在"打倒列强，除军阀"的口号下发动工农争民权；在土地革命时期，在中央苏区和其他革命根据地制定保障人权的法规条例，建立工农大众选举产生的民主政权，实行"耕者有其田"的土地制度；在抗日战争时期，更是颁布了巩固抗日民族统一战线的人权宣言和一系列保障人权的施政纲领、法律法规，建立了"三三制"抗日民主政权，实行了保障抗日民族统一战线内各个阶级利益的"二五减租"政策，采取各种有效措施推进抗日根据地的人权事业发展；在解放战争时期，进一步通过解放区的土地改革和新式整军运动，以及在国民党统治区建立人民民主统一战线，增强了广大人民群众维护人权、争取人权的自觉性。中国共产党能够在 1949 年夺取全国政权，最根本的经验，就是赢得了民心、实现了民主、改善了民生，从而保障了广大人民群众的人权。改革开放以来，中国共产党采取的一切措施，都是为了能够让人民群众过上富裕幸福的生活，维护和保障中国人民的人权。现在，从新的历史起点出发的中国，正在以胡锦涛为总书记的党中央的领导下，高举起人民民主的旗帜，人权事业由此进入一个新的发展阶段。可以这样说，在党的领导下，依法保证全体社会成员平等参与、平等发展的权利，是中国尊重和保障人权的第三大特点。

我们高兴地看到，新中国成立以来，特别是改革开放以来，中国的人权事业获得了历史性的进步，形成了具有中国特色的成功经验。在中国民主政治发展过程中形成的这些特点，既集中反映了我们在人权事业发展中积累的成功经验，也是我们从今天新的历史起点出发，深化政治体制改革，全面推进党内民主和人民民主，进一步尊重和保障人权的良好基础。

## 二　新中国成立以来中国共产党和中国政府追求人权实现的基本历程

中华人民共和国建立以来，中国的人权事业经历了一个从高歌猛进到曲折发展，再到拨乱反正和全面推进的发展过程。这一历程，同中国社会变迁的大环境相一致，大致经历了五个发展阶段。

### （一）1949~1956年：从新民主主义到社会主义转变时期的中国人权事业

1949年人民大革命的胜利，开辟了中国历史的新纪元。从那时到1956年社会主义改造基本完成，新中国进入了从新民主主义到社会主义的转变时期。前三年，在恢复国民经济的同时，完成了土地改革等民主革命遗留任务；后四年，按照党在社会主义过渡时期总路线的要求，一方面贯彻第一个五年计划，开始了大规模的工业化建设；另一方面对农业、手工业和资本主义工商业进行了社会主义改造，推动我国进入了社会主义社会。在这一深刻的社会大变革中，受剥削、受压迫的中国人民挣脱了枷锁，获得了解放，广大人民第一次实现了梦寐以求的人权。

第一，实现了国家独立和人民解放，为人权的实现和发展创造了必不可少的前提。旧中国深受世界列强的侵略和奴役，国家主权沦丧，人权失去起码的保障。求得民族独立和人民解放，成了近代以来中华民族面临的一大历史任务。中华人民共和国一经成立，立即废除了世界列强强加给中国的一切不平等条约及其攫取的各种特权，同时坚决没收法西斯国家在华财产，收购或征用其他列强在华企业和财产，归国家所有，从而彻底铲除了帝国主义在华的政治、经济势力，实现了国家的完全独立。

第二，建立人民民主的政治制度，保障人民当家作主的民主权利。1949年，中国人民政治协商会议在北京召开，会议代行全国人民代表大会的职权，通过了具有临时宪法性质的《中国人民政治协商会议共同纲领》（以下简称《共同纲领》），选举产生了中华人民共和国中央人民政府，宣告了中华人民共和国的诞生。《共同纲领》明确规定，国家政权属于人民，人民行使国家政权的机关为由人民普选产生的各级人民代表大会和由各级人民代表大会选举的各级人民政府；人民依法享有选举权、被选举权以及思想、言论、出版、集会、结社、通讯、人身、居住、迁徙、宗教信仰及示威游行的自由权；废除国民党反动政府一切压迫人民的法律、法令和司法制度，制定保护人民的法律、法令，建立人民司法制度。

根据《共同纲领》的规定，1953年2月，新中国颁布《中华人民共和国选举法》，明确规定："凡年满18周岁之中华人民共和国公民，不分民族和种族、性别、职业、社会出身、宗教信仰、教育程度、财产状况和居住期限，均有选举权和被选举权。"同年12月开始在全国范围内进行普选，先由选民直接选出乡、镇、市辖区和不设区的市的人民代表，然后乡、县、省（市）逐级召开人民代表大会，选举产生各级人民政权组织，并经由各省、自治区、直辖市人民代表大会等方面的选举，产生出席全国人民代表大会的代表。全国共有2.78亿人参加选举，参选率为85.88%（其中妇女的参选率高达90%以上），共选出基层代表566.9万人（其中女代表占17.31%），选出全国人大代表1226人，具有广泛的代表性。这是中国历史上第一次规模空前的普选运动，极大地激发了全国人民参与管理国家事务的热情，实现了人民当家作主的民主权利，把中国的民主政治生活大大推进了一步。

1954年9月，第一届全国人民代表大会第一次会议在北京召开，通过了《中华人民共和国宪法》（以下简称《宪法》）以及全国人大、国务院、法院、检察院等国家机构的组织法，选举了国家领导人，听取和审议了中央人民政府的工作报告。《宪法》的产生充分体现了人民民主的国家性质。宪法草案初稿先在全国政协、各大行政区和省市领导机关、各民主党派、人民团体的 8000 多人中进行了 81 天广泛讨论，共提出修改意见 5900 多条；经研究修改后向全国公布交付全国人民进行广泛的讨论，在两个多月内全国共有 1.5 亿人参加讨论，提出 116 万多条修改补充意见和问题，经吸收修改后才提交全国人民代表大会审议通过。在如此广泛的全民讨论的基础上制定国家宪法，这不仅在中国历史上是破天荒第一次，而且在世界历史上也属罕见。《宪法》规定了国家的性质和国家机构的职能，指出：国家的一切权力属于人民，人民行使权力的机关是全国人民代表大会和地方各级人民代表大会，全国人大是国家的最高权力机关，行使立法权和执法监督权，选举并可以罢免国家领导人，可以向国务院及各部委提出质询等。《宪法》还以国家根本大法的形式规定了公民在政治、经济、社会、文化、人身等各个方面享有的权利以及应履行的相应的义务。第一届全国人民代表大会的召开和《中华人民共和国宪法》的通过，结束了由中国人民政治协商会议代行全国人民代表大会职权、由《共同纲领》代替国家宪法的过渡状态，标志着人民民主的基本政治制度的建立和健全，把中国的民主与法制建设推向了一个新的阶段。

1954 年 12 月，中国人民政治协商会议举行第二届全国委员会第一次会议，讨论制定了新的《中国人民政治协商会议章程》，确定了人民代表大会制度实行后政协的性质和任务。从此，人民政协作为团结全国各民族、各民主阶级、各民主党派、各人民团体、国外华侨和其他民主人士的人民民主统一战线组织，作为中国共产党领导的多党合作和政治协商制度的体现以及人民民主的政治制度的一个重要组成部分，发挥参政议政和政治协商的作用。人民民主的基本政治制度的建立和健全，为中国人民实现当家作主的权利提供了根本的政治保障。

第三，废除封建土地制度和其他压迫劳动人民的旧制度，实行耕者有其田，改善劳动者的待遇。旧中国的封建土地制度对农民的压迫特别深重。占农村人口不到 10% 的地主、富农占有约 80% 的土地，而占人口 90% 以上的贫雇农和中农却只占有约 20% 的土地。这种极不合理的封建土地所有制是几千年封建专制制度赖以存在的经济基础，也是中国陷于贫困落后、遭受外国列强侵略欺辱的经济根源。中华人民共和国一建立，便根据按人口分配土地的原则，在全国范围内开展了轰轰烈烈的土地改革运动，废除封建地主阶级的土地所有制，实行农民的土地所有制。到 1953 年春，全国除一部分少数民族地区外，土地改革已基本完成，共有 3 亿多无地少地的农民无偿获得了 7 亿亩土地和大量生产资料，免除了过去每年向地主交纳的约 700 亿斤粮食的苛重地租。这是中国历史上规模最大的一次土地改革运动，广大农民第一次真正成了土地的主人。

第四，废除压迫妇女的封建婚姻制度，实行妇女解放和男女平等。在旧中国，妇女处于社会的最底层，毫无男女平等可言。新中国于 1950 年颁布了《中华人民共和国婚姻法》（以下简称《婚姻法》）。这是中华人民共和国颁布的第一部法律。《婚姻法》明确宣布：废除包办强迫、男尊女卑、漠视子女利益的封建主义婚姻制度，实行男女婚姻自由、一夫一妻、男女平等、保护妇女和子女合法利益的新的婚姻制度；禁止重婚、纳妾、童养媳，禁止买卖婚姻和干涉寡妇婚姻自由。这是中国社会几千年来婚姻家庭生活的深刻变革。《婚姻法》颁布后，全国开展了大规模的宣传和贯彻《婚姻法》的群众运动，使男女平等和婚姻自由的思想深入人心，大量封建婚姻得到解除，打骂、虐待妇女的现象迅速减少，自由恋爱、婚姻自主成为风尚。《婚姻法》的颁布、宣传和实施以及封建婚姻制度的革除，有力地提高了妇女的地位，促进了中国妇女的解放。

第五，反对民族压迫和歧视，发展民族平等、互助、团结关系，实行民族区域自治制度。旧中国长期存在着严重的民族歧视和民族压迫，许多少数民族不被承认，境遇悲惨，有的只能躲进深山，过着与世隔绝的生活。中华人民共和国建立后，坚决废除了民族压迫和民族歧视制度，实现了少数民族的翻身解放。1949 年，新中国通过的《共同纲领》明确宣布：各民族一律平等，实行团结互助友爱合作，禁止民族间的歧视、压迫和分裂行为；各少数民族均有发展其语言文字、保持或改革其风俗习惯及宗教信仰的自由。

1951 年，中央人民政府颁布《政务院关于处理带有歧视或侮辱少数民族性质的称谓、地名、碑碣、匾联的指示》，明令废止对少数民族带有歧视性、侮辱性的称谓、地名等，有的称谓虽没有侮辱性的含义，也根据少数民族的意愿进行了更改。为落实民族平等政策，中国政府从 1953 年起组织了大规模的民族识别调查工作，从中国历史和现实情况出发，只要具有构成单一民族条件的，不论其社会发展水平高低、居住区域大小和人口多少，都认定为一个民族，保障其享有民族平等的权利。经过科学辨认，认定公布了 55 个少数民族，各少数民族均成为民族大家庭中平等的一员。

为保障少数民族的特殊权益，中国在少数民族聚居地区实行民族区域自治制度。《共同纲领》明确规定，各少数民族聚居地区，按照民族聚居的人口多少和区域大小，分别建立各种民族自治机关，实行民族区域自治。到 1952 年 6 月，全国已建立各级民族自治地方 130 个，实行民族区域自治的少数民族人口达 450 万人。1952 年 8 月，新中国颁布《中华人民共和国民族区域自治实施纲要》，对民族区域自治制度作了详细的规定，从而进一步推动了民族区域自治制度的实行。此后，新疆、广西、宁夏、西藏等省级民族自治区相继于 1955 年 10 月、1958 年 3 月、1958 年 10 月和 1965 年 9 月宣告成立。民族区域自治制度是新中国基本政治制度的一个重要组成部分。它的成功实行，不仅有效保障了少数民族平等参与管理国家事务的权利，而且切实维护了少数民族管理本民族、本地区事务的高度自治权利。

第六，建立社会主义制度，促进社会经济的发展和人民享受人权水平的不断提高。中华人民共和国建立后，人民政府进行土地改革和其他各项民主改革，并采取有力措施稳定物价，促进经济发展，仅用了 3 年时间，就迅速医治战争创伤，使国民经济恢复到历史的最高水平。1952 年，全国社会总产值按可比价格计算比 1949 年提高 1.9 倍；工农业总产值达到 810 亿元，增长 77.5%；国民收入提高 1.7 倍；全国职工由 1949 年的 800 万增加到 1600 万；职工平均工资比 1949 年提高 70%，农民收入增长 30% 以上。但是，分散的个体经济特别是土改后农村的个体农业经济的长期存在，不利于国民经济的发展，难以避免两极分化，与国家的工业化进程和人民对于共同富裕的要求不相适应。正如毛泽东指出的："全国大多数农民，为了摆脱贫困，改善生活，为了抵御灾荒，只有联合起来，向社会主义大道前进，才能达到目的。"① 为此，中国政府不失时机地对农业、手工业和资本主义工商业进行社会主义改造，建立了社会主义的基本经济制度。社会主义改造的完成，使中国人民成了生产资料的主人和社会财富的享有者，极大地激发了人民群众建设新国家和开始新生活的积极性，推动了工业化高潮的兴起，使社会经济以中国历史上空前的速度发展。据统计，1957年，全国工业总产值为783.9亿元，比1952年增长128.3%，年平均增长18%；农业总产值为604亿元，比1952年增长25%。人民生活水平也有了相应的提高。1957年全国居民平均消费水平比1952年提高1/3强，其中职工平均消费水平提高38.5%，农民平均消费水平提高27.4%。社会主义制度的建立，为全国人民在平等参与经济发展和分享劳动成果的基础上不断改善人权状况，提供了基本的社会制度保证。

第七，面对世界，中国政府强调对各民族自由的平等尊重。在中国人民政治协商会议第一届全体会议上的开幕词中，毛泽东指出："我们的民族将从此列入爱好和平自由的世界各民族的大家庭，以勇敢而勤劳的姿态工作着，创造自己的文明和幸福，同时也促进世界的和平和自由。"② 在对外交往中，中国强调对基本人权的尊重。周恩来1955年在亚洲全体会议上指出："尊重基本人权，尊重联合国宪章的宗旨和原则，尊重正义和国际义务，和平解决国际争端等原则，这些都是中国人民的一贯主张，也是中国一贯遵守的原则。"③ 1955年，由周恩来发表对外关系的和平共处五项原则时，明确提出"各族人民不分种族和肤色都应该享有基本人权"。

新中国建立初期，中国受到内外敌对势力的威胁，新生政权还不稳固。在这种情况下，新政权将阶级斗争作为分析形势的基本视角，在权利保护上严格区分了对待"人民"和"敌人"的不同方式。毛泽东在1949年《论人

---

① 《毛泽东选集》第5卷，人民出版社，1977，第179页。
② 《毛泽东选集》第5卷，人民出版社，1977，第5页。
③ 周恩来：《在亚洲全体会议上的发言》，1955年4月19日。

民民主专政》一文中指出："中国人民在几十年中积累起来的一切经验，都叫我们实行人民民主专政，或曰人民民主独裁，总之是一样，就是剥夺反动派的发言权，只让人民有发言权。人民是什么？在中国，在现阶段，是工人阶级，农民阶级，城市小资产阶级和民族资产阶级。这些阶级在工人阶级和共产党的领导之下，团结起来，组成自己的国家，选举自己的政府，向着帝国主义的走狗即地主阶级和官僚资产阶级以及代表这些阶级的国民党反动派及其帮凶们实行专政，实行独裁，压迫这些人，只许他们规规矩矩，不许他们乱说乱动。如要乱说乱动，立即取缔，予以制裁。对于人民内部，则实行民主制度，人民有言论集会结社等项的自由权。选举权，只给人民，不给反动派。这两方面，对人民内部的民主方面和对反动派的专政方面，互相结合起来，就是人民民主专政。为什么理由要这样做？大家很清楚。不这样，革命就要失败，人民就要遭殃，国家就要灭亡。"①"但对于反动阶级和反动派的人们，在他们的政权被推翻以后，只要他们不造反，不破坏，不捣乱，也给土地，给工作，让他们活下去，让他们在劳动中改造自己，成为新人。"②

因此，在 1949 年 9 月 29 日通过的《共同纲领》中，以"人民"为权利的主体，如规定"中华人民共和国人民依法有选举权和被选举权"（第 4 条），"中华人民共和国人民有思想、言论、出版、集会、结社、通讯、人身、居住、迁徙、宗教信仰及示威游行的自由权"（第 5 条）。同时也规定："中华人民共和国必须镇压一切反革命活动，严厉惩罚一切勾结帝国主义、背叛祖国、反对人民民主事业的国民党反革命战争罪犯和其他怙恶不悛的反革命首要分子。对于一般的反动分子、封建地主、官僚资本家，在解除其武装、消灭其特殊势力后，仍须依法在必要时期内剥夺他们的政治权利，但同时给以生活出路，并强迫他们在劳动中改造自己，成为新人。假如他们继续进行反革命活动，必须予以严厉的制裁"（第 7 条）。

在 1954 年通过的第一部宪法中，将"公民"作为权利主体，在第三章

---

① 《毛泽东选集》第 4 卷，人民出版社，1968，第 1364 页。
② 《毛泽东选集》第 4 卷，人民出版社，1968，第 1367 页。

中规定了公民的基本权利。但同时规定:"国家依照法律在一定时期内剥夺封建地主和官僚资本家的政治权利,同时给以生活出路,使他们在劳动中改造成为自食其力的公民"(第19条)。

要看到,在这一时期,"公民"概念与"人民"概念经常是互换使用的。在1957年发表的《关于正确处理人民内部矛盾的问题》中,毛泽东进一步指出:"在人民内部是实行民主集中制。我们的宪法规定:中华人民共和国公民有言论、出版、集会、结社、游行、示威、宗教信仰等等自由……我们的这个社会主义的民主是任何资产阶级国家所不可能有的最广大的民主。我们的专政,叫做工人阶级领导的以工农联盟为基础的人民民主专政。这就表明,在人民内部实行民主制度,而由工人阶级团结全体有公民权的人民,首先是农民,向着反动阶级、反动派和反抗社会主义改造和社会主义建设的分子实行专政。所谓有公民权,在政治方面,就是说自由和民主的权利。"①

毛泽东从阶级斗争的角度来分析自由的具体性,指出:"他们以为在我们的人民民主制度下自由太少了,不如西方议会民主制度自由多。他们要求实行西方的两党制,这一党在台上,那一党在台下。但是这种所谓两党制不过是维护资产阶级专政的一种方法,它绝不能保障劳动人民的自由权利。实际上,世界上只有具体的自由,具体的民主,没有抽象的自由,抽象的民主。在阶级斗争的社会里,有了剥削阶级剥削劳动人民的自由,就没有劳动人民不受剥削的自由。有了资产阶级的民主,就没有无产阶级和劳动人民的民主。"②

同时,毛泽东特别强调解决人民内部矛盾应该采取民主的方法。他写道:"许多人觉得,提出采用民主方法解决人民内部矛盾的问题,是一个新的问题。事实并不是这样。马克思主义者从来就认为无产阶级的事业只能依靠人民群众,共产党人在劳动人民中间进行工作的时候必须采取民主的说服

---

① 《毛泽东选集》第5卷,人民出版社,1977,第366~367页。
② 《毛泽东选集》第5卷,人民出版社,1977,第367页。

教育的方法，决不允许采取命令主义的态度和强制手段……为什么现在又有人觉得这是一个新问题呢？这是因为过去国内外的敌我斗争很尖锐，人民内部矛盾还不像现在这样被人们注意的缘故。"①

可以看到，毛泽东对权利的分析，强调权利的人民性、阶级性和广泛性。他严格区分人民和敌人，认为权利只属于人民而不属于敌人。从历史的角度看，这是新的人民政权在革命胜利后通常都会经历的一个历史阶段。

## （二）1956~1978年：进入社会主义建设时期的中国人权事业

1956 年党的八大召开，标志着我国进入了社会主义社会。这意味着，中国共产党开始在社会主义社会这一新的环境下执政。从 1957 年到 1978 年这 20 多年，前 10 年（1956~1966 年），中国进行了全面的社会主义建设，取得了重大的成就，为国家的发展和人权的进步奠定了重要的物质基础；后 10 年（1966~1976 年），发生了"文化大革命"那样的错误，国民经济和民主法制遭到严重破坏，人权遭到严重摧残。

### 1. 1956~1966年

首先，应该看到，1956 年召开的党的八大是中国共产党在进入社会主义社会后召开的第一次全国党代表大会，研究的问题就是怎么样在社会主义社会执政的问题。应该讲，党的八大制定的路线是正确的，提出的许多新方针和设想是富于创造精神的。这次会议对探索我国自己的建设社会主义的道路，取得了初步的并且具有深远历史意义的成果，为社会主义事业的发展指明了方向。党的八大根据我国社会主义改造基本完成后的形势，提出国内主要矛盾已经不再是工人阶级和资产阶级的矛盾，而是人民对于经济文化迅速发展的需要同当前经济文化不能满足人民需要的状况之间的矛盾，全国人民的主要任务是集中力量发展社会生产力，实现国家工业化，逐步满足人民日益增长的物质和文化需要。党提出努力把我国逐步建设成为一个具有现代农业、现代工业、现代国防和现代科学技术的社会主义强国，领导人民开展全

---

① 《毛泽东选集》第 5 卷，人民出版社，1977，第 370~371 页。

面的大规模的社会主义建设。八大到"文化大革命"前这10年，中国共产党在人权问题上探索的努力并没有停止，在落实八大确定的方针过程中，又不断提出了一些具有重要深远意义的新设想。

在人权问题上，这10年取得的进展主要体现在：

（1）在社会主义理论上，为反对和防止出现苏联那样的肃反扩大化、严重侵犯人权的错误，创造性地提出了社会主义辩证法理论。特别是，毛泽东提出要正确区分和处理两类不同性质社会矛盾的思想，把正确处理人民内部矛盾作为我国政治生活的主题；强调要形成一个又有集中又有民主，又有纪律又有自由，又有统一意志又有个人心情舒畅、生动活泼的政治局面。这为我国在社会主义建设时期维护广大人民群众的人权，提供了重要的理论依据。

（2）在社会主义经济和社会建设中，大力调动人民群众的积极性和创造性。1956年，我国基本上完成对生产资料私有制的社会主义改造，基本上实现生产资料公有制和按劳分配，建立起社会主义经济制度。为了改变中国"一穷二白"的落后面貌，实现和维护广大人民群众的生存权和发展权，中国共产党领导人民开始了大规模的社会主义建设，在异常艰苦的条件下建立起了独立的完整的工业体系和国民经济体系。特别是在兴修水利、发展农业生产，增加就业岗位、提高人民收入，解放妇女、推行男女同工同酬，扫除文盲、发展教育事业，根治血吸虫等病害、发展医疗卫生事业，开展体育运动、提高人民健康素质等方面，使中国人民享受到了从未有过的人权。尽管在"大跃进"和人民公社运动中，也发生过侵犯人权的错误，但中国共产党一发现这些错误就立即采取有力措施加以纠正。

（3）在社会主义民主政治和法制建设中，努力维护广大人民群众的人权。党领导确立人民代表大会制度、中国共产党领导的多党合作和政治协商制度、民族区域自治制度，为人民当家作主提供了制度保证。为了调动广大人民群众的社会主义建设积极性，1957年中共中央决定在全党开展整风运动，发动群众向党提出批评建议，这是发扬社会主义民主的正常步骤，也有利于反对主观主义和官僚主义，维护人民群众的基本人权。但是在整风过程

中国人权轨迹

中，发生了极少数资产阶级右派分子向党和新生的社会主义制度进攻的问题，而党在领导人民反击右派的斗争中又犯了严重的扩大化错误，把一批知识分子、爱国人士和党内干部错划为"右派分子"，造成了不幸的后果。尽管如此，党为发展社会主义民主和法制，依然做了许多工作。比如人民法院大力推进人民调解工作，在办案过程中通过人民调解来教育人、改造社会、移风易俗。同时，对失足犯罪的青少年依靠有关基层组织和群众给予批评教育，对犯罪分子依靠群众实行就地改造。诸如此类措施和做法，至今仍有一定的参考价值。① 1962 年最高人民法院发文，要求在全国法院系统对人民法庭的工作进行整顿，并于 1963 年召开了第一次全国民事审判工作会议，提出"调查研究，就地解决，调解为主"的民事审判方针，制定了《关于民事审判工作若干问题的意见》，作为对《关于各级人民法院民事案件审判程序总结》的补充。② 该时期，全国法院共审结 1190 万余件各类案件，其中，刑事案件 582 万余件，民事案件 608 万余件，③ 为保障和实现公民的各项人权作出了积极贡献。虽然在 1957 年下半年到 1960 年的一段时间内，人民法院、人民检察院的工作也曾发生过"左"的失误，但这一时期的民主政治和法制建设也为后来的改革开放提供了一些宝贵经验。

（4）在民族工作中，积极贯彻党的民族政策，反对大汉族主义和民族分裂活动，维护民族平等。党领导实现和巩固了全国各族人民的大团结，形成和发展各民族平等互助的社会主义民族关系，实现和巩固全国工人、农民、知识分子和其他各阶层人民的大团结，加强和扩大了广泛统一战线。社会主义制度的建立，为我国人权事业的进步和发展奠定了重要基础。特别是，1959 年西藏实行民主改革，废除封建农奴主的土地所有制和政教合一的政治制度，废除一切封建特权，使西藏社会发生了翻天覆地的历史性变

---

① 《六十载光辉历程，一甲子司法为民——数说人民法院审判工作 60 年》，最高人民法院网站：http：//www. court. gov. cn/qwfb/sfsj/201002/t20100221_ 1368. htm。
② 罗玉中、万其刚、刘松山：《人权与法制》，北京大学出版社，2001，第 445 页。
③ 《六十载光辉历程，一甲子司法为民——数说人民法院审判工作 60 年》，最高人民法院网站：http：//www. court. gov. cn/qwfb/sfsj/201002/t20100221_ 1368. htm。

化。旧西藏是一个比欧洲中世纪还要黑暗的政教合一的封建农奴制社会。占西藏人口不到5%的农奴主占有西藏全部耕地和生产资料，操纵着农奴和奴隶的生杀大权；而占人口95%的农奴和奴隶却不占有土地和生产资料，没有人身自由，遭受农奴主的任意打骂以及断手、剁脚、投水、剜目、割耳、抽筋等极为野蛮的刑罚。西藏民主改革，解放了百万农奴和奴隶，使他们第一次获得了人权。

与此同时，我们不能不看到，由于当时党对于全面建设社会主义的思想准备不足，八大提出的路线和许多正确的意见没有能够在实践中坚持下去。八大以后，我们取得了社会主义建设的许多成就，同时也遭到了严重挫折。

2. 1966～1976年

1966～1976年这10年，我国发生了"文化大革命"那样由领导者错误发动，被反革命集团利用，给党、国家和各族人民带来严重灾难的内乱，国民经济和民主法制遭到严重破坏，人权遭到严重摧残。

从人权的角度看，这10年的主要失误和教训是：

（1）在"以阶级斗争为纲"和"无产阶级专政下继续革命"理论的指导下，社会主义建设遭到严重破坏，人民群众的生存权和发展权受到严重影响。发展经济是社会主义制度建立以后中国面临的最主要的问题，也是巩固和发展社会主义、促进和发展人权的关键。但是，在相当长一段时间内，我们对进入社会主义之后社会的主要矛盾的认识发生严重偏差，错误地提出"以阶级斗争为纲"的方针和"无产阶级专政下继续革命"的理论，发动了长达10年的"文化大革命"，其结果是造成了10年内乱，使国民经济到了崩溃的边缘，人民的物质文化生活水平长期得不到明显的提高，许多人的温饱问题未能解决，整个人权建设遭受了严重挫折。

（2）在全国范围"群众运动"的推进过程中，"打、砸、抢"盛行，武斗不断，公民的生命权等基本人权受到严重摧残。"文化大革命"名义上是直接依靠群众，实际上既脱离了党的组织，又脱离了广大群众。长达10年的"文化大革命"，制造了一大批冤、假、错案。因此，这场"文化大革命"对于中国人权来说，是一场浩劫和灾难。

（3）在"大民主"和"群众专政"的口号下，社会主义民主和法制遭到严重冲击和破坏。对于党和国家肌体中确实存在的某些问题，当然需要作出恰当的估计并运用符合宪法、法律和党章的正确措施加以解决，但决不应该采取"文化大革命"的理论和方法。在"文化大革命"中，民主脱离了法制的轨道，搞所谓"大鸣、大放、大辩论、大字报"等"大民主"，推行所谓的"群众专政"，党和国家的民主生活遭到严重破坏。

可以说，"文化大革命"使党、国家、人民遭到新中国成立以来最严重的挫折和损失，教训极其惨痛。与此同时，也要看到，在"文化大革命"这10年中，中国共产党和中国人民为维护人权同"左"倾错误和林彪、江青集团进行了坚决的斗争，并最终战胜了反革命集团的破坏。因此，尽管经历了"文化大革命"，中国共产党、人民政权、人民军队和整个社会的性质都没有改变。正如《关于建国以来党的若干历史问题的决议》指出的："历史再一次表明，我们的人民是伟大的人民，我们的党和社会主义制度具有伟大而顽强的生命力。"

## （三）1978~1989年：进入社会主义现代化建设新时期的中国人权事业

1978年12月召开的党的十一届三中全会，认真总结了中华人民共和国成立以来特别是社会主义改造完成以来正反两方面的历史经验，抛弃了"以阶级斗争为纲"的方针，决定将党和国家的工作重点转移到社会主义现代化建设上来，开创了中国特色社会主义的新局面，同时也开创了中国人权事业发展的新局面。

"文化大革命"结束后，开始逐渐恢复被践踏的各项权利。十一届三中全会后的几年间，国家出台了一系列拨乱反正的具体措施，如给刘少奇、邓小平等大批党和国家重要领导人平反，为教育、科技、文化、公检法、统战、民族、宗教等"文化大革命"中的"重灾"部门恢复名誉，给知识分子落实政策，为"右派分子"、地方民族主义分子"摘帽子"，落实对国民党起义、投诚人员的政策，恢复了70万原小商小贩小手工业者的身份。

1980年，中共中央批转了最高人民法院党组《关于复查纠正"文化大革命"期间错判死刑案件的几点意见的请示报告》，明确要求，对"文化大革命"期间判处的死刑案件应全部复查，实事求是地予以改判纠正。到1981年底，全国共复查了"文化大革命"中判处的120万件案件，改判纠正了冤假错案30.1万余件。①

在这个时期，民主和法制建设被提上议事日程。1979年，邓小平指出："民主和法制，这两个方面都应该加强，过去我们都不足，要加强民主就要加强法制。没有广泛的民主是不行的，没有健全的法制也是不行的。我们吃够了动乱的苦头。"② 1980年，邓小平指出："我们坚持发展民主和法制，这是我们党的坚定不移的方针。但是实现民主和法制，同实现四个现代化一样，不能用大跃进的做法，不能用'大鸣大放'的做法。就是说，一定要有步骤、有领导。否则，只能助长动乱，只能妨碍四个现代化，也只能妨碍民主和法制。"③ "我们一定要切合实际，要根据自己的特点来决定自己的制度和管理方式。" "要循序渐进……即使搞普选，也要有一个逐步的过渡，要一步一步来。"④

针对当时在人权问题上的复杂情况，以邓小平为主要代表的中国共产党人一方面推进民主和法制，维护和保障公民的人权；另一方面在同国内外敌对势力斗争的过程中，分析了我们在民主、法制和人权等问题上的马克思主义原则立场。1986年，在党的十二届六中全会通过的关于社会主义精神文明建设指导方针的决议中，鲜明地指出：社会主义法制，体现人民意志，保障人民合法权利和利益；要在全体人民中坚持不懈地普及法律常识，增强社会主义公民意识，使人们懂得公民的基本权利和义务；等等。与此同时，邓小平在1985年指出："什么是人权？首先一条，是多少人的人权？是少数人的人

---

① 赵新元：《新时期中国人权发展的三个里程碑》，《"中国改革开放与人权发展30年"学术研讨会论文集》，2008，第401页。
② 《邓小平文选》第2卷，人民出版社，1993，第189页。
③ 《邓小平文选》第2卷，人民出版社，1993，第256~257页。
④ 《邓小平关于建设有中国特色社会主义的论述专题摘编》，中央文献出版社，1992，第124页。

权，还是多数人的人权，全国人民的人权？西方世界的所谓'人权'和我们讲的人权，本质上是两回事，观点不同。"① 邓小平在1989年，还针对西方对中国的制裁指出："真正说起来，国权比人权重要得多。贫弱国家、第三世界国家的国权经常被他们侵犯。他们那一套人权、自由、民主，是维护恃强凌弱的强国、富国的利益，维护霸权主义者、强权主义者利益的。"② "西方的一些国家拿什么人权、什么社会主义制度不合理不合法等做幌子，实际上是要损害我们的国权。搞强权政治的国家根本就没有资格讲人权，他们伤害了中国多少人的人权！从鸦片战争侵略中国开始，他们伤害了中国多少人的人权！"③

### （四）1989～2002年：改革开放新阶段的中国人权事业

1989年，以江泽民为主要代表的中国共产党人受命于危难之时，一方面，坚持四项基本原则，反对资产阶级自由化；另一方面，坚持改革开放，全面推进中国特色社会主义事业的发展。中国的人权事业，也在理论上和实践中取得了新的进展。

1989年7月20日，江泽民在全国宣传部长会议上指出，要从思想上解决"如何用马克思主义观点来看待'民主、自由、人权'问题"。他指出："我们要用马克思主义的基本观点，正确而通俗地解释民主、自由、人权等，使我们的干部、群众特别是青年学生受到教育。这是四个坚持教育中的一项重要任务。"④ 时任国务院总理的李鹏在1989年指出："人权问题中国是重视的。从'文化大革命'结束以来，公民的权利得到了保障。如有不满意的地方，我们还可以改进。人权是个抽象概念，要具体地通过每个国家的法律来规定。中国的人权体现在宪法第二章：公民的基本权利和义务。我们所不允许的，只是外国某些人士以人权为借口干涉中国内政。我们保障公民在宪法和法律范围内行使权利和自由，但超过这个范围将受到限制。中国

---

① 《邓小平文选》第3卷，人民出版社，1993，第125页。
② 《邓小平文选》第3卷，人民出版社，1993，第345页。
③ 《邓小平文选》第3卷，人民出版社，1993，第348页。
④ 江泽民：《1989年7月20日在全国宣传部长会议上的讲话》。

非常需要有个稳定的局势,这是符合全国人民利益的。"① "我们不认为自由、民主、人权是资本主义国家的专利。社会主义国家也应是自由的、民主的、享有充分的人权。中国准备在政治改革中进一步完善这些方面。"②1990 年,江泽民提出:"要说明我们的民主是最广泛的人民民主,说明社会主义中国最尊重人权"。据此,1990 年,党中央明确提出:"要理直气壮地宣传中国关于人权、民主、自由的观点和维护人权、实行民主的真实情况,把人权、民主、自由的旗帜掌握在我们手中。"

1991 年 11 月 1 日,国务院新闻办公室发表《中国的人权状况》白皮书,这是中国政府向世界公布的第一份以人权为主题的官方文件。这份白皮书的重大历史意义在于:一是突破了"左"的传统观念和禁区,将人权称为"伟大的名词",强调:实现充分的人权"是长期以来人类追求的理想","是中国社会主义所要求的崇高目标","是中国人民和政府的一项长期的历史任务",首次以政府文件的形式正面肯定了人权概念在中国社会主义政治发展中的地位,在全世界面前理直气壮地举起了人权旗帜。二是将人权的普遍性原则与中国的历史与现实相结合,以"生存权是中国人民的首要人权"等基本观点为线索,鲜明地树立起中国的人权观,系统地阐述了中国人权的真实情况,有针对性地驳斥了国际敌对势力的歪曲和攻击,回答了国外普遍关心的问题,在国内外产生了重大影响。此后,人权成为中国对外宣传的一个重要主题,每年国务院政府工作报告在阐述对外政策时,都会阐明中国在人权问题上的基本立场。

此后,江泽民在许多场合都多次阐述了中国政府对人权的基本态度和立场。1996 年 6 月,江泽民在中央扶贫开发工作会议上的讲话中指出:"实践证明,中国共产党和中国政府,是中国人民基本权利最坚决、最忠诚的维护者。"③ 1997 年 10 月 30 日,江泽民在访问美国期间发表谈话时指出:"今

---

① 李鹏:《1989 年 4 月 3 日答中外记者问》。
② 李鹏:《1989 年 5 月 16 日同戈尔巴乔夫举行会谈时的讲话》。
③ 中共中央文献研究室编《十五大以来重要文献选编》(中),人民出版社,2001,第 846页。

天，我国人民享受的人权保障，是过去从来没有的……中国政府依法保护人权，反对一切侵犯公民合法权利的行为，并为此进行了不懈的努力。"① 江泽民在1998年12月10日就《世界人权宣言》发表50周年纪念会召开致中国人权研究会的贺信中指出："我们要继续加强民主法制建设，依法治国，建设社会主义法治国家，进一步推进我国人权事业，充分保障人民依法享受人权和民主自由权利。"② 在1999年10月访问英国期间在剑桥大学的演讲中，江泽民指出："中华民族历来尊重人的尊严和价值。还在遥远的古代，我们的先人就已提出'民为贵'的思想，认为'天生万物，唯人为贵'。一切社会的发展和进步，都取决于人的发展和进步，取决于人的尊严的维护和价值的发挥。中国共产党领导人民进行革命、建设、改革，就是要实现全中国人民广泛的自由、民主、人权……中国集中力量发展经济，促进社会全面进步，坚持发展社会主义民主，建设社会主义法治国家，都是为了促进中国人民的人权事业。中国积极参加国际人权领域的活动，在平等和互相尊重的基础上与国际社会就人权问题开展了富有成效的对话和合作，为推进世界人权进步事业作出了积极的贡献。"③

1997年9月，中国共产党十五大召开，首次将"人权"概念写入党的全国代表大会的主题报告。江泽民总书记在中国共产党十五大主题报告第六部分"政治体制改革和民主法制建设"中，明确指出："共产党执政就是领导和支持人民掌握管理国家的权力，实行民主选举、民主决策、民主管理和民主监督，保证人民依法享有广泛的权利和自由，尊重和保障人权。"在这里，人权概念首次被写入党的全国代表大会的正式文件中，尊重和保障人权被明确作为共产党执政的基本目标纳入党的行动纲领之中，同时作为政治体制改革和民主法制建设的一个重要主题纳入中国改革开放和现代化建设的跨世纪发展战略之中。

2002年11月，中国共产党十六大再次在主题报告中将"尊重和保障人

---

① 《江泽民文选》第2卷，人民出版社，2006，第52~53页。
② 《江泽民文选》第2卷，人民出版社，2006，第54页。
③ 《江泽民文选》第2卷，人民出版社，2006，第55~56页。

权"确立为新世纪新阶段党和国家发展的重要目标，重申在"政治建设和政治体制改革"中，要"健全民主制度，丰富民主形式，扩大公民有序的政治参与，保证人民实行民主选举、民主决策、民主管理、民主监督，享有广泛的权利和自由，尊重和保障人权"。

### （五）2002年至今：站在新的历史起点的中国人权事业

中国共产党十六次全国代表大会以后，以胡锦涛为总书记的党中央提出以人为本、全面协调可持续发展的科学发展观和构建社会主义和谐社会等重大战略思想，进一步将尊重和保障人权确立为党治国理政的重要原则，极大地推进了党对人权问题的认识和国家人权事业的发展。

2003年10月，中国共产党十六届三中全会提出坚持以人为本、全面协调可持续发展的科学发展观，强调科学发展观的核心是以人为本，而以人为本"就是要尊重和保障人权，包括公民的政治、经济、文化权利"。会议同时审议通过了第十届全国人大常委会提出的《中共中央关于修改宪法部分内容的建议》，提议将"国家尊重和保障人权"写入宪法。2004年9月，中国共产党十六届四中全会通过《关于加强党的执政能力建设的决定》，强调党必须坚持科学执政、民主执政、依法执政，并把"尊重和保障人权，保证人民依法享有广泛的权利和自由"作为加强党的执政能力建设的一项重要内容。

2006年10月，中国共产党十六届六中全会通过《关于构建社会主义和谐社会若干重大问题的决定》，进一步将尊重和保障人权提高到构建和谐社会制度建设的高度。该《决定》将"人民的权益得到切实尊重和保障"列为构建和谐社会的第一项目标和任务，将"坚持以人为本"作为构建和谐社会必须遵循的第一项原则，强调构建社会主义和谐社会要"以解决人民群众最关心、最直接、最现实的利益问题为重点"，将"完善人民民主权利保障制度""加强人权司法保护""尊重和保障人权，依法保证公民权利和自由"作为加强制度建设、保障公平正义的首要内容。在这份文件中，尊重和保障人权贯穿于构建社会主义和谐社会的目标任务、基本原则和总体要求之中，成为构建社会主义和谐社会的重要基石。

在中共中央的推动下，2004年3月14日，第十届全国人民代表大会第二次会议通过宪法修正案，首次将"人权"概念引入宪法，明确在宪法中规定"国家尊重和保障人权"。宪法是国家的根本大法，是党和政府治国安邦的总章程，是全社会的最高行为准则。"人权"入宪使"人权"由一个政治概念提升为法律概念，使尊重和保障人权的主体由党和政府提升为"国家"，从而使尊重和保障人权由党和政府的意志上升为人民和国家的意志，由党和政府执政行政的政治理念和价值上升为国家建设和发展的政治理念和价值，由党和政府文件的政策性规定上升为国家根本大法的一项原则，体现了党的主张、国家的意志和人民的愿望的一致，体现了社会主义制度的本质要求。

"人权"入宪进一步确立了人权在中国法律体系和国家建设中的突出地位，凸显了宪法作为人民权利宣言书、保障书的本质属性，对于完善人民民主宪政具有重大意义。一是将"人权"概念引入宪法，用"国家尊重和保障人权"的原则来概括、提升和统摄宪法关于"公民基本权利"的规定，确立了人权原则，并使人权、民主、法治三项原则名副其实地结合起来，从而完善了人民民主宪政的基本原则和实质内涵。二是将"国家尊重和保障人权"作为宪法关于公民权利原则性规定的条款之一，既赋予人权概念确定的内涵，又从原则上提升了公民权利概念的实质含义和价值，实现了两者的统一。三是人权作为一项原则写入宪法，不仅使宪法第33条关于公民权利的原则规定更加完整，对第二章"公民基本权利和义务"的规定起到画龙点睛的作用，而且对整部宪法有关人权的内容起到统率作用，对宪法的基本精神和未来发展势将产生导向性影响。

2006年3月，第十届全国人民代表大会第四次会议审议批准《中华人民共和国国民经济和社会发展第十一个五年规划纲要》。该《规划纲要》在阐明未来五年中国经济社会发展宏伟蓝图和行动纲领时，明确提出要"尊重和保障人权，促进人权事业的全面发展"。这是中国首次在国民经济和社会发展规划中写入有关人权的内容，也是首次将人权事业的发展作为现代化建设事业的重要组成部分纳入国家发展规划。

2007 年 10 月，中国共产党十七大首次将"尊重和保障人权"写入党章。同时，胡锦涛总书记在十七大报告中根据全面建设小康社会的新的实际，从促进科学发展、推动社会和谐的需要出发，明确提出要"尊重和保障人权，依法保证全体社会成员平等参与、平等发展的权利"，强调要"以保证人民当家作主为根本"，"从各个层次、各个领域扩大公民有序的政治参与"，"依法实行民主选举、民主决策、民主管理、民主监督，保障人民的知情权、参与权、表达权、监督权"，"做到发展为了人民、发展依靠人民、发展成果由人民共享"，"努力使全体人民学有所教、劳有所得、病有所医、老有所养、住有所居"。这就为新时期新阶段中国人权事业的全面发展确定了明确的指导方针。

胡锦涛总书记在十七大报告中关于人权的论述，大大深化了对人权主体、内容、原则和实现途径的认识，对于促进人权事业的全面发展，具有重要的指导意义。一是在人权领域彻底贯彻以人为本的原则，首次将人权的主体表述为"全体社会成员"，进一步彰显了中国人权保障的广泛性特点，进一步深化了执政党对人权主体的认识。二是强调尊重和保障人权的核心内容是保证全体社会成员"参与"和"发展"的权利，突出了全体人民在社会政治生活中的主体地位，体现了中国人民当家作主的本质特点。三是强调了"平等"原则在尊重和保障人权中的特殊地位，体现了宪法关于公民权利的原则规定和推动科学发展、促进社会和谐的现实要求。四是强调了法治对于尊重和保障人权的重要性，指明了法治是实现尊重和保障人权的根本途径。

胡锦涛总书记在 2008 年 12 月 10 日致中国人权研究会的信中指出："新中国成立以来，中国社会取得了举世公认的巨大进步，中国人民的命运发生了翻天覆地的巨大变化，中国人权事业也实现了历史性发展。特别是改革开放 30 年来，党和政府把尊重和保障人权作为治国理政的重要原则，庄严载入中国共产党章程和中华人民共和国宪法，并采取切实有效的措施促进人权事业发展，使广大人民群众物质文化生活水平得到显著提高，政治、经济、文化、社会权益得到切实保障，谱写了中国人权事业发展的新篇章。在全面建设小康社会、加快推进社会主义现代化的进程中，我们要一如既往地坚持以人为本，既尊重人权普遍性原则，又从基本国情出发，切实把保障人民的生存权、发展权放在保障人权的首要位置，在推动经济社会又好又快发展的基础上，依法保证全体社会成员平等参与、平等发展的权利。中国人民将一如既往地加强国际人权合作，同世界各国人民一道，共同为推动世界人权事业健康发展，为建设持久和平、共同繁荣的和谐世界作出应有的贡献。"①

2009 年 4 月，中国政府制定、颁布了第一个以人权为主题的国家规划——《国家人权行动计划（2009~2010 年）》。这是一份兼具行动纲领和对外宣示双重性质的政策文件，是落实以人为本的科学发展观和"国家尊重和保障人权"宪法原则、全面推进中国人权事业发展的一份纲领性文件。该《行动计划》以党的十七大报告关于扩大民主、加强法制、改善民生、保障人权的思想为指导，全面系统地规划了 2009~2010 年中国人权事业发展的具体目标和措施。该《行动计划》由国务院新闻办公室发布后，引起国内外舆论的高度关注和广泛好评。各国媒体作了大量报道和评论，称该《行动计划》是"中国政府把人权作为人类社会核心价值的举动"，是"以国家承诺的形式系统地重申人权理想的行动"，并称"以国家名义宣示对人权的尊重和保护，值得肯定和鼓励"，"是政治、社会进步的一个重要标志"，"显示出中国当局对保护人权以及维护国际人权标准的重视"。

## 三　改革开放以来中国人权事业实现的突破

改革开放以来，特别是 20 世纪 90 年代以来，中国人权事业在理论、立法和实践上实现了一系列突破性的进展。

### （一）在人权理论上的突破

改革开放以来，特别是近 20 年以来，中国在人权理论上进行了不懈的探

---

① 胡锦涛：《致中国人权研究会的信》，2008 年 12 月 10 日。

索，提出了一系列重要的观点。这些观点不仅对推进中国人权事业的发展发挥了重要的作用，而且对世界人权事业的发展作出了一定的贡献。这些观点包括：

## 1. 人权不是资产阶级的专利

在中华人民共和国成立以后的相当长时期内，我们不仅在宪法和法律上不使用"人权"概念，而且在思想理论上将人权问题视为禁区。特别是"文化大革命"时期，受极"左"思潮的影响，"人权"被当成资产阶级的东西加以批判，在实践中也导致了对人权的漠视和侵犯。直到改革开放初期，一些重要报刊还以"人权是哪家的口号""人权是资产阶级的口号""人权不是无产阶级的口号""人权口号是虚伪的"等为题，发表过一大批文章，把人权看做资产阶级的"专利"，强调"无产阶级历来对人权口号持批判的态度"。例如，1979 年 3 月 22 日，《北京日报》发表了《"人权"不是无产阶级的口号》一文，认为"人权"是资产阶级的口号，从来就不是无产阶级的战斗旗帜，该文主张不能把"人权"这个资产阶级专政的破烂武器搬来作为治理社会主义国家的良药。还有学者认为，人权是资产阶级的口号和意识形态，在社会主义条件下再提出尊重人权、"争人权"的口号，实际上是向党和政府"示威"，是意味着要倒退到资本主义社会去。① 另外，《文汇报》1979 年 4 月 8 日发表了《"人权"是资产阶级的口号》，《红旗》杂志 1979 年第 5 期发表了《马克思主义怎样看"人权"问题》等观点相近的对人权持反对意见的文章。因此，社会主义应该不应该讲人权的问题，是中国推进人权事业必须解决的首要问题。

马克思和恩格斯曾经设想在发达的资本主义社会推翻资产阶级统治，建立生产力高度发达，没有阶级和阶级差别，不需要国家和法律的强制力，也不需要权利法则调整的"自由人的联合体"，即共产主义社会。但是，马克思和恩格斯同时认为，在刚刚推翻资本主义建立的共产主义社会的第一阶段即社会主义社会，仍"不可避免"地要按照"资产阶级的权利"原则来处理个人消费资料的分配问题。列宁也曾经指出："如果不愿陷入空想主义，

---

① 中国社会科学院法学研究所编《当代人权》，中国社会科学出版社，1992，第 375~376 页。

那就不能认为,在推翻资本主义之后,人们立即就能学会不需要任何权利准
则而为社会劳动。"① 马克思和列宁所讲的"权利",显然都与公民的人权相
联系。但是,从国际共产主义运动的实践来看,各社会主义国家在建设过程
中都曾长期简单地将"人权"概念作为资产阶级的东西予以排斥。

一个社会是否需要人权作为政治法律概念来调节,取决于社会的客观现
实是否存在以利益差别为基础的权利关系。只要还存在利益差别,还需要国
家权力来调节利益关系,就离不开"权利"概念,就需要确立权利平等即
"人权"的原则。中国的社会主义社会不是建立在发达的资本主义社会之
上,而是脱胎于有几千年封建历史的贫穷落后的半殖民地半封建社会。因
此,在进入社会主义社会之后,还要经历一个相当长的社会主义(即共产
主义社会第一阶段)初级阶段,去发展社会主义市场经济和社会主义民主
政治,实现社会的现代化。在社会主义初级阶段,虽然从根本上消灭了剥削
制度和剥削阶级,人民内部已不存在根本的利害冲突,但是,生产力发展水
平还远远不能满足人民日益增长的物质文化需要,还存在阶级差别和较大的
社会利益差别,还要加强国家和法律的强制力并促使其民主化来调整社会利
益矛盾和冲突。这种社会现实决定了中国在相当长时期内需要用权利法则来
规范社会,为尊重和保障人权而奋斗。

回顾历史,"人权"的确曾经是欧洲资产阶级反对封建专制制度的一面
旗帜,他们以"天赋人权"来否定封建主义的神权和等级特权。但这不等
于说人权就是资产阶级的专利。事实上,当年在欧洲高举"人权"旗帜反
对封建主义的队伍中,除了资产阶级,还有无产阶级和其他劳动阶级。马克
思主义经典作家对资产阶级人权观的批判,是对历史唯心主义的批判,并不
是对人权本身的否定,而是要确立历史唯物主义基础上的马克思主义人权
观,为社会主义的人权实践提供重要的理论基础。因此,人权并非仅仅是资
产阶级的口号,它更应该是马克思主义者的一面旗帜。

2. 人权普遍性的原则必须同各国国情相结合

人权的普遍性是指人权是一切人都应当享有自由与平等的权利。人权的

---

① 《列宁选集》第3卷,人民出版社,1995,第196页。

普遍性要求一切人在权利和尊严上的平等。人权的特殊性是指人权的实现与各国所处的一定社会历史条件密切相关,各个国家由于其社会历史条件的不同,同一个国家由于其所处的社会历史阶段的不同,在人权价值的认知和排列以及人权实现的方式上,势必呈现不同的特点和个性。第一,在经济发展水平、文化传统、社会制度等不同的社会,人们对人权有着不同的理解和要求。第二,在不同经济发展水平的社会,人们面临的人权问题不同,优先要解决的人权问题也不尽相同。第三,由于各国经济文化发展水平不同,社会制度、历史传统、民族心理、宗教信仰等存在差别和不同,生活在不同国家的人们,对人权的理解也必然会存在这样或那样的差别和不同,各个国家在实施和实现人权普遍性原则时,所采取的政策、措施、方法、形式、步骤和道路必然会有所不同,从而形成不同的人权模式。因此,国际上公认的人权普遍性原则必须同各国的具体情况相结合。在承认人权普遍性的前提下,各国政府和人民有权在促进和保护人权的过程中确立本国的优先事项和实施方式;在制定本国的法律时,有权在不违反国际上普遍接受的准则的前提下,根据本国的具体情况作出不同的规定。

从中国的实际情况来说,"人权"这个概念,就是在"五四"新文化运动期间从西方"引进"的。之所以要"引进"这个概念,不仅是因为这个概念具有普遍意义,而且是因为中国有这个需要。但是,中国要解决的人权问题又和西方不完全一样,必然要同中国的实际相结合,形成中国的人权理论。从中国新民主主义革命到社会主义革命和社会主义建设,我们在各个时期遇到的人权问题,也不完全一样,由此又决定了中国的人权理论必定是在实践的发展中不断发展的。江泽民在1998年12月10日就《世界人权宣言》发表50周年纪念会召开致中国人权研究会的贺信中指出:"中华人民共和国成立以来特别是改革开放以来,中国政府和人民将人权的普遍性原则和中国的具体国情结合起来,在促进和保护人权方面作出了巨大的努力,取得了举世瞩目的成就。"[1]

---

[1] 《江泽民文选》第2卷,人民出版社,2006,第54页。

### 3. 人权应当是社会全体成员的权利

在改革开放之前，国内对人权的认识主要是从阶级斗争的角度来进行的，强调人权的阶级性。不论在阶级矛盾和阶级斗争还是社会主要矛盾的历史条件下，揭示人权的阶级性，不仅是正确的，而且是深刻的。但是，在作为阶级的剥削阶级已经不存在，阶级矛盾已经不是社会主要矛盾的历史条件下，只讲人权的阶级性就会导致对人权的削弱和破坏。随着改革开放的深入，社会利益的多元化不断为人们所认识和接受，而政府对各种不同利益的平衡保障，也逐渐成为共识。在这一背景下，对人权的认识不再被放在阶级斗争的背景之下，而是被置于对全体社会成员权利的平等保护的视角之下。因此，人权的主体不再被局限在某个阶级或多数人，人权已经被视为社会全体成员的权利。每个人都有权利平等地享受基本人权。即便是那些严重侵犯他人权利的罪犯，也有权享有某些最基本的人权。

人权的广泛性是中国人权保障的显著特点之一。人权的广泛性不仅是指中国公民享受的人权范围是广泛的，而且是指享受人权的主体是广泛的。强调人权是占人口绝大多数的"全国人民的人权"是社会主义中国与西方国家在人权问题上的本质区别之一。因此，党的十五大、十六大报告在谈到尊重和保障人权时，均强调要保证"人民"享有广泛的权利和自由。胡锦涛总书记在党的十七大报告中指出，要"尊重和保障人权，依法保证全体社会成员平等参与、平等发展的权利"，用"全体社会成员"概念代替"人民"概念，这是对人权主体理解的一个重要突破，进一步彰显了我国人权保障的广泛性特点，也反映了我国社会的发展进步和党中央对人权认识的一种深化。

### 4. 人权是一个权利体系，是各类权利的有机统一

随着社会主义市场经济体制的建立，尊重个人权利的必要性得到了日益充分的认识。个人权利和集体权利正确结合，成为社会主义人权的一项基本原则。首先，任何人权包括集体人权最终都必须体现为个人人权；个人人权若得不到保障，也就谈不上集体人权。其次，集体人权是个人人权得以充分实现的先决条件和必要保障。如果一个国家失去了国家主权，无

法自主决定其国家事务和自由谋求其经济、社会和文化的发展，那么这个国家人民的个人人权也就得不到保证。最后，某些集体人权也是个人的人权，例如发展权、环境权、和平权；保障这些集体权利形式的人权，同时也就保障了个人的人权。从个人来说，首先必须维护国家和人民的权利；对社会来说，发展国家和人民的权利，归根到底，要落实到每个人身上，即提高个人生活的质量，促进每个人的自由全面的发展。

同样，人权不仅包括公民权利和政治权利，而且包括经济、社会和文化权利。个人人权与集体人权，公民、政治权利与经济、社会、文化权利同等重要。公民权利和政治权利是公民享有人格尊严和实现充分人权的基本政治保证。经济、社会、文化权利是公民享有公民权利和政治权利的基础条件。这两大类权利是不可分割、相互依存和相互促进的。正如江泽民在 1997 年访美期间指出的：“集体人权与个人人权，经济、社会、文化权利与公民、政治权利，是不可分割的。”[1] 他在 1999 年访英期间进一步指出：“集体人权与个人人权，经济、社会、文化权利与公民、政治权利紧密结合和协调发展，这适合中国国情因而是中国人权事业发展的必然道路。”[2]

**5. 生存权和发展权是首要的基本人权**

生存权是指人们在一定社会关系中和历史条件下，应当享有能够维持正常生活所必需的基本条件的权利，不仅指个人的生命在生理意义上得到延续的权利，而且指一个国家、民族及其人民的生存得到保障的权利。发展权是个人权利和集体权利的综合。作为个人权利，发展权包括“每个人和所有人民有权参与、促进并享受经济、社会、文化和政治发展”。作为集体权利，发展权则是指各国特别是发展中国家在经济、政治、社会、文化等方面的自决权。

中国是一个发展中国家，经济发展处于较低水平，人民基本生存的保障是首先必须解决的问题，否则其他人权的保障就缺乏基础。而生存权的

---

① 《江泽民文选》第 2 卷，人民出版社，2006，第 53 页。
② 《江泽民文选》第 2 卷，人民出版社，2006，第 56 页。

保障，要通过经济的发展来实现。在这个意义上，中国将生存权、发展权作为人权发展战略上的首要目标。正如江泽民在 1991 年指出的："在中国讲人权，首先要使在只占世界 7% 的耕地，而却占世界 22% 人口的中国 11亿人吃饱饭。同时，我国人民也充分享有与我国社会发展程度相适应的各种政治、经济、文化等权利，随着现代化建设的发展，还要实现更高层次的和更加广泛的权利。"[1] 他在 1997 年指出："中国是一个有十二亿人口的发展中国家，这个国情决定了在中国生存权、发展权是最基本最重要的人权。不首先解决温饱问题，其他一切权利都难实现。"[2] 他在 1999 年进一步指出："中国在公元一世纪人口就已达到过六千万左右，众多人口的衣食住行，几千年来一直是中国历代政府所要解决的首要人权问题。今天的中国是一个有十二亿多人口的发展中大国，仍然必须首先保障最广大人民的生存权和发展权，不然，其他一切权利都无从谈起。中国确保十二亿多人的生存权和发展权，这是对世界人权进步事业的重大贡献。"[3] 江泽民还指出："离开社会的进步和经济的发展来说民主、自由和人权是没有意义的。"[4]

6. 人权的实现离不开稳定、发展与法治

稳定是实现人权的前提，发展是实现人权的关键，法治是实现人权的保障。没有稳定的社会政治环境，人权的实现就没有起码的社会条件。

人权的实现和发展需要一定的物质基础。贫穷和发展不充分，仍是妨碍我国人权实现的最大障碍。因此，在中国，实现人权必须坚持以经济发展为中心。

当享有充分人权作为崇高理想和奋斗目标提出的时候，它是一种应有权利，也就是"依经济结构以及由经济结构制约的社会文化发展"而应当享有的权利。要将理想变为现实，要将应有权利变为实有权利，就要在对人权

---

① 邹爱国、张益俊：《江泽民等与优秀残疾人和助残先进集体、个人代表座谈》，1991 年 5 月 11 日《人民日报》。

② 《江泽民文选》第 2 卷，人民出版社，2006，第 52 页。

③ 《江泽民文选》第 2 卷，人民出版社，2006，第 56 页。

④ 《江泽民论有中国特色的社会主义》（文献摘编），中央文献出版社，2002，第 322 页。

之于人类重要性共识的基础上，首先将应有权利变为法定权利。应有权利的实现不能靠自发，也不能无序。自发会导致混乱，无序会造成力量抵消，结果会使人权的享有成为空话。要想避免出现这种局面，只能靠法治，靠法律的制定和实施。

保障人权的方法手段多种多样，既需要政治的、经济的、社会的，也需要教育的、行政的、法治的。而其中的法治保障，因其具有定型性、规范性和强制性而显得特别重要和不可替代。作为人权的应有权利，一旦通过国家立法程序变为法定权利，不仅会对一个国家的全体公民产生普遍约束力，而且使人权的各项内容得到规范化，变得明确和具体，而便于实施，易于操作，能更严格地受到监督。

7. 国际人权保护与尊重国家主权不相矛盾；国际人权保护经过主权国家立法机构批准，在尊重国家主权的基础上得到有效实施

一些西方学者主张"人权无国界""人权高于主权"。这种主张为霸权主义和强权政治推行所谓"人权外交"、干涉别国内政制造了舆论和借口。因此，如何看待国际人权保护与国家主权之间的关系，便成为推进国际人权事业发展必须解决的一个关键性问题。

人权具有国际保护的一面。人权的国际保护是指国际社会根据国际人权条约，对实现基本人权的某些方面承担特定的或普遍的国际合作义务，并对违反国际人权条约义务、侵犯人权的行为加以防止和惩治的活动。人权的国际保护主要是针对大规模侵犯人权的行为，例如，殖民主义、种族主义、外国侵略与占领、种族隔离、种族灭绝、贩卖奴隶、国际恐怖活动等。这些行为不仅严重侵犯人权，而且危害世界和平和安全。

人权的国际保护不但不排斥和否定国家主权，而且是以主权国家的相互合作和承担国际义务为基础和原则的。一般而言，人权与主权是一致的，主权是最大的集体人权，人权是主权的目的，主权是人权的保障。主权原则和不干涉内政原则，是保证公正的世界政治经济秩序的必不可少的前提，也是现代国际法中最基本的原则。正如江泽民指出的："从世界上存在众多国家这个现实出发，人权的实现要依靠各个国家努力才行。因此，从根本上讲，

人权是一个国家主权范围内的问题。"① "如果失去了国家主权、民族独立和国家尊严，也就失去了人民民主，并且从根本上失去了人权。"② 他在 1999 年 10 月 18 日接受法国《费加罗报》采访时指出："只要世界上还存在不同的国家，只要我们这个星球上的人民还生活在不同的国度里，人权问题就始终属于一个国家的内部事务。任何一个国家的人权事业，不管这个国家是大是小、是强是弱，都应由本国政府依靠自己的人民自主去解决。这是一项基本原则。除了这个国家要求联合国予以帮助外，任何其他国家和国际组织都无权进行干预。各国都有义务根据联合国宪章的宗旨和原则，遵照国际人权文书，并结合本国的国情和有关法律，促进和保护本国人民的人权和基本自由。"③ 2000 年 9 月 6 日，江泽民在联合国千年首脑会议上指出："人权领域内的对话和合作，必须在尊重国家主权的基础上开展，这是保护和促进人权事业最根本、最有效的途径。只要世界上还存在国家，人们分别在各自的国家中生活，维护国家的独立和主权就是每个国家政府和人民的最高利益。没有主权，也就谈不上人权。"④ 他在分组会上进一步指出，在新世纪千年之交的历史时刻，国际社会有必要重申联合国宪章中确立的尊重人权和主权平等这两项原则，"一方面，充分实现和享受人权是全人类追求的共同理想。促进和保护人权是各国政府的神圣职责。任何国家都有义务遵照国际人权文书，并结合本国国情和有关法律，促进和保护本国人民的人权与基本自由。另一方面，各国主权平等和相互尊重主权、互不干涉内政等原则仍然是现代国际关系的基本准则。国家不分大小、强弱、贫富，一律平等。维护本国的主权和安全，是每个国家政府和人民的神圣权利。各国人民有权自主选择符合本国国情的社会制度和发展道路，创造自己的生活。中华民族历来尊重人的尊严和价值。中国同许多发展中国家一样，在近代历史上长期遭受外强入侵和欺凌。中国人民深知，一个国家不能保障自己的主权，就

---

① 《江泽民文选》第 2 卷，人民出版社，2006，第 52 页。
② 《江泽民论有中国特色的社会主义》（文献摘编），中央文献出版社，2002，第 322 页。
③ 《江泽民文选》第 2 卷，人民出版社，2006，第 55 页。
④ 《江泽民文选》第 3 卷，人民出版社，2006，第 110~111 页。

根本谈不上人权。所以,我们特别珍惜中国人民经过长期斗争用鲜血和生命换来的人民解放和国家主权……历史和现实都告诉我们,国家主权是一国人民充分享受人权的前提和保障。这两者不是相互对立的,而是相辅相成的。"①

**8. 对话与合作是促进国际人权事业的正确途径**

人权观是一定社会的政治、经济和文化的产物。各国之间在人权问题上有分歧是正常的,这是各国历史和国情差异与世界多样化属性在人权问题上的反映。国际社会应充分考虑并尊重各种政治、经济、社会制度和不同历史、宗教、文化背景的国家对人权所持的观点,各国之间也应本着平等与相互尊重的原则,通过对话与合作来增进相互理解,扩大共识,缩小分歧。对抗不仅无助于增进理解,缩小分歧,而且只能扩大矛盾,加剧纷争。任何国家实现和维护人权的道路,都不能脱离该国的历史和经济、政治、文化等具体国情。人权国际保护应当致力于促进国际人权领域的正常合作和各国之间的相互理解和尊重。

对于人权事务上的国际合作问题,江泽民主张:"各国对人权问题的看法有分歧,应进行对话,而不应搞对抗。我们愿意同其他国家加强交流和合作,共同促进世界人权事业。"②"人权领域的对话和合作,必须在尊重国家主权的基础上开展,这是保护和促进人权事业最根本、最有效的途径。"③

## (二)法律上的突破

改革开放以来,中国先后制定了一系列人权保障的法律,并在宪法中明确规定了尊重和保障人权的原则,使人权得到了法律的有效保障。

**1. 宪法**

宪法是国家的根本大法。"文化大革命"结束后,中国宪法在公民基本权利的保障方面,经历了一个逐渐的变化过程。1978 年重新制定的宪

---

① 《江泽民文选》第 3 卷,人民出版社,2006,第 113~114 页。
② 《江泽民文选》第 2 卷,人民出版社,2006,第 52~53 页。
③ 《江泽民文选》第 3 卷,人民出版社,2006,第 110 页。

法，恢复了 1954 年宪法对大多数公民权利的规定。在 1975 年的宪法中曾经规定，"国家依照法律在一定时期内剥夺地主、富农、反动资本家和其他坏分子的政治权利"。在 1978 年的宪法中，这一规定被改为"国家依照法律在一定时期内剥夺没有改造好的地主、富农、反动资本家的政治权利"，但同时仍然规定要"惩办新生资产阶级和其他坏分子"（第18 条）。

1982 年 12 月 4 日通过的中华人民共和国第四部《宪法》，即现行《宪法》，突出了民主与法治两大宪政原则。在民主方面，它对公民基本权利的规定比历次宪法内容更加广泛、切实、明确，并且规定了国家为保证公民权利的实现和逐步扩大应采取的政策措施。"公民的基本权利和义务"由第三章前移到第二章，其中规定："凡具有中华人民共和国国籍的人都是中华人民共和国公民"（第 33 条）。同时，该章对公民各项基本权利的规定，不仅恢复了 1954 年宪法的内容，而且规定得更加确切和明确，还增加了新的内容。明确规定"中华人民共和国公民在法律面前一律平等"（第 33 条），规定"中华人民共和国公民的人格尊严不受侵犯，禁止用任何方法对公民进行侮辱、诽谤和诬告陷害"（第 38 条），并对公民的人身自由、宗教信仰自由、公民住宅不受侵犯、通信自由和通信秘密受法律保护，以及公民对于任何国家机关和国家工作人员有提出批评和建议的权利，对其违法失职行为有提出申诉、控告或检举的权利，都比过去规定得更加具体。在法治方面，该宪法将"发展社会主义民主，健全社会主义法制"确定为国家的根本任务之一，突出地强调了宪法的权威和法治的重要性。它明确规定："一切法律、行政法规和地方性法规都不得同宪法相抵触。一切国家机关和武装力量、各政党和各社会团体、各企业事业组织都必须遵守宪法和法律。一切违反宪法和法律的行为必须予以追究。任何组织或者个人都不得有超越宪法和法律的特权"（第 5 条）。

1999 年 3 月 15 日，第三次宪法修正案通过，确认了依法治国的基本治国方略。

2004 年 3 月 14 日，第四次宪法修正案获得通过，"国家尊重和保障人权"被载入中国宪法，这标志着"人权"从政治理念提升为法律概念，人权成为宪法价值的核心，中国进入了一个人权保障的新时代。与此同时，修正案将宪法第 10 条第 3 款"国家为了公共利益的需要，可以依照法律规定对土地实行征用"，修改为"国家为了公共利益的需要，可以依照法律规定对土地实行征收或者征用并给予补偿"；将第 11 条第 2 款"国家保护个体经济、私营经济的合法的权利和利益。国家对个体经济、私营经济实行引导、监督和管理"，修改为"国家保护个体经济、私营经济等非公有制经济的合法的权利和利益。国家鼓励、支持和引导非公有制经济的发展，并对非公有制经济依法实行监督和管理"；将第 13 条"国家保护公民的合法的收入、储蓄、房屋和其他合法财产的所有权"，"国家依照法律规定保护公民的私有财产的继承权"，修改为"公民的合法的私有财产不受侵犯"，"国家依照法律规定保护公民的私有财产权和继承权"，"国家为了公共利益的需要，可以依照法律规定对公民的私有财产实行征收或者征用并给予补偿"；将第 14 条增加一款，作为第 4 款："国家建立健全同经济发展水平相适应的社会保障制度。"

**2. 具体的法律法规**

对人权的法律保障，不仅体现在宪法的改变，而且体现在各种具体的法律法规中对各项具体人权的保障。据统计，自 1978 年以来，中国在人权保障方面共制定了近 160 个法律法规，其中近 60 个法律法规涉及经济、社会、文化权利保障，近 30 个法律法规涉及公民权利和政治权利保障，十几个法律法规涉及妇女、儿童、老年人、残疾人权利保障，近 50 个法律法规涉及对人权的司法保障，十几个法律法规涉及环境权利保障。在此期间，许多法律法规还经过多次修订，如《地方各级人民代表大会和地方各级人民政府组织法》经历了 4 次修订，《全国人民代表大会和地方各级人民代表大会选举法》经历了 5 次修订，《刑法》经历了 8 次修订。通过这些修订，使法律对人权的保障更加具体、明确和严格。

**3. 国际人权公约**

改革开放以来，中国积极签署和批准各项国际人权公约，参加新的国际人权公约的制定，并认真履行各项公约义务。

到2010年，中国已经批准了27项国际人权公约（参见表1）。

表1　中国加入的国际人权公约

| 编号 | 公约名称 | 签署时间 | 批准或加入时间 | 保留条款 |
|---|---|---|---|---|
| 1 | 《改善战地武装部队伤者病者境遇之日内瓦公约》 | | 1956年12月28日交存批准书 | 对第4条作了保留 |
| 2 | 《改善海上武装部队伤者病者及遇船难者境遇之日内瓦公约》 | | 1956年12月28日交存批准书 | 对第10条作了保留 |
| 3 | 《关于战俘待遇之日内瓦公约》 | | 1956年12月28日交存批准书 | 对第10、12、85条作了保留 |
| 4 | 《关于战时保护平民之日内瓦公约》 | | 1956年12月28日交存批准书 | 对第11、45条作了保留 |
| 5 | 《消除对妇女一切形式歧视公约》 | | 1980年11月4日加入 | 对第29条第1款作了保留 |
| 6 | 《消除一切形式种族歧视国际公约》 | | 1981年12月29日加入 | |
| 7 | 《关于难民地位的公约》 | | 1982年9月24日交存加入书 | |
| 8 | 《关于难民地位议定书》 | | 1982年9月24日加入 | 对第4条作了保留 |
| 9 | 《1949年8月12日日内瓦公约关于保护国际性武装冲突受难者的附加议定书》（第一议定书） | | 1983年9月14日加入 | 对第88条第2款作了保留 |
| 10 | 《1949年8月12日日内瓦公约关于保护非国际性武装冲突受难者的附加议定书》（第二议定书） | | 1983年9月14日加入 | 对第88条第2款作了保留 |
| 11 | 《防止及惩治灭绝种族罪公约》 | | 1983年3月5日批准 | 对第9条作了保留 |
| 12 | 《禁止并惩治种族隔离罪行国际公约》 | | 1983年4月18日加入 | |
| 13 | 《禁止酷刑和其他残忍、不人道或有辱人格的待遇或处罚公约》 | 1986年12月12日签署 | 1988年9月5日批准 | 对第20条和第30条第1款作了保留 |
| 14 | 《反对体育领域种族隔离国际公约》 | 1987年10月21日签署 | 1988年4月3日对中国生效 | |

续表

| 编号 | 公约名称 | 签署时间 | 批准或加入时间 | 保留条款 |
|---|---|---|---|---|
| 15 | 《残疾人职业康复与就业公约》 | | 1987 年 9 月 5 日批准 | |
| 16 | 《男女工人同工同酬公约》 | | 1990 年 9 月 7 日批准 | |
| 17 | 《儿童权利公约》 | | 1992 年 1 月 31 日批准 | 对第 6 条作了保留 |
| 18 | 《经济、社会和文化权利国际公约》 | 1997 年 10 月签署 | 2001 年 3 月 27 日批准 | 对第 8 条第 1 款（甲）项等提出了 3 项声明 |
| 19 | 《就业政策公约》 | | 1997 年 12 月 17 日交存批准书 | |
| 20 | 《最低就业年龄公约》 | | 1998 年 12 月 29 日批准 | 同时声明不适用于中华人民共和国香港特别行政区 |
| 21 | 《〈儿童权利公约〉关于儿童卷入武装冲突问题的任择议定书》 | 2001 年 3 月 15 日签署 | 2007 年 12 月 29 日批准 | 对征兵年龄作出声明 |
| 22 | 《〈儿童权利公约〉关于买卖儿童、儿童卖淫和儿童色情制品问题的任择议定书》 | | 2002 年 12 月 3 日交存批准书 | |
| 23 | 《禁止和立即行动消除最有害的童工形式公约》 | | 2002 年 8 月 8 日交存批准书 | |
| 24 | 《联合国人员和有关人权安全公约》 | | 2004 年 8 月 28 日加入 | 声明对第 22 条第 1 款予以保留，不受约束 |
| 25 | 《消除就业和职业歧视公约》 | | 2005 年 8 月 28 日批准 | 声明不适用于中华人民共和国香港特别行政区 |
| 26 | 《残疾人权利国际公约》 | 2007 年 3 月 30 日签署 | 2008 年 6 月 26 日批准 | |
| 27 | 《〈联合国打击跨国有组织犯罪公约〉关于预防、禁止和惩治贩运人口特别是妇女和儿童行为的补充议定书》 | | 2009 年 12 月 26 日加入 | 声明不受第 15 条第 2 款规定的约束；暂不适用于中华人民共和国香港特别行政区 |

资料来源：根据《中国人权年鉴》等资料及网上查询资料总结。

此外，中国政府已于 1998 年 10 月 5 日签署了联合国《公民权利和政治权利国际公约》，并积极为批准《公民权利和政治权利国际公约》创造条件。

同时，在 1984 年，中国政府承认了国民党政府（1930～1947 年）批准的 14 个国际劳工公约，其中包括《确定准许儿童在海上工作的最低年龄公约》《农业工人的集会结社权公约》《工业企业中实行每周休息公约》《确定准许使用未成年人为扒炭工或司炉工的最低年龄公约》《在海上工作的儿童及未成年人的强制检查公约》《本国工人与外国工人关于事故赔偿的同等待遇公约》《海员协议条款公约》《海员遣返公约》《制订最低工资确定办法公约》《航运的重大包裹标明重量公约》《船舶装卸工人伤害防护公约》《各种矿场井下劳动使用妇女公约》《确定准许使用儿童于工业工作的最低年龄公约》《最后条款修正公约》。中国政府还于 1990 年批准了《三方协商促进贯彻国际劳工标准公约》，2001 年批准了《劳动行政管理公约》。

中国已就《消除一切形式种族歧视国际公约》提交过 6 次 13 期报告，就《消除对妇女一切形式歧视公约》提交过 5 次 8 期报告，就《禁止酷刑和其他残忍、不人道或有辱人格的待遇或处罚公约》提交过 4 次 5 期报告，就《儿童权利公约》提交过 3 次 4 期报告，就《经济、社会和文化权利国际公约》《〈儿童权利公约〉关于买卖儿童、儿童卖淫和儿童色情制品问题的任择议定书》提交 2 次报告，就《残疾人权利公约》《〈儿童权利公约〉关于儿童卷入武装冲突问题的任择议定书》提交了首次报告。

## （三）实践上的突破

中国的人权保障不仅仅停留在理论探索和立法规定上，而且采取了一系列具体的措施改善人权保障的状况。这包括国家全面的人权行动计划，也包括各个部门针对存在的特定人权问题开展的具体的人权专项行动，还包括与其他国家开展的国际人权对话。

1. 国家的人权行动计划

2004 年，国务院审议通过了《全面推进依法行政实施纲要》。

人权保障的行政实践，最突出地体现在 2009 年制定的《国家人权行动计划（2009～2010 年）》。这是中国政府首次制定以人权为主题的国家规划。该行动计划是在中国政府各有关部门和社会各界广泛参与下制定的。中国政府专门设立了以国务院新闻办公室和外交部为牵头单位的国家人权行动计划联席会议机制，成员包括了有关部委和中国人权研究会等共 53 家单位。来自高校和研究机构的专家组成专家小组也应邀参与了计划的起草工作。在计划起草制定过程中还多次召开座谈会，广泛征求各社会团体、非政府组织、高等院校、研究机构以及社会各界的意见，反复讨论和修订。该行动计划提出，2009～2010 年，国家将采取积极有效的措施，努力克服国际金融危机带来的消极影响，切实保障全体社会成员的经济、社会和文化权利；将继续加强民主法治建设、健全民主制度、丰富民主形式、拓宽民主渠道，强化行政执法和司法中的人权保障，提高公民权利与政治权利的保障水平；将采取措施，进一步保障少数民族、妇女、儿童、老年人和残疾人的权益；将结合普法活动，积极依托现有的义务教育、中等教育、高等教育、职业教育体系和国家机关内的培训机构以及广播、电视、报刊、网络等多种媒体，有计划地开展形式多样的人权教育，普及和传播法律知识和人权知识；将继续认真履行已参加的国际人权条约规定的义务，倡导并积极参与国际人权领域的交流与合作。

2. 人权保障的专项行动和专项工程

近 10 年来，针对在各领域存在的人权问题，政府各部门开展了各种具体的专项行动和专项整治。

（1）生命权利保障

2001 年 4 月，公安部在全国展开了治爆缉枪专项行动。

2009 年 8 月 15 日，公安部在全国开展为期两个月的严厉整治酒后驾驶交通违法行为专项行动。

（2）工作权利保障

2004 年在安徽芜湖市起诉的"乙肝歧视第一案"中，法院判决原告张先著胜诉。针对就业歧视问题，2004 年 8 月 28 日通过的《传染病防治法》修正案规定："任何单位和个人不得歧视传染病病人、病原携带者和疑似传染病病人。"2005 年 1 月由人事部和卫生部共同制定的《公务员录用体检通用标准（试行）》正式实施，该标准规定："乙肝病原携带者，经检查排除肝炎的，合格。"2007 年，卫生部、原劳动和社会保障部联合出台了《关于维护乙肝表面抗原携带者的就业权利的意见》，规定：除国家法律、行政法规和卫生部规定禁止从事的易使乙肝扩散的工作外，用人单位不得以劳动者携带乙肝为理由拒绝招用或者辞退乙肝表面抗原携带者。2007 年 11 月，中央组织部和人事部印发了《公务员录用规定（试行）》，明确要求公务员主管部门和招录机关不得设置与职位要求无关的报考条件，体现了公务员录用公开、平等、竞争、择优的原则。

针对农民工权利保障方面存在的问题，国务院于 2006 年 3 月颁布了《关于解决农民工问题的若干意见》，提出了维护农民工权益的具体方法。同时，开展了建立农民工工资保障制度探索。2006 年山西部分"黑砖窑"强制劳工的不法行为曝光后，中国政府在全国范围内开展了"整治非法用工打击违法犯罪"的专项行动。2008 年 8 月 11 日，中华全国总工会正式印发了《工会法律援助办法》，对权利遭受侵犯的工人予以法律援助。

针对山西省"黑砖窑"事件暴露出来的问题，2007 年，根据国务院的部署，原劳动和社会保障部、公安部、监察部、民政部、国土资源部、卫生部、工商总局、安全监管总局和全国总工会共同制定了在全国开展整治非法用工和打击违法犯罪行为的专项行动方案，决定集中力量于 2007 年 7 月至 8 月，以乡村小砖窑、小煤矿、小矿山、小作坊"四小"用人单位为重点，在全国范围内组织开展整治非法用工、打击违法犯罪专项行动。

针对安全生产方面出现的问题，2007 年 5 月 12 日，国务院办公厅发出《关于在重点行业和领域开展安全生产隐患排查治理专项行动的通知》，要通过开展隐患排查治理专项行动，进一步落实企业的安全生产主体责任和地方人民政府的安全监管主体责任，全面排查治理事故隐患和薄弱环节，认真解决存在的突出问题，建立重大危险源监控机制和重大隐患排查治理机制及分级管理制度，有效防范和遏制重特大事故的发生，促进全国安全生产状况进一步稳定好转。

（3）健康权利保障

针对食品安全问题，国家先后严肃查处了一系列严重危害人民生命健康的恶性事件，如2003年阜阳的劣质奶粉事件、2005年的"苏丹红"事件、2008年的"三鹿"牌婴幼儿奶粉事件。

2005年，国务院开展了全国食品药品专项整治工作。

2006年，卫生部开展了食品专项整治工作和化妆品专项整治工作。

2007年，国务院成立了产品质量和食品安全领导小组，国家质检总局发布了《食品召回管理规定》，建立了食品危险性评估体系。

2007年，国务院发布了《全国产品质量和食品安全专项整治行动方案》。

2007年8月，国务院开展了全国药品专项整治行动。

2008年9月，农业部、工业和信息化部、公安部、卫生部、国家工商总局、国家质检总局联合开展了全国奶站专项整治行动。

2009年，全国开展了打击违法添加非食用物质和滥用食品添加剂专项整治。

2010年5月，教育部和国家食品药品监督管理局在全国开展了学校食堂食品安全专项整治行动。

2005～2007年，卫生部联合科技部、公安部、监察部、国家人口计生委、国家食品药品监管局、国家中医药局、解放军总后勤部卫生部，在全国开展了深入持久的打击非法行医专项行动和非法采供血专项整治。

（4）社会保障

在社会保障方面，中国于1993年开始建立最低工资保障制度，2000年开始建立工资集体协商机制，2003年开始新型农村合作医疗试点，2007年在全国启动城镇居民基本医疗保险试点。2009年12月28日，国务院办公厅转发了人力资源和社会保障部以及财政部的《城镇企业职工基本养老保险关系转移接续暂行办法》。2009年9月4日，国务院颁布了《国务院关于开展新型农村社会养老保险试点的指导意见》。

在住房保障制度上，从1994年的《国务院关于深化城镇住房制度改革的决定》，到 2007 年《国务院关于解决城市低收入家庭住房困难的若干意见》，中国建立了廉租房、经济适用房和商品房三位一体的住房保障体系。

（5）教育权利保障

为贯彻《国务院关于进一步加强农村教育工作的决定》，进一步推进西部大开发，实现西部地区基本普及九年义务教育、基本扫除青壮年文盲（以下简称"两基"）目标，教育部制订了《国家西部地区"两基"攻坚计划（2004~2007 年）》，要求到 2007 年，西部地区整体上实现"两基"目标，"两基"人口覆盖率达到 85% 以上，初中毛入学率达到 90% 以上，扫除 600 万文盲，青壮年文盲率下降到 5% 以下。

2001 年，教育部、国家计委和财政部实施了全国中小学危房改造工程。该工程共实施两期：2001~2002 年为第一期，中央财政安排专项资金 30 亿元；2003~2005 年为第二期，中央财政安排专项资金 60 亿元。2001~2005 年，全国纳入农村中小学危房改造规划的项目学校共 60833 所，累计改造危房 7800 万平方米，3400 多万师生从危险校舍中搬进新校舍。从 2006 年起，全国农村义务教育阶段中小学校校舍维修改造将纳入农村义务教育经费保障机制中统一考虑。

（6）文化权利保障

2002 年，文化部、财政部在全国实施了"全国文化信息资源共享工程"，采用现代信息技术，对文化信息资源进行数字化加工和整合，通过网络最大限度地为社会公众享用。

2007 年，新闻出版总署会同中央文明办、国家发展改革委、科技部、民政部、财政部、农业部、国家人口计生委，在全国范围内实施了"农家书屋"工程，解决农民群众"买书难、借书难、看书难"的问题。

2008 年 1 月 23 日，根据中宣部、财政部、文化部和国家文物局联合下发的《关于全国博物馆、纪念馆免费开放的通知》要求，全国各级文化文物部门归口管理的公共博物馆、纪念馆、全国爱国主义教育示范基地实行免费开放。

2008 年，中国成功举办了北京奥运会和北京残奥会。2010 年，中国成功举办了广州亚运会和广州残亚会。

（7）财产权利保障

针对房屋拆迁中存在的侵犯公民权利的事件，国务院在 2003 年发布了《关于认真做好城镇房屋拆迁工作维护社会稳定的紧急通知》。原建设部也发布了《城市房屋拆迁估价指导意见》和《城市房屋拆迁行政裁决工作规程》。针对湖南省嘉禾县的拆迁违法事件，国务院办公厅 2004 年发布了《关于控制房屋拆迁规模严格拆迁管理的通知》。

2004 年，国务院在全国开展了保护知识产权专项行动。2004 年 3 月，最高人民检察院开展了打击制假售假、侵犯知识产权犯罪专项立案监督活动。

2010 年 10 月至 2011 年 3 月，国务院在全国集中开展为期半年的打击侵犯知识产权和制售假冒伪劣商品专项行动。公安部决定，从 2010 年 11 月 19 日起至 2011 年 3 月开展"亮剑"专项行动，严厉打击侵犯知识产权和制售伪劣商品犯罪，重点打击涉及侵犯著作权、商标权、专利权和植物新品种权等侵犯知识产权犯罪和生产、销售伪劣商品犯罪，特别要突出打击印刷复制盗版图书、音像、软件的犯罪，制售假冒伪劣药品、食品、农资的犯罪，跨地区、跨国（境）的犯罪，职业化、团伙化、规模化的犯罪，与商业贿赂相关联的犯罪，以及其他情节严重、影响恶劣的犯罪。2010 年 4 月，国家知识产权局开展了全国知识产权执法维权专项行动。

（8）司法中的人权保障

在孙志刚案件后，2003 年 5 月，最高人民法院、最高人民检察院和公安部联合发出《关于严格执行刑事诉讼法，切实纠防超期羁押的通知》，并在全国开展了清理超期羁押的专项整治行动。

2004 年 5 月，最高人民检察院决定在全国开展严肃查办国家机关工作人员利用职权侵犯人权犯罪专项活动，查办主要针对五类利用职务侵犯人权的案件，包括渎职造成人民生命财产重大损失的案件，非法拘禁、非法搜查的案件，刑讯逼供、暴力取证案件，破坏选举、侵犯公民民主权利案件，以及虐待被监管人案件。

2004 年 1 月 15 日，云南省高级人民法院在认定原审被告人孙万刚杀人证据不足的前提下，撤销原判，宣布孙万刚无罪。它体现了修改后的刑法和刑事诉讼法所规定的"疑罪从无"原则。

2009 年 4 月 20 日至 9 月 30 日，最高人民检察院、公安部开展了全国看守所监管执法专项检查活动，全面排查和打击"牢头狱霸"，维护在押人员合法权益。

2005 年，最高人民法院宣布，将 1983 年以来授权各高级人民法院行使部分死刑核准权收归最高人民法院统一行使。

2009 年 6 月 22 日，检察机关全国统一举报电话"12309"在最高人民检察院和部分省级检察院正式投入使用，并在年底前陆续开通了其余省份的统一举报电话。同时，为方便群众记忆和使用，最高人民检察院举报网站于 2009 年 6 月 22 日起正式更新网址为 www.12309.gov.cn。

（9）妇女、儿童权利保障

2000 年 3 月 20 日最高人民法院、最高人民检察院、公安部、民政部、司法部、全国妇联联合发出《关于打击拐卖妇女儿童犯罪有关问题的通知》，决定 2000 年上半年在全国范围内开展"打击人贩子、解救被拐卖妇女儿童"专项斗争。

针对侵犯妇女儿童权利的问题，中国于 2008 年 1 月 1 日开始施行《中国反对拐卖妇女儿童行动计划（2008～2012 年）》。

（10）残疾人权利保障

在残疾人权利保障方面，中国政府大力兴办各种特殊教育学校，解决残疾人教育保障特别是残障少年儿童的教育问题。截至 2008 年 9 月，全国为盲、聋、智残少年儿童兴办的特殊教育学校已发展到 1667 所，义务教育普通学校附设特教班有 2803 个，在校的盲、聋、智残学生达到 58 万人。其中特殊教育普通高中 83 所，在校生 4978 人，包括聋高中 68 所，在校生 4047 人；盲高中 15 所，在校生 931 人。全国有 5234 名残疾人被普通高等院校录取，1086 名残疾人进入特殊教育学院学习。2008 年 9 月 6～17 日，北京成功举办了第十三届残奥会。

（11）环境权利保障

自 2003 年起，环保总局（环境保护部）、国家发展改革委、监察部、司法部、工商总局、安监总局已经连续七年组织开展了"整治违法排污企业保障群众健康环保专项行动"。

2004年查处了四川沱江特大污染事故。

2007年12月，水利部开展了全国水土保持监督执法专项行动。

从2008年6月1日起，中国正式实施《关于限制生产销售使用塑料购物袋的通知》，被称为"限塑令"。

2008年1月22日，国务院办公厅发出通知，转发原环保总局、国家发展改革委、财政部、原建设部和水利部共同制定的《关于加强重点湖泊水环境保护工作的意见》，为中国重点湖泊水环境治理设定目标和时限。

2008年5月23日，全国人大常委会法制工作委员会印发了《对违法排污行为适用行政拘留处罚问题的意见》，明确提出，排污单位违反国家规定，向水体排放、倾倒毒害性、放射性、腐蚀性物质或者传染病病原体等危险物质，非法处置危险物质违反治安管理行为的，可以由公安机关对单位直接负责的主管人员和其他直接责任人员依法给予5～15天的行政拘留处罚。

2009年8月，陕西凤翔、湖南武冈和昆明东川区相继发生儿童"血铅超标"事件。随后，重金属污染事故数度上演，并多次成为群体事件的导火索。2009年9月29日，环境保护部等九部门发布《关于深入开展重金属污染企业专项检查的通知》。

2009年8月16日，国家安全生产监督管理总局、卫生部、人力资源和社会保障部、中华全国总工会联合下发了《关于开展粉尘与高毒物品危害治理专项行动的通知》。

在节能减排方面，2007年国务院印发了国家发改委会同有关部门制定的《节能减排综合性工作方案》，提出了45项具体措施。同年还批转了《节能减排统计监测及考核实施方案和办法》。

（12）公共危机事件中的人权保障

在面对各种威胁公民生命、健康和财产安全的自然灾害和重大事件中，如汶川、楚雄和玉树地震，各种矿难，"非典"、禽流感、甲型H1N1流感和手足口病疫情，南方冻雪灾害，金融危机等，中国政府都表现出了高度负责任的精神，采取各种有效措施来保障公民的各项权利。

同时，中国还积极参加各种国际救援活动，如印度洋海啸、美国"卡特里娜"飓风、巴基斯坦地震、朝鲜和越南防治禽流感、罗马尼亚水灾、伊朗地震、几内亚比绍蝗灾和霍乱，以及向尼日尔、布隆迪、莱索托、吉布提、赞比亚、莫桑比克提供了紧急粮食援助。

3. 开展国际人权对话、交流与合作

从1979年开始，中国派代表团以观察员身份参加了联合国人权委员会第35、36和37届会议。1981年，中国当选为联合国人权委员会成员国，正式参加了人权委员会的工作，并一直连任该委员会成员，每年都派代表团出席会议。从1984年起，中国连续当选为"防止歧视和保护民族、种族、语言、宗教上属于少数人的人权小组委员会"委员和候补委员，还担任了该机构下属的土著居民问题工作组和来文工作组的成员。中国还多次派代表参与国际人权法律文书的起草工作，先后参加了多个公约的起草工作组。自1981年起，中国还派代表参加了联合国人权委员会起草《发展权利宣言》的政府专家组的历届会议，直至1986年该宣言在联大通过。1993年3月，中国派代表团出席了在曼谷举行的世界人权大会亚洲区域筹备会，并担任了第一次筹备会、亚洲区域筹备会和世界人权大会的副主席。同年6月，中国代表参加了维也纳世界人权大会，并参加了《维也纳宣言和行动纲领》的讨论、起草和制定，提出了许多建设性的意见。

中国积极与联合国开展人权的合作。1998年9月，中国政府邀请联合国人权事务高级专员玛莉·罗宾逊夫人来华访问，双方就人权问题广泛地交流了看法，并签署了《技术合作项目的合作意向备忘录》。1999年，中国政府又邀请联合国人权事务高级专员办公室专家团来华访问，该专家团与中国政府的相关部门和非政府组织就人权领域的咨询服务和技术合作问题进行了友好的磋商。中国政府还先后邀请联合国宗教不容忍问题报告员、联合国任意拘留问题工作组、联合国酷刑问题报告员来华访问。2000年11月20日，联合国人权事务高级专员罗宾逊夫人再次访问中国，双方签署了一份人权事务技术合作备忘录。2005 年 8 月 31 日，联合国人权事务高级专员路易斯·阿博尔女士来华访问，并与我国非政府组织代表就人权问题进行了对话。2009 年 2 月，中国首次接受人权理事会国别人权审查。在审议中，中国以严肃和高度负责的态度全面介绍中国人权事业的发展、面临的挑战和努力目标，与各国进行了开放、坦诚的对话。中国在人权领域作出的努力和取得的进步受到许多国家的肯定，人权理事会于 2009 年 6 月核可了审议中国的报告。2009 年，中国专家当选首届联合国残疾人权利委员会副主席，连任联合国禁止酷刑委员会委员。

1991 年 11 月，中国政府发表了首部《中国的人权状况》白皮书，第一次系统地向国际社会阐述了中国在人权问题上的基本立场和实践。到 2010 年，中国先后共发表了 9 个关于中国人权状况的白皮书。

中国积极倡导开展平等的国际人权对话，并已经与近 20 个国家在平等和相互尊重的基础上开展了人权对话与交流。1995 年，中欧开始了第一次人权对话，此后每半年举行一次，到 2010 年 7 月，共举行了 29 次中欧人权对话。中国与澳大利亚的人权对话始自 1997 年，到 2009 年，已经举行了 12 次人权对话。中美人权对话始于 1990 年，根据协定每年举行两次。但从 1990 年 12 月到 2002 年 12 月，中美只举行了 13 轮双边人权磋商，其后因突发事件多次中断。2008 年中美恢复举行了第 14 次人权对话，2010 年 5 月举行了第 15 次中美人权对话。此外，中国还与英国进行了 18 次人权对话，与德国进行了 8 次人权对话，与挪威进行了 11 次人权对话。中国还与瑞典、巴西、加拿大、日本、荷兰等国家就人权问题进行了政府和非政府的对话。

中国还举行了以人权为主题的国际研讨会。1998 年 10 月，中国以"面向二十一世纪的世界人权"为主题，召开了第一次国际人权研讨会；2002 年 10 月，以"东方文化与人权发展"为主题召开了第二次国际人权研讨会；2006 年 11 月举办了"尊重和促进人权与建设和谐世界"第三次国际人权研讨会。从 2008 年到 2010 年，连续举办了三届"北京人权论坛"。此外，中国还于 1990 年和 2005 年两次承办"世界法律大会"。

中国同国际人权领域的霸权行径进行了坚决的斗争。从 1990 年起到

2004 年，美国在联合国人权委员会会议上联合欧盟和其他一些国家不断提出谴责中国人权状况的议案。除了 1991 年因海湾战争、1998 年因克林顿访华、2002 年因美国在联合国人权委员会换届选举中落选、2003 年因美国发动伊拉克战争外，美国一共提出了 11 次这样的议案。在中国政府的努力抗争下，有 10 次都没有进入表决程序，只有 1 次（1995 年）因赞成和反对"不采取行动"动议的票数相等而进行表决程序，但表决的结果仍是以西方议案的失败而告终。此外，针对美国国务院在国别人权报告中对中国人权状况的污蔑，中国国务院新闻办公室自 2000 年开始每年发表《美国的人权纪录》，用美国媒体披露的资料，揭示美国国内的人权问题。

# 四　人权研究工作的队伍、机构、特点

近 20 年来，中国成立了许多专门的人权研究机构，开展了大量有关人权问题的学术研究，并出版了大量的学术专著，发表了大量的学术论文。

## （一）人权研究机构

成立于 1993 年 1 月的中国人权研究会，是全国性的人权研究机构，在联合国经社理事会具有咨商地位。

在一些大专院校和政府部门中，也先后成立了各种人权研究机构。根据目前的不完全统计，这样的人权研究机构共有 29 个（见表 2）。

表 2　各大学和政府部门中的人权研究机构及其成立时间

| 序号 | 所在单位 | 人权机构名称 | 成立时间 |
|---|---|---|---|
| 1 | 山东大学 | 人权研究中心 | 1990 年 6 月成立山东大学法学所人权研究室，1994 年建制为校属院办的研究中心 |
| 2 | 中国社会科学院 | 人权研究中心 | 1991 年 |
| 3 | 武汉大学 | 社会弱者权利保护中心 | 1992 年 5 月 20 日，2003 年 5 月注册为民办非企业法人 |

| 序号 | 所在单位 | 人权机构名称 | 成立时间 |
|---|---|---|---|
| 4 | 中共中央党校 | 人权研究中心 | 1994 年,同时为中央党校政治学法学教研部的人权教研室 |
| 5 | 汕头大学 | 人权研究中心 | 1996 年 |
| 6 | 北京大学 | 人权与人道法研究所 | 1997 年 4 月 25 日成立"人权研究中心",2008 年 4 月 23 日改为现名 |
| 7 | 司法部预防犯罪研究所 | 司法人权研究室 | 1999 年原名"司法部司法人权研究中心",2002 年改为现名 |
| 8 | 吉林大学理论法学研究中心 | 人权研究中心 | 2000 年 |
| 9 | 湖南大学 | 法治与人权研究中心 | 2000 年 10 月 |
| 10 | 上海社会科学院 | 人权研究中心 | 2002 年 |
| 11 | 复旦大学 | 人权研究中心 | 2002 年 4 月 20 日 |
| 12 | 中国政法大学 | 人权与人道主义法研究所 | 2002 年 6 月 |
| 13 | 上海交通大学凯原法学院 | 人权法研究中心 | 2002 年 9 月 |
| 14 | 东北财经大学 | 人权研究所 | 2004 年 3 月 |
| 15 | 中南大学 | 司法与人权研究中心 | 2004 年 4 月 |
| 16 | 四川大学 | 人权法律研究中心 | 2004 年 5 月 |
| 17 | 广州大学 | 人权研究中心 | 2004 年 7 月 |
| 18 | 西北政法大学 | 人权法研究中心 | 2004 年 7 月 |
| 19 | 中央民族大学 | 民族区域自治与少数民族人权保障研究中心 | 2004 年 11 月 |
| 20 | 北京理工大学 | 人权法研究中心 | 2005 年成立人文社会科学学院人权法研究中心,2008 年改为法学院人权法研究中心 |
| 21 | 中国人民大学法学院 | 人权研究中心 | 2005 年 |
| 22 | 南开大学 | 人权研究中心 | 2005 年 4 月 8 日 |
| 23 | 深圳大学 | 宪政与人权研究中心 | 2005 年 9 月成立"深圳大学法学院宪政与人权研究中心",2007 年 4 月为现名 |
| 24 | 哈尔滨工业大学法学院 | 人权法研究所 | 2006 年 2 月 |
| 25 | 东南大学 | 宪政与人权法研究所 | 2007 年 6 月 |

| 序号 | 所在单位 | 人权机构名称 | 成立时间 |
|---|---|---|---|
| 26 | 中国地质大学(武汉) | 人权法研究所 | 2008年3月28日 |
| 27 | 内蒙古大学法学院 | 人权法与人道法研究中心 | 2009年5月 |
| 28 | 云南大学 | 人权法研究所 | 2009年8月 |
| 29 | 南京大学法学院 | 人权法研究所 | 2010年由2001年成立的南京大学亚太法研究所改为现名 |

资料来源：根据第一次全国人权研究机构经验交流会的资料与各研究机构的查询情况总结。

### （二）人权研究的形式与成果

各人权机构开展了大量的研究工作，并以各种形式发表研究成果。

1. 网站

一些人权研究机构建立了专门的人权网站。例如，中国人权研究会建立了"中国人权网"www.humanrights.cn；山东大学人权研究中心建立了"人权研究网"www.hr.sdu.edu.cn；中国政法大学建立了"人权研究"专业网站 http：//gate.cupl.edu.cn/rqrdyjs。

2. 定期出版物

不少人权研究机构建立了定期出版物。例如，中国人权研究会定期出版中英文双月刊的《人权》杂志；中国人权研究会还与南开大学人权研究中心合作，定期出版《中国人权在行动》；中国社会科学院人权研究中心出版了《中国人权年刊》《人权研究》；广州大学人权研究中心组织出版了《人权研究系列丛书》《人权研究博士文库》；山东大学人权研究中心组织出版了《人权研究》系列丛书；上海交通大学凯原法学院出版了《人权法评论》系列丛书；武汉大学社会弱者权利保护中心出版了《社会弱者权利保护理论与实务丛书》；复旦大学人权研究中心出版了《复旦人权研究》；北京大学出版了《人权丛书：法治视野下的人权问题》。

3. 研究项目

许多人权研究机构就一些专门的人权问题开展了专题研究。

中国人权研究会组织的研究课题主要包括：科学发展观与中国人权建设；政治文明建设与人权保障；全面建设小康社会与人权；中国人权发展道路和基本经验；中国共产党执政与人权保障；中国法制建设与人权保障；死刑与人权；反恐与人权；美国对华人权外交；监狱人权保障等。

北京大学人权与人道法研究所的研究项目包括："促进中国的反歧视"研究项目；"反对歧视艾滋病毒与乙肝病毒感染者"调研项目。

湖南大学法治与人权研究中心的研究项目包括：信息公开制度研究；司法独立问题研究；公民权利和政治权利国际公约研究；经济、社会和文化权利国际公约研究；宪法监督制度研究；人权法理论与实践问题研究；我国贫困群体权利保障研究；司法公正与中国律师制度研究；警察执法与人权保障项目；犯罪嫌疑人权利保障研究；服刑人员未成年子女人权保障国际比较研究；农民工劳动保障权利研究；疑罪案件中的人权保障研究。

山东大学人权研究中心的研究项目包括：人权的效力；中国人权史；人权与司法保障；人权的制度起源；国家人权机构研究；人权与人类和谐；社会弱势群体权利保护；自由大宪章研究。

上海交通大学凯原法学院人权法研究中心的研究项目包括：国际人权公约国内实施问题研究；刑事非羁押措施比较研究；人权公约、欧美诸国与我国刑事司法的视角；香港基本法与《公民权利和政治权利国际公约》标准的审视。

中共中央党校人权研究中心的研究项目包括：完善我国人权法律制度；弱势群体权利保障与和谐社会法制构建研究；全面建设小康社会与人权；当代国际人权问题研究；人权观研究；中国妇女人权保障机制研究。

中国人民大学法学院人权研究中心的研究项目包括：当代中国社会主义人权理论研究；刑事审前程序中的人权保障问题研究；发展中国家政治发展与人权保障问题研究；欧盟人权的立法与实践；国际人权两公约与我国刑事法律的协调完善；羁押制度与人权保障；中欧反酷刑项目；刑事被害人的权利救济与司法保护。

中国社会科学院人权研究中心的研究项目包括经济、社会和文化权利可诉性研究等。

中国政法大学人权与人道主义法研究所的研究项目包括：人权的制度起源；紧急状态下的人权保障比较研究；人权与人类和谐；国际人权法对个人权利的救济；国家人权机构研究；社会弱势群体权利保护；中国对国际人权公约的批准与实施；中国人权保护制度化历程。

中央民族大学民族区域自治与少数民族人权保障研究中心的研究项目包括：现代化进程中中国少数民族人权保障研究；中国少数民族妇女权益保障现状调查；少数民族传统文化产权制度研究。

4. 学术成果

各研究中心先后出版了一系列有关人权的专门著作。

中国社会科学院人权研究中心出版的人权著作包括：《发展中国家与人权》《人权概念起源》《中国人权建设》《当代人权理论与实践》《人权的普遍性与特殊性》《走向权利的时代》《妇女与人权》《人权基本理论》《人权与宪政》《人权与司法》《人权与21世纪》《人权法学》《国际人权公约与中国》《〈经济、社会和文化权利国际公约〉研究》《论国家在〈经济、社会和文化权利国际公约〉下的义务的不对称性》《儿童权利与法律保护》《各国残疾人权益保障比较研究》《儿童权利论》《国际人权文件与国际人权机构》《中国人权百科全书》等。

中国人民大学法学院人权研究中心出版的人权著作包括：《人权：从世界到中国——当代中国人权的理论与实践》《中欧遏制酷刑比较研究》《刑事审前程序与人权保障》《羁押制度与人权保障》《马克思主义人权理论与实践》《人权史话》《限制对人身自由的限制》《残疾人法律保障机制研究》《人权保障法与中国》《侵犯人身权利犯罪疑难问题司法对策》《中国农民工问题与社会保护》《人权法原理》等。

中共中央党校人权研究中心出版的人权专著包括：《人权理论基本问题》《妇女与人权》《人权法律制度研究》《完善我国人权法律制度》《人权问题概论》《选举及其相关权利研究》《知情权与透明政府研究》《社会弱势群体权利的法律保障研究》等。

山东大学人权研究中心出版的人权专著包括：《外国人权思想研究》《中国近百年人权思想》《知情权与信息公开法》等。

南开大学人权研究中心出版的专著包括：《人权的理想·悖论·现实》《当代中国权利规范的转型》《中国人权建设 60 年》《透视美国人权外交》等。

中央民族大学民族区域自治与少数民族人权保障研究中心出版的人权著作包括：《散居少数民族权益保障研究》《中国少数民族经济权利法律保障研究》《中国少数民族基本文化权利法律保障研究》等。

此外，中国政法大学人权与人道主义法研究所出版了《人权法原理》《国际人权法教程》等，复旦大学司法人权研究出版了《国际人权论》《新人权论》，司法部预防犯罪研究所司法人权研究室出版了《国际人权公约与中国监狱罪犯人权保障》《中国监狱服刑人员基本权利研究》等，上海社会科学院人权研究中心出版了《人权与国家主权》等。

此外，近 20 年来，特别是近 10 年来，中国的人权研究者们发表了大量的学术论文。中国人权研究会编辑出版了一系列人权研究论文集。如《中国改革开放与人权发展 30 年》《新世纪中国人权》《"人权入宪"与人权法律保障》《〈世界人权宣言〉与中国人权》《论人权与主权》《面向 21 世纪的世界人权》《东方文化与人权发展》《人权与和谐世界》《发展、安全与人权》《和谐发展与人权》《人权与发展》《中国监狱人权保障》等。还组织翻译出版了《人权百科全书》《世界人权宣言——努力实现的共同标准》《经济、社会和文化权利教程》等国外人权书籍。

中国人权研究会还出版了《中国人权年鉴》、《中国人权年鉴（2000~2005）》和《人权画册》，以及有关中国人权的许多音像制品。

5. 研讨会

中国人权研究会组织了多次人权理论研讨会。2003 年 9 月 10 日中国人权研究会与中国监狱学会联合举办"中国监狱人权保障理论研讨会"。2004 年 12 月 23~24 日中国人权研究会、中国法学会在北京联合主办了"人权入宪与人权法制保障"理论研讨会。2008 年 12 月 12 日，中国人权研究会在北京举办了"中国改革开放与人权发展 30 年"学术研讨会。此外，在 2009

年和 2010 年，中国人权研究会还分别与广州大学人权研究中心和南开大学人权研究中心合作举办了第一次和第二次全国人权研究机构工作经验交流会。

中国人权研究会组织举办了三次国际人权研讨会和三届北京人权论坛，即 1998 年 10 月"面向二十一世纪的世界人权"第一次国际人权研讨会，2002 年 10 月"东方文化与人权发展"第二次国际人权研讨会，2006 年 11 月"尊重和促进人权与建设和谐世界"第三次国际人权研讨会，以及 2008 年 4 月"安全、发展与人权"首届北京人权论坛，2009 年 11 月"和谐发展与人权"第二届北京人权论坛和 2010 年 10 月"人权与发展：概念、模式、途径再思考"第三届北京人权论坛。

各人权研究机构也举办了各种类型的学术研讨会。如中国社会科学院人权研究中心主办的"妇女与人权"国际学术研讨会，"中国—欧盟司法中的人权保障"研讨会，"人权与 21 世纪"国际学术研讨会，"人权与外交"国际研讨会等；中国政法大学人权与人道主义法研究所主办的中美人权学术研讨会，国外中国公民权利保护研讨会，中国实施《经济、社会和文化权利国际公约》学术研讨会，人权多学科研究方法研讨会，纪念《世界人权宣言》通过 60 周年暨人权教育学术研讨会等；中共中央党校人权研究中心主办的"人权教育"国际学术研讨会，"人权与多元文化"国际学术研讨会，"人权法的实施"国际学术研讨会，"国家人权行动计划"国际学术研讨会等；山东大学人权研究中心，法定权利义务研讨会，人权主体问题研讨会，"人权与主权"问题座谈会，"人权的司法保障"研讨会，"弱势群体权利保护"学术研讨会，"中国实施《经济、社会和文化权利国际公约》"学术研讨会等；北京大学人权与人道法研究所主办的"以权利为基础促进发展"国际研讨会，"外嫁女权益保护研究及论坛研讨会"等；中国人权发展基金会与澳大利亚人权与机会平等委员会在无锡共同举办的"中国—澳大利亚城市社区建设与人权发展研讨会"；南京大学法学院主办的"全球化背景下的法治与人权"专题研讨会等。

### 6. 人权教育

各人权研究机构积极倡议、主动推动并切实践行在国内开展多层次、多领域、全方位人权知识普及和人权教育工作，努力提高全社会的人权意识。

中国人权研究会与中央人民广播电台联合主办"话说人权"系列讲座（1998 年），在《人民日报》开设"人权知识百题问答"专栏（2005 年 1 月~2006 年 5 月），在《人民日报（海外版）》开辟"中国人权面面观"专栏（2006 年），与光明日报社联合举办"人权知识竞赛"（2007 年 11~12 月），举办"中国人权展"（2006 年 11 月）；编写出版《人权知识百题问答》《人权基本文献要览》《人权知识干部读本》等普及教材，开设人权专题研讨班，对各级政府官员、监狱执法人员进行人权培训。

各高校人权机构发挥各自特长，开展各种形式的人权教育。中国政法大学、南开大学、北京大学、中国人民大学、山东大学、吉林大学、广州大学、中山大学等开设有人权法课程，并招收人权法专业的博士、硕士研究生。中共中央党校致力于对中高级领导干部的人权教育，于 2000 年将人权课程列入中共中央党校培训部和进修部干部学员的必修课程。中国社会科学院、北京大学、中国人民大学、中共中央党校、中国政法大学、山东大学等单位的人权研究机构还积极开展国际合作，组织了形式多样的人权培训活动。

## （三）人权研究的特点

改革开放以来，中国人权的研究呈现以下特点：

第一，视野广泛，研究具体。中国的人权研究具有广阔的视角，涉及了世界上各种人权思想和学说，考察了各国在人权方面的立法和实践，并对人权的发展进行了历史的考察。特别是近 10 年来，中国人权研究的领域不断拓宽，从最初集中于对人权理论和历史的研究，不断扩展到对立法、司法、行政、社会、文化等各个领域的研究。同时，研究的内容也从最初的对人权概念、历史、理论和国际约法的一般性介绍和比较，越来越多地转向对各种具体人权问题的专项研究。所涉及的专项研究题目包括对少数民族、妇女、儿童、老年人、残疾人权利的保障，对公民人身权利、工作权利、财产权利、健康权利、受教育权利、社会保障权利、文化权利、环境权利的保障，对公民姓名权利、隐私权利、表达权、知情权、参与权、监督权的保障，对公民权利的司法、行政和社会保障方式，以及对国外人权保障状况的分析和研究。

第二，与中国人权保障和人权教育的实际相结合。中国人权研究的一个突出特色，就是密切结合中国的实际国情，针对中国人权发展中存在的实际问题，进行理论联系实际的研究。各人权研究机构和研究学者不仅从学术角度对人权的概念和理论进行深入的研究，而且积极开展对现实问题的分析，并就如何推动中国人权事业的发展提出了各种具体的政策建议。同时，由于大多数人权研究机构都是建立在大学和科研机构中，人权的研究学者同时也担任着高校的教学工作，所以这些学者的研究成果能够直接与高校的人权教育密切结合，许多高校都开设了专门的人权课程，并确立了人权研究的专业方向，培养了人权方向的硕士生和博士生。不少学者还走出校门，对政府官员和社会工作者进行人权知识培训。

第三，广泛开展国内外的人权交流。各人权研究机构举办了各种专题的人权研讨会，不仅与国内的人权研究者进行广泛的交流，而且与国外的人权学者和人权组织进行了各种形式的交流。中国人权研究会每年举办的人权理论研讨会成为中国人权研究者的学术盛会，人权国际研讨会、北京人权论坛更成为享誉中外的国际人权交流平台。

第四，重视人权理论创新。在结合中国人权保障的实际进行各种专题研究的同时，中国的人权学者也在不断探索人权理论上的创新。中国是一个发展中国家，中国人权事业发展所面临的问题既具有特殊性，又在发展中国家中具有一定的普遍性。因此，探索发展中国家人权保障的合适理论与有效路径，是中国人权研究者应当承担的历史责任。

# 中国人权事业"十一五"时期的发展
# 与"十二五"时期的展望

李君如　常　健

2011 年，是中国"十一五"规划的结束之年，也是"十二五"规划的开局之年。在"十一五"规划期间，中国人权事业的发展突飞猛进，《国家人权行动计划（2009～2010 年）》的制定和落实标志着中国人权事业发展的新突破。2011 年，中国特色社会主义法律体系宣告形成，这是自 1997 年中共十五大提出建设中国特色社会主义法律体系的目标以来，经过十多年的不懈努力，终于达成的一个重要成就，它对于建立健全人权的法律保障具有无可估量的重要意义。展望"十二五"规划时期，中国人权事业仍然面临许多需要努力解决的问题，同时也将会在"尊重和保障人权"的宪法原则指导下，不断取得新的进步。

## 一　"十一五"时期中国人权事业的进步

"十一五"时期是中国人权事业取得突破性进展的五年。中国共产党十七届五中全会在总结"十一五"时期党和国家的工作经验时，深刻地指出："'十一五'时期是中国发展史上极不平凡的五年。""经过五年努力奋斗，中国社会生产力快速发展，综合国力大幅提升，人民生活明显改善，国际地位和影响力显著提高，社会主义经济建设、政治建设、文化建设、社会建设以及生态文明建设和党的建设取得重大进展，谱写了中国特色社会主义事业新篇章。"① 这一重要的判断中，包含了"十一五"时期中国人权事业所取得的突破性进展。

---

① 《中共中央关于制定国民经济和社会发展第十二个五年规划的建议》。

### （一）治国理政的理念、原则和制度建设突出强调人权保障

在"十一五"时期，党和政府治国理政的理念和原则出现的新发展，就是突出强调对人和人权的尊重和保障。

首先，在"十一五"时期，"以人为本"成为治国理政的核心理念。2003 年，以胡锦涛同志为总书记的中共中央在贯彻落实十六大精神的过程中，针对新世纪新阶段中国经济社会发展的新的阶段性特征，提出了以人为本、全面协调可持续发展的科学发展观。这一重大战略思想，作为"十一五"时期中国经济社会发展的重要指导方针，举起了"以人为本"的旗帜。这是"十一五"时期治国理政的核心理念，是"十一五"时期中国人权事业发展的根本思想基础和行动指南。

其次，在"十一五"时期，"尊重和保障人权"成为治国理政的重要原则。2004 年，"国家尊重和保障人权"被写入宪法；2005 年中国共产党十六届五中全会及其通过的"十一五"规划建议，以及《中华人民共和国国民经济和社会发展第十一个五年规划纲要》，都明确了"尊重和保障人权，促进人权事业全面发展"这一战略任务。2007 年，中共十七大又将"尊重和保障人权"写入了党代会文件。这是中国人权事业取得突破性进展的重要标志。

最后，人权立法进入新的发展阶段。在"十一五"时期的立法工作中，认真贯彻了"以人为本"的核心理念和"尊重和保障人权"的原则，围绕公民的基本权利制定了一系列重要的法律和法规。影响较大的如物权法、政府信息公开条例、食品安全法、侵权责任法以及对选举法的修订，等等。特别是，中国通过了具有条例性质的《国家人权行动计划（2009～2010 年）》。这标志着中国的人权立法进入新的发展阶段。

### （二）抗震救灾和应对国际金融危机的重大举措促进人权理念广泛普及

灾害和危机，是人类生存的灾难，也是挑战。"十一五"时期，中国经

历了南方冻雪灾害、汶川特大地震、玉树地震、舟曲山洪泥石流等自然灾害的考验,经历了国际金融危机的挑战。在中国共产党和政府的领导下,中国人民英勇抗击这些灾害和危机,尊重人、尊重人的生命,保障民生、改善民生等人权思想在全社会广泛普及。

2008年5月12日14时28分,在四川汶川县发生了里氏8.0级的地震。超过6.9万人遇难,超过1.7万人失踪,受伤人数超过34万人。地震发生后,中共中央总书记胡锦涛迅速作出重要指示,要求尽快抢救伤员,保证灾区人民群众生命安全。国务院总理温家宝飞赴灾区,在地震灾区都江堰市临时搭起的帐篷内召开国务院抗震救灾指挥部会议。中共中央总书记胡锦涛在北京召开并主持政治局会议,全面部署抗震救灾工作,决定成立抗震救灾总指挥部。军队处置突发事件应急机制也迅即启动。总参谋部发出指示,要求全军部队坚决贯彻军委主席胡锦涛的重要批示,迅速组织灾区驻军全力投入抗震救灾,想方设法救人。几个小时内,数万大军涌向汶川。截至15日8时,解放军和武警部队共投入13余万人,出动军用运输机、直升机飞行近300架次,进入灾区全部58个乡镇。地震发生后,中央财政不断给地震灾区拨付财政专款,截至2008年5月18日17时,中央财政已累计下拨抗震救灾资金57.82亿元。同时,国家部委和各级党政机关加强合作,纷纷为抗震抢险和灾后重建工作作出努力。

2008年6月4日,国务院第十一次常务会议通过了《汶川地震灾后恢复重建条例》,提出了"以人为本、科学规划、统筹兼顾、分步实施、自力更生、国家支持、社会帮扶"的指导方针。2008年6月24日,国务院副总理、国务院抗震救灾总指挥部副总指挥回良玉在第十一届全国人民代表大会常务委员会第三次会议上作了《国务院关于四川特大地震抗震救灾及灾后恢复重建工作情况的报告》。2008年6月29日,国务院下发了《关于支持汶川地震灾后恢复重建政策措施的意见》,提出了"充分发挥社会主义制度集中力量办大事的政治优势,举全国之力支持地震灾后恢复重建"的指导思想,以及"全面支持、突出重点,统筹协调、形成合力,因地制宜、分类指导,立足自救、各方帮扶,加大力度、简便易行"的基本原则,并就建立地震灾后恢复重建基金、财政支出政策、税收政策、政府性基金和行政事业性收费政策、金融政策、产业扶持政策、土地和矿产资源政策、就业援助和社会保险政策、粮食政策等九个方面提出了具体的政策措施。

经过各级政府的积极努力，四川汶川地震灾区群众的生活和各项权利得到充分保障。城乡居民居住条件比震前明显改善，灾区整体就业状况恢复到震前水平，城乡居民收入超过灾前水平，灾区中小学和医疗卫生机构完成重建工作，灾区建成一批文化市场服务网点、社会福利院、社区服务中心、敬老院、广播电视等配套服务设施。同时，为了表达对遇难者的尊重，政府对地震中遇难和失踪人员登记造册并予以公布。①

## （三）统筹发展促进经济、社会和文化权利保障

在"十一五"时期，中国注重经济和社会统筹发展、城市和乡村统筹发展，彻底取消了农业税，全面实行真正免费的义务教育，扩大新型合作医疗制度覆盖面，启动新型农村养老保险试点，使公民的经济、社会和文化权利保障取得了明显的实质性的重大进展。

### 1. 工作权利保障

面对世界性经济危机，中国政府采取各种措施增加就业岗位，保障劳动者的就业权。城乡就业人数从 2005 年末的 75825 万人增加到 2009 年末的 77995 万人，4 年间增加了 2170 万人，年均增加 543 万人；2010 年农民工总量已经达到 24223 万人。② 在全球性经济危机的背景下，2010 年底全国城镇登记失业率仅为 4.1%。③

针对安全生产方面存在的问题，中国政府和全国总工会采取各种促进安全生产的措施，保障劳动者享有卫生和安全的生产条件的权利。国家安全生

---

① 参见国务院新闻办公室《〈国家人权行动计划（2009~2010 年）〉评估报告》。
② 参见国家统计局国民经济综合统计司《新发展、新跨越、新篇章——"十一五"经济社会发展成就系列报告之一》，国家统计局网站：http://www.stats.gov.cn/tjfx/ztfx/sywcj/t20110301_402706119.htm。
③ 参见国务院新闻办公室《〈国家人权行动计划（2009~2010 年）〉评估报告》。

产监督管理总局颁布了《煤矿领导带班下井及安全监督检查规定》和《企业安全生产标准化基本规范》等70多个部门规章,制定修订了100多项安全生产标准和煤炭行业标准,集中开展打击非法违法生产经营建设行为专项行动。

针对劳动者权利保障方面存在的问题,中国制定和实施了《劳动合同法》,全国人大常委会分别于2008年和2011年集中开展了两次对劳动合同法的执法检查工作。到2010年底,全国规模以上企业劳动合同签订率达到97%,小企业劳动合同签订率达到65%。同时,为推动公正、及时解决劳动争议,制定了《人民调解法》和《劳动人事争议仲裁组织规则》,建立了1.4万多个协调劳动关系的三方组织,53.4万个各类劳动争议调解组织,调解人员达到200多万人。①

### 2. 基本生活水准权利保障

中国政府在努力发展经济的同时,大力促进城乡居民收入的快速增长和消费水平提高。2010年,中国城镇居民人均可支配收入达到19109元,比2005年增长82.1%,扣除价格因素,年均实际增长9.7%;农村居民人均纯收入5919元,比2005年增长81.8%,扣除价格因素,年均实际增长8.9%。中国城镇居民人均消费性支出13471元,比2005年增长了69.6%,年均增长11.1%;农村居民人均生活消费支出4382元,比2005年增长71.5%,年均增长11.4%。城镇居民人均消费性支出和农村居民人均生活消费支出中食品比重为35.7%和41.1%,分别比2005年降低了1.0和4.4个百分点。②

随着经济水平的提高,中国政府连续提高扶贫标准,保障低收入人口的基本生活水准。2009年初,国家将扶贫标准提高至1196元,新标准覆盖的人口规模达到4007万人。③ 2011年11月,中国再次将国家扶贫标准提升到

---

① 参见国务院新闻办公室《〈国家人权行动计划(2009~2010年)〉评估报告》。
② 参见国家统计局国民经济综合统计司《新发展、新跨越、新篇章——"十一五"经济社会发展成就系列报告之一》,国家统计局网站:http://www.stats.gov.cn/tjfx/ztfx/sywcj/t20110301_402706119.htm。
③ 参见国务院新闻办公室《2009年中国人权事业的进展》(白皮书)。

2300 元，比 2009 年提高了 92%。大幅度提高扶贫标准，把更多低收入人口纳入扶贫范围，是加大扶贫力度的重要措施。

面对城市住房价格的快速攀升，为了保障公民的住房权，中国政府大力开展保障住房建设，从 2008 年第四季度到 2010 年底，全国保障性安居工程建设投资超过 1.3 万亿元，[①] 解决城镇低收入和中等偏下收入家庭的住房困难。同时，针对城市化进程中房屋征收和拆迁所引发的问题，国务院颁布并实施了《国有土地上房屋征收与补偿条例》和《关于进一步严格征地拆迁管理工作切实维护群众合法权益的紧急通知》等行政法规和政策文件，规范房屋征收行为和征地拆迁管理工作。

### 3. 社会权利保障

在社会权利保障方面，覆盖城乡的社会保障体系建设取得突破性进展。城镇职工基本养老保险实现省级统筹，实施养老保险关系跨省转移接续办法，连续 7 年提高企业退休人员基本养老金水平，年均增长 10%；2010 年末，全国参加城镇基本养老保险人数 25673 万人，比 2005 年末增加 8185 万人。新型农村社会养老保险试点覆盖 24%的县，试点地区参保人数 10277 万人。[②]

在医疗保险方面，医药卫生体制改革稳妥推进，城镇居民基本医疗保险制度和新型农村合作医疗制度全面建立，惠及 12.67 亿城乡居民。到 2010 年末，参加城镇基本医疗保险的人数 43206 万人，比 2005 年末增加 29423 万人。2010 年，2678 个县（市、区）开展了新型农村合作医疗工作，参合率达到 96.3%。[③]

在社会救助方面，最低生活保障制度实现全覆盖，基本建立起城乡社

---

① 参见国务院新闻办公室《〈国家人权行动计划（2009~2010 年）〉评估报告》。
② 参见国家统计局国民经济综合统计司《新发展、新跨越、新篇章——"十一五"经济社会发展成就系列报告之一》，国家统计局网站：http：//www.stats.gov.cn/tjfx/ztfx/sywcj/t20110301_ 402706119. htm。
③ 参见国家统计局国民经济综合统计司《新发展、新跨越、新篇章——"十一五"经济社会发展成就系列报告之一》，国家统计局网站：http：//www.stats.gov.cn/tjfx/ztfx/sywcj/t20110301_ 402706119. htm。

会救助体系。2010 年，2311.1 万城市居民和 5228.4 万农村居民得到政府最低生活保障。① 到 2011 年 7 月，农村五保供养对象 556.3 万人。全国集中供养平均标准为每人每年 2951.4 元，分散供养平均标准为每人每年 2102.1 元。②

### 4. 受教育权利保障

中国政府制定和实施了国家中长期教育改革和发展规划纲要，显著加大了教育投入，2006~2010 年全国财政教育支出累计 4.45 万亿元，年均增长 22.4%。③ 国民平均受教育年限从 8.5 年增加到 9 年以上，④ 九年义务教育人口覆盖率达 100%，小学学龄儿童净入学率达 99.7%，小学五年巩固率 99%，初中毛入学率 100%。城市小学新生中接受学前教育的比例达到 96.6%，农村小学新生中接受学前教育的比例达到 90.8%。全国 15 岁以上人口文盲率下降到 4.08%。⑤

为了解决贫困家庭子女的上学问题，中国政府不仅全面实现了城乡免费义务教育，使所有适龄儿童都能"不花钱、有学上"，而且在中等职业教育方面对农村经济困难家庭、城市低收入家庭和涉农专业的学生实行免费。2010 年，国家不仅免除了全国约 1.3 亿名农村义务教育学生学杂费、教科书费和寄宿生住宿费，而且按照小学每生每年 750 元、初中每生每年 1000 元的标准，对约 1224 万名农村家庭经济困难寄宿生补助了生活费。⑥ 此外，还实施国家助学制度，财政投入从 2006 年的 18 亿元增加到 2010 年的 306 亿元，覆盖面从高等学校扩大到中等职业学校和普通高中，共资助学生

---

① 参见国家统计局国民经济综合统计司《新发展、新跨越、新篇章——"十一五"经济社会发展成就系列报告之一》，国家统计局网站：http://www.stats.gov.cn/tjfx/ztfx/sywcj/t20110301_402706119.htm。

② 参见国务院新闻办公室《〈国家人权行动计划（2009~2010 年）〉评估报告》。

③ 温家宝：《在十一届人大四次会议上所作政府工作报告》，中央政府门户网站：http://www.gov.cn/2011lh/content_1825233.htm。

④ 参见国家统计局国民经济综合统计司《新发展、新跨越、新篇章——"十一五"经济社会发展成就系列报告之一》，国家统计局网站：http://www.stats.gov.cn/tjfx/ztfx/sywcj/t20110301_402706119.htm。

⑤ 参见国务院新闻办公室《〈国家人权行动计划（2009~2010 年）〉评估报告》。

⑥ 参见国务院新闻办公室《〈国家人权行动计划（2009~2010 年）〉评估报告》。

2130 万名。①

### 5. 健康权利保障

根据健康权利保障的要求，国家提出将基本医疗卫生制度作为公共产品向全民提供。从 2009 年开始，逐步向城乡居民统一提供疾病预防控制、妇幼保健、健康教育等基本公共卫生服务。

针对基层医疗卫生服务能力低的现实问题，国家财政安排专项资金加强基层医疗卫生服务能力建设。改造和新建了 2.3 万所乡镇卫生院、1500 所县医院、500 所县中医院和 1000 所县妇幼保健院，建立了 2400 所社区卫生服务中心。②

### 6. 文化权利保障

"十一五"期间，中国政府明显加快了公共文化服务体系建设，全国 1749 家公共博物馆、纪念馆以及数千家其他各类博物馆、纪念馆和各级爱国主义教育基地向社会免费开放。政府特别加强了针对农村地区的文化设施建设。到 2010 年底，农村地区数字电影流动放映设备超过 4.2 万套，基本实现一村一月放映一场电影的公益目标；全国所有已通电的行政村和 20 户以上已通电的自然村基本实现了村村通广播电视；建成了各类农家书屋 30 多万家，覆盖 50% 的行政村。③

### 7. 环境权利保障

针对快速经济增长所带来的环境问题，中国政府在"十一五"时期大力开展综合环境治理，保障公民环境权。

在防治污染方面，2010 年，七大水系的水质监测断面中，Ⅰ～Ⅲ类水质断面比例占 59.6%，比 2005 年提高了 18.6 个百分点。在监测城市中空气质量达到二级以上（含二级）标准的城市占监测城市数的 82.7%，比 2005

---

① 温家宝：《在十一届人大四次会议上所作政府工作报告》，中央政府门户网站：http://www.gov.cn/2011lh/content_ 1825233. htm。

② 温家宝：《在十一届人大四次会议上所作政府工作报告》，中央政府门户网站：http://www.gov.cn/2011lh/content_ 1825233. htm。

③ 参见国务院新闻办公室《〈国家人权行动计划（2009～2010 年）〉评估报告》。

年提高了 22.4 个百分点。2010 年末,城市污水处理厂日处理能力达 10262 万立方米,比 2005 年末增长了 79.2%;城市污水处理率达到 76.9%,提高了 24.9 个百分点。①

在节能减排方面,2006~2010 年,中国单位国内生产总值能耗累计下降了 19.06%,单位铜冶炼综合能耗下降了 35.9%,单位烧碱生产综合能耗下降了 34.8%,吨水泥综合能耗下降了 28.6%,原油加工单位综合能耗下降了 28.4%,电厂火力发电标准煤耗下降了 16.1%,吨钢综合能耗下降了 12.1%,单位电解铝综合能耗下降了 12.0%,单位乙烯生产综合能耗下降了 11.5%。2010 年全国化学需氧量排放量比 2005 年下降了 12% 左右,二氧化硫排放量下降了 14% 左右。②

在可再生能源利用方面,2009 年,国家修订了可再生能源法。到 2010 年,新增水电装机容量、风电装机容量、太阳能光伏电池产量、太阳能热水器集热面积都位居世界第一。中国森林面积达 29.32 亿亩,森林覆盖率从 20 世纪 90 年代初期的 13.92% 提高到 20.36%;人工林保存面积达 9.26 亿亩,居世界首位。③

## (四)在民主和法治建设中促进对公民权利和政治权利的保障

在"十一五"时期,发展社会主义民主和全面推进法治建设取得了重要进展。在推进法治建设方面,政府努力推进司法体制和工作机制改革,规范司法行为,加强司法监督,促进司法公正,维护社会正义和司法权威,保障公民的人身权利和获得公正审判的权利。在发展社会主义民主方面,政府努力健全民主制度,丰富民主形式,扩大公民有序的政治参与,保证公民依

① 参见国家统计局国民经济综合统计司《新发展、新跨越、新篇章——"十一五"经济社会发展成就系列报告之一》,国家统计局网站:http://www.stats.gov.cn/tjfx/ztfx/sywcj/t20110301_402706119.htm。
② 参见国家统计局国民经济综合统计司《新发展、新跨越、新篇章——"十一五"经济社会发展成就系列报告之一》,国家统计局网站:http://www.stats.gov.cn/tjfx/ztfx/sywcj/t20110301_402706119.htm。
③ 参见国务院新闻办公室《〈国家人权行动计划(2009~2010 年)〉评估报告》。

法实行民主选举、民主决策、民主管理、民主监督。加强基层民主建设,坚持和完善政务公开、厂务公开、村务公开,保证公民依法行使选举权、知情权、参与权、监督权。

1. 公民权利保障

在公民权利保障方面,对生命权、人身权利、获得公正审判权利和被羁押者权利的保障更加完善。

在生命权利的保障方面,全国人大常委会审议通过了《刑法修正案(八)》,取消了票据诈骗罪等13个经济性非暴力犯罪的死刑。修改后的刑法还对审判时已满75周岁的人犯罪适用死刑作了限制性规定。有关部门联合发布的《关于办理死刑案件审查判断证据若干问题的规定》,对死刑案件的证据审查判断采用了更为严格的标准。人民法院坚持实行死刑二审案件全部开庭审理的制度,严格保障死刑被告人的上诉权利。

在人身权利保障方面,有关部门联合颁布了《公安机关人民警察纪律条令》,要求严惩非法剥夺、限制他人人身自由的行为。最高人民检察院、公安部颁布了《关于审查逮捕阶段讯问犯罪嫌疑人的规定》,要求保证刑事案件的办案质量,进一步保障犯罪嫌疑人的合法权益。公安部还制定了执法细则,对办案的主要环节和步骤作出了具体规定。

在获得公正审判权利的保障方面,最高人民法院、最高人民检察院等联合下发了《关于办理刑事案件排除非法证据若干问题的规定》,明确规定采用刑讯逼供等非法手段取得的供述和证人证言等,不能作为定案的根据。最高人民法院制定了《关于庭审活动录音录像的若干规定》,规定经人民法院许可,当事人可以查阅和复制庭审录音录像。全国各级法院于2010年开始全面试行量刑规范化改革,统一了15种常见犯罪的量刑标准,规范刑事自由裁量权。最高人民法院制定了《关于司法公开的六项规定》和《关于人民法院接受新闻媒体舆论监督的若干规定》,进一步保障公民获得审判信息的权利。最高人民法院、最高人民检察院等联合发布了《关于开展刑事被害人救助工作的若干意见》,进一步扩大了司法救助的范围。

在被羁押者权利的保护方面,公安部制定了《看守所防范和打击"牢头狱霸"十条规定》和《关于对看守所女性在押人员实行集中关押管理的通知》等规范性文件，进一步完善看守所在押人员分押分管、新入所人员过渡管理和收押告知以及在押人员受虐报警等制度。2010 年 12 月开始施行的《监狱建设标准》，进一步规范了监狱管理和设施建设。监狱基本建立起监管执法公开制度，看守所设立了接待室、举报箱，并公布民警姓名以及有关的监管执法制度和程序。1500 多个看守所向社会开放，[①] 接受社会监督。最高人民法院和最高人民检察院等制定颁布了《关于加强和规范监外执行工作的意见》，明确规定了减刑、假释裁定前的公示和听证制度，进一步增强了减刑、假释案件审理的透明度。公安部规定，为防止对被羁押者实施刑讯逼供或者体罚、虐待、侮辱等行为，除特殊原因外，提讯在押人员必须在看守所讯问室内进行，讯问室内用金属防护网分隔，分设在押人员和办案人员出入口，避免在押人员与办案人员的人身接触。与此同时，公安部启动了讯问室加装同步录音录像设备工作，借助科技手段防止刑讯逼供等行为。此外，还实行了在押人员被提讯前、后和被提解出所、送返看守所时体表检查制度。

### 2. 政治权利保障

在政治权利保障方面，对知情权、参与权、表达权和监督权的保障有了许多新的举措。

在知情权保障方面，国家制定了《政府信息公开条例》，政务公开制度体系基本形成。截至 2010 年底，75 个中央部门公开了部门预算，18 个省（自治区、直辖市）公开了公共财政预算和政府性基金预算，12 个省（自治区、直辖市）按月或季度公开了预算执行情况。2010 年 6 月，国务院发布《自然灾害救助条例》，对自然灾害救助中的信息公开问题作出了具体规定。中共中央大力推进中央有关部门和省（自治区、直辖市）党委设立新闻发言人制度的建设，到 2011 年 7 月，已有 13 个中共中央部门和单位，31

---

① 参见国务院新闻办公室《〈国家人权行动计划（2009~2010 年）〉评估报告》。

个省（自治区、直辖市）和新疆生产建设兵团的党委设立了新闻发言人。①

在参与权保障方面，2010年3月，全国人大通过了修改选举法的决定，规定城乡按照相同人口比例选举人大代表。2010年10月，全国人大常委会通过新修订的村民委员会组织法，提高了农村村民自治和民主管理水平。到2011年7月，已有31个省（自治区、直辖市）出台了村委会选举办法，8个省份制定了村务公开条例；约85%的村建立了村民大会或村民代表会议制度，90%以上的村建立了村务公开监督机构。2010年，全国各地普遍进行了城市居民委员会选举。②

在表达权保障方面，互联网已经成为公民行使表达权利的新渠道。截至2010年底，中国网民人数达到4.57亿，互联网普及率达到34.3%，超过世界平均水平；中国境内网站达到552万个，论坛上百万个，博客用户2.95亿个。据抽样统计，网民每天发表的言论达300多万条，66%以上的中国网民经常在网上发表言论，充分表达自己的思想观点和利益诉求。③中国领导人也经常上网了解公众意愿，与网民进行在线交流。通过互联网征求意见逐渐成为各级政府的普遍做法，政府通过互联网每年可以征集多达几百万条建议。

在监督权保障方面，全国人大及其常委会充分行使监督宪法和法律实施的职权；人民政协通过提案、委员视察、专题协商、专题调研、反映社情民意等方式，开展议政建言活动，履行政治协商、民主监督、参政议政职能。国家信访局推广和规范了网上信访、专线电话、绿色邮政、视频接访等多种信访形式，建成了互联互通、资源共享的全国信访信息系统。

### （五）对特殊群体成员权利的保障

在市场经济体制下，随着社会利益群体的分化，对社会中处于弱势地位的群体成员的保护，成为人权保障的重要要求。在"十一五"时期，政府

---

① 参见国务院新闻办公室《〈国家人权行动计划（2009～2010年）〉评估报告》。
② 参见国务院新闻办公室《〈国家人权行动计划（2009～2010年）〉评估报告》。
③ 参见国务院新闻办公室《〈国家人权行动计划（2009～2010年）〉评估报告》。

不断加强对特殊群体成员权利的保障，特别是弱势群体成员权利的保障。

1. 少数民族权利保障

政府特别重视对少数民族的生活改善和文化保护。截至 2010 年底，全国 640 个人口较少民族聚居村基本实现了在所有具备条件的特困村通路、通电、通电话、通广播电视，有学校、有卫生室、有安全的人畜饮用水、有安居房、有稳定解决温饱的基本农田或草场。[①] 国家还设立了热贡文化、羌族文化、土家族文化、苗族文化等少数民族文化生态保护实验区。

2. 妇女儿童权利保障

政府制定并实施了《"十一五"儿童福利机构建设规划》，每年为 10 万名左右的孤儿提供服务；制定并实施了《中国反对拐卖妇女儿童行动计划（2008~2012 年）》，建立了来历不明人员、疑似被拐人员信息通报核查机制；在全国持续开展了"打拐"专项行动。

3. 老年人权利保障

政府特别关注老年人物质生活、文化生活和合法权益的保障。企业退休人员基本养老金逐年增长，到 2011 年 7 月，全国已有养老机构 3.8 万个，床位 266.2 万张；基层老年文化活动设施 70 多万个；老年学校 4 万多所，在校老年学员 430 多万人；14 家全国性老年社会团体的分会遍及全国各地；80 多万个老年人协会的会员超过 3500 万人；老年法律援助中心达到 1.6 万多个；老年维权协调组织约 9.6 万个。[②]

4. 残疾人权利保障

政府特别重视残疾人的康复、托养、教育机构和无障碍化设施的建设。到 2011 年 7 月，全国有社区康复站约 14.5 万个，残疾人托养服务机构 4029 个。有关部门颁布了《残疾人航空运输办法（试行）》，修订了《民用机场旅客航站区无障碍设施设备配置标准》，对《机动车驾驶证申领和使用规定》的修订使更多残疾人获得了申请驾驶证的资格。全国 100 个城市开展

---

① 参见国务院新闻办公室《〈国家人权行动计划（2009~2010 年）〉评估报告》。
② 参见国务院新闻办公室《〈国家人权行动计划（2009~2010 年）〉评估报告》。

了无障碍城市创建工作，1118 个地市、县系统地开展了无障碍建设。共有27 个省级电视台开办了手语新闻栏目，341 个公共图书馆建立了盲人阅览室。截至 2010 年底，全国特教学校共 1706 所，特教班 1.6 万多个。①

5. 农民和农民工权利保障

由于传统的城乡二元结构和现代的城市化进程，对农民和进城务工的农民工权利的保障是一个必须长期面对的突出问题。

在"十一五"时期，政府采取了积极的措施改善农民的生活状况。中央财政"三农"投入累计近 3 万亿元，年均增幅超过 23%；取消了农业税和各种收费，每年减轻农民负担超过 1335 亿元；建立种粮农民补贴制度和主产区利益补偿机制，对重点粮食品种实行最低收购价和临时收储政策。这些措施使得农民人均纯收入持续较快增长，2010 年达到 5919 元。②

为了维护被征地农民的合法权益，政府积极改革征地制度。各地公布实施了征地统一年产值标准和征地区片综合地价，建立补偿标准动态调整机制，每 2~3 年对征地补偿标准进行调整。国家建立了被征地农民社会保障制度，已有 29 个省（自治区、直辖市）颁布了将被征地农民纳入社会保障体系的办法，被征地农民被纳入了基本生活或养老保障体系。政府采取农业生产安置、异地移民安置等多种方式，妥善安排被征地农民的生产和生活。

针对拖欠农民工工资的问题，国家逐步建立起农民工工资支付保障制度。截至 2010 年底，全国已有 26 个省（自治区、直辖市）建立了工资支付监控制度，31 个省（自治区、直辖市）在建设领域全部建立了工资保证金制度。③

## （六）人权教育、研究和国际交流取得重大进展

在"十一五"时期，中国的人权教育逐步展开，人权理论研究不断深

---

① 参见国务院新闻办公室《〈国家人权行动计划（2009~2010 年）〉评估报告》。
② 温家宝：《在十一届人大四次会议上所作政府工作报告》，中央政府门户网站：http://www.gov.cn/2011lh/content_ 1825233. htm。
③ 参见国务院新闻办公室《〈国家人权行动计划（2009~2010 年）〉评估报告》。

入,国际人权交流日益广泛。

1. 人权教育与培训

在"十一五"期间,通过多种形式的人权教育和传播普及人权知识,公民的人权意识和维权能力明显提高。

在九年义务教育中,增加了人权方面的教学内容。在小学阶段的《品德与生活》课程中,有帮助熟悉儿童的各项权利的内容。在初中阶段的《思想品德》课程中,介绍了17项关于法律和人权方面的内容,并介绍了未成年人保护法等法律法规。在高中阶段的《思想政治》等课程中,对宪法中有关公民权利的规定和国际人权公约中有关人权的规定进行了介绍。

在高等院校,人权的专业教育广泛开展。《国际人权法》等三部人权法教材入选"普通高等教育'十一五'国家级教材规划",数十所高校开设了人权法和人权教育方面的课程,教育部在南开大学、中国政法大学和广州大学设立了首批国家人权教育与培训基地。

政府有重点地开展了针对公职人员的人权教育培训。国务院新闻办公室每年举办人权知识培训班,对各级干部进行人权知识培训。中共中央党校和各级党校普遍把人权纳入教学内容,对各级领导干部开展人权知识教育。公安机关在人民警察核心价值观教育活动中,特别注意培养民警的人权意识。

2. 人权理论研究

中国高校、党校和研究机构加大了人权理论和实践的研究力度,在理论研究和队伍建设上都取得了很大进步。高等院校、党校和科研院所成立了40余个人权研究机构,深入开展人权理论研究,出版了数十部人权理论的研究专著和论文集,发表了数百篇有关人权的学术论文。北京大学、南开大学、山东大学、中国政法大学等高校还招收和培养人权方向的硕士和博士研究生。

3. 人权国际交流

"十一五"时期,中国加大了对世界人权理论和联合国人权文件的研究,接受了联合国人权理事会对中国人权状况的审议,持续开展了与联合国粮农组织、教科文组织、世界卫生组织、国际劳工组织等联合国专门机构和其他与人权相关的国际组织的交流与合作；中国积极参与了亚太地区、次区域框架下的人权交流活动，出席了人权理事会雇佣军问题亚洲区域磋商。在平等和相互尊重的基础上，中国与有关国家和区域性组织开展了双边人权对话与交流。中国的非政府组织积极开展国际人权领域的交流与合作，特别是中国人权研究会在推动国内人权研究和国际人权交流方面做了大量工作，它每年举办的"北京人权论坛"已经成为国际人权对话交流的重要平台，在国际人权领域产生了积极的影响。

## 二 中国特色社会主义法律体系的形成

中国人权事业发展的一个重要标志，就是中国特色社会主义法律体系的形成，它对于人权的法律保障具有重要的意义。建立中国特色社会主义法律体系，依法保障人权，是中国人权事业发展的重要基础。新中国成立以来，特别是改革开放30多年来，中国的立法工作取得了举世瞩目的成就。截至2011年8月底，中国已制定现行宪法和有效法律共240部、行政法规706部、地方性法规8600多部，[①] 涵盖社会关系各个方面的法律部门已经齐全，各个法律部门中基本的、主要的法律已经制定，相应的行政法规和地方性法规比较完备，法律体系内部总体做到科学和谐统一，中国特色社会主义法律体系已经形成。

### （一）中国特色社会主义法律体系的提出和建设阶段

中国特色社会主义法律体系从提出到形成，经历了十几年的时间。其间经历了"初步形成"、"基本形成"和"已经形成"等不同阶段。[②]

1. 从提出到"初步形成"

1997年9月，中国共产党十五大报告提出："加强立法工作，提高立法

---

① 国务院新闻办公室：《中国特色社会主义法律体系》（白皮书）。
② 参见万其刚《中国特色社会主义法律体系的提出和形成》，《中国发展观察》2011年第1期。中国共产党新闻网：http://theory.people.com.cn/GB/13714220.html。

质量，到 2010 年形成有中国特色社会主义法律体系。"① 这是中共中央第一次正式提出要形成"有中国特色社会主义法律体系"。

1998 年 3 月 19 日，李鹏委员长在九届全国人大一次会议闭幕会上的讲话中提出："在九届全国人大任期内，初步形成有中国特色社会主义的法律体系。"② 1998 年 3 月 21 日，李鹏委员长在九届全国人大常委会第一次会议上提出，要加强立法工作，提高立法质量，努力建设有中国特色社会主义法律体系。

1999 年 3 月，九届全国人大二次会议通过宪法修正案，明确规定："中华人民共和国实行依法治国，建设社会主义法治国家。"1999 年 4 月 23 日下午，九届全国人大常委会在人民大会堂举办第八次法制讲座，李鹏委员长在讲话中指出，九届全国人大二次会议通过的宪法修正案，将"依法治国，建设社会主义法治国家"这一党领导人民治理国家的基本方略载入宪法。依法治国的首要条件和基本前提，是建立有中国特色社会主义法律体系。加强对有中国特色社会主义法律体系的研究，从理论和实践的结合上搞清它的基本内涵和基本特征，以及明确建立这个体系的立法任务和主要措施，将有利于增强立法工作的主动性和自觉性，有利于有计划、有步骤、有重点地做好立法工作。因此，全国人大常委会专门组织力量对有中国特色社会主义法律体系进行了研究和论证，并已有了一个大体思路。随着实践的发展，对这一法律体系的认识还会不断深化。他指出，形成有中国特色社会主义法律体系，是一项前无古人的伟大工程，应当从中国社会主义初级阶段的实际出发，并研究借鉴外国有益的立法经验。③

2001 年 3 月 9 日，全国人大常委会委员长李鹏在九届全国人大四次会

① 江泽民：《在中国共产党第十五次全国代表大会上的报告》，中国共产党新闻网：http://cpc. people. com. cn/GB/64162/64168/64568/65445/4526285. html。
② 李鹏：《在九届全国人大一次会议闭幕式上的讲话》，中央政府门户网站：http://www. gov. cn/test/2008-05/07/content_ 963472. htm。
③ 《李鹏主持九届全国人大常委会第八次法制讲座并讲话》，中国人大网：http://www. npc. gov. cn/npc/oldarchives/ljwyz/common/group _ photo _ zw. jsp @ label = wxzlk&id = 5120&pdmc=010405&dm=01040505. htm。

议上作全国人大常委会工作报告时提出，构成有中国特色社会主义法律体系的基本标志是：第一，涵盖各个方面的法律部门（或法律门类）应当齐全。关于法律部门，法学界有不同的划分方法，全国人大常委会根据立法工作的实际需要，初步将中国特色社会主义法律体系划分为七个法律部门，即宪法及宪法相关法、民法商法、行政法、经济法、社会法、刑法、诉讼与非诉讼程序法。第二，各个法律部门中基本的、主要的法律应当制定出来。第三，以法律为主干，相应的行政法规、地方性法规、自治条例和单行条例，应当制定出来与之配套。他说，构成有中国特色社会主义法律体系的七个法律部门已经比较齐全，各个法律部门中基本的、主要的法律也大多已经制定出来。因此可以说，以宪法为核心的中国特色社会主义法律体系的框架已经基本形成。①

2002 年 11 月，中共十六大报告再次提出："适应社会主义市场经济发展、社会全面进步和加入世贸组织的新形势，加强立法工作，提高立法质量，到 2010 年形成中国特色社会主义法律体系。"②

2003 年 3 月 10 日，全国人大常委会委员长李鹏在向十届全国人大一次会议作全国人大常委会工作报告时指出：在前几届工作的基础上，经过不懈努力，构成中国特色社会主义法律体系的各个法律部门已经齐全，每个法律部门中主要的法律已经基本制定出来，加上国务院制定的行政法规和地方人大制定的地方性法规，以宪法为核心的中国特色社会主义法律体系已经初步形成。③

2. 从"初步形成"到"基本形成"

2003 年 3 月 18 日，在十届全国人大第一次会议闭幕会上，吴邦国委员长提出："我们要继续加强立法工作，提高立法质量。要按照党的十六大再

---

① 李鹏：《在九届全国人大四次会议第三次全体会议上所作的常委会工作报告》，中央电视台网站：http：//www.cctv.com/specials/2001two_ meeting/news/20010309/50.html。
② 江泽民：《在中国共产党第十六次全国代表大会上的报告》，中国共产党新闻网：http://www.cpc.people.com.cn/GB/64162/64168/64569/65444/4429125.html。
③ 李鹏：《在十届全国人大一次会议上作的常委会工作报告》，人民网：http：//www.people.com.cn/GB/shizheng/252/10307/10312/20030311/940734.html。

次明确提出的到 2010 年形成中国特色社会主义法律体系的要求，适应社会主义市场经济发展、社会全面进步和加入世贸组织的新形势，抓紧制定一批新的法律，及时修改完善一批现有法律，争取在本届任期内，基本形成中国特色社会主义法律体系，为深化改革、加快发展、保持稳定提供有力的法律保障，为加快推进社会主义现代化、为开创中国特色社会主义事业新局面创造良好的法制环境。"① 2003 年 3 月 19 日，在十届全国人大常委会第一次会议上，吴邦国委员长提出：争取在本届全国人大及其常委会的五年任期内，基本形成中国特色社会主义法律体系。确定这样一个目标，主要基于三点考虑：一是为实现党的十五大和十六大提出的到 2010 年中国立法工作的总体目标和要求，在本届全国人大及其常委会任期届满时，距离 2010 年底只有不足 3 年的时间，应该确定一个承前启后的目标，所以我们提出"基本形成"。二是通过前几届人大及其常委会卓有成效的工作，已经初步形成了中国特色社会主义法律体系，立法工作已经有了很好的基础。三是提出这样一个目标，便于对今后五年的立法工作作统筹安排。②

2007 年 10 月，中共十七大报告提出："中国特色社会主义法律体系基本形成，依法治国基本方略切实贯彻。"

### 3. 从"基本形成"到"已经形成"

2007 年的中共十七大报告进一步提出："全面落实依法治国基本方略，加快建设社会主义法治国家。依法治国是社会主义民主政治的基本要求。要坚持科学立法、民主立法，完善中国特色社会主义法律体系。"③

2008 年 3 月 18 日，吴邦国委员长在第十一届全国人大一次会议闭幕会上的讲话中指出："我们要以完善中国特色社会主义法律体系为目标，继续加强和改进立法工作，抓紧制定在法律体系中起支架作用的法律，及时修改

① 吴邦国：《在十届人大会议闭幕会上的讲话》，人民网：http: //news. xinhuanet. com/newscenter/2003-03/18/content_ 786250. htm。
② 吴邦国：《在十届全国人大常委会第一次会议上的讲话》，中国人大网：http: //www. npc. gov. cn/npc/wbgwyz/content_ 1614366. htm。
③ 胡锦涛：《在中国共产党第十七次全国代表大会上的报告》，中国共产党新闻网：http: //www. cpc. people. com. cn/GB/64162/64168/106155/106156/6430009. html。

与经济社会发展不相适应的法律规定，督促有关方面尽快制定和修改与法律相配套的法规，坚持科学立法、民主立法，不断提高立法质量，更好地发挥法律在国家政治和社会生活中的规范、引导和保障作用。"① 2008 年 3 月 19 日，在十一届全国人大常委会第一次会议上，吴邦国委员长指出："在提高立法质量的前提下，确保到 2010 年形成中国特色社会主义法律体系并不断加以完善。这里，我要强调的是，我们的法律体系，是中国特色社会主义法律体系。因此，必须注意把握好以下三点：一是不能用西方的法律体系来套我们的法律体系。外国法律体系中有的法律，但不符合我国国情和实际的，我们完全可以不搞；外国法律体系中没有的法律，但我国现实生活需要的，我们要及时制定。我们要研究借鉴人类文明的有益成果，但对外国的法律应当采取分析、鉴别的态度，不能照搬照抄。二是要坚持从我国基本国情出发，坚持以人为本，坚持实事求是，按照党和国家的战略部署和重大决策，根据经济社会发展的客观需要，集中精力抓紧制定在中国特色社会主义法律体系中起支架作用、现实生活迫切需要、立法条件比较成熟的法律，及时修改那些与经济社会发展不相适应的法律规定，督促有关方面尽快制定和修改与法律相配套的法规。要以改善民生为重点加强社会领域立法，继续完善经济、政治、文化领域立法。积极推进科学立法、民主立法，扩大公民对立法的有序参与，妥善处理数量与质量、权力与权利、前瞻性与可操作性、稳定性与变动性等关系，不断提高立法质量。三是中国特色社会主义法律体系包括法律、行政法规、地方性法规三个层次，也就是说，行政法规和地方性法规也是法律体系的重要组成部分。一方面，改革开放和现代化建设中遇到的很多新情况、新问题，一下子都用法律来规范还不具备条件，有的可以先制定行政法规和地方性法规，待取得经验、条件成熟时再制定法律。另一方面，我国幅员辽阔，各地经济社会发展很不平衡，对一些地方或民族地区的特点，有的法律不可能都顾及，需要通过制定地方性法规或自治条例、单行

---

① 吴邦国：《在十一届全国人民代表大会第一次会议闭幕会上的讲话》，人民网：http://npc.people.com.cn/GB/28320/116286/116576/7015430.html。

条例进行规范。同时，还要注意区分法律手段和其他调整手段的关系，需要用法律调整的就通过立法来规范，不属于法律调整范畴的就没必要立法，也没办法立法。"① 2008 年 4 月 24 日，吴邦国委员长在十一届全国人大常委会第二次会议闭幕会的讲话中指出："中国特色社会主义法律体系是协调统一的有机整体，不能在国家法律体系之下或以外，再搞自己部门或专门委员会的'法律体系'。人大常委会、各专门委员会要多在提高审议质量上下功夫。""要组织开展对现行法律的清理工作，分轻重缓急，进行分类处理，使中国特色社会主义法律体系在基本形成的基础上尽快完善，以适应中国社会主义经济建设、政治建设、文化建设、社会建设的客观需要。"② 全国人大常委会专门组织开展了第二次大规模的法律清理工作，以保证中国特色社会主义法律体系科学、统一、和谐，确保到 2010 年形成中国特色社会主义法律体系。

2009 年 3 月 9 日，吴邦国委员长在十一届全国人大二次会议第二次全体会议上所作的常委会工作报告中强调指出："我们的法律体系是中国特色社会主义法律体系，在形成并完善法律体系过程中，必须把握好以下四点：一是不能用西方的法律体系来套我们的法律体系。外国法律体系中有的法律，不符合中国国情和实际的，我们不搞；外国法律体系中没有的法律，但中国现实生活需要的，要及时制定。二是行政法规和地方性法规都是法律体系的重要组成部分。对用法律来规范尚不具备条件的，可依法制定行政法规和地方性法规，待取得经验、条件成熟时再制定法律；对一些地方事务和具有民族地区特点的事项，可依法制定地方性法规或自治条例、单行条例进行规范。三是要区分法律手段和其他调整手段的关系，需要用法律调整的才通过立法来规范，以便更好地发挥法制的功能和作用。四是我们的法律体系是动态的、开放的、发展的，本身就有一个与时俱进的问题，需要适应客观形

---

① 吴邦国：《在十一届全国人大常委会第一次会议上的讲话》，中国人大网：http://www.npc.gov.cn/wxzl/gongbao/2008-06/17/content_1475438.htm。

② 吴邦国：《在十一届全国人大常委会第二次会议闭幕会上的讲话》，中央政府门户网站：http://www.gov.cn/ldhd/2008-04/24/content_953585.htm。

势的发展变化，不断加以完善。"①

2011 年 3 月 10 日，全国人大常委会委员长吴邦国在向十一届全国人大四次会议作全国人大常委会工作报告时宣布："一个立足中国国情和实际、适应改革开放和社会主义现代化建设需要、集中体现党和人民意志的，以宪法为统帅，以宪法相关法、民法商法等多个法律部门的法律为主干，由法律、行政法规、地方性法规等多个层次的法律规范构成的中国特色社会主义法律体系已经形成，国家经济建设、政治建设、文化建设、社会建设以及生态文明建设的各个方面实现有法可依，党的十五大提出到 2010 年形成中国特色社会主义法律体系的立法工作目标如期完成。"② 2011 年 10 月 27 日，国务院新闻办公室发表了《中国特色社会主义法律体系》白皮书。

### （二）中国特色社会主义法律体系的基本结构

中国特色社会主义法律体系由宪法、国家立法、国务院行政法规、地方性法规构成。③

宪法是中国特色社会主义法律体系的统帅，在中国特色社会主义法律体系中具有最高的法律效力，一切法律、行政法规、地方性法规的制定都必须以宪法为依据，遵循宪法的基本原则，不得与宪法相抵触。

法律是中国特色社会主义法律体系的主干，它解决国家发展中带有根本性、全局性、稳定性和长期性的问题，是国家法制的基础，行政法规和地方性法规不得与法律相抵触。

行政法规是中国特色社会主义法律体系的重要组成部分，它将法律规定的相关制度具体化，是对法律的细化和补充。它就执行法律和履行国务院行政管理职权的事项作出具体规定，同时，对应当由全国人大及其常委会制定

① 吴邦国：《在十一届全国人大二次会议第二次全体会议上作的常委会工作报告》，新华网：http://news.xinhuanet.com/misc/2009-03/16/content_11019386_5.htm。
② 吴邦国：《在十一届全国人大二次会议第四次全体会议上作的常委会工作报告》，新华网：http://news.xinhuanet.com/politics/2011lh/2011-03/18/c_121203794_7.htm。
③ 国务院新闻办公室：《中国特色社会主义法律体系》（白皮书）。

法律的事项,国务院可以根据全国人大及其常委会的授权决定先制定行政法规。

地方性法规是中国特色社会主义法律体系的又一重要组成部分,是对法律、行政法规的细化和补充,是国家立法的延伸和完善,为国家立法积累了有益经验。地方性法规可以就执行法律、行政法规的规定和属于地方性事务的事项作出规定,同时除只能由全国人大及其常委会制定法律的事项外,对国家尚未制定法律或者行政法规的其他事项,可以先制定地方性法规。

## (三)法律体系对公民权利和政治权利的保障

中国特色社会主义法律体系明确规定了对公民权利和政治权利的保障。

中国宪法全面规定了公民的基本权利和自由,包括选举权和被选举权,言论、出版、集会、结社、游行示威的自由权利,宗教信仰自由权利,人身自由不受侵犯的权利,人格尊严不受侵犯的权利,财产权利,住宅不受侵犯的权利,通信自由和通信秘密受法律保护的权利等。同时,中国制定了一系列法律法规,保障上述宪法权利的实现,如《物权法》《集会游行示威法》《宗教事务条例》《国有土地上房屋征收与补偿条例》等。

中国宪法规定了公民的选举权和被选举权,以及公民对国家机关和国家工作人员提出批评和建议的权利,向有关国家机关提出申诉、控告或者检举的权利。为了保证公民上述宪法权利的实现,中国制定了一系列具体法律,包括全国人民代表大会和地方各级人民代表大会选举法、全国人民代表大会组织法、国务院组织法、人民法院组织法、人民检察院组织法、地方各级人民代表大会和地方各级人民政府组织法、香港特别行政区基本法、澳门特别行政区基本法、居民委员会组织法、村民委员会组织法等。

规范行政权力的行使,是人权的重要保障条件。中国通过制定各种行政法规,规范和监督行政机关的权力行使,确保行政机关依法正确行使权力。截至 2011 年 8 月底,中国已制定行政法方面的法律 79 部和一大批规范行政权力的行政法规、地方性法规,特别是行政处罚法、行政复议法、行政许可法和行政强制法。

### （四）法律体系对经济、社会和文化权利的保障

中国特色社会主义法律体系在保障公民的经济、社会和文化权利方面也作出了明确的规定。中国宪法明确规定了公民享有劳动的权利、休息的权利、社会保障的权利、受教育的权利、进行科学研究以及文学艺术创作和其他文化活动的自由权利。为了保障这些宪法权利的实现，中国制定了一系列具体的法律法规。

在工作权利保障方面，中国制定了劳动法、矿山安全法、职业病防治法、安全生产法、劳动合同法、就业促进法、劳动争议调解仲裁法和工会法。

在社会保障权利方面，中国制定了社会保险法，国务院制定了失业保险条例、工伤保险条例和社会保险费征缴暂行条例、农村五保供养工作条例、城市生活无着的流浪乞讨人员救助管理办法、法律援助条例、自然灾害救助条例、城市居民最低生活保障条例等行政法规。

在财产权利保障方面，中国陆续制定了合同法、物权法、农村土地承包法等法律。

在教育权利保障方面，中国制定了教育法、义务教育法、高等教育法、职业教育法、教师法和幼儿园管理条例、教师资格条例、中外合作办学条例等法律法规。

在健康权利保障方面，中国制定了药品管理法、母婴保健法、献血法、传染病防治法、体育法、国境卫生检疫法、食品安全法和医疗器械监督管理条例、中医药条例、反兴奋剂条例等法律法规。

在文化权利保障方面，中国制定了科学技术进步法、科学技术普及法、文物保护法、非物质文化遗产法和古生物化石保护条例、长城保护条例、电影管理条例等法律法规。

在环境权利保障方面，中国制定了环境保护法、环境影响评价法、节约能源法、可再生能源法、循环经济促进法、清洁生产促进法，以及水污染防治、海洋环境保护、大气污染防治、环境噪声污染防治、固体废物污染环境防治、放射性污染防治等方面的法律，国务院制定了建设项目环境保护管理

条例、危险化学品安全管理条例、排污费征收使用管理条例、危险废物经营许可证管理办法等行政法规。地方人大结合本地区的具体情况,制定了一大批环境保护方面的地方性法规。中国建立了国家环境保护标准体系,截至2010年底,共颁布了1300余项国家环境保护标准。①

## (五)法律体系对特殊群体成员人权的保障

在特殊群体权利保障方面,中国制定了残疾人保障法、未成年人保护法、妇女权益保障法、老年人权益保障法、预防未成年人犯罪法等法律,并在其他各种专门法律和法规中规定了对各种特殊群体成员权利的保障。

## (六)法律体系对公民获得及时和公正的司法救济权利的保障

在侵权救济方面,截至2011年8月底,中国已制定一部统一的刑法、8个刑法修正案以及关于惩治骗购外汇、逃汇和非法买卖外汇犯罪的决定,并通过了9个有关刑法规定的法律解释。中国制定了侵权责任法,完善了侵权责任制度。中国制定了刑事诉讼法、民事诉讼法、行政诉讼法、仲裁法、引渡法、海事诉讼特别程序法、劳动争议调解仲裁法、农村土地承包经营纠纷调解仲裁法等法律,建立健全了诉讼与非诉讼程序法律制度。

中国宪法还规定,由于国家机关和国家工作人员侵犯公民权利而受到损失的人,有依照法律规定取得赔偿的权利。中国制定了国家赔偿法,保障公民、法人和其他组织依法取得国家赔偿的权利。

## (七)中国特色社会主义人权法律体系进一步完善的方向

中国特色社会主义法律体系还需要不断完善,以便在利益主体多元化、利益格局复杂化的现实环境下,更好地保障公民的各项人权。

在公民权利和政治权利的立法方面,中国需要适应积极稳妥推进政治体制改革的要求,完善选举、基层群众自治、国家机构组织等方面的法律制

---

① 参见国务院新闻办公室《中国特色社会主义法律体系》(白皮书)。

度；加强规范行政行为的程序立法，完善审计监督和行政复议等方面的法律制度；需要适应司法体制改革要求，修改刑事诉讼法、民事诉讼法、行政诉讼法，完善诉讼法律制度；需要进一步完善国家机关权力行使、惩治和预防腐败等方面的法律制度，加强对权力行使的规范和监督，推进对公民政治权利的保障。

在经济、社会和文化权利的立法方面，中国需要逐步完善劳动就业、劳动保护、社会保险、社会救助、社会福利、收入分配、教育、医疗、住房以及社会组织等法律制度，保障公民的经济和社会权利；需要完善节约能源资源、保护生态环境等方面的法律制度，保障公民的环境权利；需要完善扶持公益性文化事业、发展文化产业、鼓励文化科技创新、保护知识产权等方面的法律制度，保障公民的文化权利。

在立法过程中，应当深入推进科学立法、民主立法，着力提高立法质量。探索公众有序参与立法活动的途径和形式，完善立法座谈会、听证会、论证会和公布法律法规草案征求意见等制度，建立健全公众意见表达机制和采纳公众意见的反馈机制，使立法更加充分体现广大人民群众的意愿；完善人大代表参与立法工作机制，充分发挥人大代表在立法工作中的作用；完善法律案审议制度，建立健全科学民主的审议和表决机制；建立健全立法前论证和立法后评估机制，不断提高立法的科学性、合理性，进一步增强人权法律法规的可操作性。为了保障法律制度的有效实施，应当做好法律法规配套规定制定工作，完善法律解释机制的途径和方法，建立法律解释常态化机制，及时明确人权法律规定的具体含义和对新情况的法律适用；健全备案审查机构，完善备案审查机制，改进备案审查方式，加强对法规、规章、司法解释等规范性文件的备案审查。

## 三 《国家人权行动计划（2009～2010年）》的制定和落实

2009年4月，国务院授权国务院新闻办公室发布了《国家人权行动计划（2009~2010年）》（以下简称《行动计划》）。这是中国政府制定的第一份以人权为主题的国家规划，它标志着中国人权事业进入了全面推进发展的新阶段。

### （一）《行动计划》的制定及其机制

《行动计划》开篇明确提出，实现充分的人权是人类长期追求的理想，也是中国人民和中国政府长期为之奋斗的目标。同时，它提出了制定行动计划的三个基本原则，即依法推进、平衡推进和科学推进。

《行动计划》的制定是在政府各有关部门和社会各界广泛参与下进行的。中国政府设立了国家人权行动计划联席会议机制，其牵头单位为国务院新闻办公室和外交部，成员包括全国人大常委会法制工作委员会、全国政协社会和法制委员会、最高人民法院、最高人民检察院、国家发展和改革委员会、教育部、国家民族事务委员会、民政部、司法部、人力资源和社会保障部、卫生部、中国残疾人联合会、中国人权研究会等53家单位。同时，邀请了来自南开大学、上海社会科学院、山东大学、中国政法大学、中国社会科学院、北京大学、武汉大学、中国人民大学、中共中央党校等高校和研究机构的专家组成专家小组参与本计划的起草制定工作。在计划起草制定过程中，多次召开联席会议，与政府各有关部门进行反复研究；多次召开座谈会，邀请中国法学会、中华全国律师协会、中国法律援助基金会、中华环境保护基金会、中国教育学会、中国妇女发展基金会、中国扶贫基金会、中国残疾人福利基金会、中国人权发展基金会等20多个单位参加，广泛征求各社会团体、非政府组织、高等院校、研究机构以及社会各界的意见，反复讨论和修订。

《行动计划》分为六个部分，包括导言，经济、社会和文化权利保障，公民权利和政治权利保障，少数民族、妇女、儿童、老年人和残疾人的权利保障，人权教育，以及国际人权义务的履行及国际人权领域交流与合作。

《行动计划》要求各级政府以及政府各部门依照"各司其职、分工负责"的原则，将《行动计划》纳入本地区和本部门的工作职责积极认真地予以落实。要求各类企事业单位、社会团体、非政府组织、新闻媒体和社会公众积极参与《行动计划》的宣传和落实。国家人权行动计划联席会议机制负责统筹协调《行动计划》的执行、监督与评估工作。①

### （二）《行动计划》落实情况评估

2009 年末，国家人权行动计划联席会议机制对《行动计划》的执行情况进行了中期评估。联席会议机制责成各有关部门和单位对《行动计划》颁布以来的执行情况作出报告，并组织有关单位和专家学者有针对性地进行了调查研究。在此基础上，联席会议机制召开了为期三天的《国家人权行动计划（2009~2010 年）》执行情况中期评估会，50 多个中央国家机关有关部门和单位的 200 多位有关方面负责人和专家学者参加会议，47 位有关部门和单位负责同志就本部门、本单位执行该行动计划情况作了发言。会议对该行动计划的执行情况进行了全面的总结，对执行过程中存在的问题作了认真的分析，对下一阶段如何进一步执行好该行动计划提出了意见和建议，作出了相应部署。从评估的情况来看，《行动计划》中确定的各项目标任务和具体指标均如期得到了落实，大部分需两年完成的量化指标的落实程度已达到 50%左右，有的达到了 65%。②

2010 年 11 月，联席会议机制启动了《行动计划》终期评估工作。评估工作分调研、评估、总结三个阶段展开。国务院新闻办公室组织新闻单位、人权专家赴上海、四川等地进行调研，听取各界人士的意见和建议，写成调研报告。中国人权研究会先后五次组织人权专家和非政府组织代表赴北京、天津、山东、广东、福建、浙江等地，就《行动计划》的落实情况进行实地调研，提出意见和建议。联席会议机制责成各有关部门和单位对各自所涉《行动计划》任务的执行、落实与完成情况进行自我评估，提交书面评估材料。在此基础上，联席会议机制组织中央国家机关有关部门和单位、人民团

---

① 参见国务院新闻办公室《国家人权行动计划（2009~2010 年）》。
② 参见《〈国家人权行动计划（2009~2010 年）〉中期综述》，中央政府门户网站：http://www.gov.cn/jrzg/2009-12/04/content_ 1480569. htm。

体、非政府组织以及南开大学、上海社会科学院、中国社会科学院、中共中央党校等高校和科研机构的人权专家成立了评估小组，汇集各方面资料，对照《行动计划》中各项指标，对各部门、各单位的自我评估情况进行逐条核实和研究，对《行动计划》的执行情况进行评估总结，并通过信函、通话等多种方式广泛征求联席会议机制成员单位和社会各界的意见和建议，最终形成了《〈国家人权行动计划（2009~2010年）〉评估报告》（以下简称《评估报告》）。①

### （三）实际落实情况

根据《评估报告》，《行动计划》规定的各项措施得到了有效实施，预定的各项目标如期实现，各项指标均已完成，其中有约35%的约束性指标、50%以上的涉民生指标提前或超额完成。②

首先，中国政府面对国际金融危机的巨大冲击和重大自然灾害的严峻挑战，坚定不移地推进人权事业。中国政府坚持将应对金融危机冲击、保持经济社会平稳较快发展与落实《行动计划》、促进人权事业发展结合起来，果断推出一系列应对措施，加快建设保障性安居工程、农村基础设施、医疗卫生和教育事业等民生工程，以及铁路、公路、机场等基础设施和生态环境，增加城乡居民特别是低收入群众收入，在全球率先实现了经济总体回升向好和人民生活的明显改善。在重大自然灾害面前，中国政府把人民的生命安全放在第一位，迅速组织开展抗震救灾和抢险救援工作，最大限度地挽救了受灾群众的生命，降低了灾害造成的损失，展现了伟大的人道主义精神。

其次，中国政府将尊重和保障人权与推动科学发展、促进社会和谐结合起来，有效地保障了全体社会成员平等参与、平等发展的权利。中国政府将落实《行动计划》贯穿于统筹城乡发展、统筹区域发展、统筹经济社会发展、统筹人与自然和谐发展、统筹国内发展和对外开放各个方面，将保障人

---

① 参见国务院新闻办公室《〈国家人权行动计划（2009~2010年）〉评估报告》。
② 参见国务院新闻办公室《〈国家人权行动计划（2009~2010年）〉评估报告》。

民的生存权、发展权摆在保障人权的首位，着力解决人民最关心、最直接、最现实的权利和利益问题，大力促进就业，推进基本服务均等化，加大收入分配调节力度，努力使发展成果惠及全体人民，有效促进了人民的生存权、发展权和经济、社会、文化权利的保障。

最后，中国政府将尊重与保障人权与加强民主法治建设结合起来，积极稳妥推进政治体制改革，依法保障公民权利与政治权利。中国政府将落实《行动计划》贯穿于民主法治建设各个环节，努力扩大公民有序政治参与，健全民主制度，丰富民主形式，拓宽民主渠道，推进政务公开，增强决策透明度，依法实行民主选举、民主决策、民主管理、民主监督，保障人民的知情权、参与权、表达权、监督权。经过修改的选举法明确规定，实行城乡按照相同人口比例选举人大代表，保障公民平等享有选举权。2009~2010 年，全国人大及其常委会先后审议通过了 30 件与人权密切相关的法律和有关法律问题的决定。

《行动计划》各项目标任务的如期完成，标志着中国人权事业的发展进入了一个新的阶段。但还应该看到，中国作为一个发展中国家，发展中依然存在不平衡、不协调的突出问题。在人权方面存在的问题主要表现在收入分配差距较大，城乡区域发展不协调，优质教育、医疗资源分布不均，违法征地等引发的社会矛盾增多，以及比较突出的食品安全问题。受自然、历史、文化、经济社会发展水平的影响和制约，中国的人权事业发展仍然面临诸多挑战，实现公民充分享有人权的崇高目标依然任重道远。

## 四 "十二五"时期中国人权事业发展的展望

"十二五"时期是全面建设小康社会的关键时期，人权保障仍然任重道远。中国发展中不平衡、不协调、不可持续的问题依然突出，主要表现在：收入分配差距较大，农业基础仍然薄弱，城乡区域发展不协调，就业总量压力和结构性矛盾并存，物价上涨压力加大，社会矛盾明显增多，侵犯人权事件屡屡发生。这些都影响着人权保障的水平。《中华人民共和国国民经济和社会发展第十二个五年规划纲要》为"十二五"时期中国人权事业的发展提出了指导思想和总体规划。结合国家"十二五"规划制定的新一期《国家人权行动计划（2012~2015 年）》，将对"十二五"时期中国人权事业的发展确定更具体的目标和措施。

## （一）"十二五"时期人权事业发展的背景和总体趋势

中国共产党十七届五中全会和六中全会以及国家的"十二五"规划，都对"十二五"时期的人权事业发展提出了明确的要求，可以看作"十二五"时期人权事业发展的基本指导思想。

在"十二五"时期，中国人权事业发展处于可以大有作为的重要战略机遇期，既面临难得的历史机遇，也面对诸多可以预见和难以预见的风险挑战。伴随着中国改革开放和科学发展的推进，中国在人权事业领域取得的成就越来越广泛地在世界各国传播，国内在人权实现和保障方面也将在更广阔的领域展开，这一切是中国人权事业发展的重要机遇。与此同时，国外带着意识形态偏见和具有顽固不化的冷战思维的各种势力，还会继续制造各种压力；国内社会矛盾加剧也会给维护和保障人权提出许多新课题。这一切说明，中国人权事业发展将面临众多挑战，而这些挑战又意味着中国人权事业发展尚有很大空间，也可以转化为中国人权事业发展的机遇。

在这种背景下，"十二五"时期中国人权事业发展的总体目标是：加强人权保障，促进人权事业全面发展。在发展趋势上，它将体现为四个方面的特征：第一，推进人权事业发展与推进经济发展相结合。保障人民的生存权、发展权将继续被置于人权保障的首位，为顺应各族人民过上更好生活的新期待，政府会更加注重保障和改善民生，保障公民的各项经济权利。第二，推进人权事业发展与推进社会建设相结合。政府将鼓励以改革创新精神解决社会领域中的各项问题，积极化解社会矛盾，维护社会的和谐和稳定，保障公民的各项社会权利，使人民学有所教、劳有所得、病有所医、老有所养、住有所居，使发展成果更公平地惠及全体社会成员。第三，推进人权事业发展与加强民主法治建设相结合。政治体制改革将积极稳妥推进，保障人权的各项制度将不断完善，保障人权的各项法律法规的实施将不断强化，公民的基本权利和自由将得到更全面的维护，公民的知情权、参与权、表达权、监督权将依法得到更充分的保障，公民有序的政治参与将不断扩大。第四，推进人权事业发展与社会主义文化建设相结合。人权教育、培训和知识普及将会更广泛地展开，以便使尊重和保障人权成为社会主义核心价值体系的重要组成部分，使尊重和维护每一个人的尊严和基本权利，维护社会平等，防止社会歧视，鼓励宽容、理解和相互尊重，促进社会公平、正义和和谐成为社会的基本价值信念和行为准则。

### （二）"十二五"规划对推进中国人权事业发展的具体规划

在"十二五"发展规划中，对推进人权保障的重点作出了具体的规划。这特别体现在以下 7 个方面：①

#### 1. 实施统筹发展战略，提高经济不发达地区的人权保障水平

缩小人权保障水平的地区差异和城乡差异，是"十二五"时期中国人权事业发展需要完成的一项重要任务。

在缩小地区间人权保障水平差距方面，"十二五"规划提出，要实施区域发展总体战略，提高不发达地区人权保障水平。其具体措施包括：推进新一轮西部大开发，全面振兴东北地区等老工业基地；大力促进中部地区崛起，加大对革命老区、民族地区、边疆地区和贫困地区扶持力度；深化区域合作，推进区域良性互动发展，逐步缩小区域发展差距。

在缩小城乡人权保障水平差距方面，"十二五"规划提出，将实施强农惠农政策，提高对农村地区的人权保障水平。其具体措施包括：完善以工促农、以城带乡长效机制；进一步拓宽农民增收渠道，加大引导和扶持力度，提高农民职业技能和创收能力，巩固提高家庭经营收入，努力增加工资性收入，大力增加转移性收入，促进农民收入持续较快增长；进一步改善农村生产生活条件，提高乡镇村庄规划管理水平，加强农村基础设施建设，强化农

---

① 参见《中华人民共和国国民经济和社会发展第十二个五年规划纲要》。

村公共服务，推进农村环境综合整治；进一步完善农村发展体制机制，坚持和完善农村基本经营制度，建立健全城乡发展一体化制度，稳步推进农业转移人口转为城镇居民。

2. 建立健全基本公共服务体系，完善经济和社会权利保障

经济和社会权利的保障，需要国家采取积极措施，提供基本公共服务。"十二五"规划从提高基本公共服务水平和推进基本公共服务均等化两个方面作出了规划。

在提高基本公共服务水平方面，"十二五"规划提出，要履行政府公共服务职责，提高政府保障能力，建立健全基本公共服务体系，创新公共服务供给方式，优先发展公共交通，完善就业、收入分配、社会保障、医疗卫生、住房等保障和改善民生的制度安排，保障食品药品安全，严格安全生产管理。

在推进基本公共服务均等化方面，"十二五"规划强调，要逐步缩小城乡间、区域间基本公共服务差距，努力使发展成果惠及全体人民。特别是要创造平等就业机会，整顿和规范收入分配秩序，健全覆盖城乡居民的社会保障体系，建立健全基本医疗卫生制度，加强公共卫生服务体系建设，加大保障性住房供给，大力促进教育公平。

3. 大力发展文化事业和文化产业，提高文化权利保障水平

随着经济和经济生活水平的快速提高，公众文化生活的需求呈现出更加广泛、强烈和多样化的趋势。"十二五"规划从促进文化事业和文化产业发展两个方面对满足公众文化需求作出了规划。

在促进文化事业发展方面，"十二五"规划提出，要大力发展文化事业，增加公共文化产品和服务供给；公共博物馆、图书馆、文化馆、纪念馆、美术馆等公共文化设施免费向社会开放；鼓励扶持少数民族文化产品创作生产；注重满足残疾人等特殊人群的公共文化服务需求；建立健全公共文化服务体系；以农村基层和中西部地区为重点，继续实施文化惠民工程；改善农村文化基础设施，支持老少边穷地区建设和改造文化服务网络；完善城市社区文化设施，促进基层文化资源整合和综合利用；广泛开展群众性文化

活动。

在促进文化产业发展方面，"十二五"规划提出，要大力发展文化产业，实施重大文化产业项目带动战略，加强文化产业基地和区域性特色文化产业群建设；推进文化产业结构调整，大力发展文化创意、影视制作、出版发行、印刷复制、演艺娱乐、数字内容和动漫等重点文化产业；培育骨干企业，扶持中小企业，鼓励文化企业跨地域、跨行业、跨所有制经营和重组，提高文化产业规模化、集约化、专业化水平；加快中西部地区中小城市影院建设，鼓励和支持非公有制经济以多种形式进入文化产业领域。

4. 建设资源节约型、环境友好型社会，强化环境权保障

在经济快速发展的背景下，环境污染和生态破坏成为中国人权事业发展中不容忽视的问题。"十二五"规划从防止污染和生态保护与建设两个方面对推进环境权利保护作出了规划。

在防治环境污染方面，"十二五"规划提出，要以解决饮用水不安全和空气、土壤污染等损害群众健康的突出环境问题为重点，加强综合治理，明显改善环境质量；要强化污染物减排和治理，防范环境风险，加强环境监管。

在促进生态保护和修复方面，"十二五"规划提出，要坚持保护优先和自然修复为主，加大生态保护和建设力度，从源头上扭转生态环境恶化趋势；将构建生态安全屏障，强化生态保护与治理，建立生态补偿机制；推进能源多元清洁发展，控制温室气体排放。

5. 创新社会管理体制，促进公民参与社会管理

随着社会结构的变化，在社会管理中如何发挥公民的自主性，促进社会的良治，成为中国社会可持续发展必须要解决的一个迫切问题。"十二五"规划提出，要创新社会管理体制机制，加强社会管理能力建设，建立健全中国特色社会主义社会管理体系。在社会管理格局的建设上，要坚持多方参与、共同治理，统筹兼顾、动态协调的原则；在社会协同方面，要发挥人民团体、基层自治组织、各类社会组织和企业事业单位的协同作用，推进社会管理的规范化、专业化、社会化和法制化；在公众参与方面，要广泛动员和

组织群众依法有序参与社会管理,培养公民意识,履行公民义务,实现自我管理、自我服务、自我发展;在社会组织建设方面,要坚持培育发展和管理监督并重,推动社会组织健康有序发展,发挥其提供服务、反映诉求、规范行为的作用;在机制建设方面,要进一步完善维护群众权益机制,拓宽社情民意表达渠道,完善社会矛盾调解机制。社会管理体制的创新,将有力地促进公民权利在社会中的实现。

### 6. 发展社会主义民主政治,为公民政治权利实现提供更有效方式

经济和社会的发展,要求对国家的政治生活作出相应的调整,更充分地保障公民的政治权利。"十二五"规划明确提出,国家将进一步发展社会主义民主政治,不断推进社会主义政治制度自我完善和发展。在发展方向上,要健全民主制度,丰富民主形式,拓宽民主渠道,依法实行民主选举、民主决策、民主管理、民主监督,保障人民的知情权、参与权、表达权、监督权。在具体机制上,要完善重大事项决策机制,建立健全公众参与、专家咨询、风险评估、合法性审查和集体讨论决定的决策程序。根据决策内容的不同性质,需要采取不同的民主决策形式:对涉及经济社会发展全局的重大事项,要广泛征询意见,充分协商和协调;对专业性、技术性较强的重大事项,要认真进行专家论证、技术咨询、决策评估;对同群众利益密切相关的重大事项,要实行公示、听证等制度。具有中国特色的社会主义民主政治的发展,将更有力地促进公民政治权利的充分实现。

### 7. 强化特殊群体权利保障

随着社会利益结构的复杂化,在社会中处于弱势地位的特殊群体成员的权利需要予以特殊保障。"十二五"规划对特殊群体的保护提出了比较具体的要求。

在农民工权利保障方面,"十二五"规划提出,要努力实现农民工与城镇就业人员同工同酬,提高农民工工资水平;坚持因地制宜、分步推进,把有稳定劳动关系并在城镇居住一定年限的农民工及其家属逐步转为城镇居民;对暂时不具备在城镇落户条件的农民工,要改善公共服务,加强权益保护;以流入地全日制公办中小学为主,保证农民工随迁子女平等接受义务教

育，并做好与高中阶段教育的衔接；将与企业建立稳定劳动关系的农民工纳入城镇职工基本养老和医疗保险；建立农民工基本培训补贴制度，推进农民工培训资金省级统筹；多渠道多形式改善农民工居住条件，鼓励采取多种方式将符合条件的农民工纳入城镇住房保障体系。

在妇女权利保障方面，"十二五"规划提出，要加强妇女劳动保护、社会福利、卫生保健、扶贫减贫及法律援助等工作，完善性别统计制度，改善妇女发展环境，严厉打击暴力侵害妇女、拐卖妇女等违法犯罪行为。

在儿童权利保障方面，"十二五"规划提出，要坚持儿童优先原则，实施儿童发展纲要，依法保障儿童生存权、发展权、受保护权和参与权。特别是，要改善儿童成长环境，提升儿童福利水平，消除对女童的歧视，促进儿童身心健康发展；切实解决留守儿童教育、孤残儿童、艾滋病孤儿和流浪未成年人救助等问题；严厉打击拐卖儿童、弃婴等违法犯罪行为。

在老年人权利保障方面，"十二五"规划提出，将积极应对人口老龄化，建立以居家为基础、社区为依托、机构为支撑的养老服务体系。其具体措施包括：加快发展社会养老服务，培育壮大老龄事业和产业，加强公益性养老服务设施建设，鼓励社会资本兴办具有护理功能的养老服务机构，每千名老人拥有养老床位数达到 30 张；拓展养老服务领域，实现养老服务从基本生活照料向医疗健康、辅具配置、精神慰藉、法律服务、紧急援助等方面延伸；增加社区老年活动场所和便利化设施。

在残疾人权利保障方面，"十二五"规划提出，要实施重点康复和托养工程、0~6 岁残疾儿童抢救性康复工程和"阳光家园"计划，推进残疾人"人人享有康复服务"；大力开展残疾人就业服务和职业培训；加大对农村残疾人生产扶助和生活救助力度；丰富残疾人文化体育生活；构建辅助器具适配体系，推进无障碍建设；制订和实施国家残疾预防行动计划，有效控制残疾的发生和发展。

（三）新一期国家人权行动计划的制定

2011 年 7 月 12 日，中国国务院新闻办公室主任王晨在《国家人权行动计划（2009～2010 年）》评估总结会议上宣布，中国政府将制定新一期国家人权行动计划。[①] 2011 年 9 月 28 日，国务院新闻办公室组织召开了国家人权行动计划联席会议，部署制定《国家人权行动计划（2012～2015 年）》的有关工作。[②]

国务院新闻办公室主任王晨在接受记者访谈时指出：新一期国家人权行动计划将结合"十二五"规划和各部门中长期工作规划，从经济、政治、文化和社会建设各个领域明确规定中国政府在促进和保障人权方面的目标任务以及具体措施，并在立法、行政和司法各个环节加以贯彻落实。[③]

鉴于新一期国家人权行动计划涉及经济、政治、文化、社会等各个领域，关系到国计民生，为切实做好此项工作，成立了以国务院新闻办公室和外交部牵头、56 个中央和国家机关以及人民团体、社会组织组成的国家人权行动计划联席会议机制。在制定的过程中，还广泛邀请了有关社会团体、非政府组织、高等院校和研究机构以及人权专家学者参与制定工作。

制定新一期国家人权行动计划的指导思想是：坚持以邓小平理论和"三个代表"重要思想为指导，深入贯彻落实科学发展观，既尊重人权普遍性原则，又从中国基本国情和新的实际出发，继续把保障人民的生存权、发展权放在保障人权的首位，切实保障人民的经济、政治、社会、文化权利。顺应各族人民过上更好生活的新期待，更加注重以人为本，更加注重保障和改善民生，以改革创新精神着力解决人权领域的突出问题，着力解决人民群众最关心、最直接、最现实的权利和利益问题。进一步加强法律保障人权条款的实施，完善保障人权的制度安排，促进社会公平正义，依法保证全体社会成员平等参与、平等发展的权利，使发展成果惠及全体人民，努力开创人权事业全面发展的新局面。

---

① 华春雨、李惠子：《中国将制定新一期国家人权行动计划》，新华网：http：//news. xinhuanet. com/politics/2011-07/13/c\_ 121659256. htm。

② 《56 部门召开联席会议部署新一期国家人权行动计划》，新华网：http：//news. xinhuanet. com/politics/2011-09/28/c\_ 122101565. htm。

③ 王晨：《制定新一期〈国家人权行动计划〉意义重大》，2011 年 9 月 29 日《人民日报》。

制定新一期国家人权行动计划将遵循三个基本原则：第一个原则是依法推进原则。要根据中国宪法关于"国家尊重和保障人权"的原则与"公民基本权利和义务"的规定，以及其他中国现行法律法规，遵循《世界人权宣言》和有关国际人权公约的基本精神，从立法、执法、司法和行政各个环节完善尊重和保障人权的法律法规和体制机制，依法全面推进中国人权事业发展。第二个原则是全面、协调推进原则。要按照各类人权相互依赖、不可分割的原则，各部门共同努力，统筹规划，协调配合，共同推动经济社会文化权利与公民政治权利、个人人权和集体人权全面、协调发展。第三个原则是稳妥、科学推进的原则。要既体现国际社会对人权的普遍性认识和理念，又坚持从中国的基本国情和新的实际出发；既注重体现中国人权理想和理念，又注重理想和现实、理论与实践相结合，积极稳妥、科学地推进人权事业。

新一期国家人权行动计划有五大目标任务：第一是更加全面地保障人民的经济、社会、文化权利。将保障人权贯穿于推动科学发展、促进社会和谐的全过程，贯穿于统筹城乡发展、统筹区域发展、统筹经济社会发展、统筹人与自然和谐发展、统筹国内发展和对外开放各个方面。坚持发展为了人民，发展依靠人民，发展成果由人民共享，努力使全体人民学有所教、劳有所得、病有所医、老有所养、住有所居。第二是更加有效地依法保障公民的政治权利。坚持党的领导、人民当家作主和依法治国有机统一，发展社会主义民主政治，将尊重和保障人权贯穿于民主法治建设的各个环节，积极稳妥地推进政治体制改革，扩大公民有序政治参与，健全民主制度，丰富民主形式，拓宽民主渠道，依法实行民主选举、民主决策、民主管理、民主监督，保障人民的知情权、参与权、表达权、监督权。第三是更加充分地保障少数民族、妇女、儿童、老年人和残疾人的合法权益和特殊权利。第四是进一步加强人权教育，提高公民的人权意识。第五是更加积极地开展国际人权领域交流与合作。①

---

① 王晨：《制定新一期〈国家人权行动计划〉意义重大》，2011 年 9 月 29 日《人民日报》。

综上所述,"十二五"规划提出了在新的历史条件下促进人权事业发展的总体指导思想和具体规划,《国家人权行动计划(2012~2015年)》具体确定了"十二五"时期中国人权事业发展的各项目标和措施。我们有理由相信,在"十二五"期间,随着这些规划的逐步落实,中国人权事业会更加全面发展,各项人权的保障水平将能够迈上一个新的台阶。

## 参考文献

[1] 国务院新闻办公室:《国家人权行动计划(2009~2010年)》。

[2] 国务院新闻办公室:《〈国家人权行动计划(2009~2010年)〉评估报告》。

[3] 国务院新闻办公室:《2009年中国人权事业的发展》(白皮书)。

[4] 国务院新闻办公室:《中国特色社会主义法律体系》(白皮书)。

[5]《中共中央关于制定国民经济和社会发展第十一个五年规划的建议》。

[6]《中华人民共和国国民经济和社会发展第十一个五年规划纲要》。

[7] 温家宝:《在十一届人大四次会议上所作政府工作报告》。

[8]《中共中央关于制定国民经济和社会发展第十二个五年规划的建议》。

[9]《中华人民共和国国民经济和社会发展第十二个五年规划纲要》。

[10] 李君如:《"十二五"规划与人权事业发展——学习十七届五中全会精神的体会》,《人权》2011年第1期。

# 2012年中国人权事业的进步

李君如　常健

2012年有两件对中国人权事业发展产生重要影响的事情：一是中国共产党举行了第十八次全国代表大会，在大会所作的工作报告中提出要使"人权得到切实尊重和保障"；二是国家制定了第二期国家人权行动计划，对2012~2015年的人权保障工作提出了具体的目标和要求。

## 一　党的"十八大"对尊重和保护人权提出的新要求

### （一）十八大报告中与人权事业发展有关的词频分析

通过对一个时期流行语的分析了解社会心理和社会思潮的走向，通过对一个政党或政府的代表性文件用词及其词频的分析研究其政策走向，是世界上许多学者采用的研究方法。这里，我们试图通过对十八大报告与以往的十七大、十六大和十五大报告在人权问题上所用词汇及其频数的比较分析，来研究中国共产党在尊重和保障人权方面取得的新进展，研究人权在中国改革发展中的地位。尽管这个方法有其局限性，但也可以从词汇的变化中折射出中国社会的一些变化。

1. 本体类词汇

本体类词汇是指直接涉及人权的词汇，包括"人权"、"权利"、"权益"等。十八大报告中本体类词汇的频数与以往三次党代会报告的比较如表1所示。

表1　本体类词汇的频数比较

| 用词 | 十五大报告 | 十六大报告 | 十七大报告 | 十八大报告 | 十八大比十七大增加频数 | 十八大比十七大增加幅度(%) | 平均次增频数 |
|---|---|---|---|---|---|---|---|
| 权益 | 7 | 0 | 12 | 14 | 2 | 16.67 | 2.33 |
| 权利 | 5 | 6 | 6 | 9 | 3 | 50.00 | 1.33 |
| 人权 | 2 | 1 | 2 | 1 | -1 | -50.00 | -0.33 |

资料来源：作者对四次党代会报告所用词汇的统计。

从数量上看，尽管"人权"的频数一直维持在1~2个，但"权益"和"权利"的频数却呈现明显的增多态势。这在一定程度上反映出对公民权利的实际重视程度正在不断提高。从语境上看，十五大至十八大都有一次在"尊重和保障人权"的语境下提到"人权"；十五大另一次提到"人权"是在"利用'人权'等问题干涉他国内政的现象还很严重"的语境中，而十七大报告另一次提到"人权"是在"人权事业健康发展"的语境中，这在一定程度上反映出对"人权"的解读开始更多地转向正面。

2. 主体类词汇

人权是人作为社会主体享有的权利，并涉及各类特殊主体权利的保护。十八大报告中与人权有关的主体类词汇的频数与以往三次党代会报告的比较如表2所示。

表2　主体类词汇的频数比较

| 类别 | 用词 | 十五大报告 | 十六大报告 | 十七大报告 | 十八大报告 | 十八大比十七大增加频数 | 十八大比十七大增加幅度(%) | 平均次增频数 |
|---|---|---|---|---|---|---|---|---|
| 一般主体 | 民 | 225 | 296 | 311 | 335 | 24 | 7.72 | 36.67 |
| | 人民 | 116 | 126 | 143 | 145 | 2 | 1.40 | 9.67 |
| | 公民 | 4 | 3 | 5 | 5 | 0 | 0.00 | 0.33 |

| 类别 | 用词 | 十五大报告 | 十六大报告 | 十七大报告 | 十八大报告 | 十八大比十七大增加频数 | 十八大比十七大增加幅度(%) | 平均次增频数 |
|------|------|------|------|------|------|------|------|------|
| 各类特殊群体 | 青年 | 0 | 1 | 1 | 10 | 9 | 900.00 | 3.33 |
| | 农民 | 6 | 8 | 8 | 11 | 3 | 37.50 | 1.67 |
| | 残疾人 | 0 | 1 | 1 | 2 | 1 | 100.00 | 0.67 |
| | 老龄 | 1 | 1 | 1 | 2 | 1 | 100.00 | 0.33 |
| | 少数民族 | 2 | 2 | 2 | 3 | 1 | 50.00 | 0.33 |
| | 儿童 | 0 | 0 | 0 | 1 | 1 | 新增 | 0.33 |
| | 妇女 | 1 | 1 | 0 | 1 | 1 | 新增 | 0.00 |

资料来源：作者对四次党代会报告所用词汇的统计。

由表2可见，在涉及一般主体方面，与十七大报告相比，十八大报告中"民"和"人民"的频数有较大幅度提升，分别增加了24和2个频次；与前三次党代会报告相比，平均次增频数分别为36.67和9.67。这是"以人为本"的理念在党代会报告中的反映。

在涉及各类特殊群体方面，与十七大报告相比，十八大报告中频数上升比例较大的词汇先后为"青年"、"残疾人"、"老龄"、"少数民族"、"农民"、"儿童"和"妇女"；与前三次党代会报告相比，平均每次频数增加较多的词汇先后为"青年"和"农民"，除"妇女"之外，其他词汇的平均次增频数也有小幅上升。"青年"词频的大幅上升，反映了党对青年这一代表中国未来的群体的高度重视；而各弱势群体词频的上升，在一定程度上反映了党对弱势群体关注的上升趋势。

3. 价值类词汇

人权是一种价值理念。在十八大报告中与人权有关的价值类词汇的频数及其与前三次党代会报告的比较如表3所示。

表3 价值类词汇的频数比较

| 用词 | 十五大报告 | 十六大报告 | 十七大报告 | 十八大报告 | 十八大比十七大增加频数 | 十八大比十七大增加幅度（%） | 平均次增频数 |
|---|---|---|---|---|---|---|---|
| 公平 | 3 | 4 | 15 | 21 | 6 | 40.00 | 6.00 |
| 平等 | 8 | 6 | 14 | 17 | 3 | 21.43 | 3.00 |
| 正义 | 0 | 2 | 8 | 8 | 0 | 0.00 | 2.67 |
| 自由 | 2 | 4 | 3 | 4 | 1 | 33.33 | 0.67 |
| 公正 | 4 | 8 | 4 | 5 | 1 | 25.00 | 0.33 |

资料来源：作者对四次党代会报告所用词汇的统计。

由表3可见，在十八大报告中价值类词汇方面，与人权密切相关的公平、平等、正义、自由和公正等理念的用词频数都呈现上升趋势。与十七大报告相比，十八大报告中频数上升比例较大的词汇先后为"公平"、"自由"、"公正"和"平等"；与前三次党代会相比，平均每次频数增加数量较多的词汇先后为"公平"、"平等"和"正义"，"自由"和"公正"的平均次增频数也有小幅提升。这在一定程度上反映了人权所涉及的价值理念在党代会报告中地位的提升。

4.规范类词汇

人权涉及规范建设。在十八大报告中与人权有关的规范类词汇的频数及其与前三次党代会报告的比较如表4所示。

由表4可见，在规范类用词方面，与十七大报告相比，十八大报告中频数上升比例较大的词汇先后为"立法"、"规则"、"守法"、"司法"和"程序"，频数增加数量较多的词汇先后为"制度"、"法"、"机制"和"体系"，而"措施"、"手段"、"法制"和"政策"的频数在数量和比例上都有一定幅度的下降。与前三次党代会报告相比，平均每次频数增加较多的词汇先后为"体系"、"制度"和"机制"。值得注意的是，"法治"的频数呈现连续上升的趋势，而"法制"的频数则呈现相应的连续下降的趋势。上述词频变化状况在一定程度上反映了规范重点正在从相对灵活的政策、措施和手段转向相对稳定的法律、制度、机制和规则的建设。

表4 规范类词汇的频数比较

| 用词 | 十五大报告 | 十六大报告 | 十七大报告 | 十八大报告 | 十八大比十七大增加频数 | 十八大比十七大增加幅度（%） | 平均次增频数 |
|---|---|---|---|---|---|---|---|
| 体系 | 16 | 27 | 68 | 76 | 8 | 11.76 | 20.00 |
| 制度 | 64 | 76 | 84 | 102 | 18 | 21.43 | 12.67 |
| 机制 | 14 | 20 | 31 | 41 | 10 | 32.26 | 9.00 |
| 法治 | 9 | 11 | 16 | 18 | 2 | 12.50 | 3.00 |
| 程序 | 1 | 6 | 5 | 7 | 2 | 40.00 | 2.00 |
| 司法 | 4 | 13 | 6 | 10 | 4 | 66.67 | 2.00 |
| 法 | 103 | 118 | 93 | 108 | 15 | 16.13 | 1.67 |
| 规则 | 1 | 1 | 1 | 2 | 1 | 100.00 | 0.33 |
| 立法 | 4 | 4 | 2 | 5 | 3 | 150.00 | 0.33 |
| 守法 | 1 | 0 | 1 | 2 | 1 | 100.00 | 0.33 |
| 措施 | 2 | 6 | 3 | 1 | −2 | −66.67 | −0.33 |
| 手段 | 5 | 1 | 3 | 2 | −1 | −33.33 | −1.00 |
| 政策 | 29 | 32 | 22 | 19 | −3 | −13.64 | −3.33 |
| 法制 | 14 | 13 | 8 | 4 | −4 | −50.00 | −3.33 |

资料来源：作者对四次党代会报告所用词汇的统计。

### 5.战略原则类词汇

人权事业发展是国家整体发展战略的一个组成部分。在十八大报告中与人权事业发展有关的战略原则类词汇的频数及其与前三次党代会报告的比较如表5所示。

表5 战略类词汇的频数比较

| 用词 | 十五大报告 | 十六大报告 | 十七大报告 | 十八大报告 | 十八大比十七大增加频数 | 十八大比十七大增加幅度（%） | 平均次增频数 |
|---|---|---|---|---|---|---|---|
| 全面 | 23 | 52 | 53 | 76 | 23 | 43.40 | 17.67 |
| 协调 | 6 | 10 | 26 | 23 | −3 | −11.54 | 5.67 |
| 统筹 | 2 | 2 | 15 | 11 | −4 | −26.67 | 3.00 |
| 均衡 | 0 | 0 | 2 | 5 | 3 | 150.00 | 1.67 |
| 综合 | 10 | 11 | 14 | 14 | 0 | 0.00 | 1.33 |
| 平衡 | 4 | 2 | 2 | 7 | 5 | 250.00 | 1.00 |
| 兼顾 | 1 | 2 | 4 | 4 | 0 | 0.00 | 1.00 |

资料来源：作者对四次党代会报告所用词汇的统计。

由表5可见，在十八大报告中战略类词汇方面，与十七大报告相比，频数上升比例较大的词汇先后为"平衡"、"均衡"和"全面"；与前三次党代会报告相比，平均每次增加频数较多的词汇先后为"全面"、"协调"和"统筹"，"均衡"、"综合"、"平衡"和"兼顾"的平均次增频数也小幅增加。这在一定程度上反映出党和国家的发展战略更加强调全面、协调和平衡。这对人权事业发展战略的制定将会产生重要的影响。

6. 实施方式类词汇

人权事业需要分阶段实施和推进。在十八大报告中有关实施方式类词汇的频数及其与前三次党代会报告的比较如表6所示。

**表6 实施方式类词汇的频数比较**

| 用词 | 十五大报告 | 十六大报告 | 十七大报告 | 十八大报告 | 十八大比十七大增加频数 | 十八大比十七大增加幅度（%） | 平均次增频数 |
|---|---|---|---|---|---|---|---|
| 发展 | 186 | 239 | 307 | 301 | −6 | −1.95 | 38.33 |
| 新 | 97 | 136 | 155 | 161 | 6 | 3.87 | 21.33 |
| 创新 | 5 | 33 | 57 | 58 | 1 | 1.75 | 17.67 |
| 更 | 29 | 33 | 64 | 82 | 18 | 28.13 | 17.67 |
| 坚持 | 69 | 106 | 96 | 110 | 14 | 14.58 | 13.67 |
| 推进 | 36 | 58 | 60 | 76 | 16 | 26.67 | 13.33 |
| 保障 | 10 | 25 | 39 | 50 | 11 | 28.21 | 13.33 |
| 加快 | 14 | 21 | 31 | 50 | 19 | 61.29 | 12.00 |
| 增强 | 17 | 8 | 37 | 50 | 13 | 35.14 | 11.00 |
| 促进 | 19 | 32 | 40 | 49 | 9 | 22.50 | 10.00 |
| 健全 | 12 | 27 | 39 | 41 | 2 | 5.13 | 9.67 |
| 提高 | 44 | 54 | 69 | 72 | 3 | 4.35 | 9.33 |
| 深化 | 13 | 19 | 28 | 38 | 10 | 35.71 | 8.33 |
| 持续 | 5 | 7 | 8 | 25 | 17 | 212.50 | 6.67 |
| 加强 | 60 | 76 | 86 | 77 | −9 | −10.47 | 5.67 |
| 完善 | 40 | 65 | 70 | 57 | −13 | −18.57 | 5.67 |
| 强化 | 1 | 4 | 6 | 10 | 4 | 66.67 | 3.00 |
| 完成 | 0 | 13 | 7 | 8 | 1 | 14.29 | 2.67 |
| 转变 | 12 | 4 | 12 | 13 | 1 | 8.33 | 0.33 |
| 变 | 39 | 29 | 40 | 34 | −6 | −15.00 | −1.67 |

| 用词 | 十五大报告 | 十六大报告 | 十七大报告 | 十八大报告 | 十八大比十七大增加频数 | 十八大比十七大增加幅度(%) | 平均次增频数 |
|------|------|------|------|------|------|------|------|
| 突破 | 4 | 7 | 4 | 3 | −1 | −25.00 | −0.33 |
| 冲破 | 1 | 1 | 0 | 0 | 0 | 0.00 | −0.33 |
| 打破 | 1 | 2 | 1 | 0 | −1 | −100.00 | −0.33 |
| 保持 | 18 | 19 | 13 | 17 | 4 | 30.77 | −0.33 |
| 建立 | 29 | 24 | 22 | 27 | 5 | 22.73 | −0.67 |
| 稳定 | 26 | 21 | 19 | 23 | 4 | 21.05 | −1.00 |
| 实现 | 50 | 49 | 50 | 44 | −6 | −12.00 | −2.00 |
| 继续 | 23 | 31 | 29 | 14 | −15 | −51.72 | −3.00 |
| 改变 | 12 | 4 | 4 | 2 | −2 | −50.00 | −3.33 |
| 改 | 131 | 127 | 132 | 115 | −17 | −12.88 | −5.33 |

资料来源：作者对四次党代会报告所用词汇的统计。

由表6可见，在十八大报告中有关实施方式类词汇方面，与十七大报告相比，频数上升比例较大的词汇先后为"持续"、"强化"、"加快"、"深化"、"增强"、"保持"、"保障"、"更"、"推进"、"建立"、"促进"、"稳定"、"坚持"和"完成"，频数下降比例较大的词汇先后为"打破"、"继续"、"改变"和"突破"；从绝对数来说，频数增加较多的词汇先后为"加快"、"更"、"持续"、"推进"、"坚持"、"增强"、"保障"、"深化"和"促进"。与前三次党代会报告相比，平均每次频数增加较多的词汇先后为"发展"、"新"、"更"、"创新"、"坚持"、"推进"、"保障"、"加快"、"增强"、"促进"、"健全"、"提高"和"深化"；平均每次频数减少较多的词汇先后为"改"、"改变"等。连续性词汇的增加和改变性词汇的减少，在一定程度上反映出中国发展越来越多地强调连续性，对冲断式改变的强调程度在下降。这对中国人权事业推进的方式将会产生重要的影响。

## 7. 领域类词汇

人权事业发展涉及各个领域的权利保障。在十八大报告中有关领域类词汇的频数及其与前三次党代会报告的比较如表7所示。

表7 领域类词汇的频数比较

| 类别 | 用词 | 十五大报告 | 十六大报告 | 十七大报告 | 十八大报告 | 十八大比十七大增加频数 | 十八大比十七大增加幅度(%) | 平均次增频数 |
|---|---|---|---|---|---|---|---|---|
| 经济领域 | 民　生 | 8 | 12 | 12 | 18 | 6 | 50.00 | 3.33 |
| | 经济建设 | 8 | 7 | 8 | 10 | 2 | 25.00 | 0.67 |
| | 经济增长 | 3 | 5 | 4 | 2 | -2 | -50.00 | -0.33 |
| | 经济发展 | 18 | 12 | 8 | 16 | 8 | 100.00 | -0.67 |
| | 增　长 | 19 | 13 | 11 | 9 | -2 | -2.80 | -3.33 |
| | 经　济 | 178 | 141 | 107 | 104 | -3 | -18.18 | -24.67 |
| 政治领域 | 协　商 | 5 | 5 | 7 | 23 | 16 | 228.57 | 6.00 |
| | 民　主 | 57 | 58 | 69 | 70 | 1 | 1.45 | 4.33 |
| | 参　与 | 8 | 10 | 17 | 17 | 0 | 0.00 | 3.00 |
| | 选　举 | 2 | 2 | 6 | 6 | 0 | 0.00 | 1.33 |
| | 公　开 | 3 | 2 | 9 | 7 | -2 | -22.22 | 1.33 |
| | 政治发展 | 0 | 1 | 1 | 3 | 2 | 200.00 | 1.00 |
| | 政治建设 | 2 | 5 | 3 | 4 | 1 | 33.33 | 0.67 |
| | 知　情 | 0 | 1 | 1 | 2 | 1 | 100.00 | 0.67 |
| | 表　达 | 0 | 0 | 1 | 2 | 1 | 100.00 | 0.67 |
| | 监　督 | 25 | 23 | 21 | 24 | 3 | 14.29 | -0.33 |
| | 政　治 | 56 | 61 | 48 | 52 | 4 | 8.33 | -1.33 |
| 文化领域 | 文　化 | 51 | 84 | 77 | 87 | 10 | 12.99 | 12.00 |
| | 文化生活 | 1 | 1 | 4 | 5 | 1 | 25.00 | 1.33 |
| | 文化建设 | 7 | 5 | 9 | 8 | -1 | -11.11 | 0.33 |
| 社会领域 | 社会管理 | 0 | 2 | 8 | 16 | 8 | 100.00 | 5.33 |
| | 社会保障 | 3 | 7 | 7 | 14 | 7 | 100.00 | 3.67 |
| | 公共服务 | 0 | 2 | 7 | 11 | 4 | 57.14 | 3.67 |
| | 社会建设 | 0 | 0 | 8 | 10 | 2 | 25.00 | 3.33 |
| | 社会和谐 | 0 | 0 | 12 | 7 | -5 | -41.67 | 2.33 |
| | 社会组织 | 0 | 0 | 4 | 3 | -1 | -25.00 | 1.00 |
| | 社会生活 | 4 | 1 | 1 | 0 | -1 | -100.00 | -1.33 |
| 生态环境领域 | 生　态 | 1 | 5 | 12 | 39 | 27 | 225.00 | 12.67 |
| | 环　境 | 17 | 20 | 27 | 33 | 6 | 22.22 | 5.33 |
| | 生态文明 | 0 | 0 | 2 | 15 | 13 | 650.00 | 5.00 |
| | 生态文明建设 | 0 | 0 | 0 | 7 | 7 | 新增 | 2.33 |

资料来源：作者对四次党代会报告所用词汇的统计。

由表 7 可见，在十八大报告中领域类词汇方面，与十七大报告相比，频数上升比例较大的前十位词汇先后为"生态文明建设"、"生态文明"、"协商"、"生态"、"政治发展"、"经济发展"、"知情"、"表达"、"社会管理"和"社会保障"，其中四个属于政治领域，三个属于生态环境领域，两个属于社会领域，一个属于经济领域；频数绝对值增加较多的前十位词汇先后为"生态"、"协商"、"生态文明"、"文化"、"经济发展"、"社会管理"、"社会保障"、"生态文明建设"、"民生"和"环境"，其中，生态环境领域四个，经济领域和社会领域各两个，政治领域和文化领域各一个。与前三次党代会相比，平均每次频数增加较多的前十一位词汇先后为"生态"、"文化"、"协商"、"社会管理"、"环境"、"生态文明"、"民主"、"社会保障"、"公共服务"、"社会建设"和"民生"，其中，社会领域四个，生态环境领域三个，政治领域两个，经济领域和文化领域各一个；平均每次频数减少最多的是"经济"和"增长"，其中，"经济"每次平均减少 24.67 个频数。上述词频分析显示，对生态环境领域的关注凸显，而对经济领域的关注相对降低，而且在经济领域更少地强调增长，更多强调的是经济发展和民生。在社会领域更加强调社会管理、社会保障和公共服务，在政治领域更加强调协商、知情、民主、表达和政治发展。这些变化会对未来中国人权事业发展的重点产生重要的影响。

## （二）十八大报告对各方面人权保障的论述

十八大报告明确提出，要使"人权得到切实尊重和保障"。这一要求在十八大报告中进一步体现为对经济权利、社会权利、文化权利、环境权利、公民权利、政治权利以及各种特殊群体权利的具体保障要求。

在经济权利方面，十八大报告一方面强调平等权利和公平竞争，要求保证各种经济主体"依法平等使用生产要素、公平参与市场竞争、同等受到法律保护"，形成有利于"社会公平的税收制度"；另一方面要求加大对贫困地区和群体的扶助，特别是"加大对革命老区、民族地区、边疆地区、贫困地区扶持力度"，"深入推进新农村建设和扶贫开发，全面改善农村生产生活条件"。十八大报告还特别强调对财产、收入和就业权利的保障。在财产权利方面，要求"依法维护农民土地承包经营权、宅基地使用权、集体收益分配权"；在宏观收入分配方面，提出"初次分配和再分配都要兼顾效率和公平，再分配更加注重公平"，要努力实现"居民收入增长和经济发展同步、劳动报酬增长和劳动生产率提高同步，提高居民收入在国民收入分配中的比重，提高劳动报酬在初次分配中的比重"；在工作收入方面，要"推行企业工资集体协商制度，保护劳动所得"；在就业权利方面，提出"实施就业优先战略和更加积极的就业政策"。

在社会权利方面，十八大报告提出，要"在学有所教、劳有所得、病有所医、老有所养、住有所居上持续取得新进展"。在社会保障权利方面，要"坚持全覆盖、保基本、多层次、可持续方针，以增强公平性、适应流动性、保证可持续性为重点，全面建成覆盖城乡居民的社会保障体系"；在教育权利保障方面，要"均衡发展九年义务教育"，"大力促进教育公平"，教育资源"重点向农村、边远、贫困、民族地区倾斜"，"提高家庭经济困难学生资助水平，积极推动农民工子女平等接受教育"；在健康权利保障方面，要推进综合改革，完善国民健康政策，"为群众提供安全有效方便价廉的公共卫生和基本医疗服务"。

在文化权利方面，十八大报告一方面强调保障公民参与文化创造活动的权利，要求"坚持百花齐放、百家争鸣的方针"，"发扬学术民主、艺术民主，为人民提供广阔文化舞台"，使"人民基本文化权益得到更好保障"；另一方面强调保障全体社会成员平等享受文化成果的权利，要求"加快推进重点文化惠民工程，加大对农村和欠发达地区文化建设的帮扶力度，继续推动公共文化服务设施向社会免费开放"，"完善公共文化服务体系，提高服务效能"；同时，还强调文化创造者对作品的收益权利，要求"实施知识产权战略，加强知识产权保护"。

在环境权利方面，十八大报告特别强调生态文明建设与环境权利保障之间的关系，指出"良好生态环境是人和社会持续发展的根本基础"，建设生态文明"是关系人民福祉、关乎民族未来的长远大计"，要"为人民创造良好生产生活环境"，"给子孙后代留下天蓝、地绿、水净的美好家园"。在此基础上进一步提出，要"把生态文明建设放在突出地位，融入经济建设、政治建设、文化建设、社会建设各方面和全过程，努力建设美丽中国，实现中华民族永续发展"。

在公民权利方面，十八大报告着重强调要保障公民享有获得公正审判的权利，要求推进"公正司法"，坚持"法律面前人人平等"，通过深化司法体制改革，"确保审判机关、检察机关依法独立公正行使审判权、检察权"，强调"任何组织或者个人都不得有超越宪法和法律的特权，绝不允许以言代法、以权压法、徇私枉法"。在迁徙权保障方面，报告指出要"加快改革户籍制度，有序推进农业转移人口市民化"。

在政治权利方面，十八大报告突出强调对公民民主权利的保障，指出要通过积极稳妥推进政治体制改革，"发展更加广泛、更加充分、更加健全的人民民主"，"更加注重健全民主制度、丰富民主形式，保证人民依法实行民主选举、民主决策、民主管理、民主监督"，"保证人民依法享有广泛权利和自由"，保障人民的"知情权、参与权、表达权、监督权"。在选举民主方面，报告提出要"提高基层人大代表特别是一线工人、农民、知识分子代表比例，降低党政领导干部代表比例"，"在人大设立代表联络机构，完善代表联系群众制度"；在协商民主方面，报告提出要"完善协商民主制度和工作机制，推进协商民主广泛、多层、制度化发展"；在基层民主方面，报告提出要"完善基层民主制度"，指出"在城乡社区治理、基层公共事务和公益事业中实行群众自我管理、自我服务、自我教育、自我监督，是人民依法直接行使民主权利的重要方式"；在党内民主方面，报告特别提出要"积极发展党内民主"，指出"党内民主是党的生命。要坚持民主集中制，健全党内民主制度体系，以党内民主带动人民民主。保障党员主体地位，健全党员民主权利保障制度，开展批评和自我批评，营造党内民主平等的同志关系、民主讨论的政治氛围、民主监督的制度环境，落实党员知情权、参与权、选举权、监督权"。为此，十八大报告提出了一系列党内民主的制度建设，包括"完善党的代表大会制度，提高工人、农民代表比例，落实和完善党的代表大会代表任期制，试行乡镇党代会年会制，深化县（市、区）党代会常任制试点，实行党代会代表提案制"；"完善党内选举制度，规范差额提名、差额选举，形成充分体现选举人意志的程序和环境"；"强化全委会决策和监督作用，完善常委会议事规则和决策程序，完善地方党委讨论决定重大问题和任用重要干部票决制"；"扩大党内基层民主，完善党员定期评议基层党组织领导班子等制度，推行党员旁听基层党委会议、党代会代表列席同级党委有关会议等做法，增强党内生活原则性和透明度"。

在特殊群体权利方面，十八大报告强调要"保障少数民族合法权益"；"坚持男女平等基本国策，保障妇女儿童合法权益"；"积极应对人口老龄化，大力发展老龄服务事业和产业"；"健全残疾人社会保障和服务体系，切实保障残疾人权益"；"加大强农惠农富农政策力度，让广大农民平等参与现代化进程、共同分享现代化成果"。

在国际社会层面，十八大报告强调和平权、发展权、主权平等、国际公平正义和国际关系民主化，指出"要和平不要战争，要发展不要贫穷，要合作不要对抗，推动建设持久和平、共同繁荣的和谐世界，是各国人民共同愿望"，主张"在国际关系中弘扬平等互信、包容互鉴、合作共赢的精神，共同维护国际公平正义"；坚持"国家不分大小、强弱、贫富一律平等，推动国际关系民主化"；提出包容互鉴，"尊重世界文明多样性、发展道路多样化，尊重和维护各国人民自主选择社会制度和发展道路的权利"。

### （三）十八大报告对中国特色社会主义的阐释中的人权意蕴

十八大报告提出要坚持和发展中国特色社会主义，到 2020 年实现全面建成小康社会的目标。在对中国特色社会主义和全面建成小康社会目标的阐述中，体现出对人权的尊重和保障。

1. 以人为本的科学发展观为人权保障奠定了理论基础

十八大报告将深入贯彻落实科学发展观作为建设中国特色社会主义的重要原则，同时将以人为本作为科学发展观的核心立场。十八大报告指出："必须更加自觉地把以人为本作为深入贯彻落实科学发展观的核心立场，始终把实现好、维护好、发展好最广大人民根本利益作为党和国家一切工作的出发点和落脚点，尊重人民首创精神，保障人民各项权益，不断在实现发展成果由人民共享、促进人的全面发展上取得新成效。"① 坚持以人为本，将人民的利益置于至高无上的地位，将人的全面发展作为工作的目标，这为推进中国人权事业奠定了强有力的理论基础。

2. 公平正义的内在要求为中国人权事业发展确定了基本价值导向

十八大报告提出，"公平正义是中国特色社会主义的内在要求"，在中国特色社会主义建设过程中"必须坚持维护社会公平正义"，倡导"自由、平等、公正、法治"的社会主义价值理念，建立"以权利公平、机会公平、规则公平"为主要内容的社会公平保障体系，保证人民"平等参与、平等发展权利"，使"人权得到切实尊重和保障"。② 将维护公平正义作为中国特色社会主义的内在要求，特别强调权利公平、机会公平、规则公平以及平等参与、平等发展的权利，这为中国人权事业今后的发展确定了价值导向。

3. 道路、理论和制度三位一体要求中国人权事业发展更加注重制度建设

十八大报告强调中国特色社会主义包括道路、理论和制度三个方面，其中，"中国特色社会主义道路是实现途径，中国特色社会主义理论体系是行动指南，中国特色社会主义制度是根本保障，三者统一于中国特色社会主义伟大实践"。③

在这三个方面中，十八大报告特别着重强调了制度建设，提出要"构建系统完备、科学规范、运行有效的制度体系，使各方面制度更加成熟更加定型"。④ 特别是在政治建设方面，报告特别强调"要把制度建设摆在突出

① 胡锦涛：《坚定不移沿着中国特色社会主义道路前进，为全面建成小康社会而奋斗——在中国共产党第十八次全国代表大会上的报告》，2012 年 11 月 8 日。
② 胡锦涛：《坚定不移沿着中国特色社会主义道路前进，为全面建成小康社会而奋斗——在中国共产党第十八次全国代表大会上的报告》，2012 年 11 月 8 日。
③ 胡锦涛：《坚定不移沿着中国特色社会主义道路前进，为全面建成小康社会而奋斗——在中国共产党第十八次全国代表大会上的报告》，2012 年 11 月 8 日。
④ 胡锦涛：《坚定不移沿着中国特色社会主义道路前进，为全面建成小康社会而奋斗——在中国共产党第十八次全国代表大会上的报告》，2012 年 11 月 8 日。

位置"。

强调中国特色社会主义的制度建设，明确了中国人权事业发展的战略方向，即强化中国人权保障制度的建设。十八大报告明确提出，要"加紧建设对保障社会公平正义具有重大作用的制度，逐步建立以权利公平、机会公平、规则公平为主要内容的社会公平保障体系"。[①] 中国人权事业的下一步发展，要在进一步探索中国特色人权发展道路和理论的基础上，更加注重中国特色人权保障制度的建设。

4. 五位一体的战略布局要求中国人权事业必须各领域协调发展

十八大报告将全面协调可持续发展作为贯彻科学发展观的基本要求，提出了"经济建设、政治建设、文化建设、社会建设、生态文明建设"五位一体的总体布局。要求五个建设相协调，生产关系与生产力相协调，上层建筑与经济基础相协调，明确了中国人权事业今后发展应当采取的方式，即要使经济、社会和文化权利的发展与公民和政治权利的发展相协调。

## 二 有计划、持续稳健、全面推进的国家人权行动计划

2012年中国人权事业发展的另一个重要事件，是发布了《国家人权行动计划（2012~2015年）》。国务院新闻办公室主任王晨在答记者问时指出："新一期国家人权行动计划的发布，表明了中国政府坚定不移地促进中国人权事业全面发展的决心，标志着中国人权事业已进入了有计划、持续稳健、全面推进的新阶段。"

### （一）有计划推进人权事业

改革开放以来，特别是自2004年"国家尊重和保障人权"被写入宪法以来，中国政府在保障人权方面采取了日益广泛的行动，包括修订和制定

---

① 胡锦涛：《坚定不移沿着中国特色社会主义道路前进，为全面建成小康社会而奋斗——在中国共产党第十八次全国代表大会上的报告》，2012年11月8日。

各项保障人权的法律法规，实施人权保障的各项专项行动，开展广泛的人权教育、培训和知识普及，以及在国际社会开展人权对话、交流与合作。国家人权行动计划的制定，标志着中国人权保障事业进入了有计划推进的时代。

制订国家人权行动计划的倡议，首先是在1993年举行的世界人权大会上提出的。在该次大会上通过的《维也纳宣言和行动纲领》中建议每个会员国考虑是否可以拟订国家行动计划，以确定各国为促进和保护人权所应采取的步骤。① 2002年，联合国人权高级专员办公室发布了《国家人权行动计划指导手册》，鼓励各国制订国家人权行动计划。该手册指出，以制度的方式来强化促进和保护人权是现实的和实用的。它将改善人权作为公共政策的目标，并通过政府正常的计划和资源分配过程来加以实施。它将人权目标整合进国家整体的发展目标之中，从而使得国家作为一个整体从中受益并得到加强。该计划指出，制订国家人权行动计划，审视国家在人权方面的需求，将在政府官员、安全部门、公民社会组织和普通公众中提升对人权问题的意识，在一种合作的氛围中广泛动员社会各界的力量，提出现实的行动方案，确定可以达到的目标，促进与其他国家计划项目特别是在发展和教育领域中的计划项目之间的联系，并履行对促进人权的实际行动的承诺。该手册进一步指出，国家人权行动计划的有效性，取决于获得的政治支持，计划的透明程度和参与程度，对人权研究的广泛程度，现实的优先排序和以行动为导向的规划，明确的成败标准和在监督与评价方面的有力的参与机制，以及足够的资源投入。②

到目前为止，共有29个国家制订了国家人权行动计划，其中有8个国家制定了第二期国家人权行动计划，有1个国家制订了第三期国家人权行动计划（见表8）。

---

① The World Conference on Human Rights, *Vienna Declaration and Programme of Action*, Part Ⅱ, paragraph 71, 1993.

② Office of the United Nations High Commissioner for Human Rights, *Handbook on National Human Rights Plans of Action*, 19 August 2002.

表8　各国制订的国家人权行动计划

| 序号 | 国家 | 第一次时间 | 第二次时间 | 第三次时间 |
|---|---|---|---|---|
| 1 | 澳大利亚 | 1996(1997年更新) | 2004 | |
| 2 | 巴拉圭 | 2011 | | |
| 3 | 巴西 | 1996 | 2009 | |
| 4 | 玻利维亚 | 1999 | 2009~2013 | |
| 5 | 厄瓜多尔 | 1998 | | |
| 6 | 菲律宾 | 1996~2000 | | |
| 7 | 佛得角 | 2003 | | |
| 8 | 哈萨克斯坦 | 2009~2012 | | |
| 9 | 韩国 | 2007~2011 | | |
| 10 | 拉脱维亚 | 1995 | | |
| 11 | 立陶宛 | 2002 | | |
| 12 | 马拉维 | 1995~1996 | | |
| 13 | 毛里塔尼亚 | 2003 | | |
| 14 | 秘鲁 | 2006~2010 | | |
| 15 | 刚果民主共和国 | 2000 | | |
| 16 | 摩尔多瓦 | 2004~2008 | | |
| 17 | 墨西哥 | 1998 | 2004~2012 | 2008~2012 |
| 18 | 南非 | 1998 | | |
| 19 | 尼泊尔 | 2004 | | |
| 20 | 尼日利亚 | 2006 | 2009~2013 | |
| 21 | 挪威 | 2000~2005 | | |
| 22 | 瑞典 | 2002~2004 | 2006~2009 | |
| 23 | 泰国 | 2009~2013 | | |
| 24 | 危地马拉 | 2007~2017 | | |
| 25 | 委内瑞拉 | 1999 | | |
| 26 | 西班牙 | 2008 | | |
| 27 | 新西兰 | 2005~2010 | | |
| 28 | 印度尼西亚 | 1998~2003 | 2004~2009 | |
| 29 | 中国 | 2009~2010 | 2012~2015 | |

资料来源：联合国人权高级专员办公室网站：http：//www.ohchr.org/EN/Issues/PlansActions/Pages/PlansofActionIndex.aspx。

中国政府积极响应世界人权大会和联合国人权高级专员办公室的倡议，于2009年制定了首期国家人权行动计划，对2009~2010年的人权目标和任务作出了具体的规定。2011年对该计划的执行情况进行的评估显示，该计划的制定和实施对中国人权事业的发展起到了积极的促进作用，得到人民群众的普遍欢迎和国际社会的广泛好评。在认真总结经验的基础上，中国又制定了第二期国家人权行动计划，明确 2012~2015 年促进和保障人权的目标和任务。

制定国家人权行动计划，标志着推进人权事业发展被纳入了国家计划，各项人权任务可以有计划、分步骤地有序推进。有计划地推进对中国人权事业的发展具有重要意义，它可以将分散的行动凝聚到一个方向，将各方面的要求协调成一个有序的步调，使得中国人权事业的发展形成一股不可阻挡的滚滚洪流。

### （二）持续稳健推进人权事业

要使中国人权事业持续稳健推进，不仅需要制定国家计划，而且必须遵循正确的原则来制定计划，并采取恰当的方法来促进计划的实施。

中国在两次制定国家人权行动计划的过程中，都强调了依法推进和务实推进的基本原则。

#### 1. 依法推进

所谓"依法推进原则"，就是"根据宪法关于'国家尊重和保障人权'的原则，遵循《世界人权宣言》和有关国际人权公约的基本精神，从立法、行政和司法各个环节完善尊重和保障人权的法律法规和实施机制，依法推进中国人权事业发展"。只有依法推进，才能使人权事业的发展得到法律制度的保障。

为了保证中国人权事业依法推进，两期行动计划都强调要落实已有的各项法律、法规和规章。同时，为了使人权保障行动获得更充分的法律支持，两期国家人权行动计划都提出了需要修改和制定的法律、法规和行政规章。

在第一期行动计划中，要求修订《城市居民最低生活保障条例》、《城市生活无着的流浪乞讨人员救助管理办法》、《社会团体登记管理条例》、《民办非企业单位登记管理暂行条例》、《基金会管理条例》、《出版管理条例》、《城市民族工作条例》和《民族乡行政工作条例》等；要求制定或研究制定《城市低保标准测算与调整办法》、《城市低保家庭收入核算办法》、《城市低保分类施保实施办法》、《农村五保供养服务机构管理办法》、《农村五保供养服务标准》、《农村五保供养服务设施建设专项规划》、《流浪未成年人救助保护机构服务标准》、《国家中长期教育改革和发展规划纲要》和《民间文学艺术作品著作权保护条例》、《农村最低生活保障条例》等。

在第二期行动计划中，要求修改劳动合同法、失业保险条例及其配套规定、著作权法、文物保护法、环境保护法、行政诉讼法、女职工特殊劳动保护标准、残疾人教育条例等；要求制定或研究制定基本住房保障条例，基本医疗保险条例，全国社会保障基金条例，生育保险以及社会保险登记、申报、缴纳等方面的规章，精神卫生法，基本医疗卫生保健法，中医药法和药品标准管理办法，公共图书馆法，博物馆条例，与非物质文化遗产法配套的法规和规章，无障碍环境建设条例，残疾人康复条例等。

### 2.务实推进

所谓"务实推进原则"，就是"既尊重人权的普遍性原则，又坚持从中国的基本国情和新的实际出发，切实推进人权事业发展"。依法推进和务实推进，是使中国人权事业持续稳健发展的重要保障。只有务实推进，才能使中国人权事业的发展与中国的实际国情相适应，产生实际的成效。

为了保证务实推进中国人权事业的发展，两期国家人权行动计划的制定采取了以下举措。

第一，在指导思想上，强调制定国家人权行动计划要顺应各族人民过上更好生活的新期待，着力解决人民群众最关心、最直接、最现实的权利利益问题，要促进社会更加公正、和谐，努力使每一个社会成员生活得更有尊严、更加幸福。

第二，在内容上紧密结合国民经济社会发展规划，特别是与"十一五"和"十二五"规划相结合。

第三，制定具体的目标和明确的任务要求，使计划具有可实施性和可操作性，便于落实、检查、监督和评估。

第四，建立广泛参与的制定机制。为了制定国家人权行动计划，建立了国务院新闻办公室和外交部牵头，由各中央和国家机关以及人民团体、非政府组织组成的国家人权行动计划联席会议机制。在第一期行动计划的制定中，有53个单位参加了联席会议机制；在第二期行动计划的制定中，有56家单位参加了联席会议机制，除了两个牵头单位之外，还包括全国人大常委会办公厅、全国人大常委会法制工作委员会、全国政协办公厅、全国政协社会和法制委员会、最高人民法院、最高人民检察院、中共中央组织部、中共中央宣传部、中共中央统一战线工作部、中共中央对外联络部、中共中央政策研究室、国家发展和改革委员会、教育部、科学技术部、工业和信息化部、国家民族事务委员会、公安部、监察部、民政部、司法部、财政部、人力资源和社会保障部、国土资源部、环境保护部、住房和城乡建设部、交通运输部、铁道部、水利部、农业部、文化部、卫生部、国家人口和计划生育委员会、审计署、国家质量监督检验检疫总局、国家广播电影电视总局、国家新闻出版总署、国家体育总局、国家安全生产监督管理总局、国家统计局、国家林业局、国家知识产权局、国家宗教事务局、国务院法制办公室、国家信访局、国家食品药品监督管理局、国务院妇女儿童工作委员会、国务院扶贫办公室、全国老龄工作委员会、国务院食品安全委员会办公室、中华全国总工会、中国共产主义青年团中央委员会、中华全国妇女联合会、中国残疾人联合会、中国人权研究会。① 同时，还成立了专家组参与撰写工作，第一期的专家组成员主要来自南开大学、上海社会科学院、山东大学、中国政法大学、中国社会科学院、北京大学、武汉大学、中国人民大学、中央党校等高校和研究机构。第二期的专家组成员主要来自南开大学、四川大学、中国社会科学院、上海社会科学院、中央党校等高校和科研单位。

---

① 参见《国务院新闻办公室主任王晨就发布〈国家人权行动计划（2012～2015年）〉答记者问》，新华网：http://politics.people.com.cn/GB/18147406.html，2012年6月12日。

第五，在计划制定过程中广泛征求意见，反复协商。在制定计划的过程中，牵头单位多次组织召开联席会议、专题会议和各种形式的座谈会，组织有关单位和专家学者调查研究，并通过信函、电话等方式广泛征求社会各界的意见和建议。邀请中国法学会、中华全国律师协会、中国法律援助基金会、中华环境保护基金会、中国教育学会、中国妇女发展基金会、中国扶贫基金会、中国残疾人福利基金会、中国人权发展基金会等社会组织参加座谈。计划是经过反复讨论和多次修订才得以完成，它集中了政府各单位和社会各界的集体智慧。

第六，建立实施的检查和评估机制。为了保障国家人权行动计划的落实，计划要求国家人权行动计划联席会议机制负责行动计划的实施、监督和评估。联席会议机制将开展阶段性调研、检查和终期评估，并公布最终的评估报告。同时，要求中央和国家机关各有关部门、各级地方政府高度重视，结合各部门工作职责和各地区特点，采取切实有效的措施完成该计划确定的各项目标和任务。此外，还要求将国家人权行动计划作为人权教育和培训的重要内容，鼓励新闻媒体在国家人权行动计划的宣传、实施和监督方面发挥积极作用，发挥社会组织在人权保障中的建设性作用。

## （三）全面推进中国人权事业发展

在两期国家人权行动计划中，都提出了全面推进原则，即将各项人权作为相互依存、不可分割的有机整体，促进经济、社会、文化权利与公民权利、政治权利的协调发展，促进个人人权与集体人权的协调发展。

从内容结构上看，两期行动计划都包括了经济、社会和文化权利，公民权利和政治权利，少数民族、妇女、儿童、老年人和残疾人的权利，人权教育，以及国际人权条约义务的履行和国际人权交流与合作。

在经济、社会和文化权利方面，行动计划涉及了工作权利、基本生活水准权利、社会保障权利、健康权利、受教育权利、文化权利和环境权利。

在公民权利和政治权利方面，行动计划涉及了人身权利、被羁押人的权利、获得公正审判的权利、宗教信仰自由、知情权、参与权、表达权和监督权。

在特殊群体权利方面，行动计划涉及了少数民族的政治权利、社会权利、经济发展权利、教育权利、语言和文化权利等；涉及妇女的政治权利、就业权利、财产权利、健康权利、人身权利等；涉及儿童的健康权利、安全权利、闲暇和娱乐的权利、参与权利、平等权利、受保护和照顾的权利、人身权利等；涉及老年人的社会保障权利、享受社会照顾和福利的权利，健康权利、精神文化生活的权利、获得法律援助的权利等；涉及残疾人的社会保障权利、享受康复服务的权利、享受教育和特殊教育的权利、就业权利、特殊文化生活的权利、享受无障碍设施的权利、获得法律援助的权利等。此外，在第一期行动计划中，还专门涉及了农民和农民工权益的保障，特别是土地权利、宅基地用益物权、收入报酬权利、平等享受基本公共服务的权利、健康权利等。

在人权教育方面，行动计划涉及了公务员人权培训，中小学人权教育，高等院校人权课程、专业和研究，企事业单位人权知识的普及，新闻媒体对人权知识的传播，以及国家人权教育与培训基地的作用。

在国际人权交流与合作方面，行动计划涉及了提交履约报告，参加人权国别审查工作，参与联合国人权机制工作，邀请联合国特别报告员访华，与有关国家开展人权对话与交流，参与区域人权活动等。

### （四）第二期国家人权行动计划的一些新亮点

与第一期国家人权行动计划相比，第二期行动计划有一些新的亮点。

在经济权利方面，第二期行动计划特别提出，要在保持经济平稳较快发展的基础上，使城镇和农村居民人均收入与国内生产总值保持同步增长，努力提高居民收入在国民收入分配中的比重。针对收入差距扩大的趋势，计划要求大力调整收入分配格局，增加中低收入者收入，提高劳动报酬在初次分配中的比重。在扶贫工作方面，计划要求逐步提高扶贫标准，实施集中连片特殊困难地区扶贫攻坚工程，对 2.4 万个村整村推进。在住房保障方面，计划要求制定基本住房保障条例，加快廉租住房、公共租赁住房、经济适用房等保障性住房建设，积极推进各类棚户区改造，力争使城镇中等偏下和低收入家庭住房困难问题得到基本解决，新就业职工住房困难得到缓解，外来务工人员居住条件得到明显改善。

在社会权利方面，计划提出新型农村社会养老保险和城镇居民社会养老保险要实现制度全覆盖，医疗保险要基本覆盖城乡居民，工伤保险要完善工伤预防、工伤补偿、工伤康复相结合的工伤保险制度体系，社会救助制度要逐步实现城乡均等覆盖，低保标准年均增幅达到10%，农村五保供养标准达到当地农村居民平均生活水平，逐步降低或取消医疗救助起付线。

在环境权利方面，计划要求将人权保障与生态文明建设结合起来，加快转变经济发展方式，着力解决重金属、饮用水源、大气、土壤、海洋污染等关系民生的突出环境问题，并特别提出到2015年将细颗粒物（$PM_{2.5}$）项目监测覆盖所有地级以上城市；治理沙化土地面积新增1000万公顷以上，治理水土流失综合面积新增20万平方公里。

在公民权利方面，计划特别强调要调整和细化逮捕、取保候审、监视居住等强制措施的适用条件和管理规定，增加可操作性；积极为律师在侦查阶段参与刑事诉讼创造条件，保障律师在执业活动中的人身权、辩护权和辩论权；完善非法证据排除制度，严禁刑讯逼供和以其他非法方法收集证据，不得强迫任何人证实自己有罪；依法扩大缓刑制度和社区矫正的适用范围；防止不必要的羁押；加强对刑事羁押期限的监督；健全被羁押人权利保障机制。

在政治权利方面，计划特别强调要推进政府信息公开、办事公开、审计工作信息公开、领导干部任免信息公开，以及公共企事业单位的办事公开、厂务公开和村务公开；促进社会组织有序参与社会建设，进一步发展和完善基层群众自治制度；加强对新闻机构和新闻从业人员合法权益的制度保障，依法保障新闻从业人员的知情权、采访权、发表权、批评权、监督权，维护新闻机构、采编人员和新闻当事人的合法权益；加大对安全生产、食品药品质量、征地拆迁、环境污染等责任事故的问责力度；对举报事项、举报情况以及举报人的信息严格保密，及时纠正阻拦、压制、打击报复举报人的行为，切实保护举报人的合法权益；鼓励新闻媒体发挥舆论监督作用。

在特殊群体权利保障方面，计划特别提出要加强少数民族文化遗产保护工作，对濒危项目和年老体弱的代表性传承人实施抢救性保护，对少数民族非物质文化遗产集聚区实施整体性保护，建设中国少数民族濒危语言数据库；要进一步促进性别平等，消除性别歧视，加强性别统计工作，完善对经济和社会发展领域的分性别数据的收集和发布；学生在校期间每天至少参加1小时的体育锻炼活动，保障儿童享有闲暇和娱乐的权利，加强校车和校园安全管理，建立儿童附条件不起诉制度和犯罪记录封存制度；完善老年人口户籍迁移管理政策，为老年人随赡养人迁徙提供条件，健全家庭养老保障和照料服务扶持政策；到2015年，城镇残疾人新增就业80万人，为80万农村残疾人提供实用技术培训。

在人权教育、培训和知识普及方面，计划明确提出要"广泛开展各种形式的人权教育和培训，在全社会传播人权理念，普及人权知识"。要求将人权教育纳入公务员培训计划，将国家人权行动计划作为人权教育和培训的重要内容；加强中小学人权教育，在中小学营造尊重人权的教育环境；鼓励高等院校开设人权公选课程和专业课程，支持人权相关学科和专业的建设，鼓励开展人权理论研究；鼓励并推动企事业单位普及人权知识，形成尊重和保障人权的企业文化；鼓励新闻媒体传播人权知识，形成全社会重视人权的舆论氛围；发挥高等院校中的国家人权教育与培训基地的作用，到2015年至少新增5个国家人权教育与培训基地。

此外，新一期行动计划还专设了"实施和监督"一章。在这一章中，除了强调联席会议机制的作用之外，还特别强调要创新社会管理机制，发挥社会组织在人权保障中的建设性作用，鼓励新闻媒体在行动计划的宣传、实施和监督方面发挥积极作用。

# 三 2012年尊重和保障人权的实践

2012年，中国在人权研究与培训、保障人权的制度与法律建设、保障各项人权的具体举措和国际人权交流方面都有一系列新的进展。

## （一）人权研究与培训

近年来，中国高校和研究机构中的人权研究中心的数量呈现快速增长的势头。据不完全统计，其数量已经从2010年的约40家增长到2012年的近60家。人权的研究工作也呈现日益广泛的局面。

### 1. 人权调研

2012年，西南政法大学人权教育与研究中心在全国进行了"中国大众人权观念调查"，样本覆盖了全国东中西部及东北地区30个省、直辖市、自治区（港、澳、台及海南省除外）的125个城市，设计抽选出20000个样本，实际抽到15579个样本，最后有效采访15111个样本。调查显示，获取人权知识的最主要的媒介或活动依次是广播电视、报刊书籍、课堂教育、网络和普法宣传；表示自己从未知晓人权概念及知识的大众仅占6.9%；公众对最重要的人权的排序依次为个人自由和尊严、生命健康权、社会保障权、劳动权、言论自由、选举权和被选举权、通过法律途径获得救助的权利、宗教信仰自由；年轻人比老年人更加关注人权问题；高学历、高收入群体更为关注人权问题。

中国人权研究会会长罗豪才率领调研组一行分别于4月16~22日赴江苏、上海，9月10~16日赴黑、吉、辽三省就各地人权理论研究、人权教育与培训和人权机构建设等情况进行了考察调研。

### 2. 人权研究著作与期刊

2012年是人权研究工作大繁荣的一年。表9列出了2012年出版的与人权有关的主要书籍共44部（不完全统计）。

表9  2012年中国出版的人权书籍

| 编号 | 书名 | 作者 | 出版社 |
|---|---|---|---|
| 1 | 中国人权在行动(2011) | 刘萱主编 | 五洲传播出版社 |
| 2 | 文化传统、价值观与人权 | 中国人权研究会编 | 五洲传播出版社 |
| 3 | 中国人权事业发展报告 NO.2(2012) | 李君如、陈振功、常健主编 | 社会科学文献出版社 |
| 4 | 人权知识公民读本 | 常健、陈振功主编 | 湖南大学出版社 |
| 5 | 中国人权年鉴(2006~2010年) | 中国人权年鉴编委会 | 湖南大学出版社 |
| 6 | 人权知识行政执法人员读本 | 杜钢建、刘士平主编 | 湖南大学出版社 |
| 7 | 人权知识监狱人民警察读本 | 冯建仓主编 | 湖南大学出版社 |
| 8 | 人权知识妇女权利读本 | 班文战、夏吟兰主编 | 湖南大学出版社 |
| 9 | 人权知识未成年人权利读本 | 白桂梅、王雪梅主编 | 湖南大学出版社 |
| 10 | 人权知识法官读本 | 齐延平主编 | 湖南大学出版社 |
| 11 | 中国人权评论(2012年第1辑) | 张永和主编 | 法律出版社 |
| 12 | 《国家人权行动计划（2012～2015年)》解读 | 付子堂、张永和主编 | 法律出版社 |
| 13 | 马克思主义人权理论与中国实践 | 付子堂、胡兴建等 | 法律出版社 |
| 14 | 中国特定群体人权保护的理论与实践 | 赵树坤 | 法律出版社 |
| 15 | 知情权的中国实践 | 陆幸福 | 法律出版社 |
| 16 | 1982年宪法与人权保障 | 张震 | 法律出版社 |
| 17 | 亚洲价值与人权——儒家社群主义的视角 | 〔美〕狄百瑞著，尹钛译 | 社会科学文献出版社 |
| 18 | 中国同性恋人权保障研究 | 何东平 | 厦门大学出版社 |
| 19 | 受教育人权 | 〔澳〕霍奇森著，申素平译 | 教育科学出版社 |
| 20 | 《世界人权宣言》研究 | 孙平华 | 北京大学出版社 |
| 21 | 中国人权教育研究 | 张雪莲 | 东南大学出版社 |
| 22 | 《人权与公民权利宣言》：现代宪法史论 | 〔德〕耶里内克著，李锦辉译 | 商务印书馆 |
| 23 | 人权与公民权利宣言——现代宪政史上的一大贡献 | 〔德〕耶利内克著，钟云龙译 | 中国政法大学出版社 |
| 24 | 妇女与国际人权法（第三卷)：走向赋权 | 〔美〕阿斯金、〔美〕科尼格编，朱晓青、毕小青译 | 生活·读书·新知三联书店 |
| 25 | 高等教育视野中的人权研究 | 樊华强 | 科学出版社 |
| 26 | 人权制度化与法制转型问题研究 | 王茂庆 | 中国政法大学出版社 |

续表

| 编号 | 书名 | 作者 | 出版社 |
|---|---|---|---|
| 27 | 人权与中国思想——一种跨文化的探索 | 〔美〕安靖如著,黄金荣、黄斌译 | 中国人民大学出版社 |
| 28 | 洛克说自由与人权 | 〔英〕洛克著,高适编译 | 华中科技大学出版社 |
| 29 | 发展、人权与法治研究——发展困境与社会管理创新 | 汪习根主编 | 武汉大学出版社 |
| 30 | 国家人权行动计划(2012~2015年) | 国务院新闻办公室 | 人民出版社 |
| 31 | 2011年美国的人权纪录 | 国务院新闻办公室 | 人民出版社 |
| 32 | 国际人权法概论 | 王孔祥编著 | 武汉大学出版社 |
| 33 | 中国城市化进程中的人权问题研究 | 韩云川等 | 阳光出版社 |
| 34 | 人权研究(第11卷) | 徐显明主编 | 山东人民出版社 |
| 35 | 新中国人权保障发展六十年 | 刘海年 | 中国社会科学出版社 |
| 36 | 人权法教学参考资料选编 | 白桂梅、刘骁编 | 北京大学出版社 |
| 37 | 艾滋病与人权 | 李楯 | 法律出版社 |
| 38 | 人权保护中的司法功能——基于最高法院的比较研究 | 姚小林 | 知识产权出版社 |
| 39 | 公正审判:欧洲刑事诉讼传统与欧洲人权法院 | 〔瑞士〕萨默斯著,朱奎彬、谢进杰译 | 中国政法大学出版社 |
| 40 | 欧洲四国有效刑事辩护研究——人权的视角 | 丁鹏等编译 | 法律出版社 |
| 41 | 全球化背景下伊斯兰人权思潮及现状研究 | 吕耀军 | 中国社会科学出版社 |
| 42 | 人权的政治哲学 | 王立峰 | 中国社会科学出版社 |
| 43 | 德性与权利——先秦儒家人权思想研究 | 张志宏 | 人民出版社 |
| 44 | 人权情怀 | 林伯承 | 人民出版社 |

资料来源:作者根据有关报道统计。

在 2012 年出版的书籍中，《中国人权事业发展报告 NO. 2（2012 年）》是第二个年度报告，《中国人权在行动（2011）》已经是该系列的第 6 册，《人权研究》也是第 11 卷了，《中国人权评论》则是首次出书。同时，西南政法大学人权教育与研究中心出版的一套六本研究性著作也显示了该研究中心近年来不断增长的研究实力。

在人权教育和知识普及方面，中国人权研究会组织编写、中国人权发展基金会资助的"人权知识读本丛书"第一批六册书，包括《人权知识公民读本》、《人权知识法官读本》、《人权知识监狱人民警察读本》、《人权知识行政执法人员读本》、《人权知识妇女权利读本》和《人权知识未成年人权利读本》，它被新闻出版总署列入国家"十二五"重点图书出版规划项目，这标志着中国在人权知识普及方面进入了一个新阶段。

在人权的研究性著作中，既有介绍国外人权思想、规范和制度的，也有解析中国儒家思想中的人权意蕴的；既有研究人权发展历史的，也有研究当代人权问题的；既有研究文本的，也有研究现实的。从研究领域来看，不仅涉及法学，而且涉及哲学、政治学、行政学、社会学、教育学等。其中，《中国同性恋人权保障研究》、《艾滋病与人权》、《中国城市化进程中的人权问题研究》、《全球化背景下伊斯兰人权思潮及现状研究》等著作都涉及了人们新近特别关注的人权问题。

中国人权研究会主办的《人权》杂志自 2002 年正式创刊以来已经走过了 11 个年头。对该杂志 11 年来所发表的各类文献的统计分析显示，介绍国外人权情况、解析治党治国理念中的人权意蕴以及分析实际人权案例等三个方面，对中国特色人权理念的形成具有重要的影响；两大类权利（经济、社会、文化权利与公民权利和政治权利）基本受到了相对平衡的关注，各类特殊群体的权利得到了不同程度的关注；中国特色人权理论和道路的研究日益受到重视；中国特色人权理念的国内传播和国际传播大体保持着平衡的态势。

3. 人权研究交流

2012 年 12 月 26~28 日，由中国人权研究会主办，西南政法大学人权教育与研究中心承办的第四次全国人权研究机构工作经验交流会在重庆召开，会议主题为"学习贯彻十八大精神，进一步推动人权教育与培训工作"。来自全国30多家机构近80名代表参加了会议。中国人权研究会会长罗豪才在开幕式致辞中指出，过去几年，人权研究机构发展迅速，成果突出。今后应进一步明确四个方面的任务：一是继续加大人权教育培训力度；二是加强人权基础理论研究和实践经验总结，推进理论创新；三是加强人权研究机构建设，增进交流；四是加强国际交往，努力参与国际规则制定，争取更多话语权。他还强调，实现中华民族伟大复兴的梦想需要每一个人的不懈努力，人权研究机构要继续扎实做好自身工作，拓展人权研究工作新局面，推进人权事业继续向前发展，为全面建成小康社会贡献力量。[1]

4. 人权培训

2012年7月30日，国务院新闻办公室第11期人权知识培训班在成都开班，来自全国各省辖地级市政府新闻办公室的100余人参加培训。培训期间，国内知名人权专家分别就国家人权行动计划与中国人权基本理论和实践、司法改革中的人权保障、行政诉讼与人权保障、安全生产与人权保障等专题进行了授课。

2012年7月9日至20日，中国政法大学人权研究院举办了"中国政法大学第四届人权暑期班选修课"，来自全国34所院校的同学参加。此外，来自荷兰乌特勒支大学和西班牙德士多大学的4位外国学生也参加了本次课程。此次人权法暑期班课程分为"国际人权条约及其监督机制"和"人权的法律保护"两部分，专家学者们主要从儒学中的权利哲学、联合国人权与中国、宪政在中国、生命权、经济社会文化权利、国家人权机构、欧洲人权保护机制等角度进行了相关介绍，并与同学们进行了交流互动。为此次暑期班讲课的专家学者不仅包括国内的人权学者，而且还有来自瑞典隆德大学

---

① 赵磊：《第四次全国人权研究机构工作经验交流会召开》，中国社会科学网：http：//www.cssn. cn/news/648921. htm。

罗尔·瓦伦堡人权与人道法研究所、鲁汶大学国际法研究所、澳大利亚人权委员会、联合国经社文权利委员会、欧洲人权法院、欧盟理事会、法国斯特拉斯堡大学、欧洲大学间人权和民主中心的人权专家。①

2012年4月，湖南大学人权研究与教育中心举办了第二期警察人权教育师资培训，来自北京、广西、内蒙古、广东、湖南、陕西、四川、重庆等8个省（直辖市、自治区）的高校教师参加了培训。

### （二）人权保障制度与法律建设

2012年3月14日，第十一届全国人大五次会议通过了关于修改刑事诉讼法的决定。修改后的刑事诉讼法将"尊重和保障人权"写入总则，修改内容还涉及证据制度、强制措施、辩护制度、侦查措施、审判程序、执行程序等，"尊重和保障人权"的原则得到了体现和贯彻。2012年11月22日，最高人民检察院公布了修订后的《人民检察院刑事诉讼规则（试行）》；2012年11月5日，最高人民法院通过了《关于适用〈中华人民共和国刑事诉讼法〉的解释》；2012年12月3日，公安部通过了修订后的《公安机关办理刑事案件程序规定》；2012年12月26日，最高人民法院、最高人民检察院、公安部、国家安全部、司法部和全国人大常委会法制工作委员会联合发布了《关于实施刑事诉讼法若干问题的规定》。

2012年10月26日，第十一届全国人大常委会第二十九次会议通过了《中华人民共和国精神卫生法》。该法对"精神障碍患者"进行了明确界定，确立了精神障碍患者"住院自愿"的原则，平衡处理了精神障碍患者救治与正常人免受精神障碍患者侵犯的权利之间的关系，明确规定患者可以查阅、复制病历资料，赋予患者在认为自身合法权益受到侵害时向法院提起诉讼的权利。该法还明确规定，患者的人格尊严、人身和财产安全不受侵犯；

---

① 《中国政法大学第四届人权暑期班顺利结业》，凤凰网：http://www.sxgov.cn/edu/edu_content/2012-08/03/content_ 2104465. htm。

教育、劳动、医疗以及从国家和社会获得物质帮助等方面的合法权益受法律保护；有关单位和个人应当对精神障碍患者的姓名、肖像、病历资料等信息予以保密；任何组织或者个人不得歧视、侮辱、虐待患者，不得非法限制患者的人身自由。

2012年10月26日，第十一届全国人大常委会第二十九次会议通过了修改《中华人民共和国监狱法》的决定。修改后的监狱法压缩了看守所执行有期徒刑的范围，扩大了暂予监外执行的范围，首次规定了"社区矫正"这种非监禁刑罚执行制度，明确了必须依法确定"应当收监"的情形，加大了对服刑人员权利的保护力度。

此外，全国人大常委会还通过了《军人保险法》，修订了《老年人权益保障法》《民事诉讼法》《律师法》《未成年人保护法》《治安管理处罚法》《国家赔偿法》《劳动合同法》等与人权密切相关的法律。

### （三）保障各项人权的具体举措

2012年，中国在促进各项人权保障方面采取了许多具体的措施，其中最引人瞩目的包括以下方面。

#### 1. 经济、社会和文化权利保障

在就业权利方面，国务院批转了人力资源和社会保障部等七部门制定的《促进就业规划（2011~2015年）》。该规划明确了"就业优先"战略发展目标，对促进就业的重要指标进行了量化。2012年，在国内生产总值增速连续7个季度放缓的严峻背景下，中国政府坚持实施就业优先战略，采取更加积极的就业政策，将产业结构调整与促进就业相结合，通过制定促进就业专项规划、扶持小微企业吸纳就业、扩大服务就业容量、促进重点人群就业等政策措施，实现了就业规模稳步扩大的目标。

在农村贫困人口的生存权和发展权保障方面，国土资源部制定了《支持集中连片特殊困难地区区域发展与扶贫攻坚的若干意见》，针对国务院确定的21个省（区、市）的680个贫困区，提出18项具体扶贫措施；行业扶贫、专项扶贫和社会扶贫三位一体的大扶贫格局基本形成。同时，为进一步

保障农民的土地权利，政府稳步扩大农村土地承包经营权登记试点，推动完成覆盖农村集体各类土地的所有权确权登记颁证，推进包括农户宅基地在内的农村集体建设用地使用权确权登记颁证工作。

在社会保障权利方面，国务院批转了人力资源和社会保障部等六部门制定的《社会保障"十二五"规划纲要》。确定了六项主要任务，包括推进制度建设；加快城乡社会保障统筹；进一步扩大社会保障覆盖范围；逐步提高保障标准，缩小城乡、区域、群体之间的差距；加强社会救助体系建设，大力发展社会福利和慈善事业；加强社会保障管理与监督。

在健康权利保障方面，国务院制定了《卫生事业发展"十二五"规划》，要求到2015年初步建立覆盖城乡居民的基本医疗卫生制度，使全体居民人人享有基本医疗保障，人人享有基本公共卫生服务，医疗卫生服务可及性、服务质量、服务效率和群众满意度显著提高，个人就医费用负担明显减轻，地区间卫生资源配置和人群间健康状况差异不断缩小，基本实现全体人民病有所医，人均预期寿命在2010年基础上提高1岁。国务院还先后制定了《国家药品安全"十二五"规划》和《"十二五"期间深化医药卫生体制改革规划暨实施方案》，卫生部发布了《"十二五"期间卫生扶贫工作指导意见》和《关于做好2012年公立医院改革工作的通知》，国家发展和改革委员会等部门发布了《关于开展城乡居民大病保险工作的指导意见》。卫生部在2012年全面推开尿毒症、儿童白血病、儿童先天性心脏病、乳腺癌、宫颈癌、重性精神疾病、耐多药肺结核、艾滋病机会性感染等8类大病保障；在1/3左右的统筹地区将肺癌、食道癌、胃癌、结肠癌、直肠癌、慢性粒细胞白血病、急性心肌梗塞、脑梗死、血友病、Ⅰ型糖尿病、甲亢、唇腭裂等12类大病纳入保障和救助试点；通过新农合与医疗救助的衔接，使重特大疾病补偿水平达到90%左右。在食品安全保障方面，国务院先后发布了《国家食品安全监管体系"十二五"规划》和《国务院关于加强食品安全工作的决定》。

在教育权利和文化权利方面，教育部制定了《国家教育事业发展第十二个五年规划》，国务院颁布了《校车安全管理条例》，发布了《国家"十二五”时期文化改革发展规划纲要》和《国家基本公共服务体系“十二五”规划》。

在环境权利方面，国务院制定了《节能减排“十二五”规划》，国家发展和改革委员会发布了《中国应对气候变化的政策与行动2012年度报告》，环境保护部等制定了《“十二五”危险废物污染防治规划》和《环境空气质量标准》。新标准将三类区标准收严到二类区，增设了$PM_{2.5}$的平均浓度限值和臭氧（$O_3$）的8小时的平均浓度限值，提高了$PM_{10}$和$NO_2$的二级标准，普遍提高了数据的采集要求。

### 2. 公民权利和政治权利保障

在隐私权保护方面，2012年4月，在公安部统一部署指挥下，北京、河北、山西等20个省（区、市）公安机关开展集中行动，严厉打击侵害公民个人信息违法犯罪活动。[①] 2012年12月初，国家邮政局发布了《关于严密防范寄递企业及从业人员非法泄露用户使用邮政服务或快递服务信息的通知》，要求切实维护邮政通信与信息安全，保护用户通信秘密和个人信息安全。2012年12月28日，第十一届全国人大常委会第三十次会议通过了《全国人民代表大会常务委员会关于加强网络信息保护的决定》。

在公众知情权、表达权、参与权和监督权保障方面，国务院办公厅印发了《2012年政府信息公开重点工作安排》，要求各地、各部门深入推进财政预算决算、“三公”经费和行政经费公开，保障性住房信息公开，食品安全信息公开，环境保护信息公开，招投标信息公开，生产安全事故信息公开，征地拆迁信息公开，价格和收费信息公开等重点工作。2012年，媒体在“镉污染”、“老酸奶”、“毒胶囊”和“酒鬼酒塑化剂风波”等一系列事件中，发挥了“社会监视器”的作用，促进了公民饮食用药安全方面的知情权、监督权和表达权的保障，推动并监督了有关部门完善监管政策、改进监

---

① 《公安部统一部署指挥，20省市开展集中行动》，公安部网站：http://www.mps.gov.cn/n16/n1237/n1342/n803715/3216308.html。

管方式和强化监管措施。

在行政执法方面，2012 年 1 月 1 日，《中华人民共和国行政强制法》开始正式施行，该法与行政处罚法、行政许可法一起，并称为行政程序立法的"三部曲"，标志着我国行政法治建设的立法部分基本完成。

在人权的司法保障方面，2012 年 10 月国务院新闻办公室发表了《中国的司法改革》白皮书。其中，第三部分以"加强人权保障"为题，阐明"加强人权保障是司法改革的重要目标"。介绍了中国司法机关依法遏制和防范刑讯逼供，保障犯罪嫌疑人、被告人的辩护权，维护被羁押人的合法权益等内容。农村法律援助在过去一年中有了长足发展，在基层法律援助网络的覆盖范围、法律援助工作者的多样构成与分工合作、经费保障、案件办理程序的规范化、农村法律教育机制创新等方面，都有实质性改善。

### 3. 特殊群体的人权保障

在妇女权利保障方面，2012 年 4 月 28 日，国务院常务会议审议并通过了《女职工劳动保护特别规定》，对女职工禁忌从事的劳动范围作出了具体规定，强化了孕期和哺乳期女职工的劳动保护；对生育产假及待遇作出了具体的规定，增加产假天数，明确生育津贴，完善了女职工生育保障制度；增设用人单位预防和制止性骚扰义务，强化了对女职工的人格尊严和体面劳动权利的保护；扩大适用范围，覆盖了所有用人单位及其女职工。

在儿童权利保障方面，卫生部首次发布了《中国 0~6 岁儿童营养发展报告（2012）》。报告显示，中国城市儿童的平均生长发育水平已经达到甚至超过世界卫生组织推荐的儿童生长标准，接近西方发达国家同龄儿童的平均水平。民政部、中央综治办、教育部、公安部等部门还在全国开展了为期一年的以"保护儿童，告别流浪"为主题的"接送流浪孩子回家"专项行动，严厉打击拐卖、拐骗和操控流浪未成年人违法犯罪行为是其主要任务之一。

在残疾人权利保障方面，国务院办公厅印发了《农村残疾人扶贫开发纲要（2011~2020年）》，要求坚持"产业带动，基地扶持"的原则，以地方特色优势产业为依托，发挥龙头企业和扶贫基地的辐射带动作用，促进农村残疾人就地就近实现就业。国务院制定并公布了《无障碍环境建设条例》。全国人大常委会执法检查组开展了残疾人保障法执法检查，并向全国人大常委会提交了检查报告。

在老年人权利保障方面，2012年7月6日，中国人大网公布了十一届全国人大常委会第二十七次会议初次审议的《中华人民共和国老年人权益保障法（修订草案）》，向社会公开征集意见。2012年12月28日修订通过并公布。

在艾滋病患者权利保障方面，2011年11月18日，中共中央政治局常委、国务院副总理李克强来到北京市疾病预防控制中心，看望慰问艾滋病防治医务人员和民间组织志愿者，就艾滋病防治工作进行实地调研。2012年11月30日，在第25个世界艾滋病日即将到来之际，中共中央总书记、中央军委主席习近平来到设在北京市丰台区蒲黄榆社区卫生服务中心石榴园分中心的北京市社区药物维持治疗第七门诊部，看望艾滋病患者，参加艾滋病防治志愿者培训交流活动。

（四）人权国际交流

2012年12月12~13日，由中国人权研究会和中国人权发展基金会共同主办的"第五届北京人权论坛"在北京举行。论坛以"科技、环境与人权"为主题，下设"科技发展与人权""信息时代与人权""环境与人权"三个分议题。来自联合国等国际组织和一些国家、地区以及中国的120多名代表参加了会议。

2012年，中国先后与英国、欧盟、澳大利亚、美国和德国开展了人权对话（见表10），在爱尔兰高威（Galway）举行了第22届中欧人权研讨会。中国人权发展基金会在河北承德举行了第10届中德人权研讨会，在海南省海口市举行了第四次中美司法与人权研讨会。

表10　2012年中国与其他国家进行的人权对话

| 对话双方 | 地点 | 次数 | 时间 |
| --- | --- | --- | --- |
| 中国—英国 | 中国南京 | 20 | 2012年1月9~11日 |
| 中国—欧盟 | 比利时布鲁塞尔 | 31 | 2012年5月29日 |
| 中国—澳大利亚 | 澳大利亚堪培拉 | 14 | 2012年7月10日 |
| 中国—美国 | 美国华盛顿 | 17 | 2012年7月23~24日 |
| 中国—德国 | 德国威斯巴登 | 10 | 2012年10月8~9日 |

资料来源：作者根据有关报道统计。

　　2012年5月28日至6月7日，中国人权研究会会长罗豪才率中国人权研究会代表团访问了乌兹别克斯坦、乌克兰和白俄罗斯。

# 在本根上推进中国人权
# 事业进步的2013年

*李君如*

2013年，是中国各项事业从新的历史起点出发大踏步前进的一年，也是人权事业在党的十八大发出全面深化改革的动员令下，走向全面进步的一年。在迄今为止的中国人权发展史上，2013年中国人权事业呈现突飞猛进的气象，写下了浓墨重彩的一页。

在中国，人权事业的发展从来都是与党和国家全局的发展紧密联系在一起的。2013年，是贯彻落实党的十八大精神的第一年。在这一年，有五件全局性的大事，对中国人权事业的发展和进步产生了直接而又深远的影响。一是"中国梦"的宣传；二是以为民务实清廉为主要内容的群众路线教育实践活动在中央部委办和地方省区市领导部门、领导班子、领导干部中开展；三是中纪委采取果断措施包括派出中央巡视组加强对各级领导干部的纪律检查，依靠群众严厉打击腐败；四是在中共十八届三中全会上通过了中国到2020年的全面深化改革的纲领；五是明确提出培育和践行社会主义核心价值观的任务。与此同时，在全面深化改革的动员令下，社会舆论多年来广泛关心的劳教制度改革等一系列具体领域的改革也相继推出。这些大事、好事，不是在某一个或几个领域推进了中国人权事业的发展，而是在价值观、吏治、制度创新这些本根上推动了中国人权事业的发展和进步。

## 一 从价值观上推进中国人权事业的进步

"国家尊重和保障人权"已经载入国家宪法和中国共产党的党章。在中国，要做到依法尊重和保障人权，有三个层次：一是执政的中国共产党要依法尊重和保障人权；二是政府要依法尊重和保障人权；三是国人自己要依法尊重和保障人权。人权，是人人生而有的权利。尊重和保障人权，是一种价值观或价值取向。这就要求，执政党、政府和公民都要在思想上把"国家尊重和保障人权"的理念，作为一种价值观牢固地确立起来。

我们注意到，2013年的中国有两件大事，从价值观这一最深刻的层次，解决领导干部怎样对待人民群众，全社会怎样认识民主、自由、平等、公正、法治等大是大非问题。这些举措，对于中国在人权理念上的普及和人权事业的进步，具有极其重要的影响。

一是在掌握公共权力的领导干部中进一步确立"为民、务实、清廉"的价值取向。2013年，根据党的十八大的决策，在中央部委办和地方省区市领导部门、领导班子、领导干部中，开展了党的群众路线教育实践活动。2014年，还要在地方区县级开展第二批群众路线教育实践活动。在某种意义上可以说，这场扎实推进的群众路线教育实践活动，就是尊重和保障人权的教育实践活动。因为，这次以群众路线为主题的集中教育实践活动，通过让广大干部"照镜子、正衣冠、洗洗澡、治治病"，清除改革开放以来在干部队伍中滋生蔓延的形式主义、官僚主义、享乐主义、奢靡之风等歪风恶习，进一步树立新形势下共产党人为民、务实、清廉的价值取向。因此，这次群众路线教育实践活动，从表面上看集中解决的是干部的作风问题，实际上是保障广大人民群众权益的问题，其中包括人民群众的生存权和发展权，以及公民权利和政治权利等基本人权。可以说，这次群众路线教育实践活动，受教育的是领导干部，得实惠的是人民群众；整的是干部队伍中漠视人民群众、脱离人民群众的歪风，保的是公民在经济社会生活中依法应该享有的人权。这次群众路线教育实践活动，推动手中掌握公共权力的领导干部进一步增强了以人为本、执政为民的执政意识，从而在怎样正确对待人民群众这一根本的价值观问题上增强了"国家尊重和保障人权"的理念。

二是在全社会倡导社会主义核心价值体系和社会主义核心价值观。2013年一个非常重大的决策，就是一手在党内抓领导干部的群众观点和群众路线教育，一手在全社会培育和弘扬社会主义核心价值观。2013年2月24日，习近平总书记围绕"培育和弘扬社会主义核心价值观、弘扬中华传统美德"这个主题，主持了中央政治局集体学习。他强调，要把培育和弘扬社会主义核心价值观作为凝魂聚气、强基固本的基础工程，不断夯实中国特色社会主义的思想道德基础。如果说，开展群众路线教育实践活动，解决的是党员干部的尊重和保障人权的问题，那么，培育和弘扬社会主义核心价值观，解决的则是全社会的尊重和保障人权问题。经过充分的调查研究，2013年底，中共中央办公厅印发了《关于培育和践行社会主义核心价值观的意见》，明确提出了"24字价值观"。这就是，在国家层面上，倡导富强、民主、文明、和谐的价值目标；在社会层面上，倡导自由、平等、公正、法治的价值取向；在个人层面上，倡导爱国、敬业、诚信、友善的价值准则。这"24字价值观"中，虽然没有"人权"两个字，但是熟悉人权理论的人都知道，无论在价值目标还是在价值取向、价值准则中，特别是其中关于民主、自由、平等、公正、法治的价值观，都已经具体体现了尊重和保障人权的要求。如果我们在全社会形成这样的社会主义核心价值，"国家尊重和保障人权"就能够从一种宪法和党章上的文字规定，变成全社会的行为规范。

所以，我们说2013年在迄今为止的中国人权发展史上，呈现了突飞猛进的气象，首先指的就是在执政党的作风自律和价值取向教育中，在全社会的价值观重构中，中国的人权理念和人权事业获得了实实在在的进步。

## 二　从吏治上推进中国人权事业的进步

人权，一要尊重，二要保障。尊重，是理念和认识问题；保障，是制度、纪律、法律及执纪执法问题。也就是说，人权的理念要通过制度和法律获得保障，而制度和法律对人权的保障又要通过执纪执法的强有力的行动来实现。人权理念的进步，最终还是要体现在行动上。

历史告诉我们，保障人权的行动，既包括建设性行动，也包括排除障碍的行动。中国人权事业的实现和保障，就是在这两种行动的协同推动下不断向前拓展的。在人权事业的发展遇到各种困难和挑战的情况下，排除障碍的行动更能够推进人权事业的发展和进步。

从旧中国走过来的中国人，之所以能够认同中国共产党的人权理念，是因为他们不仅在中国共产党的领导下获得了政治经济上的解放，获得了做人的尊严，而且从中国共产党人全心全意为人民服务、为人民牺牲的模范行动中，感受到了“人民”两字在共产党人心目中的崇高地位。

改革开放的实践证明，今天对中国人的人权伤害最大的，是不断滋生和蔓延的腐败问题。事实上，领导干部的腐败，不仅侵犯了广大人民群众的人权和切身利益，而且极大地败坏了中国共产党的形象，动摇了中国共产党的执政基础。古人说：“庆父不死，鲁难未已。”对于今天中国的人权事业来说，吏治不严，腐败难消；腐败不除，人权不保。从严治吏，已经成为尊重和保障人权的治本之策。

让我们高兴的是，2013 年是中国共产党从纪律申饬到利剑出鞘，反腐倡廉工作取得进展最大的一年。以习近平同志为总书记的党中央不仅颁布了严格自律的“八项规定”，提出要把权力关进制度的笼子里，而且以踏石留印、抓铁有痕的决心和作风，严肃党的纪律，提出要坚持“老虎”“苍蝇”一起打，出实招，动真格，见实效，抓出了一个又一个、一窝又一窝的腐败官员，大得人心、大顺民心。

本来，改革开放和现代化建设时期是中国人的人权保障最好的历史时期。但由于历史前进的车轮是在不平坦的道路上行进的，前进的道路又是在探索中开辟和拓展的，人权的实现和保障也是在不断解决新问题、不断排除障碍中发展的。从吏治上推进中国人权事业的进步，是 2013 年中国共产党尊重和保障人权的重要经验。

所以，我们说 2013 年在迄今为止的中国人权发展史上，呈现了突飞猛进的气象，其实指的就是这样以雷霆万钧之力，从严治吏，通过反腐倡廉的果敢行动，把中国人权事业的进步真真实实地呈现在世人面前。

## 三 从制度创新上推进中国人权事业的全面进步

从 2013 年 4 月开始，中共中央开始部署和筹备党的十八届三中全会。这次具有划时代意义的全会于 11 月召开，通过了《中共中央关于全面深化改革若干重大问题的决定》，制定了中国到 2020 年的改革纲领。这个纲领，也为中国人权事业的发展指明了前进的方向。从某种意义上说，这个纲领，也是中国到 2020 年人权事业发展的纲领。

这个纲领的主题词是"全面深化改革"。也就是说，这场改革以经济体制改革为重点，政治体制、文化体制、社会体制、生态文明体制和党的建设体制改革协同配合，以促进社会公平正义、增进人民福祉为出发点和落脚点，以敢于啃硬骨头、敢于涉险滩的勇气，进一步解放思想、解放和发展社会生产力、解放和增强社会活力，完善和发展中国特色社会主义制度，推进国家治理体系和治理能力现代化。

考察这个纲领的全部内容，包括全面深化改革的指导思想、总目标、总任务，处处体现了"坚持人民主体地位"的中国特色社会主义的基本要求，处处体现了"国家尊重和保障人权"的基本精神。

特别是，这个纲领提出的全面深化改革的总目标，是制度现代化的目标。这个目标，既强调完善和发展中国特色社会主义制度要体现推进国家治理体系和治理能力现代化的要求，又强调推进国家治理体系和治理能力现代化要坚持中国特色社会主义的根本方向。中国特色社会主义是亿万人民群众自己的事业，是人民当家作主的事业；国家治理体系和治理能力现代化是在多元社会里，通过民主和法治，自下而上与自上而下相结合，领导国家和社会的方式。人民、人民利益、人权，是连接"中国特色社会主义"和"国家治理体系和治理能力现代化"的纽带。这样，就从"中国特色社会主义"和"国家治理体系和治理能力现代化"两个方面，突出了人民的主体地位，反映了人民的根本利益，体现了尊重和保障人权的要求。

事实上，这个纲领在具体内容上已经充分展现了这一鲜明特点。比如在推进法治中国建设的有关举措中，明确提出要"完善人权司法保障制度"。提出要"进一步规范查封、扣押、冻结、处理涉案财物的司法程序。健全错案防止、纠正、责任追究机制，严禁刑讯逼供、体罚虐待，严格实行非法证据排除规则。逐步减少适用死刑罪名"，提出要"废止劳动教养制度，完善对违法犯罪行为的惩治和矫正法律，健全社区矫正制度"，还提出要"健全国家司法救助制度，完善法律援助制度。完善律师执业权利保障机制和违法违规执业惩戒制度，加强职业道德建设，发挥律师在依法维护公民和法人合法权益方面的重要作用"。

所以，我们说 2013 年在迄今为止的中国人权发展史上呈现突飞猛进的气象，指的就是在全面深化改革的历史性变革中，我们已经明确了以完善和发展中国特色社会主义制度，推进国家治理体系和治理能力现代化为总目标，通过经济、政治、文化、社会、生态文明体制和党的建设制度的改革创新，切切实实推进中国人权事业的发展和进步。

总之，生活在中华大地上的中国人，在过去的一年里，不仅为中国通过了联合国第二轮国别人权审议，并高票当选为联合国人权理事会理事而感到由衷的高兴，更为重要的是，中国人从自己的生活中体会到了，自 2004 年和 2007 年先后把"国家尊重和保障人权"写入宪法和中国共产党党章以来，2013 年的中国坚持以人为本，以法为绳，以价值观建设为先导，以制度现代化为目标，从严治党、从严治政、从严治吏，从本根上猛击侵害人权的丑陋现象，深挖损害人权的社会根源，在制度的改革创新中把尊重和保障人权的理念转化为具有震撼力的行动和现实。

这种历史性的进步，就是 2013 年中国人权事业发展的主流。

# 中共十八届三中全会文件的人权解读

常 健

中国共产党第十八届中央委员会第三次全体会议于 2013 年 11 月 9~12 日在北京举行。会议所发表的公报和通过的《中共中央关于全面深化改革若干重大问题的决定》，为中国人权事业的进一步发展提出了新的要求和具体的措施。

## 一 十八届三中全会公报与以往四次三中全会公报中有关人权的词频分析

从历史来看，中国共产党历届中央委员会通常会召开五次全体会议。第一次全体会议（一中全会）通常紧接该次党代会召开，主要讨论党内人事安排和近期的重大政策方针；第二次全体会议（二中全会）一般召开于次年元旦后"两会"前，议题集中在一府两院及其所属部门的机构、编制变动和人事安排上；第三次全体会议通常会推出深层次的改革政策，指明较长时期的改革方向，因而会受到特别关注。将十八届三中全会公报与以往四次三中全会公报有关人权的词汇进行频数分析，可以从一个角度为我们理解公报的内容提供一些启发和线索。

十八届三中全会公报的总字符数达到了 5077 个。与此相比，十七届三中全会公报为 4914 个字符，十六届三中全会公报为 3898 个字符，十五届三中全会公报为 2489 个字符，十四届三中全会公报为 1951 个字符。从总体趋势来看，五个公报的总字符数呈现逐步上升的趋势。由于五个三中全会公报的总字数差别较大，因此，对其做词频比较只是涉及词频出现大幅增减的情况，或者是对词频的相对比例进行比较。

从人权的角度来看，十八届三中全会公报明确提出"完善人权司法保障制度"，并且强调要"维护人民权益"，"赋予农民更多财产权利"，"维护最广大人民根本利益"，"解决好人民最关心最直接最现实的利益问题，更好满足人民需求"。① 这表明本次公报将人权保障作为一个重要的基本原则。

对公报的词频和具体内容的分析显示，与以往四届的三中全会公报相比较，本次公报有四个比较突出的特点。

第一，更加强调人民群众的主体地位。如表1所示，在十八届三中全会公报中，对"民"、"人"、"人民"和"群众"四个词的使用呈现较大幅度的上升之势。

表1 五次三中全会公报中与人权相关的主体类词汇的频数

| 公报用词 | 十八届三中全会 | 十七届三中全会 | 十六届三中全会 | 十五届三中全会 | 十四届三中全会 |
|---|---|---|---|---|---|
| 民 | 42 | 36 | 20 | 20 | 10 |
| 人 | 32 | 11 | 13 | 4 | 8 |
| 人民 | 23 | 3 | 6 | 2 | 3 |
| 群众 | 8 | 4 | 4 | 0 | 2 |
| 合计 | 105 | 54 | 43 | 26 | 23 |

资料来源：根据相关各届公报文本进行的统计。

公报反复强调，要以"增进人民福祉为出发点和落脚点"，以"人民当家作主"为根本，"坚持以人民为中心的工作导向"，"坚持以人为本，尊重人民主体地位，发挥群众首创精神，紧紧依靠人民推动改革，促进人的全面发展"，"让人民监督权力"，"确保人民安居乐业"，"关心群众特别是困难群众生活"，扎实推进"党的群众路线教育实践活动"。② 这体现出对人和人民群众主体地位的重视，体现了以人为本的基本人权原则。

第二，更加强调与人权相关的各种价值理念。如表2所示，与人权相联

① 《中国共产党第十八届中央委员会第三次全体会议公报》，2013年11月12日。
② 《中国共产党第十八届中央委员会第三次全体会议公报》，2013年11月12日。

系的词汇，如"民主"、"公平"、"法治"、"自由"、"平等"、"正义"和"公正"等的出现频数，在十八届三中全会公报中都大幅增加。

表2　五次三中全会公报中与人权相关的价值词汇的频数

| 用词＼公报 | 十八届三中全会 | 十七届三中全会 | 十六届三中全会 | 十五届三中全会 | 十四届三中全会 |
|---|---|---|---|---|---|
| 民主 | 13 | 4 | 2 | 3 | 1 |
| 公平 | 11 | 1 | 0 | 0 | 1 |
| 法治 | 5 | 0 | 0 | 0 | 0 |
| 自由 | 4 | 0 | 1 | 0 | 0 |
| 平等 | 3 | 0 | 1 | 0 | 0 |
| 正义 | 2 | 1 | 0 | 0 | 0 |
| 公正 | 2 | 0 | 1 | 0 | 0 |
| 合计 | 40 | 6 | 5 | 3 | 2 |

资料来源：根据相关各届公报文本进行的统计。

十八届三中全会公报不止一次提到要让"发展成果更多更公平惠及全体人民"，"促进社会公平正义"，"法治中国"，并具体谈到"公平竞争"，"建立公平开放透明的市场规则"，"促进社会公平"，"建立更加公平可持续的社会保障制度"；"加快建设公正高效权威的社会主义司法制度"，"确保依法独立公正行使审判权检察权"；"让广大农民平等参与现代化进程、共同分享现代化成果"，"推进城乡要素平等交换和公共资源均衡配置"；"加快形成企业自主经营、公平竞争，消费者自由选择、自主消费，商品和要素自由流动、平等交换的现代市场体系"；要"依法治国"，"建设社会主义法治国家"，"推进法治中国建设"，建设"法治政府"。① 这显示了人权的价值理念全面渗透于这次全会公报的内容中。

第三，对人权的保障更加强调改革与制度建设。如表3所示，"改革"、"制度"、"体制"、"机制"和"治理"等表示制度建设的词汇频数，在十

---

① 《中国共产党第十八届中央委员会第三次全体会议公报》，2013年11月12日。

八届三中全会公报中都达到了最大值，而且频数增加的幅度很大。"法"字的频数在十六届三中全会公报中达到最大值，在十七届三中全会公报中缩到最小值，在十八届三中全会公报中恢复到次高值。

表3　各届三中全会公报中改革和制度类词汇的频数

| 用词　公报 | 十八届三中全会 | 十七届三中全会 | 十六届三中全会 | 十五届三中全会 | 十四届三中全会 |
|---|---|---|---|---|---|
| 改革 | 59 | 31 | 26 | 10 | 19 |
| 制度 | 44 | 11 | 23 | 4 | 8 |
| 体制 | 37 | 7 | 24 | 2 | 23 |
| 法 | 17 | 1 | 26 | 6 | 2 |
| 机制 | 11 | 4 | 4 | 0 | 3 |
| 治理 | 9 | 0 | 1 | 2 | 1 |
| 合计（除"法"字） | 160 | 53 | 78 | 18 | 54 |

资料来源：根据相关各届公报文本进行的统计。

制度类词汇频数的大幅增加，与这次全会确定的到2020年实现制度定型化的目标有直接的联系。公报要求"到2020年，在重要领域和关键环节改革上取得决定性成果，形成系统完备、科学规范、运行有效的制度体系，使各方面制度更加成熟更加定型"，"坚持用制度管权管事管人"，"把权力关进制度笼子"。公报中所涉及的制度建设包括经济制度、政治制度、司法制度、生态文明制度，并具体提到了产权保护制度、现代企业制度、财政制度、预算管理制度、税收制度、事权和支出相适应的制度、自然资源资产产权制度和用途管制制度、资源有偿使用制度和生态补偿制度、军队政策制度、干部人事制度等。在体制改革方面，公报谈到了经济体制改革、政治体制改革、文化体制改革、社会体制改革、生态文明体制改革，完善党的领导体制，特别具体涉及文化管理和文化生产经营、社会治理、国土空间开发、资源节约利用、生态环境保护的体制机制；"深化财税体制改革，健全城乡发展一体化体制机制，构建开放型经济新体制"，<sup>①</sup> 深化科技体制改革、行政体制改革、司法体制改革、行政执法体制改革、医疗卫生体制改革、军队体制编制改革；加强反腐败体制机制创新和制度保障，完善文化管理体制，健全促进就业创新体制机制，创新有效预防和化解社会矛盾体制，完善国家安全体制，改革生态环境保护管理体制，建立集聚人才体制机制，等等。

第四，在人权保障的领域方面更加注重平衡。代表五个领域的用词频数如表4所示。

**表4　各届三中全会公报中领域类词汇的频数**

| 公报<br>用词 | 十八届三中全会 | 十七届三中全会 | 十六届三中全会 | 十五届三中全会 | 十四届三中全会 |
|---|---|---|---|---|---|
| 经济 | 34 | 26 | 47 | 21 | 36 |
| 政治 | 15 | 8 | 10 | 4 | 5 |
| 文化 | 19 | 5 | 4 | 4 | 0 |
| 社会* | 30 | 31 | 23 | 5 | 11 |
| 生态 | 12 | 2 | 0 | 1 | 0 |
| 合计 | 110 | 72 | 84 | 35 | 52 |

\* "社会"的词频数中减去了"社会主义"的词频数。
资料来源：根据相关各届公报文本进行的统计。

由表4可见，"经济"词频的相对比例呈现逐步缩小的趋势，而"政治"、"文化"和"生态"的词频所占的相对比例呈现逐步扩大的趋势，在十八届三中全会公报中达到最大值。"社会"词频的相对比例在十七届三中全会公报中达到峰值后在十八届三中全会公报中缩减回十六中全会公报的水平。从总体变化趋势来看，各领域的比例呈现日益均衡的态势。这显示出在关注经济领域的同时，其他四个领域也正在得到越来越多的关注，各类人权的保障将更加均衡（如图1所示）。

在对各领域改革的论述中，渗透着人权保障的基本原则。在经济领域，公报强调公平、自由、平等的经济体制，指出必须加快形成企业自主经营、

---

① 《中国共产党第十八届中央委员会第三次全体会议公报》，2013年11月12日。

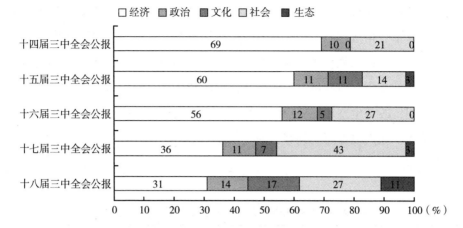

**图1　各届三中全会公报中五个领域用词频数的相对比例**

资料来源：根据表4数据制图。

公平竞争，消费者自由选择、自主消费，商品和要素自由流动、平等交换的现代市场体系，着力清除市场壁垒，提高资源配置效率和公平性；要建立公平、开放、透明的市场规则，并特别指出："城乡二元结构是制约城乡发展一体化的主要障碍。必须健全体制机制，形成以工促农、以城带乡、工农互惠、城乡一体的新型工农城乡关系，让广大农民平等参与现代化进程、共同分享现代化成果。要加快构建新型农业经营体系，赋予农民更多财产权利，推进城乡要素平等交换和公共资源均衡配置，完善城镇化健康发展体制机制。"①

在政治领域，公报特别强调民主政治建设，提出："发展社会主义民主政治，必须以保证人民当家作主为根本"，②要"更加注重健全民主制度、丰富民主形式，充分发挥我国社会主义政治制度优越性。要推动人民代表大会制度与时俱进，推进协商民主广泛多层制度化发展，发展基层民主"。③

在文化领域，公报要求"坚持以人民为中心的工作导向"。④

---

①　《中国共产党第十八届中央委员会第三次全体会议公报》，2013年11月12日。
②　《中国共产党第十八届中央委员会第三次全体会议公报》，2013年11月12日。
③　《中国共产党第十八届中央委员会第三次全体会议公报》，2013年11月12日。
④　《中国共产党第十八届中央委员会第三次全体会议公报》，2013年11月12日。

在社会领域，公报强调公平享受发展成果，提出："实现发展成果更多更公平惠及全体人民，必须加快社会事业改革，解决好人民最关心最直接最现实的利益问题，更好满足人民需求。要深化教育领域综合改革，健全促进就业创业体制机制，形成合理有序的收入分配格局，建立更加公平可持续的社会保障制度，深化医药卫生体制改革。"①

## 二　《中共中央关于全面深化改革若干重大问题的决定》中涉及人权保障和发展的措施

2013年11月12日，中国共产党第十八届中央委员会第三次全体会议通过了《中共中央关于全面深化改革若干重大问题的决定》（本文以下简称《决定》）。《决定》再次强调"国家尊重和保障人权"，并提出"完善人权司法保障制度"。它将十八届三中全会公报中提出的五大领域改革原则细化为各项具体的改革措施，其中许多措施涉及人权保障和人权发展。

### （一）经济体制改革所涉及的人权保障与发展

在经济体制改革方面，主要涉及财产权特别是农民财产权利的保障、就业权利和平等就业权利的保障、工作报酬权利以及劳动者表达权利的保障，如表5所示。

表5　经济体制改革所涉及的人权保障与发展

| 涉及权利 | 相关措施 |
| --- | --- |
| 个人财产权利 | 完善产权保护制度。公有制经济财产权不可侵犯，非公有制经济财产权同样不可侵犯。国家保护各种所有制经济产权和合法权益。 |
| 平等权利 | 保证各种所有制经济依法平等使用生产要素、公开公平公正参与市场竞争、同等受到法律保护。坚持权利平等、机会平等、规则平等，废除对非公有制经济各种形式的不合理规定，消除各种隐性壁垒，制定非公有制企业进入特许经营领域具体办法。<br>允许农村集体经营性建设用地出让、租赁、入股，实行与国有土地同等入市、同权同价。<br>维护农民生产要素权益，保障农民工同工同酬，保障农民公平分享土地增值收益。 |

---

① 《中国共产党第十八届中央委员会第三次全体会议公报》，2013年11月12日。

| 涉及权利 | 相关措施 |
|---|---|
| 农民财产权利 | 赋予农民更多财产权利。保障农民集体经济组织成员权利,赋予农民对集体资产股份占有、收益、有偿退出及抵押、担保、继承权。保障农户宅基地用益物权;慎重稳妥推进农民住房财产权抵押、担保、转让,探索农民增加财产性收入渠道。建立农村产权流转交易市场,推动农村产权流转交易公开、公正、规范运行。坚持农村土地集体所有权,依法维护农民土地承包经营权,赋予农民对承包地占有、使用、收益、流转及承包经营权抵押、担保权能,允许农民以承包经营权入股发展农业产业化经营。<br>缩小征地范围,规范征地程序,完善对被征地农民合理、规范、多元保障机制。建立兼顾国家、集体、个人的土地增值收益分配机制,合理提高个人收益。 |
| 就业权利 | 健全促进就业创业体制机制。建立经济发展和扩大就业的联动机制,健全政府促进就业责任制度。完善扶持创业的优惠政策,形成政府激励创业、社会支持创业、劳动者勇于创业新机制。完善城乡均等的公共就业创业服务体系,构建劳动者终身职业培训体系。增强失业保险制度预防失业、促进就业功能,完善就业失业监测统计制度。促进以高校毕业生为重点的青年就业和农村转移劳动力、城镇困难人员、退役军人就业。 |
| 平等就业的权利 | 规范招人用人制度,消除城乡、行业、身份、性别等一切影响平等就业的制度障碍和就业歧视。 |
| 获得工作报酬权利 | 形成合理有序的收入分配格局。着重保护劳动所得,努力实现劳动报酬增长和劳动生产率提高同步,提高劳动报酬在初次分配中的比重。健全工资决定和正常增长机制,完善最低工资和工资支付保障制度,完善企业工资集体协商制度。改革机关事业单位工资和津贴补贴制度,完善艰苦边远地区津贴增长机制。 |
| 劳动者的表达权利 | 创新劳动关系协调机制,畅通职工表达合理诉求渠道。 |

资料来源:《中共中央关于全面深化改革若干重大问题的决定》,2013 年 11 月 12 日。

## （二）政治体制改革所涉及的人权保障与发展

在政治体制改革方面,涉及人权保障和发展的内容主要包括生命权、人身自由权、法律面前的平等权利、协商民主权利、基层民主权利、知情权、参与权、表达权和监督权,以及获得公正审判的权利,如表 6 所示。

**表6  政治体制改革所涉及的人权保障与发展**

| 涉及权利 | 相关措施 |
|---|---|
| 生命权 | 逐步减少适用死刑罪名。 |
| 人身自由权 | 废止劳动教养制度,完善对违法犯罪行为的惩治和矫正法律,健全社区矫正制度。 |
| 法律面前的平等权利 | 维护宪法法律权威,进一步健全宪法实施监督机制和程序。坚持法律面前人人平等,任何组织或者个人都不得有超越宪法法律的特权,一切违反宪法法律的行为都必须予以追究。 |
| 协商民主权利 | 推进协商民主广泛多层制度化发展。构建程序合理、环节完整的协商民主体系,拓宽国家政权机关、政协组织、党派团体、基层组织、社会组织的协商渠道。深入开展立法协商、行政协商、民主协商、参政协商、社会协商。加强中国特色新型智库建设,建立健全决策咨询制度。 |
| 基层民主权利 | 发展基层民主。畅通民主渠道,健全基层选举、议事、公开、述职、问责等机制。开展形式多样的基层民主协商,推进基层协商制度化,建立健全居民、村民监督机制,促进群众在城乡社区治理、基层公共事务和公益事业中依法自我管理、自我服务、自我教育、自我监督。健全以职工代表大会为基本形式的企事业单位民主管理制度,加强社会组织民主机制建设,保障职工参与管理和监督的民主权利。 |
| 知情权 | 推行地方各级政府及其工作部门权力清单制度,依法公开权力运行流程。完善党务、政务和各领域办事公开制度,推进决策公开、管理公开、服务公开、结果公开。实施全面规范、公开透明的预算制度。推行新提任领导干部有关事项公开制度试点。 |
| 参与权 | 推动人民代表大会制度与时俱进。坚持人民主体地位,推进人民代表大会制度理论和实践创新,发挥人民代表大会制度的根本政治制度作用。加强人大常委会同人大代表的联系,充分发挥代表作用。通过建立健全代表联络机构、网络平台等形式密切代表同人民群众联系。完善人大工作机制,通过座谈、听证、评估、公布法律草案等扩大公民有序参与立法途径,通过询问、质询、特定问题调查、备案审查等积极回应社会关切。 |
| 表达权 | 建立畅通有序的诉求表达、心理干预、矛盾调处、权益保障机制,使群众问题能反映、矛盾能化解、权益有保障。改革行政复议体制,健全行政复议案件审理机制,纠正违法或不当行政行为。完善人民调解、行政调解、司法调解联动工作体系,建立调处化解矛盾纠纷综合机制。改革信访工作制度,实行网上受理信访制度,健全及时就地解决群众合理诉求机制。把涉法涉诉信访纳入法治轨道解决,建立涉法涉诉信访依法终结制度。 |
| 监督权 | 让人民监督权力,让权力在阳光下运行,是把权力关进制度笼子的根本之策。健全民主监督、法律监督、舆论监督机制,运用和规范互联网监督。 |

| 涉及权利 | 相关措施 |
|---|---|
| 获得公正审判的权利 | 完善人权司法保障制度。确保依法独立公正行使审判权检察权。改革司法管理体制,推动省以下地方法院、检察院人财物统一管理,探索建立与行政区划适当分离的司法管辖制度。改革审判委员会制度,完善主审法官、合议庭办案责任制,让审理者裁判、由裁判者负责。进一步规范查封、扣押、冻结、处理涉案财物的司法程序。健全错案防止、纠正、责任追究机制,严禁刑讯逼供、体罚虐待,严格实行非法证据排除规则。健全国家司法救助制度,完善法律援助制度。完善律师执业权利保障机制和违法违规执业惩戒制度,加强职业道德建设,发挥律师在依法维护公民和法人合法权益方面的重要作用。 |

资料来源:《中共中央关于全面深化改革若干重大问题的决定》,2013 年 11 月 12 日。

## （三）文化体制改革所涉及的人权保障与发展

在文化体制改革方面，主要涉及知识产权和共享文化成果权利的保障和发展，如表 7 所示。

**表 7　文化体制改革所涉及的人权保障与发展**

| 涉及权利 | 相关措施 |
|---|---|
| 知识产权 | 加强知识产权运用和保护,健全技术创新激励机制,探索建立知识产权法院。 |
| 共享文化成果的权利 | 构建现代公共文化服务体系。建立公共文化服务体系建设协调机制,统筹服务设施网络建设,促进基本公共文化服务标准化、均等化。建立群众评价和反馈机制,推动文化惠民项目与群众文化需求有效对接。推动公共图书馆、博物馆、文化馆、科技馆等组建理事会,吸纳有关方面代表、专业人士、各界群众参与管理。 |

资料来源:《中共中央关于全面深化改革若干重大问题的决定》,2013 年 11 月 12 日。

## （四）社会体制改革所涉及的人权保障与发展

在社会体制改革方面，主要涉及迁徙权、受教育权利、社会保障权利、健康权利、生育权利、结社权利和特殊群体权利，如表 8 所示。

表8  社会体制改革所涉及的人权保障与发展

| 涉及权利 | 相关措施 |
| --- | --- |
| 迁徙权 | 推进农业转移人口市民化,逐步把符合条件的农业转移人口转为城镇居民。创新人口管理,加快户籍制度改革,全面放开建制镇和小城市落户限制,有序放开中等城市落户限制,合理确定大城市落户条件,严格控制特大城市人口规模。稳步推进城镇基本公共服务常住人口全覆盖,把进城落户农民完全纳入城镇住房和社会保障体系,在农村参加的养老保险和医疗保险规范接入城镇社保体系。 |
| 受教育权利 | 大力促进教育公平,健全家庭经济困难学生资助体系,构建利用信息化手段扩大优质教育资源覆盖面的有效机制,逐步缩小区域、城乡、校际差距。统筹城乡义务教育资源均衡配置,实行公办学校标准化建设和校长教师交流轮岗,不设重点学校重点班,破解择校难题,标本兼治减轻学生课业负担。加快现代职业教育体系建设,深化产教融合、校企合作,培养高素质劳动者和技能型人才。创新高校人才培养机制,促进高校办出特色争创一流。推进学前教育、特殊教育、继续教育改革发展。 |
| 社 会 保 障 权利 | 建立更加公平可持续的社会保障制度。坚持社会统筹和个人账户相结合的基本养老保险制度,完善个人账户制度,健全多缴多得激励机制,确保参保人权益,实现基础养老金全国统筹,坚持精算平衡原则。推进机关事业单位养老保险制度改革。整合城乡居民基本养老保险制度、基本医疗保险制度。推进城乡最低生活保障制度统筹发展。建立健全合理兼顾各类人员的社会保障待遇确定和正常调整机制。完善社会保险关系转移接续政策,扩大参保缴费覆盖面,适时适当降低社会保险费率。研究制定渐进式延迟退休年龄政策。加快健全社会保障管理体制和经办服务体系。健全符合国情的住房保障和供应体系,建立公开规范的住房公积金制度,改进住房公积金提取、使用、监管机制。 |
| 健康权利 | 深化医药卫生体制改革。统筹推进医疗保障、医疗服务、公共卫生、药品供应、监管体制综合改革。深化基层医疗卫生机构综合改革,健全网络化城乡基层医疗卫生服务运行机制。加快公立医院改革,落实政府责任,建立科学的医疗绩效评价机制和适应行业特点的人才培养、人事薪酬制度。完善合理分级诊疗模式,建立社区医生和居民契约服务关系。充分利用信息化手段,促进优质医疗资源纵向流动。加强区域公共卫生服务资源整合。取消以药补医,理顺医药价格,建立科学补偿机制。改革医保支付方式,健全全民医保体系。加快健全重特大疾病医疗保险和救助制度。 |
| 生育权利 | 启动实施一方是独生子女的夫妇可生育两个孩子的政策。 |
| 结社权利 | 激发社会组织活力。正确处理政府和社会关系,加快实施政社分开,推进社会组织明确权责、依法自治、发挥作用。适合由社会组织提供的公共服务和解决的事项,交由社会组织承担。支持和发展志愿服务组织。限期实现行业协会商会与行政机关真正脱钩,重点培育和优先发展行业协会商会类、科技类、公益慈善类、城乡社区服务类社会组织,成立时直接依法申请登记。加强对社会组织和在华境外非政府组织的管理,引导它们依法开展活动。 |
| 特 殊 群 体 权利 | 积极应对人口老龄化,加快建立社会养老服务体系和发展老年服务产业。健全农村留守儿童、妇女、老年人关爱服务体系,健全残疾人权益保障、困境儿童分类保障制度。 |

资料来源:《中共中央关于全面深化改革若干重大问题的决定》,2013 年 11 月 12 日。

## （五）生态环境体制改革所涉及的人权保障与发展

在生态环境体制改革方面，主要涉及环境权利的保障与发展，如表9所示。

表9　生态环境体制改革所涉及的环境权利保障措施

| 相关制度 | 具体措施 |
| --- | --- |
| 总体要求 | 建设生态文明,必须建立系统完整的生态文明制度体系,实行最严格的源头保护制度、损害赔偿制度、责任追究制度,完善环境治理和生态修复制度,用制度保护生态环境。 |
| 考评指标 | 完善发展成果考核评价体系,纠正单纯以经济增长速度评定政绩的偏向,加大资源消耗、环境损害、生态效益、产能过剩、科技创新、安全生产、新增债务等指标的权重,更加重视劳动就业、居民收入、社会保障、人民健康状况。 |
| 资源有偿使用制度和生态补偿制度 | 加快自然资源及其产品价格改革,全面反映市场供求、资源稀缺程度、生态环境损害成本和修复效益。坚持使用资源付费和谁污染环境、谁破坏生态谁付费原则,逐步将资源税扩展到占用各种自然生态空间。稳定和扩大退耕还林、退牧还草范围,调整严重污染和地下水严重超采区耕地用途,有序实现耕地、河湖休养生息。建立有效调节工业用地和居住用地合理比价机制,提高工业用地价格。坚持谁受益、谁补偿原则,完善对重点生态功能区的生态补偿机制,推动地区间建立横向生态补偿制度。发展环保市场,推行节能量、碳排放权、排污权、水权交易制度,建立吸引社会资本投入生态环境保护的市场化机制,推行环境污染第三方治理。 |
| 生态环境保护制度 | 改革生态环境保护管理体制。建立和完善严格监管所有污染物排放的环境保护管理制度,独立进行环境监管和行政执法。建立陆海统筹的生态系统保护修复和污染防治区域联动机制。健全国有林区经营管理体制,完善集体林权制度改革。及时公布环境信息,健全举报制度,加强社会监督。完善污染物排放许可制,实行企事业单位污染物排放总量控制制度。对造成生态环境损害的责任者严格实行赔偿制度,依法追究刑事责任。 |

资料来源：《中共中央关于全面深化改革若干重大问题的决定》，2013年11月12日。

从上述梳理的情况来看，《决定》在推进人权保障和发展方面的一个突出特点是"实"。根据对《决定》的词频分析，"实"字共出现了95次，出现的词汇分布如表10所示。

　　"实"字的高频率出现，显示了《决定》更加强调实施和落实，这种务实的精神与中共十八大报告所强调的"人权得到切实尊重和保障"的要求是一脉相承的。

表 10　"实"字在《决定》中出现的词频分析

| 词汇 | 频数 | 词汇 | 频数 |
|------|------|------|------|
| 实行 | 27 | 实际 | 3 |
| 实施 | 17 | 实事求是 | 1 |
| 实现 | 16 | 事实 | 1 |
| 落实 | 11 | 实处 | 1 |
| 实践 | 7 | 充实 | 1 |
| 切实 | 5 | 实力 | 1 |
| 务实 | 3 | 实缴 | 1 |

资料来源：《中共中央关于全面深化改革若干重大问题的决定》，2013 年 11 月 12 日。

# 中国人权事业在全面深化改革
# 和推进依法治国中发展

罗豪才 李君如 常 健

## 一 2014年回顾：在全面深化改革中
## 促进人权保障的一年

2014年，是中国全面深化改革的一年。根据中国共产党十八届三中全会通过的《中共中央关于全面深化改革若干重大问题的决定》（以下简称《全面深化改革决定》），中国政府在经济、政治、文化、社会、生态环境和司法等领域推出了一系列深化改革的重要举措，其中许多举措直接或间接涉及对人权的尊重和保障，推动了中国人权事业的发展，使公民的相关权利得到了更充分、更切实的保障。

### （一）深化经济领域改革，促进公民经济权利的平等保障

2014年，中国在经济领域深化了市场经济体制、收入分配结构、农村土地制度等方面的改革，促进公民的经济权利获得更平等的保障。

1.支持非公有制经济健康发展，保障各类经济主体及其经营者享受平等权利

《全面深化改革决定》提出要支持非公有制经济健康发展，坚持权利平等、机会平等、规则平等原则，废除对非公有制经济各种形式的不合理规定，消除各种隐性壁垒，制定非公有制企业进入特许经营领域的具体办法。[①] 2014年，中国政府深化了市场经济体制改革，保障各类经济主体在市

---

① 《中共中央关于全面深化改革若干重大问题的决定》（2013年11月12日通过），《人民日报》2013年11月16日，第1版。

场中享受平等的权利，这也就保障了各类经营者在经济活动中的平等权利。

2014 年 6 月 4 日，国务院发布了《关于促进市场公平竞争维护市场正常秩序的若干意见》（国发〔2014〕20 号），提出把该放的权力放开放到位，法不禁止的，市场主体即可为；法未授权的，政府部门不能为。各类市场主体权利平等、机会平等、规则平等，政府监管标准公开、程序公开、结果公开，保障市场主体和社会公众的知情权、参与权、监督权。该《意见》特别提出要放宽市场准入，凡是市场主体基于自愿的投资经营和民商事行为，只要不属于法律法规禁止进入的领域，不损害第三方利益、社会公共利益和国家安全，政府不得限制进入。为改革市场准入制度，要制定市场准入负面清单，国务院以清单方式明确列出禁止和限制投资经营的行业、领域、业务等，清单以外的，各类市场主体皆可依法平等进入；地方政府需进行个别调整的，由省级政府报经国务院批准。要大力减少行政审批事项，禁止变相审批，打破地区封锁和行业垄断，完善市场退出机制。为贯彻国务院该《意见》的精神，许多地方制定了具体细则，如上海市和四川省就分别制定了贯彻落实该《意见》的实施意见。这些措施，对于改变非公企业及其经营者遭受的身份歧视，保障公民经济活动中的平等权利，具有重要的意义。

2014 年 11 月 16 日，国务院发布了《关于创新重点领域投融资机制鼓励社会投资的指导意见》（国发〔2014〕60 号），提出要"营造权利平等、机会平等、规则平等的投资环境，进一步鼓励社会投资特别是民间投资"；"实行统一市场准入，创造平等投资机会；创新投资运营机制，扩大社会资本投资途径"。2014 年 12 月 2 日，国家发展改革委发布了《关于开展政府和社会资本合作的指导意见》（发改投资〔2014〕2724 号），指出开展政府和社会资本合作，有利于拓宽社会资本投资渠道，推动各类资本相互融合、优势互补，促进投资主体多元化，发展混合所有制经济。政府要牢固树立平等意识及合作观念，集中力量做好政策制定、发展规划、市场监管和指导服务，从公共产品的直接"提供者"转变为社会资本的"合作者"以及社会资本合作项目的"监管者"。要建立合理的投资回报机制，构建有效的风险分担机制，保证合作双方的合法权益，营造公开透明的政策环境。

2014 年 12 月 17 日，最高人民法院发布了《关于依法平等保护非公有制经济促进非公有制经济健康发展的意见》（法发〔2014〕27 号），提出人民法院要依法平等保护非公有制经济的合法权益，坚持各类市场主体的诉讼地位平等、法律适用平等、法律责任平等，为各种所有制经济提供平等司法保障。要及时审理执行相关案件，有效化解非公有制经济发展中的各类纠纷；正确认定民商事合同效力，保障非公有制经济的合法交易；妥善审理权属及劳动争议纠纷案件，保护非公有制经济的合法权利；妥善审理破产、清算案件，促进生产要素的优化组合和非公有制经济的转型升级；妥善审理各类知识产权案件，保障和推动非公有制经济的自主创新；平等适用刑法，依法维护非公有制经济主体合法权益；坚持罪刑法定，确保无罪的非公有制经济主体不受刑事追究；严格办案程序，切实保障非公有制经济主体的诉讼权利；监督和促进行政机关依法行使职权，依法纠正违法行政行为；坚持审判中立，确保非公有制经济与行政机关同受法律保护和约束；坚持平等原则，确保非公有制经济合法权益及时实现，对非公有制经济主体与国有经济、集体经济主体同等对待，不得因申请执行人和被执行人的所有制性质不同而在执行力度、执行标准上有所不同；保护申请执行人的合法权益，切实维护非公有制经济的正常生产经营；改进司法工作作风，切实保障非公有制经济主体的诉讼权利。

2. 发展混合所有制，拓展民营资本及其所有者参与经济发展的渠道

《全面深化改革决定》提出要积极发展混合所有制经济，使国有资本、集体资本、非公有资本等交叉持股，相互融合。鼓励非公有制企业参与国有企业改革，鼓励发展非公有资本控股的混合所有制企业。[①] 2014 年，中国政府大力推进混合所有制，拓展民营资本在一些过去受到限制的经济领域的发展机会，保障了各类资本所有者在资本经营中的平等权利。

2014 年 7 月，国务院国资委在中国医药集团总公司和中国建筑材料集团公司开展了混合所有制经济试点，探索发展混合所有制经济的有效路径。

---

① 《中共中央关于全面深化改革若干重大问题的决定》（2013 年 11 月 12 日通过），《人民日报》2013 年 11 月 16 日，第 1 版。

重点在 6 个方面进行探索：一是探索建立混合所有制企业有效制衡、平等保护的治理结构；二是探索职业经理人制度和市场化劳动用工制度；三是探索市场化激励和约束机制；四是探索混合所有制企业员工持股；五是探索对混合所有制企业的有效监管机制；六是探索混合所有制企业党建工作的有效机制。① 与此同时，多家大型国企纷纷出台各自的混合所有制方案，其中包括中信集团、国家电网、中石油、中石化、中国电信等著名央企。在金融企业中，交通银行率先推出深化混合所有制改革计划。

各地纷纷提出了推进混合所有制经济发展的实施路径。上海市制定了《关于推进本市国有企业积极发展混合所有制经济的若干意见（试行）》，提出要经过 3~5 年持续推进，基本完成国有企业公司制改革，除国家政策明确保持国有独资外，其余企业实现股权多元化。主要通过 3 条途径：一是公司制股份制改革，包括整体上市、核心业务资产上市、公司制股份制改革，以及探索特殊管理股制度等 4 个方面；二是开放性市场化双向联合重组，聚焦产业链、价值链，从国有经济、非公经济两个方面，进一步加大开放性市场化双向联合重组的力度；三是股权激励和员工持股，鼓励整体上市企业集团、符合条件的竞争类企业集团及下属企业，以及国有及国有控股企业的转制科研院所、高新技术企业实施股权激励。② 无锡国资委推进混合所有制改革主要通过 5 条路径：（1）推进国有企业上市；（2）引入民资参与国企改革；（3）主动收购重组；（4）与外资合作；（5）利用创业投资。③ 陕西省人民政府发布了《关于推进混合所有制经济发展的意见（试行）》（陕政发〔2014〕30 号），提出：2014 年要完成省属国有企业分类改革，积极推进子公司层面建立混合所有制企业；到 2017 年，大多数省属国有企业实现股权多元化，国有资产证券化率比 2014 年提升 10% 以上；到 2020 年，

---

① 辛红：《国资委启动央企四项改革试点 不碰国资流失"底线"》，中新网，http：//www.chinanews.com/gn/2014/07-16/6390647.shtml。

② 彭友：《上海市召开国资改革推进大会 发力混合所有制经济》，经济观察网，http：//www.eeo.com.cn/2014/0707/263082.shtml。

③ 《江苏无锡国资委多种形式推进市属国有企业发展混合所有制》，国资委网站，http：//www.sasac.gov.cn/n1180/n1583/n2485004/n7226091/n9001987/15979586.html。

国有企业基本建成现代企业制度，混合所有制企业成为市场经济的主要微观主体，国有资产证券化率再提高10%以上。2014年选择10家省属国有企业开展混合所有制试点。[①]

### 3. 改革收入分配结构，保障公民公平获酬权

《全面深化改革决定》指出，要改革收入分配制度，着重保护劳动所得，努力实现劳动报酬增长和劳动生产率提高同步，提高劳动报酬在初次分配中的比重。保护合法收入，调节过高收入，清理规范隐性收入，取缔非法收入，增加低收入者收入，扩大中等收入者比重，努力缩小城乡、区域、行业收入分配差距，逐步形成橄榄型分配格局。[②]

2014年，中国政府大力调整收入分配结构，保障公民平等享有获得公平报酬的权利。一是促就业，提高工资性收入。2014年城镇新增就业1322万人，超额完成1000万人的目标，农民工人数同比增长1.9%。同时，全国有19个省（区、市）提高了最低工资标准，平均增幅为14.1%，23个省份调高了工资指导线。农民工月均收入水平为2864元，比2013年增长9.8%。二是政府扶持减负，增加经营性收入。2014年有2000多万家小微企业享受到了政策减免税的优惠，同时国务院专门出台了普惠性降税的措施，每年可以为企业和居民减少负担400多亿元。2014年农村居民人均第一产业经营净收入比2013年增长5.6%，人均第三产业经营净收入增长16.3%，非农产业经营收入成为农村居民增收的重要推动力量。三是拓宽财产性收入渠道。2014年城镇居民出租房屋收入同比增长20.9%，农村居民人均转让土地经营权收入增长了40.3%。互联网金融的快速发展，让一些家庭财产不多的居民有机会利用手中的余钱，获得高于活期存款的收益。四是提升转移性支付的比例。2014年全国居民人均转移净收入3427元，增长12.6%，转移净收入占全国居民人均可支配收入的比重由2013年的16.6%提高到2014年的17%。城镇居民人均

---

[①] 陕西省人民政府：《关于推进混合所有制经济发展的意见（试行）》（陕政发〔2014〕30号），2014年8月23日。

[②] 《中共中央关于全面深化改革若干重大问题的决定》（2013年11月12日通过），《人民日报》2013年11月16日，第1版。

转移净收入增长 11.4%，农村居民人均转移净收入增长 13.9%。全国城乡居民基础养老金最低标准提高至每人每月 70 元，城镇居民医保人均政府补助达到 320 元。企业退休人员养老金已实现"十连涨"，月人均水平超过 2000 元。[①]

2014 年 8 月 29 日中共中央政治局审议通过了《中央管理企业负责人薪酬制度改革方案》和《关于合理确定并严格规范中央企业负责人履职待遇、业务支出的意见》[②]，要求对央企高管薪酬采用差异化管控的办法，综合考虑央企高管当期业绩和中长期持续发展，重点对行政任命的央企高管人员以及部分垄断性的高收入行业的央企负责人的薪酬水平实行限高，以此来抑制央企高管获得畸高薪酬，缩小央企内部分配差距，使得央企高管人员薪酬增幅低于企业职工平均工资增幅。

收入分配结构调整在促进公民平等享受获得公平报酬的权利方面收到了显著的成效。从 2014 年的统计数据可以看到：（1）全国居民人均可支配收入实际增长 8%，快于 7.4% 的经济增长速度。全国居民人均可支配收入中位数为 17570 元，比 2013 年名义增长 12.4%。（2）农村居民人均可支配收入实际增长 9.2%，快于城镇居民人均可支配收入 6.8% 的增长速度，农村居民收入增幅已连续 5 年超过城市居民。（3）农村居民人均可支配收入为 10489 元，城镇居民人均可支配收入为 28844 元，城乡居民收入比 13 年来首次降至 3 以下。（4）农村贫困人口减少 1232 万人。（5）居民收入水平的差距正在进一步缩小。按全国居民五等份收入分组，低收入组人均可支配收入为 4747 元，中等偏下收入组人均可支配收入为 10887 元，中等收入组人均可支配收入为 17631 元，中等偏上收入组人均可支配收入为 26937 元，高收入组人均可支配收入为 50968 元。2014 年全国居民基尼系数为 0.469，是

---

① 孙启文：《居民收入保持较快增长——解读〈二〇一四年国民经济和社会发展统计公报〉》，国家统计局网站，http://www.stats.gov.cn/tjsj/sjjd/201503/t20150311_692389.html。

② 《中共中央政治局召开会议，审议〈深化党的建设制度改革实施方案〉、〈中央管理企业负责人薪酬制度改革方案〉、〈关于合理确定并严格规范中央企业负责人履职待遇、业务支出的意见〉、〈关于深化考试招生制度改革的实施意见〉》，《人民日报》2014 年 8 月 30 日，第 1 版。

2003 年以来的最低值。①

4. 改革农村土地经营权，拓展农民的财产权益

《全面深化改革决定》提出要赋予农民对承包地占有、使用、收益、流转及承包经营权抵押、担保权能，允许农民以承包经营权入股发展农业产业化经营。鼓励承包经营权在公开市场上向专业大户、家庭农场、农民合作社、农业企业流转。赋予农民更多财产权利，保障农民集体经济组织成员权利，赋予农民对集体资产股份占有、收益、有偿退出及抵押、担保、继承权。保障农户宅基地用益物权，慎重稳妥推进农民住房财产权抵押、担保、转让，探索农民增加财产性收入渠道。建立农村产权流转交易市场，推动农村产权流转交易公开、公正、规范运行。建立城乡统一的建设用地市场，在符合规划和用途管制前提下，允许农村集体经营性建设用地出让、租赁、入股，实行与国有土地同等入市、同权同价。建立兼顾国家、集体、个人的土地增值收益分配机制，合理提高个人收益。② 2014 年，中国政府深化了农村土地经营权改革，拓展了农民的财产权益。

2014 年 11 月 20 日，中共中央办公厅、国务院办公厅印发了《关于引导农村土地经营权有序流转发展农业适度规模经营的意见》，提出要"实现所有权、承包权、经营权三权分置，引导土地经营权有序流转"，"让农民成为土地流转和规模经营的积极参与者和真正受益者"。要坚持农村土地集体所有权，稳定农户承包权，放活土地经营权，以家庭承包经营为基础，推进家庭经营、集体经营、合作经营、企业经营等多种经营方式共同发展。坚持依法、自愿、有偿，以农民为主体，政府扶持引导，市场配置资源，土地经营权流转不得违背承包农户意愿、不得损害农民权益、不得改变土地用途、不得破坏农业综合生产能力和农业生态环境。鼓励创新土地流转形式。鼓励承包农户依法采取转包、出租、互换、转让及入股等方

---

① 《国家统计局局长马建堂在国新办举行的"2014 年国民经济运行情况发布会"上的讲话》，国新办网站，http://www.scio.gov.cn/xwfbh/xwbfbh/wqfbh/2015/20150120/index.htm。

② 《中共中央关于全面深化改革若干重大问题的决定》（2013 年 11 月 12 日通过），《人民日报》2013 年 11 月 16 日，第 1 版。

式流转承包地。鼓励有条件的地方制定扶持政策，引导农户长期流转承包地并促进其转移就业。鼓励农民在自愿前提下采取互换并地方式解决承包地细碎化问题。

2014 年 12 月 1 日，农业部会同中央农村工作领导小组办公室、中组部等农村改革试验区工作联席会议成员单位下发了《关于第二批农村改革试验区和试验任务的批复》，全国共 34 个县市将参与该项改革试验。加上 2012 年确定的第一批试验区，第二轮农村改革试验区的数量达到 58 个，覆盖 28 个省（区、市）。同时，农业部还在 2012 年试验任务的基础上新增了试验内容，包括 5 个方面：（1）深化农村土地制度改革；（2）完善农业支持保护体系；（3）建立现代农村金融制度；（4）深化农村集体产权制度改革；（5）改善乡村治理机制。细分的 19 个试验项目中有 7 个涉及农村土地制度方面的改革。①

2014 年 12 月 2 日，中央全面深化改革领导小组第七次会议审议了《关于农村土地征收、集体经营性建设用地入市、宅基地制度改革试点工作的意见》。会议指出，坚持土地公有制性质不改变、耕地红线不突破、农民利益不受损三条底线，在试点基础上有序推进。2015 年 1 月，中共中央办公厅和国务院办公厅联合印发了该《意见》，这标志着中国农村土地制度改革即将进入试点阶段。试点的主要任务和措施包括：（1）完善土地征收制度；（2）建立农村集体经营性建设用地入市制度；（3）改革完善农村宅基地制度；（4）建立兼顾国家、集体、个人的土地增值收益分配机制，合理提高个人收益。

## （二）推进政治领域改革，拓展政治权利的实现路径

2014 年，中国在政治领域深化了协商民主制度建设、行政审批制度改革、预算制度改革和信访工作体制改革，并大力开展反腐败工作，拓展了公民

---

① 李果：《农业部启动第二批农村试改 集中土地制度改革》，《21 世纪经济报道》2014 年 12 月 2 日。

政治权利的实现路径,强化了对知情权、表达权、参与权和监督权的保障。

1. 加强协商民主制度建设,保障人民的参政权

《全面深化改革决定》指出,要推进协商民主广泛多层制度化发展,构建程序合理、环节完整的协商民主体系,拓宽国家政权机关、政协组织、党派团体、基层组织、社会组织的协商渠道,深入开展立法协商、行政协商、民主协商、参政协商、社会协商,加强中国特色新型智库建设,建立健全决策咨询制度。① 2014 年,中国政府深化了协商民主的制度建设,保障公民有更多的渠道和机会参与社会和政治生活。

2014 年 9 月 21 日,习近平在庆祝中国人民政治协商会议成立 65 周年大会上发表讲话,指出:"人民政协以宪法、政协章程和相关政策为依据,以中国共产党领导的多党合作和政治协商制度为保障,集协商、监督、参与、合作于一体,是社会主义协商民主的重要渠道。人民政协要发挥作为专门协商机构的作用,把协商民主贯穿履行职能全过程,推进政治协商、民主监督、参政议政制度建设,不断提高人民政协协商民主制度化、规范化、程序化水平,更好协调关系、汇聚力量、建言献策、服务大局。要拓展协商内容、丰富协商形式,建立健全协商议题提出、活动组织、成果采纳落实和反馈机制,更加灵活、更为经常开展专题协商、对口协商、界别协商、提案办理协商,探索网络议政、远程协商等新形式,提高协商实效,努力营造既畅所欲言、各抒己见,又理性有度、合法依章的良好协商氛围。"②

2014 年 12 月,中共中央政治局审议通过了《关于加强社会主义协商民主建设的意见》,并于 2015 年 2 月正式印发。这一文件,明确了社会主义协商民主的本质属性和基本内涵,阐述了加强社会主义协商民主建设的重要意义、指导思想、基本原则和渠道程序,对新形势下开展政党协商、人大协商、政府协商、政协协商、人民团体协商、基层协商、社会组织协商等做出

① 《中共中央关于全面深化改革若干重大问题的决定》(2013 年 11 月 12 日通过),《人民日报》2013 年 11 月 16 日,第 1 版。
② 《习近平在庆祝中国人民政治协商会议成立 65 周年大会上的讲话》,新华网,http://news.xinhuanet.com/politics/2014-09/21/c_1112564804.htm。

全面部署。该《意见》要求坚持依法有序、积极稳妥，确保协商民主有制可依、有规可守、有章可循、有序可遵；坚持协商于决策之前和决策实施之中，增强决策的科学性和实效性；坚持广泛参与、多元多层，更好保障人民群众的知情权、参与权、表达权、监督权；坚持求同存异、理性包容，切实提高协商质量和效率。在协商渠道方面，要继续重点加强政党协商、政府协商、政协协商，积极开展人大协商、人民团体协商、基层协商，逐步探索社会组织协商。在协商程序方面，要从实际出发，按照科学合理、规范有序、简便易行、民主集中的要求，制订协商计划、明确协商议题和内容、确定协商人员、开展协商活动、注重协商成果运用反馈，确保协商活动有序务实高效。

**2. 深化行政审批制度改革，赋予公民更多自主权**

《全面深化改革决定》提出要进一步简政放权，深化行政审批制度改革，最大限度减少中央政府对微观事务的管理。市场机制能有效调节的经济活动，一律取消审批；直接面向基层、量大面广、由地方管理更方便有效的经济社会事项，一律下放地方和基层管理。① 2014 年，中国政府深化行政审批制度改革，限制政府的行政审批权力，赋予公民更多的自主权利。

2014 年，国务院根据《行政许可法》的要求，整体谋划、分步推进，先易后难、由浅入深，大刀阔斧取消、下放行政审批事项，着力推进简政放权。以投资和生产经营领域为重点，国务院又取消和下放 246 项行政审批事项，提前完成减少 1/3 行政审批事项的目标任务。② 截至 2014 年底，已相继取消和下放了 9 批共 798 项行政审批事项。③ 与此同时，各地也分批取消和下放了大量的行政审批事项。一批涉及企业投资项目核准、企业生产经营活

---

① 《中共中央关于全面深化改革若干重大问题的决定》（2013 年 11 月 12 日通过），《人民日报》2013 年 11 月 16 日，第 1 版。

② 国家发展和改革委员会：《关于 2014 年国民经济和社会发展计划执行情况与 2015 年国民经济和社会发展计划草案的报告——2015 年 3 月 5 日在第十二届全国人民代表大会第三次会议上》，人民网，http：//politics. people. com. cn/GB/n/2015/0318/c1001-26708514. html。

③ 《截至 2014 年底已取消和下放 798 项行政审批事项》，《长沙晚报》2015 年 1 月 9 日，第 A6 版。

动许可以及对企业、社会组织和个人的资质资格认定事项被取消或下放。

以行政审批制度改革为突破口的简政放权工作取得重要成效，为市场松了绑，为企业添了力，社会投资和创业热情迸发，就业岗位持续增加。2014年新登记注册市场主体1293万户，城镇新增就业1322万人，年末城镇登记失业率为4.09%。[①]

**3. 深化预算制度改革，保障公民的知情权、表达权、参与权和监督权**

《全面深化改革决定》指出，改进预算管理制度，实施全面规范、公开透明的预算制度。[②] 2014年，中国政府深化预算制度改革，使公民在政府预算方面的知情权、表达权、参与权和监督权得到更切实的保障。

2014年9月26日，国务院发布了《关于深化预算管理制度改革的决定》（国发〔2014〕45号），提出要着力推进预算公开透明。实施全面规范、公开透明的预算制度，将公开透明贯穿预算改革和管理全过程，充分发挥预算公开透明对政府部门的监督和约束作用，建设阳光政府、责任政府、服务政府。积极推进预决算公开，细化政府预决算公开内容，除涉密信息外，政府预决算支出全部细化公开到功能分类的项级科目，专项转移支付预决算按项目按地区公开。积极推进财政政策公开。扩大部门预决算公开范围，除涉密信息外，中央和地方所有使用财政资金的部门均应公开本部门预决算。细化部门预决算公开内容，逐步将部门预决算公开到基本支出和项目支出。按经济分类公开政府预决算和部门预决算。加大"三公"经费公开力度，细化公开内容，除涉密信息外，所有财政资金安排的"三公"经费都要公开。对预决算公开过程中社会关切的问题，要规范整改、完善制度。

**4. 推行政府权力清单制度，保障公民的知情权和监督权**

《全面深化改革决定》指出，推行地方各级政府及其工作部门权力清单

---

① 国家发展和改革委员会：《关于2014年国民经济和社会发展计划执行情况与2015年国民经济和社会发展计划草案的报告——2015年3月5日在第十二届全国人民代表大会第三次会议上》，人民网，http://politics.people.com.cn/GB/n/2015/0318/c1001-26708514.html。

② 《中共中央关于全面深化改革若干重大问题的决定》（2013年11月12日通过），《人民日报》2013年11月16日，第1版。

制度，依法公开权力运行流程。完善党务、政务和各领域办事公开制度，推进决策公开、管理公开、服务公开、结果公开。①

2014 年以来，各地积极探索和推进政府权力清单制度，保障公民对政府权力的知情权和监督权。如浙江省人民政府就在 2014 年 3 月 27 日发布了《关于全面开展政府职权清理推行权力清单制度的通知》（浙政发〔2014〕8号），要求省级部门要在 2014 年 6 月向社会公布部门权力清单，市、县（市、区）政府应于 2014 年 10 月向社会公布权力清单，并报上一级机构编制部门备案。② 四川省人民政府办公厅于 2014 年 9 月 16 日发布了《关于推行行政权力清单制度进一步清理优化行政权力事项的通知》（川办函〔2014〕141 号），要求省级部门（单位）行政权力事项经省政府审定后，由省法制办编制出省级部门（单位）行政权力事项清单，于 2014 年 12 月底前报省政府发文公布。省级部门（单位）在省政府公布省级部门（单位）行政权力事项清单后的 10 个工作日内，在本部门（单位）网站上公布本部门行政权力事项清单。③ 江西省人民政府办公厅于 2014 年 11 月 24 日发布了《全面清理省政府部门行政权力推行权责清单制度实施方案》（赣府厅字〔2014〕144 号），要求没有法律、法规、规章、"三定"规定依据的职权，一律予以取消；除法律、法规、规章明确规定应当由省级部门行使的行政权力外，其他行政权力按照方便公民、法人和其他组织办事，充分发挥基层政府就近便捷管理优势，提高管理服务效率的原则，一般下放到市县政府管理；行规行约制定、行业技术标准规范制定、行业统计分析和信息预警、行业学术和科技成果评审推广、行业纠纷调解等行业管理和协调事项，原则上转移给行业组织承担（法定由行政机关承担的除外）；对公民、法人和其他组织水平能力的评价、认定等，原则上交由社会组织自律管理；非行政许可

---

① 《中共中央关于全面深化改革若干重大问题的决定》（2013 年 11 月 12 日通过），《人民日报》2013 年 11 月 16 日，第 1 版。

② 浙江省人民政府：《关于全面开展政府职权清理推行权力清单制度的通知》（浙政发〔2014〕8 号），2014 年 3 月 27 日。

③ 四川省人民政府办公厅：《关于推行行政权力清单制度进一步清理优化行政权力事项的通知》（川办函〔2014〕141 号），2014 年 9 月 16 日。

类相关资格、资质管理，按国家标准清理，无依据的应予取消。如果社会组织暂时不具备承接条件的，可以设定 1~3 年的过渡期（社会组织培育期），过渡期满，予以转移。采取先建立权力清单再建立责任清单的工作步骤，权力清单工作自 2014 年 11 月下旬开始，至 2015 年 5 月 31 日结束，责任清单工作自 2015 年 6 月 1 日开始，2015 年 8 月 31 日结束。[①]

2015 年 3 月，中共中央办公厅、国务院办公厅印发了《关于推行地方各级政府工作部门权力清单制度的指导意见》，提出的工作目标是将地方各级政府工作部门行使的各项行政职权及其依据、行使主体、运行流程、对应的责任等，以清单形式明确列示出来，向社会公布，接受社会监督。地方各级政府工作部门作为地方行政职权的主要实施机关，是这次推行权力清单制度的重点。依法承担行政职能的事业单位、垂直管理部门设在地方的具有行政职权的机构等，也应推行权力清单制度。主要任务包括全面梳理现有行政职权，大力清理调整行政职权，依法律法规审核确认，优化权力运行流程，公布权力清单，建立健全权力清单动态管理机制，积极推进责任清单工作，强化权力监督和问责。

5. 改进信访工作体制，完善公民表达权的实现机制

《全面深化改革决定》提出要改革信访工作制度，实行网上受理信访制度，健全及时就地解决群众合理诉求机制。把涉法涉诉信访纳入法治轨道解决，建立涉法涉诉信访依法终结制度。[②] 2014 年，中国政府改进信访工作体制，畅通公民表达渠道，完善公民表达权的实现机制。

2014 年 2 月，中共中央办公厅、国务院办公厅印发了《关于创新群众工作方法解决信访突出问题的意见》，要求进一步畅通和规范群众诉求表达渠道，健全公开透明的诉求表达和办理方式。完善民生热线、视频接访、绿色邮政、信访代理等做法，更加重视群众来信尤其是初次来信办理，引导群

---

① 江西省人民政府办公厅：《全面清理省政府部门行政权力推行权责清单制度实施方案》（赣府厅字〔2014〕144 号），2014 年 11 月 24 日。

② 《中共中央关于全面深化改革若干重大问题的决定》（2013 年 11 月 12 日通过），《人民日报》2013 年 11 月 16 日，第 1 版。

众更多以书信、电话、传真、视频、电子邮件等形式表达诉求，实行网上受理信访制度，大力推行阳光信访，全面推进信访信息化建设，建立网下办理、网上流转的群众信访事项办理程序，实现办理过程和结果可查询、可跟踪、可督办、可评价，增强透明度和公正性；逐步推行信访事项办理群众满意度评价，把办理工作置于群众监督之下，提高信访公信力。把领导干部接访下访作为党员干部直接联系群众的一项重要制度，与下基层调查研究、深入联系点、扶贫帮困等结合起来，提高工作实效性。省级领导干部每半年至少1天、市厅级领导干部每季度至少1天、县（市、区、旗）领导干部每月至少1天、乡镇（街道）领导干部每周至少1天到信访接待场所，按照属地管理、分级负责的原则接待群众来访。在坚持定点接访的同时，更多采取重点约访、专题接访、带案下访、下基层接访、领导包案等方式，把行政资源集中用于解决重大疑难复杂问题、检验施政得失、完善政策措施、加强督查问效上。要完善联合接访运行方式，完善信访联席会议制度，健全解决特殊疑难信访问题工作机制，健全统筹督查督办信访事项工作机制。

6. 大力反腐败，保护公民权利不受侵犯

《全面深化改革决定》提出要加强反腐败体制机制创新和制度保障，改革党的纪律检查体制，健全反腐倡廉法规制度体系，完善惩治和预防腐败、防控廉政风险、防止利益冲突、领导干部报告个人有关事项、任职回避等方面的法律法规，推行新提任领导干部有关事项公开制度试点。健全民主监督、法律监督、舆论监督机制，运用和规范互联网监督。① 2014年，中国政府大力开展反腐败工作，严惩滥用职权侵犯公民权利的腐败官员，保护公民权利不受侵犯。

从2013年6月至2014年9月，全国深入开展了以为民、务实、清廉为主题的党的群众路线教育实践活动。在整个活动过程中，中央先后确定了21项专项整治任务，包括：（1）文山会海、检查评比泛滥；（2）门难进、脸难看、事难办；（3）公款送礼、公款吃喝、奢侈浪费；（4）超标配备公

---

① 《中共中央关于全面深化改革若干重大问题的决定》（2013年11月12日通过），《人民日报》2013年11月16日，第1版。

车、多占办公用房、新建滥建；（5）"三公"经费开支过大；（6）"形象工程"和"政绩工程"；（7）侵害群众利益行为；（8）"会所中的歪风"；（9）培训中心的腐败浪费；（10）奢华浪费建设；（11）"裸官"问题；（12）干部"走读"；（13）"吃空饷"；（14）收"红包"及购物卡；（15）党员干部参赌涉赌；（16）党员干部参加天价培训；（17）党政领导干部企业兼职；（18）群众办事难；（19）乱收费、乱罚款、乱摊派；（20）落实惠民政策缩水走样；（21）拖欠群众钱款、克扣群众财物。

党的群众路线教育实践活动取得了实际的成效。据统计，相比活动开展前，全国压缩会议58.6万多个，下降24.6%；压缩文件190.8万多个，下降26.7%；压缩评比达标表彰活动19.2万多个，下降31.2%。取消各类领导小组和议事协调机构13.2万多个，减少18.4%。减少"一票否决"事项5451项，下降11.8%。13.7万多项行政审批事项被取消、下放，减少13.7%。查处"吃拿卡要""庸懒散拖"问题5万多起6万多人。查处在项目审批、专项转移支付资金分配等工作中搞暗箱操作、权力寻租问题2245起1991人。查处在公务活动和节日期间赠送、接受礼品、礼金和各种有价证券、支付凭证的问题1.3万多起4024人。查处公款吃喝、参与高消费的问题3083起4144人。应清理清退公务用车11.9万多辆，实际清理清退11.4万多辆，占95.8%。应调整清理的办公用房面积2425.7万平方米，实际调整清理2227.6万平方米，占91.8%。停建楼堂馆所2580个，面积1512.4万平方米。"三公"经费较活动开展前压缩530.2亿元，下降27.5%。减少因公临时出国（境）2.7万多批次9.6万多人。叫停"形象工程""政绩工程"663个，查处弄虚作假问题436起418人。查处征地拆迁、涉农利益、涉法涉诉、安全生产、食品药品安全、生态环境、教育、医疗卫生等方面损害群众利益的问题38.6万多起，逾20万人被查处。县乡村建立健全便民服务中心49.7万多个。超过19万个单位公开和简化办事程序，占69.6%。查处办事刁难群众典型案例3685起3761人。减少的收费、罚款项目达3.1万多个。查处乱收费、乱罚款、乱摊派的问题1.1万多起，涉及金额15.1亿元，处理8519人。查纠城乡低保错保漏保151.4

万多人。查纠违规纳入农村危房改造、城镇保障性住房5.4万多人。查处落实惠民政策优亲厚友、以权谋私的问题5545起6494人。查处不按标准及时足额发放征地拆迁补偿款、侵占挪用各种补助资金问题6499起，处理3968人，涉及金额21.7亿元。查处对群众欠账不付、欠款不还、"打白条"、耍赖账的问题1.6万多起5万余人。应关停历史建筑和公园中的会所512家，已关停转型457家，占89.3%。查处违规出入会所的党员干部12人。查处培训中心腐败浪费问题16起9人。部分省区市、部委已排查奢华浪费建设项目212个，处理89个。查处6484名"走读"问题干部。清理清退"吃空饷"人员16.2万多人。10万余人主动上交"红包"及购物卡、涉及金额5.2亿元，查处2550人，涉及金额2.5亿元。查处党员干部参赌涉赌案件6122起7162人。排查出参加天价培训的领导干部2982人，叫停培训班7个，涉及735人。排查出党政领导干部企业兼职人数8.4万多人，已清理6.3万多人。①

2014年3月，中共中央办公厅、国务院办公厅发布了《关于厉行节约反对食品浪费的意见》（中办发〔2014〕22号），要求杜绝公务活动用餐浪费，推进单位食堂节俭用餐，推行科学文明的餐饮消费模式，减少各环节粮食损失浪费，推进食品废弃物资源化利用。

2014年7月，中共中央办公厅、国务院办公厅印发了《关于全面推进公务用车制度改革的指导意见》和《中央和国家机关公务用车制度改革方案》，《指导意见》要求改革公务用车实物供给方式，取消一般公务用车，普通公务出行实行社会化提供并适度补贴交通费用，从严配备定向化保障的公务用车。力争在2014年年底前基本完成中央和国家机关及其所属参照公务员法管理的事业单位公务用车制度改革，2015年底前基本完成地方党政机关公务用车制度改革，用2~3年时间全面完成公务用车制度改革。《改革方案》规定中央和国家机关参改的机构范围包括中央纪委机关和中央各部门，全国人大机关，国务院各部门，全国政协机关，最高人民法院，最高人民检察院，各人民团

---

① 《21项专项整治反"四风"》，《广州日报》2014年10月8日，第A1、A4版。

体、群众团体，各民主党派中央、全国工商联，中央和国家机关所属参照公务员法管理的事业单位；参改的人员范围包括在编在岗的司局级及以下工作人员；参改的车辆范围是：取消一般公务用车，保留必要的机要通信、应急、特种专业技术用车和符合规定的一线执法执勤岗位车辆及其他车辆。

2014 年 11 月 24 日，国家发展改革委和住房城乡建设部印发了《党政机关办公用房建设标准》（发改投资〔2014〕2674 号），对 1999 年颁布实施的《党政机关办公用房建设标准》进行了修订。该《标准》对党政机关办公用房的建筑等级与面积指标、选址与建设用地、建筑和装修标准、室内环境与建筑设备等都做出了详细的规定。

2014 年 11 月，中共中央办公厅印发了《关于深化"四风"整治、巩固和拓展党的群众路线教育实践活动成果的指导意见》，要求坚持不懈抓好作风建设，始终保持反"四风"高压态势，认真落实整改任务，深入推进专项整治，上下联动推进整改，切实加强制度建设，围绕权力运行扎紧织密制度笼子，强化正风肃纪维护制度严肃性，严格执行党内政治生活制度，用好批评和自我批评的武器，坚持党性原则基础上的团结。①

2014 年，中央开展了三轮巡视工作，公布了巡视组人员构成、联系电话、巡视单位，还首次公布了巡视现场谈话视频。共有 40 名副省部级以上高官（2013 年为 16 名）、超过 350 名厅局级官员被查。②

2014 年中国加强了反腐败国际合作。2014 年 3 月，中央纪律检查委员会将预防腐败室、外事局整合，成立国际合作局，最高人民检察院于同月下发《关于进一步加强追逃追赃工作的通知》。2014 年 7 月 22 日，公安部部署开展"猎狐 2014"行动，缉捕在逃境外经济犯罪嫌疑人。9 月 26 日，最高人民检察院启动为期半年的职务犯罪国际追逃追赃专项行动，集中追捕潜逃境外的职务犯罪嫌疑人。2014 年 10 月 10 日，最高法、最高检、公安部、

---

① 中共中央办公厅：《关于深化"四风"整治、巩固和拓展党的群众路线教育实践活动成果的指导意见》，《人民日报》2014 年 11 月 19 日，第 2 版。
② 林韵诗：《中国反腐观察年报之 2014》，财新网，http://china.caixin.com/2015-01-05/100771201.html。

外交部联合发布《关于敦促在逃境外经济犯罪人员投案自首的通告》，敦促外逃腐败官员投案自首。2014 年 11 月，国家主席习近平在多个场合谈及追逃追赃和反腐败国际合作。2014 年 11 月 8 日，亚太经合组织（APEC）第 26 届部长级会议通过了《北京反腐败宣言》，决定成立 APEC 反腐执法合作网络，在亚太地区加大追逃追赃等合作，联手打击跨境腐败行为。最高人民检察院开展职务犯罪国际追逃追赃专项行动，与有关部门联合发布敦促在逃境外经济犯罪人员投案自首的通告，加强境外司法合作，共抓获境内外在逃职务犯罪嫌疑人 749 人，其中从美国、加拿大等 17 个国家和地区抓获、劝返 49 人。[1]

2014 年，人民检察院查办贪污、贿赂、挪用公款 100 万元以上的案件 3664 件，同比上升 42%；查办涉嫌犯罪的原县处级以上国家工作人员 4040 人，同比上升 40.7%，其中原厅局级以上干部 589 人；查办受贿犯罪 14062 人，同比上升 13.2%；查办国家机关工作人员渎职侵权犯罪 13864 人，同比上升 6.1%，其中行政执法人员 6067 人、司法人员 1771 人。[2] 全国各级法院审结贪污贿赂等犯罪案件 3.1 万件 4.4 万人，同比分别上升 6.7% 和 5.2%。其中被告人原为厅局级以上的 99 人，原为县处级的 871 人。加大对行贿犯罪打击力度，判处罪犯 2394 人，同比上升 12.1%。[3]

## （三）深化文化领域改革，促进文化权利的平等保障

《全面深化改革决定》提出要建立公共文化服务体系建设协调机制，统筹服务设施网络建设，促进基本公共文化服务标准化、均等化。建立群众评价和反馈机制，推动文化惠民项目与群众文化需求有效对接。[4] 2014 年，中国在文化

---

[1] 最高人民检察院检察长曹建明在第十二届全国人民代表大会第三次会议上所做《最高人民检察院工作报告》，2015 年 3 月 12 日。

[2] 最高人民检察院检察长曹建明在第十二届全国人民代表大会第三次会议上所做《最高人民检察院工作报告》，2015 年 3 月 12 日。

[3] 最高人民法院院长周强在第十二届全国人民代表大会第三次会议上所做《最高人民法院工作报告》，2015 年 3 月 12 日。

[4] 《中共中央关于全面深化改革若干重大问题的决定》（2013 年 11 月 12 日通过），《人民日报》2013 年 11 月 16 日，第 1 版。

领域加快了公共文化服务体系建设，促进公民更平等地享受公共文化服务。

2014 年 4 月，文化部文化体制改革工作领导小组研究通过了《2014 年文化系统体制改革工作要点》及其《分工实施方案》，并在文化部官方网站公开发布，对落实 2014 年文化系统体制改革重点工作任务进行了具体部署。该《工作要点》提出要统筹构建现代公共文化服务体系。按照中央的部署和要求，设立"国家公共文化服务体系建设协调组"，明确各部门职责分工，建立公共文化服务统筹协调机制。推动建设乡村综合性文化服务中心，实现资源整合、共建共享。制定基本公共文化服务保障标准、技术标准和评价标准，促进基本公共文化服务标准化、均等化。积极开展流动服务、数字文化服务，通过增加专项资金、转移支付等手段，增加对中西部地区、少数民族地区、边疆地区、革命老区文化设施建设和文化惠民工程的专项补助，促进公共文化资源在区域和城乡之间的合理配置。深化全国公共图书馆、博物馆、美术馆、文化馆（站）免费开放工作，建立和完善长效经费保障机制，加强监督管理和绩效评价，切实保障人民群众享有基本公共文化服务的权益。引入竞争机制，推动公共文化服务社会化发展，推动文化志愿服务工作制度化、常态化。研究推动把农村、基层群众和特殊群体看演出纳入公共文化服务体系。[①]

31 个省区市分别制定了各自的文化体制改革实施方案，提出了具体的改革举措和工作方案。

2015 年 1 月，中共中央办公厅、国务院办公厅印发了《关于加快构建现代公共文化服务体系的意见》，提出要从基本国情出发，认真研究人民群众的精神文化需求，因地制宜，科学规划，分类指导，按照一定标准推动实现基本公共文化服务均等化，切实保障人民群众基本文化权益，促进实现社会公平。到 2020 年，基本建成覆盖城乡、便捷高效、保基本、促公平的现代公共文化服务体系。公共文化设施网络全面覆盖、互联互通，

---

① 文化部文化体制改革工作领导小组：《2014 年文化系统体制改革工作要点》及其《分工实施方案》，文化部网站，http://zwgk.mcprc.gov.cn/auto255/201404/t20140409_30282.html。

公共文化服务的内容和手段更加丰富，服务质量显著提升，公共文化管理、运行和保障机制进一步完善，政府、市场、社会共同参与公共文化服务体系建设的格局逐步形成，人民群众基本文化权益得到更好保障，基本公共文化服务均等化水平稳步提高。该《意见》特别强调，要推动革命老区、民族地区、边疆地区、贫困地区公共文化建设实现跨越式发展。与国家扶贫开发攻坚战略结合，编制老少边穷地区公共文化服务体系建设发展规划纲要。根据国家基本公共文化服务指导标准，明确老少边穷地区服务和资源缺口，按照精准扶贫的要求，以广播电视服务网络、数字文化服务、乡土人才培养、流动文化服务、农村留守妇女儿童文化帮扶等为重点，集中实施一批文化扶贫项目。要保障特殊群体基本文化权益。将老年人、未成年人、残疾人、农民工、农村留守妇女儿童、生活困难群众作为公共文化服务的重点对象。积极开展面向老年人、未成年人的公益性文化艺术培训服务、演展和科技普及活动。该《意见》还具体规定了2015~2020年国家基本公共文化服务指导标准。①

### （四）推进社会领域改革，提升社会权利保障水平

2014年，中国在社会领域深化了户籍制度、社会保障体制、医药卫生体制和教育体制的改革，并大力促进社会组织的发展，全面提升了各项社会权利的保障层次和均衡水平。

#### 1.深化户籍制度改革，保障居民平等享受基本公共服务

《全面深化改革决定》提出要推进农业转移人口市民化，逐步把符合条件的农业转移人口转为城镇居民。加快户籍制度改革，全面放开建制镇和小城市落户限制，有序放开中等城市落户限制，合理确定大城市落户条件，严格控制特大城市人口规模。② 2014年，中国政府深化户籍制度改革，努力保

---

① 《关于加快构建现代公共文化服务体系的意见》，新华网，http://news.xinhuanet.com/zgjx/2015-01/15/c_133920319.htm。

② 《中共中央关于全面深化改革若干重大问题的决定》（2013年11月12日通过），《人民日报》2013年11月16日，第1版。

障居民平等享受基本公共服务。

2014 年 3 月,中共中央、国务院印发了《国家新型城镇化规划(2014—2020 年)》,要求以人为本,公平共享,以人的城镇化为核心,合理引导人口流动,有序推进农业转移人口市民化,稳步推进城镇基本公共服务常住人口全覆盖,不断提高人口素质,促进人的全面发展和社会公平正义,使全体居民共享现代化建设成果。努力实现 1 亿左右农业转移人口和其他常住人口在城镇落户;稳步推进义务教育、就业服务、基本养老、基本医疗卫生、保障性住房等城镇基本公共服务覆盖全部常住人口。

2014 年 7 月,国务院发布《关于进一步推进户籍制度改革的意见》(国发〔2014〕25 号),要求适应推进新型城镇化需要,进一步推进户籍制度改革,落实放宽户口迁移政策。统筹户籍制度改革和相关经济社会领域改革,合理引导农业人口有序向城镇转移,有序推进农业转移人口市民化。统筹推进户籍制度改革和基本公共服务均等化,不断扩大教育、就业、医疗、养老、住房保障等城镇基本公共服务覆盖面。进一步调整户口迁移政策,统一城乡户口登记制度,全面实施居住证制度,加快建设和共享国家人口基础信息库,稳步推进义务教育、就业服务、基本养老、基本医疗卫生、住房保障等城镇基本公共服务覆盖全部常住人口。到 2020 年,基本建立与全面建成小康社会相适应,有效支撑社会管理和公共服务,依法保障公民权利,以人为本、科学高效、规范有序的新型户籍制度,努力实现 1 亿左右农业转移人口和其他常住人口在城镇落户。全面放开建制镇和小城市落户限制,有序放开中等城市落户限制,合理确定大城市落户条件,严格控制特大城市人口规模。

2014 年 9 月 12 日,国务院发布了《关于进一步做好为农民工服务工作的意见》(国发〔2014〕40 号),要求坚持以人为本、公平对待。推进以人为核心的城镇化,公平保障农民工作为用人单位职工、作为城镇常住人口的权益,帮助农民工解决最关心最直接最现实的利益问题,实现改革发展成果共享。到 2020 年,转移农业劳动力总量继续增加,每年开展农民工职业技能培训 2000 万人次,农民工综合素质显著提高、劳动条件明显改善、工资基本无拖欠并稳定增长、参加社会保险全覆盖，引导约1亿人在中西部地区就近城镇化，努力实现1亿左右农业转移人口和其他常住人口在城镇落户，未落户的也能享受城镇基本公共服务，农民工群体逐步融入城镇，为实现农民工市民化目标打下坚实基础。为此，要实施农民工职业技能提升计划，加快发展农村新成长劳动力职业教育，完善和落实促进农民工就业创业的政策，规范使用农民工的劳动用工管理，保障农民工工资报酬权益，扩大农民工参加城镇社会保险覆盖面，加强农民工安全生产和职业健康保护，畅通农民工维权渠道，加强对农民工的法律援助和法律服务工作，逐步推动农民工平等享受城镇基本公共服务，保障农民工随迁子女平等接受教育的权利，加强农民工医疗卫生和计划生育服务工作，逐步改善农民工居住条件，有序推进农民工在城镇落户，保障农民工土地承包经营权、宅基地使用权和集体经济收益分配权，保障农民工依法享有民主政治权利，丰富农民工精神文化生活，加强对农民工的人文关怀，建立健全农村留守儿童、留守妇女和留守老人关爱服务体系。

2. 深化社会保障体系建设，促进社会保障权利的全面和平等保障

《全面深化改革决定》提出要建立更加公平可持续的社会保障制度。坚持社会统筹和个人账户相结合的基本养老保险制度，完善个人账户制度，健全多缴多得激励机制，确保参保人权益，实现基础养老金全国统筹。推进机关事业单位养老保险制度改革。整合城乡居民基本养老保险制度、基本医疗保险制度。推进城乡最低生活保障制度统筹发展。建立健全合理兼顾各类人员的社会保障待遇确定和正常调整机制。完善社会保险关系转移接续政策，扩大参保缴费覆盖面，适时适当降低社会保险费率。健全符合国情的住房保障和供应体系，建立公开规范的住房公积金制度。[1] 2014年，中国政府深化社会保障体系建设，促进社会保障权利的全面和平等保障。

2014年2月21日，国务院公布了《社会救助暂行办法》（国务院令第

---

[1] 《中共中央关于全面深化改革若干重大问题的决定》（2013年11月12日通过），《人民日报》2013年11月16日，第1版。

649 号），将"托底线、救急难、可持续"作为社会救助工作的基本原则，全面确立了以最低生活保障与特困人员供养制度、受灾人员救助以及医疗救助、教育救助、住房救助、就业救助和临时救助为主体，以社会力量参与为补充的社会救助制度体系框架。这是中国第一部统筹各项社会救助制度的行政法规。

2014 年 2 月 26 日，国务院发布了《关于建立统一的城乡居民基本养老保险制度的意见》（国发〔2014〕8 号），决定将新农保和城居保两项制度合并实施，在全国范围内建立统一的城乡居民基本养老保险制度。"十二五"末，在全国基本实现新农保和城居保制度合并实施，并与职工基本养老保险制度相衔接。2020 年前，全面建成公平、统一、规范的城乡居民养老保险制度，与社会救助、社会福利等其他社会保障政策相配套，充分发挥家庭养老等传统保障方式的积极作用，更好保障参保城乡居民的老年基本生活。年满 16 周岁（不含在校学生），非国家机关和事业单位工作人员及不属于职工基本养老保险制度覆盖范围的城乡居民，可以在户籍地参加城乡居民养老保险。城乡居民养老保险基金由个人缴费、集体补助、政府补贴构成。国家为每个参保人员建立终身记录的养老保险个人账户，个人缴费、地方人民政府对参保人的缴费补贴、集体补助及其他社会经济组织、公益慈善组织、个人对参保人的缴费资助，全部记入个人账户。个人账户储存额按国家规定计息。城乡居民养老保险待遇由基础养老金和个人账户养老金构成，支付终身。参加城乡居民养老保险的个人，年满 60 周岁、累计缴费满 15年，且未领取国家规定的基本养老保障待遇的，可以按月领取城乡居民养老保险待遇。参加城乡居民养老保险的人员，在缴费期间户籍迁移、需要跨地区转移城乡居民养老保险关系的，可在迁入地申请转移养老保险关系，一次性转移个人账户全部储存额，并按迁入地规定继续参保缴费，缴费年限累计计算；已经按规定领取城乡居民养老保险待遇的，无论户籍是否迁移，其养老保险关系不转移。

2014 年 2 月 24 日，人社部、财政部印发《城乡养老保险制度衔接暂行办法》（人社部发〔2014〕17 号），规定参加城镇职工养老保险制度和城乡居民养老保险制度的人员只要满足一定条件就可以自由衔接转换，而且个人账户全部储存额将随同转移。

2014 年 4 月 18 日，民政部印发《关于进一步开展适度普惠型儿童福利制度建设试点工作的通知》（民函〔2014〕105 号），决定在全国范围内开展第二批适度普惠型儿童福利制度建设试点工作。该《通知》明确了试点工作的基本原则，制定了第二批试点地区名单，并部署了试点工作的目标、内容和工作要求。

2014 年 4 月 23 日，财政部、民政部、住建部、人社部、国家卫生计生委以及中国残疾人联合会六部门联合印发了《关于做好政府购买残疾人服务试点工作的意见》（财社〔2014〕13 号），同时发布了《政府购买残疾人服务试点项目目录》。该《意见》明确了政府购买残疾人服务试点工作的基本原则、工作目标、试点任务和工作要求，并提出力争到 2020 年在全国基本建立比较完善的政府购买残疾人服务机制，形成残疾人公共服务资源高效配置的服务体系和供给体系，显著提高残疾人公共服务水平和质量。

2014 年 11 月 6 日，人社部会同财政部、国家发改委、工信部印发了《关于失业保险支持企业稳定岗位有关问题的通知》（人社部发〔2014〕76 号），明确在实施兼并重组、化解产能严重过剩、淘汰落后产能等调整优化产业结构过程中，对采取有效措施不裁员、少裁员的企业，由失业保险基金给予稳岗补贴，补贴标准不超过企业及职工上年度实际缴纳失业保险费的50%。这是失业保险制度改革的重大举措，有利于防范产业结构调整可能引发的失业风险。

全国 30 个省（区、市）（除港、澳、台、西藏外）都制定和发布了城乡居民大病保险实施方案，2/3 以上的地市出台了大病保险实施办法。推进城乡居民基本医保制度整合和城乡统筹，全国共有 8 个省份和其他省份的35 个地市开展了城乡统筹。

3. 深化医药卫生体制改革，平等保障公民健康权

《全面深化改革决定》提出要深化医药卫生体制改革，统筹推进医疗保障、医疗服务、公共卫生、药品供应、监管体制综合改革。深化基层医疗卫

生机构综合改革，健全网络化城乡基层医疗卫生服务运行机制。加快公立医院改革，落实政府责任。完善合理分级诊疗模式，建立社区医生和居民契约服务关系。充分利用信息化手段，促进优质医疗资源纵向流动。加强区域公共卫生服务资源整合。取消以药补医，理顺医药价格，建立科学补偿机制。改革医保支付方式，健全全民医保体系。加快健全重特大疾病医疗保险和救助制度。完善中医药事业发展政策和机制。① 2014 年，中国政府深化医药卫生体制改革，切实保障公民健康权。

　　2014 年 5 月 13 日，国务院办公厅印发了《深化医药卫生体制改革 2014 年重点工作任务的通知》（国办发〔2014〕24 号），要求加快推动公立医院改革，重点解决公立医院规划布局不合理、公益性不强、管理制度不健全、就医秩序不规范以及综合改革不配套等问题。把县级公立医院综合改革作为公立医院改革的重中之重，系统评估试点经验，梳理总结试点模式并加以推广。启动实施第二批县级公立医院综合改革试点，新增县级公立医院改革试点县（市）700 个，使试点县（市）的数量覆盖50% 以上的县（市），覆盖农村 5 亿人口。扩大城市公立医院综合改革试点，研究制订城市公立医院综合改革试点实施方案，2014 年每个省份都要有 1 个改革试点城市。重点任务包括推进公立医院规划布局调整，建立科学补偿机制，理顺医疗服务价格，建立适应医疗行业特点的人事薪酬制度，完善县级公立医院药品采购机制，建立和完善现代医院管理制度，健全分级诊疗体系，完善中医药事业发展政策和机制。在推动社会办医方面，该《通知》要求放宽准入条件，优化社会办医政策环境，加快推进医师多点执业，推动社会办医联系点和公立医院改制试点工作。在推进全民医保体系建设方面，该《通知》要求推进城乡居民基本医保制度整合，完善筹资机制，改革医保支付制度，健全重特大疾病保障制度，推进异地就医结算管理和服务。在完善药物制度方面，该《通知》要求巩固完善基本药物制度，建立短缺药品供应保障机制，规范药品

① 《中共中央关于全面深化改革若干重大问题的决定》（2013 年 11 月 12 日通过），《人民日报》2013 年 11 月 16 日，第 1 版。

流通经营行为，提升药品流通服务水平和效率，改革完善药品价格形成机制。在基层运行机制方面，该《通知》要求进一步改革人事分配制度，稳定乡村医生队伍，原则上将40%左右的基本公共卫生服务任务交由村卫生室承担。

### 4. 深化教育体制改革，平等保障公民受教育权

《全面深化改革决定》提出要深化教育领域综合改革，大力促进教育公平。健全家庭经济困难学生资助体系，逐步缩小区域、城乡、校际差距。统筹城乡义务教育资源均衡配置，实行公办学校标准化建设和校长教师交流轮岗，不设重点学校重点班，破解择校难题，标本兼治减轻学生课业负担。加快现代职业教育体系建设，创新高校人才培养机制，推进学前教育、特殊教育、继续教育改革发展。推进考试招生制度改革，从根本上解决一考定终身的弊端。义务教育免试就近入学，试行学区制和九年一贯对口招生。① 2014年，中国政府深化教育体制改革，促进公民受教育权的平等保障。

2014年5月2日，国务院发布了《关于加快发展现代职业教育的决定》（国发〔2014〕19号），提出到2020年，形成适应发展需求，产教深度融合，中职高职衔接，职业教育与普通教育相互沟通，体现终身教育理念，具有中国特色、世界水平的现代职业教育体系。中等职业教育在校生达到2350万人，专科层次职业教育在校生达到1480万人，接受本科层次职业教育的学生达到一定规模。从业人员继续教育达到3.5亿人次。重点提升面向现代农业、先进制造业、现代服务业、战略性新兴产业和社会管理、生态文明建设等领域的人才培养能力。

2014年9月，国务院发布了《关于深化考试招生制度改革的实施意见》（国发〔2014〕35号），要求着力完善规则，确保公平公正。把促进公平公正作为改革的基本价值取向，加强宏观调控，完善法律法规，健全体制机制，切实保障考试招生机会公平、程序公开、结果公正，增加学生选择权。在改进招生计划分配方式方面，该《意见》要求提高中西部地区和人口大

---

① 《中共中央关于全面深化改革若干重大问题的决定》（2013年11月12日通过），《人民日报》2013年11月16日，第1版。

省高考录取率，增加农村学生上重点高校人数，完善中小学招生办法，试行学区制和九年一贯对口招生，实行优质普通高中和优质中等职业学校招生名额合理分配到区域内初中的办法。在改革考试形式和内容方面，该《意见》提出2015年起增加使用全国统一命题试卷的省份。在改革招生录取机制方面，该《意见》提出要减少和规范考试加分，完善和规范自主招生，2015年起在有条件的省份开展录取批次改革试点。在改革监督管理机制方面，该《意见》提出要加强信息公开，深入实施高校招生"阳光工程"，加大违规查处力度。在改革考试科目设置方面，该《意见》提出要增加高考与高中学习的关联度，考生总成绩由统一高考的语文、数学、外语3个科目成绩和高中学业水平考试3个科目成绩组成。保持统一高考的语文、数学、外语科目不变，分值不变，不分文理科，外语科目提供两次考试机会。计入总成绩的高中学业水平考试科目，由考生根据报考高校要求和自身特长，在思想政治、历史、地理、物理、化学、生物等科目中自主选择。2014年上海市、浙江省分别出台高考综合改革试点方案，从2014年秋季新入学的高中一年级学生开始实施。试点要为其他省（区、市）高考改革提供依据。

5. 促进社会组织发展，保障公民结社权

《全面深化改革决定》提出要激发社会组织活力，正确处理政府和社会关系，加快实施政社分开，推进社会组织明确权责、依法自治、发挥作用。适合由社会组织提供的公共服务和解决的事项，交由社会组织承担。支持和发展志愿服务组织。限期实现行业协会商会与行政机关真正脱钩，重点培育和优先发展行业协会商会类、科技类、公益慈善类、城乡社区服务类社会组织，成立时直接依法申请登记。①

2014年4月，十二届全国人大常委会第八次会议审议通过的新修订的《环境保护法》，首次以法律形式确立社会组织在环境公益诉讼中的主体资格和认定标准。为贯彻新修订的《环境保护法》，最高法、民政部、环保

---

① 《中共中央关于全面深化改革若干重大问题的决定》（2013年11月12日通过），《人民日报》2013年11月16日，第1版。

部联合下发《关于贯彻实施环境民事公益诉讼制度的通知》。2014年12月
8日最高人民法院审判委员会第1631次会议讨论通过了《最高人民法院关
于审理环境民事公益诉讼案件适用法律若干问题的解释》，对社会组织参
与环保公益诉讼做出了具有可操作性的规定。2014年9月，泰州市环保联
合会就6家企业非法倾倒案提起公益诉讼，泰州市中院一审判决6家企业
赔偿1.6亿元，成为截至2014年底全国环保公益诉讼中民事赔偿额最高
的案件。[①]

2014年6月25日，中央组织部发布《关于规范退（离）休领导干部在
社会团体兼职问题的通知》（中组发〔2014〕11号），对退（离）休领导干
部兼任社会团体职务的数量、届数、年龄、审批程序以及职责、领取薪酬等
情况做了严格规定，迈出了社会组织去行政化的重要一步。各地相继开展专
项清理工作，取得积极成果。[②]

2014年11月24日，国务院印发了《关于促进慈善事业健康发展的指
导意见》（国发〔2014〕61号），指出慈善组织是现代慈善事业的重要主
体，大力发展各类慈善组织、规范慈善组织行为、确保慈善活动公开透明，
是促进慈善事业健康发展的有效保证。鼓励兴办慈善组织，优先发展具有扶
贫济困功能的各类慈善组织，积极探索培育网络慈善等新的慈善形态，引导
和规范其健康发展。稳妥推进慈善组织直接登记，逐步下放符合条件的慈善
组织登记管理权限。地方政府和社会力量可通过实施公益创投等多种方式，
为初创期慈善组织提供资金支持和能力建设服务。要加快出台有关措施，以
扶贫济困类项目为重点，加大政府财政资金向社会组织购买服务力度。该
《意见》还对慈善组织自我管理、开展募捐活动、使用捐赠款物、信息公开
等提出了一系列明确的要求。

2014年12月15日，财政部、民政部、国家工商行政管理总局印发了

---

① 《2014年社会组织十件大事》，新华网，http://news.xinhuanet.com/politics/2014-12/31/c_127350747.htm。
② 《2014年社会组织十件大事》，新华网，http://news.xinhuanet.com/politics/2014-12/31/c_127350747.htm。

《政府购买服务管理办法（暂行）》（财综〔2014〕96号），明确规定承接政府购买服务的主体包括在登记管理部门登记或经国务院批准免予登记的社会组织，并规定购买主体应当保障各类承接主体平等竞争，不得以不合理的条件对承接主体实行差别化歧视。2014年12月31日国务院第75次常务会议通过了《政府采购法实施条例》（国务院令第658号）。

### （五）深化生态环境领域改革，更严格保障公民的环境和健康权利

《全面深化改革决定》提出要建立系统完整的生态文明制度体系，实行最严格的源头保护制度、损害赔偿制度、责任追究制度，完善环境治理和生态修复制度，用制度保护生态环境。[①] 2014年，中国政府深化生态环境领域改革，建立和实施严格的生态环境保护制度，切实保障公民的环境和健康权利。

2014年7月14日，国务院办公厅发布了《关于加快新能源汽车推广应用的指导意见》（国办发〔2014〕35号），要求贯彻落实发展新能源汽车的国家战略，以纯电驱动为新能源汽车发展的主要战略取向，重点发展纯电动汽车、插电式（含增程式）混合动力汽车和燃料电池汽车，以市场主导和政府扶持相结合，建立长期稳定的新能源汽车发展政策体系，创造良好发展环境，加快培育市场，促进新能源汽车产业健康快速发展。

2014年11月12日，国务院办公厅发布了《关于加强环境监管执法的通知》（国办发〔2014〕56号），要求严格依法保护环境，推动监管执法全覆盖。用严格的法律制度保护生态环境，抓紧制（修）订土壤环境保护、大气污染防治、环境影响评价、排污许可、环境监测等方面的法律法规。全面实施行政执法与刑事司法联动，开展环境保护大检查，各市、县级人民政府要将本行政区域划分为若干环境监管网格，逐一明确监管责任人，落实监管方案。对各类环境违法行为"零容忍"，加大惩治力度。

---

① 《中共中央关于全面深化改革若干重大问题的决定》（2013年11月12日通过），《人民日报》2013年11月16日，第1版。

2014 年 12 月 27 日，国务院办公厅发布了《关于推行环境污染第三方治理的意见》（国办发〔2014〕69 号），指出环境污染第三方治理（以下简称第三方治理）是排污者通过缴纳或按合同约定支付费用，委托环境服务公司进行污染治理的新模式。要求到 2020 年，环境公用设施、工业园区等重点领域第三方治理取得显著进展，污染治理效率和专业化水平明显提高，社会资本进入污染治理市场的活力进一步激发。

2014 年 1 月，环保部印发了《国家生态保护红线——生态功能基线划定技术指南（试行）》（环发〔2014〕10 号），最终的生态红线可划分为生态功能保障基线（包括禁止开发区生态红线、重要生态功能区生态红线和生态环境敏感区、脆弱区生态红线三条）、环境质量安全底线（包括环境质量达标红线、污染物排放总量控制红线和环境风险管理红线三条）、自然资源利用上线（包括能源利用红线、水资源利用红线、土地资源利用红线三条）。环保部按计划要在 2014 年完成全国生态保护红线划定任务。

2014 年 1 月 21 日，环保部、商务部、海关总署联合发布了《消耗臭氧层物质进出口管理办法》（部令第 26 号），明确国家对列入《中国进出口受控消耗臭氧层物质名录》的消耗臭氧层物质实行进出口配额许可证管理；国务院环境保护主管部门、国务院商务主管部门和海关总署联合设立国家消耗臭氧层物质进出口管理机构，对消耗臭氧层物质的进出口实行统一监督管理；国务院环境保护主管部门根据消耗臭氧层物质淘汰进展情况，商国务院商务主管部门确定国家消耗臭氧层物质年度进出口配额总量。

2014 年 5 月 22 日，环保部印发了《关于推进环境保护公众参与的指导意见》，要求地方环保部门更加系统、全面、广泛、积极、稳妥地推进环境保护公众参与工作，使公众参与有序、理性、有效，成为推动环境保护事业向前发展的不竭动力。该《意见》首次明确了要尊重和保障公众的环境知情权、参与权、表达权和监督权。强调源头参与和全过程参与。该《意见》确立了畅通渠道、接受监督，依法有序、理性有效，平等自愿、公益优先三项环境保护公众参与的基本原则，并提出积极构建全民参与环境保护的社会行动体系，保障参与主体的广泛性。该《意见》明确了公众参与的重点领域，包括环境法规和政策制定、环境决策、环境监督、环境影响评价、环境宣传教育。[1]

2014 年 12 月 19 日，环保部同时发布了《环境保护主管部门实施按日连续处罚办法》（部令第 28 号）、《环境保护主管部门实施查封、扣押办法》（部令第 29 号）、《环境保护主管部门实施限制生产、停产整治办法》（部令第 30 号）、《企业事业单位环境信息公开办法》（部令第 31 号）和《突发环境事件调查处理办法》（部令第 32 号），分别规定了环境保护主管部门实施按日连续处罚，查封，扣押，限制生产，停产整治，责令停业关闭，对突发环境事件的原因、性质、责任进行调查的办法，以及企事业单位被列入重点排污单位名录的条件和重点排污单位应当公开的信息。

### （六）推进司法领域改革，强化权利救济和公正审判权的实现

《全面深化改革决定》提出要深化司法体制改革，加快建设公正高效权威的社会主义司法制度，维护人民权益，让人民群众在每一个司法案件中都感受到公平正义。确保依法独立公正行使审判权检察权，改革审判委员会制度，推进审判公开、检务公开，录制并保留全程庭审资料，完善人权司法保障制度，进一步规范查封、扣押、冻结、处理涉案财物的司法程序，健全错案防止、纠正、责任追究机制，严禁刑讯逼供、体罚虐待，严格实行非法证据排除规则，逐步减少适用死刑罪名，健全国家司法救助制度，完善法律援助制度。[2] 2014 年，中国深化司法改革，强化人权司法保障，保障公民在人权受到侵犯时能够得到及时、公正和有效的救济，使公民享受公正审判的权利得到切实的保障。

---

① 《推动环保公众参与 创新环境治理模式——解读〈关于推进环境保护公众参与的指导意见〉》，《中国环境报》2014 年 7 月 31 日。

② 《中共中央关于全面深化改革若干重大问题的决定》（2013 年 11 月 12 日通过），《人民日报》2013 年 11 月 16 日，第 1 版。

**1. 深化司法改革**

2014 年，人民法院推动了多项改革措施，其中包括：（1）设立最高人民法院巡回法庭。在深圳、沈阳分别设立最高人民法院第一、第二巡回法庭，审理跨行政区域重大行政和民商事案件。在巡回法庭全面推行主审法官制度等各项改革措施，让审理者裁判、由裁判者负责。（2）设立跨行政区划法院。在北京、上海组建跨行政区划中级法院，办理跨地区重大刑事、民事、行政案件。（3）设立知识产权法院。在北京、上海、广州设立知识产权法院，审理知识产权民事和行政案件。（4）稳步推进重点项目改革试点。在吉林、上海、湖北、广东、海南、贵州、青海法院进行人财物省级统管、人员分类管理、司法责任制、司法职业保障等改革试点，选取 12 个法院开展审判权运行机制改革试点，按新模式设立深圳前海合作区人民法院、珠海横琴新区人民法院，为改革提供可复制、可推广的经验。（5）健全审判监督指导机制。克服监督指导工作中的行政化倾向，取消对高级法院的统计考核排名，指导高级法院取消对辖区法院不合理的考核指标。（6）改革人民陪审员工作机制。提前完成人民陪审员"倍增计划"，全国人民陪审员总数达到 21 万人，共参审案件 219.6 万件。积极拓展人民陪审员参审范围，山东省东营市中级人民法院吸收人民陪审员参与审理倪发科受贿、巨额财产来源不明案，系人民陪审员首次参审重大职务犯罪案件。①

2015 年 2 月 4 日，最高人民法院发布了《关于全面深化人民法院改革的意见——人民法院第四个五年改革纲要（2014—2018）》（法发〔2015〕3 号），提出了 65 项具体改革举措。

人民检察院组织 17 个市县检察院开展检察官办案责任制试点，择优选任 460 名主任检察官，赋予相应司法办案决定权，完善司法办案责任制度，主任检察官对所办案件终身负责。同时，在 10 个省市开展深化人民监督员制度改革试点，拓宽监督范围，将查办职务犯罪工作中违法适用指定居所监

---

① 最高人民法院院长周强在第十二届全国人民代表大会第三次会议上所做《最高人民法院工作报告》，2015 年 3 月 12 日。

视居住、阻碍律师或其他诉讼参与人依法行使诉讼权利等纳入监督，2014年人民监督员共监督案件 2527 件。①

2. 强化人权司法保障

人民法院采取一系列措施强化人权的司法保障，其中特别突出的是：（1）切实保障无罪的人不受刑事追究。根据罪刑法定、疑罪从无等法律原则，各级法院对 518 名公诉案件被告人和 260 名自诉案件被告人依法宣告无罪。福建省高级人民法院依法审理念斌投放危险物质案，以"事实不清、证据不足"宣告念斌无罪。（2）纠正冤假错案。各级法院按照审判监督程序再审改判刑事案件 1317 件，其中纠正一批重大冤假错案。内蒙古自治区高级人民法院依法再审呼格吉勒图故意杀人、流氓罪一案，改判呼格吉勒图无罪。（3）保障律师依法履职。最高人民法院制定了《办理死刑复核案件听取律师意见的办法》，保障律师查询立案信息、查阅相关材料等权利，律师可直接向最高人民法院法官当面陈述辩护意见。（4）解决立案难问题。人民法院清理了一些地方限制立案的"土政策"，坚持依法受理案件。推进诉讼服务大厅、网站、12368 热线"三位一体"诉讼服务中心建设，为当事人提供"一站式"服务。实行预约立案、上门立案，为行动不便的残疾人、老年人提供诉讼便利。推进涉诉信访改革，强化"诉访分离"，开通全国法院远程视频接访系统，最高人民法院直接接谈 4548 人次，建立网上申诉信访平台，健全涉诉信访终结机制，畅通信访案件入口和出口。异地交叉评查信访案件，解决信访工作中的突出问题。（5）解决执行难问题。人民法院建立了具备网络查控、远程指挥、快速反应、信息公开等功能的四级法院执行指挥体系，加大执行力度。各级法院受理执行案件 341 万件，执结 290.7 万件，同比分别上升 14.1% 和 7%。开展涉民生案件专项集中执行活动，执结涉民生案件 21.9 万件，执行金额 87.8 亿元。清理执行积案，依法打击拒不执行判决、裁定犯罪，判处罪犯 696

---

① 最高人民检察院检察长曹建明在第十二届全国人民代表大会第三次会议上所做《最高人民检察院工作报告》，2015 年 3 月 12 日。

人，同比上升 17.8%。（6）深入推进司法公开。人民法院实施"天平工程"，实现审判执行全程留痕，以司法公开和机制变革倒逼、促进司法公正。2014 年各级法院通过视频直播庭审 8 万次；截至 2015 年 2 月底，共上网公布裁判文书 629.4 万份；公开发布失信被执行人信息 110 万例，采取限制高消费等信用惩戒措施 150 万次。2014 年 5 月 26 日，最高人民检察院印发了《人民检察院讯问职务犯罪嫌疑人实行全程同步录音录像的规定》（高检发反贪字〔2014〕213 号）。2014 年 6 月 20 日，最高人民检察院第十二届检察委员会第二十四次会议通过了《人民检察院案件信息公开工作规定（试行）》。2014 年 9 月 9 日，公安部印发了《公安机关讯问犯罪嫌疑人录音录像工作规定》（公通字〔2014〕33 号）。（7）以"零容忍"态度坚决惩治司法腐败。人民法院对 73 名履职不力的法院领导干部进行党风廉政问责。对当事人随案发放廉政监督卡，开展廉政回访。全国四级法院全部开通举报网站，实现联网运行和实时监督，及时处理举报线索。在全国法院清查虚假诉讼案件 3397 件，立案查处 307 人。查处利用审判执行权违纪违法干警 863 人，其中移送司法机关处理 138 人，给予党纪政纪处分 781 人，同比分别上升 126.5%、36.6% 和 120.6%。①

人民检察院在加强人权司法保障方面也采取了一系列措施，其中包括：（1）开展久押不决案件专项监督。在中央政法委统一领导和支持下，检察机关牵头，对政法各机关羁押 3 年以上仍未办结的案件持续进行集中清理；最高人民检察院对羁押 8 年以上的案件挂牌督办，逐案提出处理建议。经各机关共同努力，清理出 4459 人并已纠正 4299 人。对 32 件因存在疑点或证据不足难以定案，导致犯罪嫌疑人被长期羁押的案件分别依法做无罪处理，其中检察机关不起诉 10 人。（2）加强对诉讼活动的监督。在对刑事诉讼的监督方面，人民检察院督促侦查机关立案 21236 件，追加逮捕 27496 人，追加起诉 32280 人，对认为确有错误的刑事裁判提出抗诉 7146 件。在民事诉

---

① 最高人民法院院长周强在第十二届全国人民代表大会第三次会议上所做《最高人民法院工作报告》，2015 年 3 月 12 日。

讼和行政诉讼监督方面，人民检察院对认为确有错误的民事和行政生效裁判、调解书提出抗诉或再审检察建议 9378 件，对民事执行活动中的违法情形提出检察建议 33107 件。[①]

## 二　全面推进依法治国与人权事业的未来发展

中共十八届四中全会审议并通过了《中共中央关于全面推进依法治国若干重大问题的决定》（以下简称《依法治国决定》），它既是深化建设社会主义法治国家的行动纲领，也是全面推进中国人权事业发展的宏伟纲领。它体现了人权保障的精神和要求，同时也对中国人权保障提出了新的要求。

### （一）全面推进依法治国体现的人权精神

全面推进依法治国以保障人权作为其灵魂：所依之法应是保障人民权利之法，立法过程要保障人民的参与权，法律约束要体现人权的平等原则。

从依法治国的法律本质来看，依法治国所依之法必须是为民之法，是保障人民权利之法，"立法为民"是人权保障的立法要求。《依法治国决定》指出，"要恪守以民为本、立法为民理念，贯彻社会主义核心价值观，使每一项立法都符合宪法精神、反映人民意志、得到人民拥护"。[②] 它特别分析了中国法治的现状与人民的期望和要求的距离，指出这些问题违背了社会主义法治原则，损害了人民群众利益。它要求："必须坚持法治建设为了人民、依靠人民、造福人民、保护人民，以保障人民根本权益为出发点和落脚点，保证人民依法享有广泛的权利和自由、承担应尽的义务，维护社会公平正义，促进共同富裕。"[③]

从依法治国的立法过程来看，《依法治国决定》强调要"坚持人民主体

---

① 最高人民检察院检察长曹建明在第十二届全国人民代表大会第三次会议上所做《最高人民检察院工作报告》，2015 年 3 月 12 日。

② 《中共中央关于全面推进依法治国若干重大问题的决定》（2014 年 10 月 23 日通过），《人民日报》2014 年 10 月 29 日，第 1 版。

③ 《中共中央关于全面推进依法治国若干重大问题的决定》（2014 年 10 月 23 日通过），《人民日报》2014 年 10 月 29 日，第 1 版。

地位"，这是人权保障的政治表述。它指出，"人民是依法治国的主体和力量源泉"，"要把公正、公平、公开原则贯穿立法全过程"。① 它要求"完善公众参与政府立法机制"，包括健全立法机关主导、社会各方有序参与立法的途径和方式，健全向下级人大征询立法意见机制，健全法律法规规章起草征求人大代表意见制度，完善立法项目征集和论证制度，健全立法机关和社会公众沟通机制，探索建立有关国家机关、社会团体、专家学者等对立法中涉及的重大利益调整论证咨询机制，健全法律法规规章草案公开征求意见和公众意见采纳情况反馈机制。②

从依法治国的约束方式来看，《依法治国决定》强调要"坚持法律面前人人平等"③，这是人权保障对法治约束的基本要求。人权是每个人平等享有的权利，保障人权要求确立法律面前人人平等的原则，禁止一切超越法律的特权和违背法律的歧视。《依法治国决定》从四个方面阐释了依法治国中必须坚持的人人平等原则：（1）平等是社会主义法律的基本属性；（2）任何组织和个人都不得有超越宪法法律的特权；（3）在宪法和法律的实施中，绝不允许任何人以任何借口任何形式以言代法、以权压法、徇私枉法；（4）依法监督必须以规范和约束公权力为重点，坚决纠正有法不依、执法不严、违法不究行为。④

### （二）全面推进依法治国对人权保障的新要求

全面推进依法治国也对人权保障提出了新的要求，就是要以法治保障人权，使人权保障进一步法治化。

---

① 《中共中央关于全面推进依法治国若干重大问题的决定》（2014年10月23日通过），《人民日报》2014年10月29日，第1版。

② 《中共中央关于全面推进依法治国若干重大问题的决定》（2014年10月23日通过），《人民日报》2014年10月29日，第1版。

③ 《中共中央关于全面推进依法治国若干重大问题的决定》（2014年10月23日通过），《人民日报》2014年10月29日，第1版。

④ 《中共中央关于全面推进依法治国若干重大问题的决定》（2014年10月23日通过），《人民日报》2014年10月29日，第1版。

《依法治国决定》指出，"人民权益要靠法律保障"，要"依法保障公民权利"，"实现公民权利保障法治化，健全公民权利救济渠道和方式"①。它深刻总结了中国社会主义法治建设的成功经验和深刻教训，指出："为了保障人民民主，必须加强法治，必须使民主制度化、法律化，把依法治国确定为党领导人民治理国家的基本方略，把依法执政确定为党治国理政的基本方式，积极建设社会主义法治，取得历史性成就。"②

### （三）中国人权事业展望：迈入人权保障法治化的新阶段

展望2015年，在全面推进依法治国的背景下，中国人权保障事业将迈入全面推进人权法治保障的新阶段。它具体体现在以下五个方面。

#### 1. 保障人权的相关法律法规将更加完备

人权法治保障需要立法先行。《依法治国决定》提出要加强重点领域立法，特别要"加快完善体现权利公平、机会公平、规则公平的法律制度，保障公民人身权、财产权、基本政治权利等各项权利不受侵犯，保障公民经济、文化、社会等各方面权利得到落实"③。在经济权利领域，以公平为核心原则的产权保护法律制度将得到进一步健全。在政治权利领域，有关协商民主和惩治贪污贿赂犯罪的法律法规将会进一步细化。在文化权利领域，将会制定公共文化服务保障法。在社会权利领域，有关公共服务、教育、就业、收入分配、社会保障、医疗卫生、食品安全、扶贫、慈善、社会救助和妇女儿童、老年人、残疾人合法权益保护和社会组织等方面的法律法规将会进一步完善。在环境权利领域，将会建立严格的法律制度保护公民的环境权和健康权。

---

① 《中共中央关于全面推进依法治国若干重大问题的决定》（2014年10月23日通过），《人民日报》2014年10月29日，第1版。
② 《中共中央关于全面推进依法治国若干重大问题的决定》（2014年10月23日通过），《人民日报》2014年10月29日，第1版。
③ 《中共中央关于全面推进依法治国若干重大问题的决定》（2014年10月23日通过），《人民日报》2014年10月29日，第1版。

### 2. 保障人权的法律法规体系的内在逻辑将更加一致

人权保障各类规范之间的关系，存在着逻辑和历史两个维度。而在中国法治国家的建设过程中，这两个维度之间存在着一定的错位。

从逻辑的维度看，各类人权保障规范具有上下位的关系。首先，宪法是国家的根本大法，其他任何规范都不能违背宪法。其次，行政法规不能违背国家法律，地方性法规不能违背行政法规，行政规章和地方政府规章不能违背法律和法规，下级政府的规章不能违背上级政府的规章。

从历史的维度看，由于中国正处于社会转型时期，而这种转型又是渐进的，因此，人权保障各类规范的形成过程并不是严格按照逻辑关系来进行的。从实际的历史进程来看，改革开放之前，中国的人权保障规范是以执政党规范、行政法规和规章为主要形式。大部分人权保障文件是执政党和行政机关的法规、规章和其他规范性文件，人权保障的国家法律、地方性法规和社会规范不仅数量少，而且规范的人权保障范围也相当有限。在"文化大革命"时期，行政法规也很难发挥作用，执政党规范成为占主导地位的规范形式。改革开放后，人权保障的国家法律、行政法规、地方性法规、行政规章都逐步增加，其中，人权保障的行政法规和规章数量增长最快，成为人权保障更主要的规范形式。20世纪90年代末，中国将中国特色社会主义法律体系建设提到重要的议事日程。2011年3月10日，全国人大常委会委员长吴邦国宣布中国特色社会主义法律体系形成，标志着人权保障的法律规范成为人权保障规范的主要形式。从法律法规的形成方式来看，中国允许以行政法规和地方性法规先行尝试，即行政规范可以在符合宪法、法律的前提下做出带有创制性的规定，可以对某些尚未受到法律调整的社会生活做出行政规范的调整。这意味着在许多情况下，并不是先有国家法律，再有行政法规，再有地方性法规，而是先有地方性法规，再有行政法规，再有国家法律。

人权保障各类规范在逻辑维度和历史维度之间的错位，是中国法律体系渐进式建设过程中的特有现象，具有一定的历史合理性。一方面，通过下位规范的先行先试，可以为上位规范的建立积累经验并奠定基础，使上位规范的建立更具合理性和可行性。另一方面，执政党规范对人权保障规范的先导性影响，也实际推动了相应法律规范建设的破冰之旅。然而，这种错位也带来一定的现实问题，如下位规范缺乏上位规范的根据和支持，下位规范与上位规范之间有时会在一定时段出现相互冲突等。

但同时应当看到，全面推进依法治国将在一定程度上改变上述格局，要求各类人权保障规范的关系要实现逻辑的和历史的统一。它意味着国家法律要真正成为人权保障的主导规范，各种法律法规要严格按照其位阶关系来形成体系。首先，这意味着宪法在人权保障中的最高地位将被强化。《依法治国决定》明确提出："坚持依法治国首先要坚持依宪治国，坚持依法执政首先要坚持依宪执政。""任何组织和个人都必须尊重宪法法律权威，都必须在宪法法律范围内活动，都必须依照宪法法律行使权力或权利、履行职责或义务，都不得有超越宪法法律的特权。"① 其次，这意味着要强化对法律法规的合法性和合宪性审查，为了避免下位的人权保障规范背离上位的法律和宪法。《依法治国决定》指出："行政机关不得法外设定权力，没有法律法规依据不得作出减损公民、法人和其他组织合法权益或者增加其义务的决定"②，同时要求"把所有规范性文件纳入备案审查范围，依法撤销和纠正违宪违法的规范性文件"③。再次，这意味着今后的改革必须要有法律的授权。《依法治国决定》指出："实现立法和改革决策相衔接，做到重大改革于法有据、立法主动适应改革和经济社会发展需要。实践证明行之有效的，要及时上升为法律。实践条件还不成熟、需要先行先试的，要按照法定程序作出授权。对不适应改革要求的法律法规，要及时修改和废止。"④

---

① 《中共中央关于全面推进依法治国若干重大问题的决定》（2014 年 10 月 23 日通过），《人民日报》2014 年 10 月 29 日，第 1 版。

② 《中共中央关于全面推进依法治国若干重大问题的决定》（2014 年 10 月 23 日通过），《人民日报》2014 年 10 月 29 日，第 1 版。

③ 《中共中央关于全面推进依法治国若干重大问题的决定》（2014 年 10 月 23 日通过），《人民日报》2014 年 10 月 29 日，第 1 版。

④ 《中共中央关于全面推进依法治国若干重大问题的决定》（2014 年 10 月 23 日通过），《人民日报》2014 年 10 月 29 日，第 1 版。

### 3. 保障人权的法律法规将得到更严格、更有效的实施

依法治国不仅在于立法，更在于行法。《依法治国决定》指出："法律的生命力在于实施，法律的权威也在于实施。各级政府必须坚持在党的领导下、在法治轨道上开展工作，创新执法体制，完善执法程序，推进综合执法，严格执法责任，建立权责统一、权威高效的依法行政体制，加快建设职能科学、权责法定、执法严明、公开公正、廉洁高效、守法诚信的法治政府。"① 严格执法要求坚持法定职责必须为、法无授权不可为，使得有关保障人权的法律规定严格落实到执法人员的行动上，防止执法过程中出现侵犯公民权利的现象。同时也要求强化对行政权力的制约和监督，使得各种违反人权保障法律法规的行为能够得到及时的曝光和纠正。

### 4. 人权将得到更有力的司法保障

人权保障的法治化要求当公民的权利遭受侵犯时能够得到及时、公正和有效的司法救济，"无救济无权利"。这对人权的司法保障提出了更高的要求。《依法治国决定》指出："保证公正司法，提高司法公信力。公正是法治的生命线。司法公正对社会公正具有重要引领作用，司法不公对社会公正具有致命破坏作用。必须完善司法管理体制和司法权力运行机制，规范司法行为，加强对司法活动的监督，努力让人民群众在每一个司法案件中感受到公平正义。"② 根据《依法治国决定》的要求，人权司法保障将会在许多方面得到强化，包括完善确保依法独立公正行使审判权和检察权的制度，健全行政机关依法出庭应诉、支持法院受理行政案件、尊重并执行法院生效裁判的制度，变立案审查制为立案登记制，扩大援助范围，推进以审判为中心的诉讼制度改革，实行办案质量终身负责制和错案责任倒查问责制，健全冤假错案有效防范、及时纠正机制，建立失信被执行人信用监督、威慑和惩戒法律制度，完善人民陪审员、监督员制度，推进审判公开、检务公开、警务公

---

① 《中共中央关于全面推进依法治国若干重大问题的决定》（2014年10月23日通过），《人民日报》2014年10月29日，第1版。
② 《中共中央关于全面推进依法治国若干重大问题的决定》（2014年10月23日通过），《人民日报》2014年10月29日，第1版。

开、狱务公开，建立健全司法人员履行法定职责保护机制等。

**5. 全民遵守保障人权的法律法规的意识将进一步增强**

人权保障的法治化不仅要求人权法律法规的制定者、执行者和保障者做出努力，而且要求人权法律法规的受约束者自觉遵法守法。《依法治国决定》提出，"增强全社会尊重和保障人权意识"，"把法治教育纳入国民教育体系，从青少年抓起，在中小学设立法治知识课程"①。同时，该《决定》要求把领导干部带头学法、模范守法作为树立法治意识的关键，完善国家工作人员学法用法制度，把宪法法律列入党委（党组）中心组学习内容，列为党校、行政学院、干部学院、社会主义学院必修课，特别强调："各级领导干部要对法律怀有敬畏之心，牢记法律红线不可逾越、法律底线不可触碰，带头遵守法律，带头依法办事，不得违法行使权力，更不能以言代法、以权压法、徇私枉法。"②

---

① 《中共中央关于全面推进依法治国若干重大问题的决定》（2014 年 10 月 23 日通过），《人民日报》2014 年 10 月 29 日，第 1 版。
② 《中共中央关于全面推进依法治国若干重大问题的决定》（2014 年 10 月 23 日通过），《人民日报》2014 年 10 月 29 日，第 1 版。

# 发展理念的创新与发展权保障

李君如 常健

2015 年在中国人权事业上，一个最大的亮点，是用新的理念和实践丰富了发展权。从 2010 年开始，中国经济出现了速度变化、结构优化、动力转换三大特点，呈现出和过去不同的经济新常态。面对这样的经济发展新常态，中国共产党十八届五中全会通过的《中共中央关于制定国民经济和社会发展第十三个五年规划的建议》突出强调"以人民为中心"的发展思想，并提出了创新、协调、绿色、开放、共享五大发展新理念。① 在这之前，2015 年 7 月 24 日，中国外交部与联合国驻华系统共同发布了《中国实施千年发展目标报告》（2015 年版），总结了中国实施千年发展目标的总体情况，展示了中国在实现发展权方面做出的巨大努力和重要贡献。2015 年 11 月 30 日~12 月 12 日，联合国举行了第 21 届联合国气候变化大会，并通过了《巴黎协定》。国家主席习近平发表重要讲话，就如何富有成效地促进气候变化协议的达成做出了具体分析，提出了促进全球绿色发展的重要建议。这些重大举措，反映了 2015 年中国在维护和保障发展权这一基本人权问题上的最新进展。

## 一 "以人民为中心"的发展思想为中国人权事业发展提供了新机遇

"十三五"时期是中国全面建成小康社会的决胜阶段。党的十八届五中全会以新的姿态、新的理念，为这一决胜阶段的经济社会发展规划了实现中华民族伟大复兴"第一个百年"奋斗目标的战略任务和攻坚重点，它所提

---

① 《中共中央关于制定国民经济和社会发展第十三个五年规划的建议》，人民出版社，2015，第 8 页。

193

出的"十三五"规划建议从奋斗目标、指导原则、发展理念，到经济社会发展规划提出的各项任务及其具体举措，都表明全面建成小康社会决胜阶段是中国人权事业发展的新机遇。

### （一）目标：人权得到切实保障

党的十八届五中全会在论述今后五年全面建成小康社会新的目标要求时，明确指出："人权得到切实保障，产权得到有效保护。"[①] 人的实践是合规律性和合目的性的统一，是有目的地改造客观世界的物质活动。在人的实践活动中，在人制定行动纲领的时候，明确行动的目标十分重要，因为目标总是决定人的行动方向。把人权问题作为"十三五"时期主要的奋斗目标之一提出来，是中国人权事业发展的重要机遇。

对于人权问题，从认识到它不是资产阶级的专利，到把"尊重和保障人权"原则写进宪法、党章，经历了很长的一个历史过程。在一般情况下，人权问题都被当作法治建设的一个重大问题来强调，如十八届四中全会强调尊重和保障人权是司法改革的重要任务。而这次十八届五中全会则把"人权得到切实保障"作为整个"十三五"时期的一个主要目标提出来。这比中共中央在制定"十二五"规划时提出的"人民权益得到切实保障"明显前进了一步，意义十分重大。

特别是，在中共中央提出的制定"十三五"规划的建议中，这一条是写在"各方面制度更加成熟更加定型"[②] 即国家治理体系和治理能力现代化这一要求之中的。全面深化改革的总目标是"完善和发展中国特色社会主义制度，推进国家治理体系和治理能力现代化"，而将"人权得到切实保障"作为全面深化改革总目标中的要求写进"十三五"规划，使其成为全面建成小康社会的决胜阶段的奋斗目标，意义非同寻常。因此，有理由认为，今后5年全面建成小康社会的决胜阶段是中国人权事业发展的新机遇。

---

① 《中共中央关于制定国民经济和社会发展第十三个五年规划的建议》，第8页。
② 《中共中央关于制定国民经济和社会发展第十三个五年规划的建议》，第8页。

## （二）指导原则：以人民为中心的发展思想

目标要体现在原则中，原则是目标的展开。制定一个好的经济社会发展规划，不仅要确定正确的目标，而且要有科学的指导原则。"十三五"规划建议在论述今后五年全面建成小康社会必须遵循的原则时，提出了六大原则，即坚持人民主体地位；坚持科学发展；坚持深化改革；坚持依法治国；坚持统筹国内国际两个大局；坚持党的领导。其中，第一条就是要"坚持人民主体地位"，而在论述这一原则时，第一次提出了"必须坚持以人民为中心的发展思想"。[①]

联系前面所强调的"人权得到切实保障"这一目标，来解读"以人民为中心的发展思想"这一指导原则，可以看到，"十三五"规划在一定意义上就是以人民为中心、切实保障人权的经济社会发展规划。

以人民为中心，体现了中国共产党一贯强调的发展为了人民、发展依靠人民、发展成果由人民共享的思想，同时又针对当前存在的实际问题，明确提出要把增进人民福祉、促进人的全面发展作为发展的出发点和落脚点，发展人民民主，维护社会公平正义，保障人民平等参与、平等发展权利，充分调动人民积极性、主动性、创造性。这不仅从根本上确立了人权在"发展"中的"中心"地位，而且为切实保障人权提供了历史唯物主义的哲学依据和理论指南。

重要的是，"以人民为中心"的发展思想在制定"十三五"规划时不是一个口号，而是一个指导性原则，它体现在一系列具体的措施上。比如，在中共中央提出的建议中，有两个数字，即"1亿"和"7000万"，十分突出。"1亿"，就是在今后5年，使1亿左右农民工和其他常住人口在城镇落户。这1亿人主要指农村学生升学和参军进入城镇的人口、在城镇就业和居住5年以上和举家迁徙的农业转移人口。让这1亿人进城是在户籍制度改革中加快城镇化的重要举措，不仅对经济发展和社会稳定有重要意义，而且也

---

① 《中共中央关于制定国民经济和社会发展第十三个五年规划的建议》，第5页。

195

是中国人权事业的重大进展。"7000万",就是通过实施脱贫攻坚工程,落实精准扶贫、精准脱贫,在今后5年让目前7017万农村贫困人口全部脱贫,全国贫困县全部摘帽。当然,中央也估计到,到2020年还会有2000多万完全或部分丧失劳动能力的贫困人口,到那时就可以通过社保政策兜底,让他们同步脱贫。在世界人权史上,中国扶贫脱贫已经为世人所瞩目,现在做的更是一个伟大的人权工程。这一切,都是对党中央提出的"以人民为中心"思想的最好注释。

与此同时,中共中央建议有关部门在制定"十三五"规划时,明确提出不仅在经济社会发展中要坚持以人民为中心,而且在加快文化发展改革、建设社会主义文化强国时,也要"坚持以人民为中心的工作导向";在动员人民群众团结奋斗时,要充分发扬民主,贯彻党的群众路线,提高宣传和组织群众的能力,加强对经济社会发展重大问题和涉及群众切身利益问题的协商,"依法保障人民各项权益"。也就是说,在全面建成小康社会的决胜阶段,做任何工作都必须从思想到行动始终坚持一个大原则,就是以人民为中心,切实保障人权。正是在这个意义上,全面建成小康社会的决胜阶段是中国人权事业发展的新机遇。

## 二  五大发展理念充实丰富发展权的内涵

面对中国经济发展进入"新常态","十三五"规划建议提出要"破解发展难题,厚植发展优势,必须牢固树立创新、协调、绿色、开放、共享的发展理念"。① 对五大发展理念与发展权的关系,学者们展开了热烈的讨论。2015年7月22~23日,中国人权研究会在东北财经大学举办了"中国经济发展新常态:发展权的可持续保障"理论研讨会。2015年9月16~17日举行的第八届"北京人权论坛"也将"二战胜利后发展权的实现与保障"作为四个分议题之一。2015年11月28日在上海社会科学院举办的"全面建

---

① 《中共中央关于制定国民经济和社会发展第十三个五年规划的建议》,第8页。

设小康社会与人权"研讨会也重点讨论了在新形势下发展权的实现问题。研究者们认为,中国政府和人民对发展问题的认识呈现日益深化的过程。从"发展才是硬道理"到"发展是党执政兴国第一要务",从"以人为本,全面协调可持续发展"的科学发展观到"创新、协调、绿色、开放、共享"的发展新理念,都是这种认识深化的表现和成果。"十三五"规划建议提出的五大发展理念,顺应了中国经济发展新常态的内在要求,明确了中国今后发展的基本思路、根本方向和着力点,对破解中国面临的发展难题、增强发展动力、厚植发展优势,更全面地实现和保障发展权,具有重大指导意义。同时,五大发展理念进一步充实和丰富了发展权的内涵,是对发展权理论的一个重要贡献,为研究人权理论特别是发展权理论提供了新的视角和新的内容。

## (一)"创新发展"与人在发展中实现潜能的权利

发展不仅是物质财富的发展,而且是人自身的发展。从发展权的角度来看发展的动力和过程,应当将发展视为人通过创造性工作来实现自身潜能的过程。联合国《发展权利宣言》指出,"创造有利于各国人民和个人发展的条件是国家的主要责任"。2015年联合国通过的《2030年可持续发展议程》,要"让所有人平等和有尊严地在一个健康的环境中充分发挥自己的潜能";"我们将努力创建有活力、可持续、创新和以人为中心的经济,促进青年就业和增强妇女经济权能,特别是让所有人都有体面工作"[1]。诺贝尔经济学奖获得者阿马蒂亚·森指出,"发展必须更加关心提高生活质量和加强自由的能力"[2],"发展的过程就是能力拓展的过程"[3]。

"十三五"规划建议提出的"创新发展"理念,不仅具有对经济发展的

---

[1] 《变革我们的世界:2030年可持续发展议程》,2016年1月3日,外交部网站,http://www.fmprc.gov.cn/web/ziliao_674904/zt_674979/dnzt_674981/xzxzt/xpjdmgjxgsfw_684149/zl/t1331382.shtml。

[2] Amartya Sen, *Development as Freedom*, New York: Anchor Books, 2002, p. 140.

[3] Amartya Sen, "Development as Capability Expansion", *Journal of Development Planning*, pp. 41–58.

工具性价值，而且具有对人的自由和全面发展的目的性价值①。所谓"创新发展"，根据"十三五"规划建议的解释，就是"把创新摆在国家发展全局的核心位置，不断推进理论创新、制度创新、科技创新、文化创新等各方面创新"，"把发展基点放在创新上，形成促进创新的体制架构，塑造更多依靠创新驱动、更多发挥先发优势的引领型发展"。② 武汉大学人权研究院执行院长汪习根和朱林认为，"创新是一个主体自我学习、自主创造的动态过程，这个过程中主体除了获得物质利益，更重要的是获得精神利益——提升自身能力的机会"。从发展权的角度解读创新驱动发展道路，"意味着每一个人都是创新的主体，创新不再是专业技术人员和科研机构的特权，每一个人都享有参与创新过程并确保提升创新能力这一发展价值的实现，最大程度上体现了发展主体的全面性与涵摄性"③。创新发展，突出强调"两创"即大众创业、万众创新，尊重和保障的就是"众"之生存和发展权。由于中国经济已经进入发展新常态，原来依靠要素拉动的经济要转型为创新驱动的经济，提高发展的质量和效益，以满足人民群众在生活质量提高后出现的新需求。在这种创新驱动的经济中，大众创业、万众创新是一个突出的亮点。这表明，创新驱动型经济不仅要满足人民群众新的需求，而且是以人民群众为创业创新主体的经济，即以人民为中心的经济。可以说，尊重和保障大众创业、万众创新就是尊重和保障人自我实现的权利。

实现"创新发展"要解决几个关键性问题。首先，要激发创新活力，形成创新的社会氛围。"十三五"规划建议提出，要"激发创新创业活力，推动大众创业、万众创新，释放新需求，创造新供给，推动新技术、新产业、新业态蓬勃发展"。其次，要制定创新发展战略，有计划地推动创新工

---

① 汪习根、朱林：《论"新常态"与发展权》，《"中国经济发展新常态：发展权的可持续性保障"理论研讨会论文集》，2015年7月22日。
② 《中共中央关于制定国民经济和社会发展第十三个五年规划的建议》，第8页，第10页。
③ 汪习根、朱林：《论"新常态"与发展权》，"中国经济发展新常态：发展权的可持续性保障"理论研讨会议论文，大连2015年7月22日。

程。"十三五"规划建议提出，要"深入实施创新驱动发展战略"，① 这包括发挥科技创新在全面创新中的引领作用，实施一批国家重大科技项目，在重大创新领域组建一批国家实验室，积极提出并牵头组织国际大科学计划和大科学工程；实施网络强国战略，实施"互联网+"行动计划，发展分享经济，实施国家大数据战略；大力推进农业现代化，加快转变农业发展方式，走产出高效、产品安全、资源节约、环境友好的农业现代化道路；构建产业新体系，加快建设制造强国，实施《中国制造2025》，实施工业强基工程，培育一批战略性产业，开展加快发展现代服务业行动。最后，要建立鼓励创新的体制机制，消除阻碍创新的各种体制机制障碍。"十三五"规划建议提出，要"构建发展新体制。加快形成有利于创新发展的市场环境、产权制度、投融资体制、分配制度、人才培养引进使用机制。深化行政管理体制改革，进一步转变政府职能，持续推进简政放权、放管结合、优化服务，提高政府效能，激发市场活力和社会创造力"。②

### （二）"协调发展"与均衡发展权

发展格局经常会出现失衡现象，使地区间、产业间、部门间形成巨大的发展差距，导致发展权实际享有的不均衡。联合国《发展权利宣言》第8条第1款规定："各国应在国家一级采取一切必要措施实现发展权利，并确保除其他事项外所有人在获得基本资源、教育、保健服务、粮食、住房、就业、收入公平分配等方面机会均等。应采取有效措施确保妇女在发展过程中发挥积极作用。应进行适当的经济和社会改革以根除所有的社会不公正现象。"③

"十三五"规划建议提出的"协调发展"理念体现了均衡发展权的要求。所谓"协调发展"，就是不断增强发展的整体性和协调性，在协调发展中拓宽发展空间，在加强薄弱领域中增强发展后劲。"正确处理发展中的重

---

① 《中共中央关于制定国民经济和社会发展第十三个五年规划的建议》，第10页，第12页。
② 《中共中央关于制定国民经济和社会发展第十三个五年规划的建议》，第15页。
③ 联合国《发展权利宣言》，1986年12月4日。

大关系，重点促进城乡区域协调发展，促进经济社会协调发展，促进新型工业化、信息化、城镇化、农业现代化同步发展，在增强国家硬实力的同时注重提升国家软实力"。①协调发展，重点促进城乡区域协调发展，促进经济社会协调发展，促进新型工业化、信息化、城镇化、农业现代化同步发展，目的在尊重和保障公民享有公平的生存和发展权。在中共中央提出的"十三五"规划的建议中有一系列破解区域发展不平衡、城乡发展不平衡的有力举措。中国地域辽阔，民族众多，各地自然条件差异很大，城镇化率低，区域和城乡发展很不平衡。这种不平衡，表面上是经济发展程度和人民生活水平的不平衡，背后实际上存在的是生存和发展权的不平衡。因此，通过培育带动区域协同发展的增长极、健全城乡发展一体化体制机制、推进以人为核心的新型城镇化、促进城乡公共资源均衡配置等措施，可以从根本上保障各地人民享有相对平衡的生存和发展权。这是尊重和保障人权的重大战略和重大措施。

实现"协调发展"包括若干层面。首先是区域协调发展，缩小地区间的发展差距。"十三五"规划建议提出，要"推动区域协调发展。塑造要素有序自由流动、主体功能约束有效、基本公共服务均等、资源环境可承载的区域协调发展新格局"。其次是城乡协调发展，缩小城乡发展差距。"十三五"规划建议提出，要"推动城乡协调发展。坚持工业反哺农业、城市支持农村，健全城乡发展一体化体制机制，推进城乡要素平等交换、合理配置和基本公共服务均等化"。再次是经济领域与文化领域的协调发展，防止物质与精神发展的不平衡。"十三五"规划建议提出，要推动物质文明和精神文明协调发展，"加快文化改革发展，加强社会主义精神文明建设，建设社会主义文化强国"，"加强思想道德建设和社会诚信建设，增强国家意识、法治意识、社会责任意识，倡导科学精神，弘扬中华传统美德"。最后是民用领域与国防领域的协调发展，使二者能够相互支持、相互促进。"十三五"规划建议提出，要"推动经济建设和国防建设融合发展。坚持发展和

---

① 《中共中央关于制定国民经济和社会发展第十三个五年规划的建议》，第19页，第8~9页。

安全兼顾、富国和强军统一，实施军民融合发展战略，形成全要素、多领域、高效益的军民深度融合发展格局"。①

### （三）"绿色发展"与健康和可持续发展的权利

发展权的享有存在代际公正问题。如果当代人为了自身的发展用尽了资源、污染了环境，就会使后代人丧失了发展的条件并承担前代人发展的代价，这是对后代人发展权的侵犯。联合国秘书长潘基文在《2030 年享有尊严之路》的报告中指出，新的发展议程"应确保将千年发展目标转变为更广泛和更具变革性的可持续发展议程"②。联合国通过的《2030 年可持续发展议程》指出，"我们决心阻止地球的退化，包括以可持续的方式进行消费和生产，管理地球的自然资源，在气候变化问题上立即采取行动，使地球能够满足今世后代的需求"；"我们要创建一个每个国家都实现持久、包容和可持续的经济增长和每个人都有体面工作的世界。一个以可持续的方式进行生产、消费和使用从空气到土地、从河流、湖泊和地下含水层到海洋的各种自然资源的世界"。③

"十三五"规划建议提出的"绿色发展"理念，体现了健康和可持续发展权利的要求。所谓"绿色发展"，就是促进人与自然和谐共生，"构建科学合理的城市化格局、农业发展格局、生态安全格局、自然岸线格局"，"推动建立绿色低碳循环发展产业体系"，"坚持节约资源和保护环境的基本国策，坚持可持续发展，坚定走生产发展、生活富裕、生态良好的文明发展道路，加快建设资源节约型、环境友好型社会，形成人与自然和谐发展现代

---

① 《中共中央关于制定国民经济和社会发展第十三个五年规划的建议》，人民出版社，2015，第 19 页，第 19~20 页，第 21 页，第 22 页。
② 潘基文：《2030 年享有尊严之路》，转引自《2015 年联合国可持续发展峰会：17 个可持续发展目标》，2015 年 9 月 27 日，中国可持续发展工商理事会网站，http：//www. cbcsd. org. cn/kcxfz/20151014/84101. shtml。
③ 《变革我们的世界：2030 年可持续发展议程》，2016 年 1 月 13 日，外交部网站，http：//www. fmprc. gov. cn/web/ziliao＿674904/zt＿674979/dnzt＿674981/xzxzt/xpjdmgjxgsfw＿684149/zl/t1331382. shtml。

化建设新格局，推进美丽中国建设，为全球生态安全作出新贡献"。"加快建设主体功能区。发挥主体功能区作为国土空间开发保护基础制度的作用"。① 绿色发展，强调绿色富国、绿色惠民，是永续发展的必要条件和人民对美好生活追求的重要体现，② 尊重和保障的就是人的生命与财富相统一的生存和发展权。历史很有趣，在同"黑色"的工业文明相联系的资本主义取代同"绿色"的农耕文明相联系的封建社会之际，"人权"被写在了人类文明的旗帜之上；当人类意识到"寂静的春天"将毁灭已经获得的文明成果之后，维护"绿色"的生态文明以及与此相联系的人的健康也成了人权事业奋斗的任务。同所有的发展中国家一样，中国在实现民族独立和人民解放之后把工业化、现代化作为自己新的奋斗目标。于是西方经历过的从"绿色"到"黑色"再到"绿色"的线性推进的现代化路径，在中国就变为既要实现"黑色"的工业化，又要保护"绿色"的生态文明这样并进的现代化路径。正是在这样的背景下，我们面临着一道"绿水青山"与"金山银山"的艰难选择题。今天我们强调的"绿色发展"理念，就是习近平总书记10年前提出的"绿水青山就是金山银山"思想。从维护人权的角度来认识，这一理念尊重和保障的就是人的生命与财富相统一的生存和发展权。

实现"绿色发展"需要解决三个方面的问题。第一是建立绿色发展的制度和机制。"十三五"规划建议提出，要"推动低碳循环发展。推进能源革命，加快能源技术创新，建设清洁低碳、安全高效的现代能源体系"，"全面节约和高效利用资源。坚持节约优先，树立节约集约循环利用的资源观"。"建立健全用能权、用水权、排污权、碳排放权初始分配制度"，"推动形成勤俭节约的社会风尚"。第二是要对环境污染的行为实施严格的追责和惩罚。"十三五"规划建议提出，要"加大环境治理力度。以提高环境质量为核心，实行最严格的环境保护制度"，"深入实施大气、水、土壤污染

---

① 《中共中央关于制定国民经济和社会发展第十三个五年规划的建议》，第23页，第24页，第9页，第24页。
② 《中共中央关于制定国民经济和社会发展第十三个五年规划的建议》，第9页。

防治行动计划"，"实行省以下环保机构监测监察执法垂直管理制度"。① 第三，要实施生态保护。"十三五"规划建议，要"筑牢生态安全屏障，坚持保护优先、自然恢复为主，实施山水林田湖生态保护和修复工程"，"开展大规模国土绿化行动，加强林业重点工程建设，完善天然林保护制度"。②

## （四）"开放发展"与发展的交互受益权

在国际层面，发展权涉及各国在发展与合作中的交互受益权。联合国《发展权利宣言》第3条指出："1. 各国对创造有利于实现发展权利的国家和国际条件负有主要责任。2. 实现发展权利需要充分尊重有关各国依照《联合国宪章》建立友好关系与合作的国际法原则。3. 各国有义务在确保发展和消除发展的障碍方面相互合作。各国在实现其权利和履行其义务时应着眼于促进基于主权平等、相互依赖、各国互利与合作的新的国际经济秩序，并激励遵守和实现人权。"③

"十三五"规划建议提出的"开放发展"体现和丰富了《发展权利宣言》中关于"主权平等、相互依赖、各国互利与合作"的"交互受益权"理念。根据"十三五"规划建议，所谓"开放发展"，就是"顺应我国经济深度融入世界经济的趋势，奉行互利共赢的开放战略，坚持内外需协调、进出口平衡、引进来和走出去并重、引资和引技引智并举，发展更高层次的开放型经济，积极参与全球经济治理和公共产品供给，提高我国在全球经济治理中的制度性话语权，构建广泛的利益共同体"。④ "深度融入世界经济"体现了相互依赖；"积极参与全球经济治理和公共产品供给，提高我国在全球经济治理中的制度性话语权"体现的是平等参与；"奉行互利共赢的开放战略""构建广泛的利益共同体"则体现了互利合作。开放发展，是国家繁荣

---

① 《中共中央关于制定国民经济和社会发展第十三个五年规划的建议》，第9页，第25页，第26页，第26页，第27页。
② 《中共中央关于制定国民经济和社会发展第十三个五年规划的建议》，第27页。
③ 联合国《发展权利宣言》，1986年12月4日。
④ 《中共中央关于制定国民经济和社会发展第十三个五年规划的建议》，第9页。

发展的必由之路，也是拓展人权特别是生存和发展权的新路。"十三五"规划建议强调要开创"引进来"和"走出去"双向开放的新局面，特别是要加强同有关国家和地区合作推进"一带一路"建设。这从表面上看同人权没有多大关系，实际上这不仅为保障中国人民的人权特别是中西部地区人民的生存和发展权打开了新路，而且也意味着中国将在构建全球范围广泛的利益共同体的同时对世界人权事业做出更大的贡献。

实现"开放发展"需要解决四个重要问题。第一是放松管制，解除经济发展国际化的各种约束。"十三五"规划建议提出，要推进"双向开放"，"支持沿海地区全面参与全球经济合作和竞争，培育有全球影响力的先进制造基地和经济区。提高边境经济合作区、跨境经济合作区发展水平"。第二是提供相关服务，使经济的国际化交往更加便捷。"十三五"规划建议提出，要"完善法治化、国际化、便利化的营商环境"，"健全服务贸易促进体系"，"全面实行准入前国民待遇加负面清单管理制度"，"有序扩大服务业对外开放"。第三是务实合作，使合作各方能够共赢。"十三五"规划建议提出，要"推进同有关国家和地区多领域互利共赢的务实合作"，推进"一带一路"建设，推进国际产能和装备制造合作，深化内地和港澳、大陆和台湾地区合作发展，以互利共赢方式深化两岸经济合作，让更多台湾普通民众、青少年和中小企业受益。第四是建立国际经济新秩序，使各国能够获得公平的发展机会和公正的待遇。"十三五"规划建议提出，要"积极参与全球经济治理……积极引导全球经济议程，促进国际经济秩序朝着平等公正、合作共赢的方向发展"。①

### （五）"共享发展"与发展的平等参与权和受益权

在国内层面，发展权涉及发展的平等参与权和受益权。联合国《发展权利宣言》第2条第1款和第3款指出："人是发展的主体，因此，人应成

---

① 《中共中央关于制定国民经济和社会发展第十三个五年规划的建议》，第28页，第29页，第29~31页，第31页。

为发展权利的积极参与者和受益者"①；"国家有权利和义务制定适当的国家发展政策，其目的是在全体人民和所有个人积极、自由和有意义地参与发展及其带来的利益的公平分配的基础上，不断改善全体人民和所有个人的福利"②。第8条规定："各国应鼓励民众在各个领域的参与，这是发展和充分实现所有人权的重要因素。"③

"十三五"规划建议提出的"共享发展"的理念，体现和丰富了《发展权利宣言》中关于发展的平等参与权和受益权的理念。所谓"共享发展"，就是"坚持发展为了人民、发展依靠人民、发展成果由人民共享"，"人人参与、人人尽力、人人享有"，使全体人民在共建共享发展中朝着共同富裕方向稳步前进，实现全体人民共同迈入全面小康社会。"发展为了人民"指明了发展的目的不是为了发展而发展，而必须以人的福祉作为根本目的。"发展依靠人民"明确了发展的参与权不能只是少数人的特权，而应当使人民平等地享有发展的机会。"发展成果由人民共享"阐明了发展的收益权应当是由人民平等享有，而不能是多数人付出却少数人享有。共享发展明确提出要按照人人参与、人人尽力、人人享有的要求，着力增进人民福祉，全面保障公民的发展权。中共中央在制定"十三五"规划建议时，提出了一系列关于共享发展的建议，包括增加公共服务供给，实施脱贫攻坚工程，提高教育质量，促进就业创业，缩小收入差距，建立更加公平更可持续的社会保障制度，推进健康中国建设，促进人口均衡发展，积极开展应对人口老龄化行动，坚持男女平等基本国策，保障未成年人权益，健全扶残助残服务体系，等等。④

实现共享发展，要解决四个方面的问题。第一，要实现均衡教育和保障充分就业，使每个人都有能力、有机会参与发展。"十三五"规划建

---

① 联合国《发展权利宣言》，1986年12月4日。
② 联合国《发展权利宣言》，1986年12月4日。
③ 联合国《发展权利宣言》，1986年12月4日。
④ 《中共中央关于制定国民经济和社会发展第十三个五年规划的建议》，第9页，第32页，第32~39页。

议指出，要提高教育质量，推动义务教育均衡发展，"普及高中阶段教育，逐步分类推进中等职业教育免除学杂费，率先从建档立卡的家庭经济困难学生实施普通高中免除学杂费。发展学前教育，鼓励普惠性幼儿园发展。完善资助方式，实现家庭经济困难学生资助全覆盖"。"促进就业创业。坚持就业优先战略，实施更加积极的就业政策，创造更多就业岗位，着力解决结构性就业矛盾。完善创业扶持政策，鼓励以创业带就业，建立面向人人的创业服务平台"。第二，要解决工作报酬不合理问题，使劳动者的付出能够得到合理的回报。"十三五"规划建议指出，要"缩小收入差距。坚持居民收入增长和经济增长同步、劳动报酬提高和劳动生产率提高同步"，"健全科学的工资水平决定机制、正常增长机制、支付保障机制，推行企业工资集体协商制度。完善最低工资增长机制，完善市场评价要素贡献并按贡献分配的机制"。第三，要提供充分的社会公共服务和社会保障，使经济发展成果能够转化为社会生活水平的普遍提升。"十三五"规划建议指出，要增加公共服务供给，提高公共服务共建能力和共享水平，"建立健全农村留守儿童和妇女、老人关爱服务体系"；"建立覆盖城乡的基本医疗卫生制度和现代医院管理制度"，"建立更加公平更可持续的社会保障制度。实施全民参保计划"，"实现职工基础养老金全国统筹"，"划转部分国有资本充实社保基金"，"全面实施城乡居民大病保险制度"。① 第四，要解决贫困地区和贫困人口的脱贫问题，补上社会发展的"短板"。联合国《2030年可持续发展议程》指出，"我们保证，绝不让任何一个人掉队。……我们将首先尽力帮助落在最后面的人"②。"十三五"规划建议提出，要"加大对革命老区、民族地区、边疆地区、贫困地区的转移支付"，"实施精准扶贫、精准脱贫，因人因地施

① 《中共中央关于制定国民经济和社会发展第十三个五年规划的建议》，第34页，第35页，第36页，第33页，第37页，第36页，第37页。
② 《变革我们的世界：2030年可持续发展议程》，2016年1月13日，外交部网站，http://www.fmprc.gov.cn/web/ziliao_674904/zt_674979/dnzt_674981/xzxzt/xpjdmgjxgsfw_684149/zl/t1331382.shtml。

策，提高扶贫实效。分类扶持贫困家庭"，"探索对贫困人口实行资产收益扶持制度"。①

总之，党中央提出的创新、协调、绿色、开放、共享的发展新理念是以人为中心、尊重和保障人权的发展理念，丰富、充实和发展了发展权这一首要的基本的人权，贯彻这一发展新理念的"十三五"时期正是中国人权事业发展的新机遇。

# 三　联合国发展规划与中国实现发展权的努力与贡献

2015年，联合国《千年发展目标》到期，世界各国总结本国的执行情况，并且共同制定了《2030年可持续发展议程》。联合国充分肯定了中国在实现《千年发展目标》方面所做出的巨大努力和突出贡献，中国政府也将《2030年可持续发展议程》的目标要求纳入"十三五"规划中。

## （一）中国在实现联合国千年发展目标方面的努力和贡献

2000年9月，各国领导人齐聚纽约，出席联合国千年首脑会议，189个国家签署了《联合国千年宣言》，承诺将"不遗余力地帮助我们十亿多男女老少同胞摆脱目前凄苦可怜和毫无尊严的极端贫穷状况"，并制定了8项指标，指导各国未来15年的发展，统称千年发展目标。具体包括：减少贫困、普及初等教育、促进两性平等并赋予妇女权利、降低儿童死亡率、改善产妇保健、与艾滋病和疟疾等疾病做斗争、环境可持续性以及建立全球伙伴关系8个方面。② 外交部和联合国驻华机构先后于2003、2005、2008、2010和2013年发布了中国实施千年发展目标报告。2015年是联合国《千年发展目

---

① 《中共中央关于制定国民经济和社会发展第十三个五年规划的建议》，第33页。
② 《联合国千年宣言》，2000年9月。

标》的到期年。2015年7月6日，联合国发布了2015年全球《千年发展目标报告》，该报告显示，中国是全球完成千年发展目标最好的发展中国家，已基本完成各项计划目标，并积极参与南南合作，为120多个发展中国家落实千年发展目标提供了帮助，得到国际社会的一致认可。①

2015年7月24日，中国外交部与联合国驻华系统共同发布了《中国实施千年发展目标报告》（2015年版）。该报告总结了中国实施千年发展目标的总体情况，显示出中国在实现发展权方面做出了重要贡献。联合国开发计划署署长海伦·克拉克在报告发布会上发表录像致辞，赞赏中国"提前完成了多个千年发展目标，并为全球千年发展目标的实现做出巨大贡献"。她表示，"这份报告展示了中国政府所做的扎实工作，以及其对与它国分享发展经验的高度重视"。②

在基本生活水准保障权利方面，中国营养不良人口占人口总量的比重由1990~1992年的23.9%下降至2012~2014年的10.6%。中国政府投入的城市低保资金从2000年的26.5亿元增加到2014年的737.2亿元，投入的农村低保资金由2007年的109.1亿元增至2014年的872.4亿元。2005~2014年底，中国累计解决了4.67亿农村居民和4056万在校师生的饮水安全问题。全国农村集中式供水人口比例由2004年的38%增加到2014年的78%。到2012年，中国获得改进后的安全饮用水源的人口比例达到92%；使用改进的厕所的人口比例达到84%。2008~2014年底，通过中央财政补贴的方式累计帮助4000多万户城镇家庭和1565.4万户贫困农户解决了住房困难问题。2000~2014年，中央累计投入专项扶贫资金2966亿元，年均增长11.6%；"以工代赈"政策累计投入专项资金840亿元，为参与工程建设的贫困群众发放劳务报酬100多亿元；异地扶贫搬迁工程在自愿的前提下累计搬迁贫困人口588万人，投入中央补助投资308亿元。全国共有近17万个帮扶单位，定点帮扶了17.4万个村。中国贫困人口

---

① 骆青：《中国与联合国共同发布〈中国实施千年发展目标报告〉》，2015年7月25日，人民网，http://world.people.com.cn/n/2015/0725/c1002-27358436.html。

② 《联合国赞赏中国实施千年发展目标的进展情况及其最终报告》，2015年7月24日，联合国网站，http://www.un.org/chinese/News/story.asp?NewsID=24402。

从 1990 年的 6.89 亿下降到 2011 年的 2.5 亿，减少了 4.39 亿。①

在工作权利方面，2003~2014 年，全国城镇新增就业累计达 1.37 亿人；城镇登记失业率一直维持在 4.3% 以下。②

在健康权利保障方面，与 2000 年相比，2014 年每千人卫生技术人员数由 3.63 人增加到 5.40 人，医疗卫生机构床位数由 2.38 张增加到 4.77 张。设卫生室的村数占行政村数的比重从 2000 年的 89.8% 增加到 2013 年的 93.0%。5 岁以下儿童死亡率从 1991 年的 61.0‰降至 2013 年的 12.0‰，城乡儿童死亡率由 1∶3.4 减小为 1∶2.4；与 1990 年相比，2013 年全国孕产妇住院分娩率由 50.6% 提高到 99.5%，新法接生率由 94% 提高到 99.9%，孕产妇死亡率从 88.8/10 万下降到 23.2/10 万，城乡孕产妇死亡率之比由 1∶2.2 降为 1∶1.1。2010 年涂阳结核患病率和肺结核死亡率分别较 1990 年下降了 51% 和 79.5%；疟疾发病人数由 20 世纪 90 年代初的每年 10 万例左右降至 2013 年的每年 3000 例左右。截至 2014 年底，已累计为 3882 万农村妇女进行宫颈癌免费检查，为 562 万农村妇女进行乳腺癌免费检查。艾滋病抗体检测人数从 2004 年的 1986 万人次增长到 2014 年的 1.28 亿人次，增幅超过 5 倍。2012 年符合治疗标准的感染者和病人接受抗病毒治疗比例达 87%，病死率由 2003 年的 33.1% 下降至 2013 年的 6.6%，母婴传播率由采取干预措施前的 34.8% 下降至 2013 年的 6.7%。③

在社会保障权利方面，2014 年有 1.70 亿人参加了失业保险。④

在受教育权利保障方面，2008 年以来，男、女小学学龄儿童净入学率均维持在 99% 以上；文盲率由 2000 年的 6.7% 下降到 2014 年的 4.1%；男女

---

① 中华人民共和国外交部、联合国驻华系统：《中国实施千年发展目标报告（2000—2015 年）》，2015 年 7 月。

② 中华人民共和国外交部、联合国驻华系统：《中国实施千年发展目标报告（2000—2015 年）》，2015 年 7 月。

③ 中华人民共和国外交部、联合国驻华系统：《中国实施千年发展目标报告（2000—2015 年）》，2015 年 7 月。

④ 中华人民共和国外交部、联合国驻华系统：《中国实施千年发展目标报告（2000—2015 年）》，2015 年 7 月。

平均受教育年限差距从 2000 年的 1.3 年缩小到 2014 年的 0.8 年。中小学男女生比例与适龄儿童的人口数量比例基本一致，男女童入学率性别差异全面消除。①

在环境权利保障方面，2009～2013 年，中国共完成人工造林面积 6089 万公顷，森林覆盖率由 1999～2003 年的 18.21% 增加到 2009～2013 年的 21.63%，森林面积由 1.75 亿公顷增加到 2.08 公顷，森林蓄积量由 124.56 亿立方米增加到 151.37 亿立方米。2005～2009 年，中国荒漠化土地面积减少 1.25 万平方公里，年均减少 2491 平方公里。中国已经建立 46 个国际重要湿地，570 多处湿地自然保护区和 900 多个湿地公园，共有 2324 万公顷湿地得到了保护，湿地保护率从 10 年前的 30.49% 提高到了 43.51%。中国城市污水处理率由 2000 年的 34.2% 提高到 2014 年的 90.2%，城市生活垃圾无害化处理率由 2004 年的 52.1% 提高到 2013 年的 89.3%。②

在妇女权利保障方面，2014 年，女性就业人员占全国就业人口总数的 44.8%，2012 年公有经济高级专业技术员中的女性比例为 35.7%。中国女科技工作者达到 2100 多万，约占全国科技工作者总数的 40%，在卫生技术、教学、会计、统计、翻译、图书文博和播音等领域的专业技术人员中，女性比例超过男性。女性自主创业的比例超过 21%，女企业家约占企业家总数的 25%。第十二届全国人民代表大会（2013 年）中女性代表比例达 23.4%，比第二届（2003 年）提高了 3.2 个百分点。中国国家领导人中有 6 位女性。2013 年全国居民委员会成员中女性占 48.4%，女委员在村民委员会和村党委中的比例从 2008 年的 20% 左右提高到 2013 年的 93.64%，有些省市实现了村村都有女委员。③

---

① 中华人民共和国外交部、联合国驻华系统：《中国实施千年发展目标报告（2000—2015 年）》，2015 年 7 月。

② 中华人民共和国外交部、联合国驻华系统：《中国实施千年发展目标报告（2000—2015 年）》，2015 年 7 月。

③ 中华人民共和国外交部、联合国驻华系统：《中国实施千年发展目标报告（2000—2015 年）》，2015 年 7 月。

在儿童权利保障方面，与1991年相比，2013年中国5岁以下儿童死亡率下降了80.3%，新生儿死亡率下降了79.2%，婴儿死亡率下降了81.1%。中国5岁以下儿童低体重率由1990年的19.1%下降至2013年的1.37%；5岁以下儿童生长迟缓率由1990年的33.4%下降至2010年的9.9%，下降幅度达70.4%。[1]

在残疾人权利保障方面，2000~2014年，全国特殊教育学校由1539所增加到2000所，盲、聋、培智三类残疾儿童在校生由37.76万人增加到39.5万人，教职工由4.37万人增加到5.7万人，专职教师由3.2万人增加到4.8万人。[2]

在援助其他发展中国家实现发展权方面，60多年来，中国共向166个国家和国际组织提供了近4000亿元人民币的援助。中国自2015年1月1日正式实施给予与中国建交的最不发达国家97%税目产品零关税待遇措施。中国先后6次宣布无条件免除重债穷国和最不发达国家对华到期政府无息贷款债务，金额共计300亿元人民币。[3]

### （二）中国将《2030年可持续发展议程》的目标要求纳入"十三五"规划

联合国通过的《2030年可持续发展议程》（以下简称《议程》）提出了17个可持续发展目标和169个子目标。中国政府在制定《国民经济和社会发展第十三个五年规划纲要》（以下简称《纲要》）的过程中，充分考虑了联合国《2030年可持续发展议程》所提出的目标和要求，《议程》中的每一类目标都在《纲要》中有专章甚至多章体现（见表1），这为在更高层次上保障发展权提供了具体的保障。

---

[1] 中华人民共和国外交部、联合国驻华系统：《中国实施千年发展目标报告（2000—2015年）》，2015年7月。

[2] 中华人民共和国外交部、联合国驻华系统：《中国实施千年发展目标报告（2000—2015年）》，2015年7月。

[3] 中华人民共和国外交部、联合国驻华系统：《中国实施千年发展目标报告（2000—2015年）》，2015年7月。

中国人权轨迹

**表1　国家"十三五"规划对联合国2030年可持续发展议程目标的体现**

| 目标序号 | 《议程》目标 | 《纲要》对应篇章 |
|---|---|---|
| 1 | 在全世界消除一切形式的贫困 | 第十三篇"全力实施脱贫攻坚",其中包括第五十六章"推进精准扶贫精准脱贫",第五十七章"支持贫困地区加快发展",第五十八章"完善脱贫攻坚支撑体系";第三十五章"健全住房供应系统" |
| 2 | 消除饥饿,实现粮食安全,改善营养状况和促进可持续农业 | 第四篇"推进农业现代化",其中包括第十八章"增强农产品安全保障能力",第十九章"构建现代农业经营体系",第二十章"提高农业技术装备和信息化水平",第二十一章"完善农业支持保护制度" |
| 3 | 确保健康的生活方式,促进各年龄段人群的福祉 | 第六十章"推进健康中国建设",第六十四章"改革完善社会保障制度",第六十五章"积极应对人口老龄化" |
| 4 | 确保包容和公平的优质教育,让全民终身享有学习机会 | 第五十九章"推进教育现代化" |
| 5 | 实现性别平等,增强所有妇女和女童的权能 | 第六十六章"保障妇女、未成年人和残疾人基本权益" |
| 6 | 为所有人提供水和环境卫生并对其进行可持续管理 | 第三十一章"强化水安全保障",第六十一章"增加公共服务供给" |
| 7 | 确保人人获得负担得起的、可靠和可持续的现代能源 | 第三十章"建设现代能源体系" |
| 8 | 促进持久、包容和可持续的经济增长,促进充分的生产性就业和人人获得体面工作 | 第六十二章"实施就业优先战略",第三十六章"推动城乡协调发展";第九篇"推动区域协调发展",其中包括第三十七章"深入实施区域发展总体战略",第三十八章"推动京津冀协同发展",第三十九章"推进长江经济带发展",第四十章"扶持特殊类型地区发展",第四十一章"拓展蓝色经济空间" |
| 9 | 建造具备抵御灾害能力的基础设施,促进具有包容性的可持续工业化,推动创新 | 第二篇"实施创新驱动发展战略",其中包括第六章"强化科技创新引领作用",第七章"深入推进大众创业万众创新",第八章"构建激励创新的体制机制",第九章"实施人才优先发展战略",第十章"拓展发展动力新空间";第五篇"优化现代产业体系",其中包括第二十二章"实施制造强国战略",第二十三章"支持战略性新兴产业发展",第二十四章"加快推动服务业优质高效发展";第六篇"拓展网络经济空间",其中包括第二十五章"构建泛在高效的信息网络",第二十六章"发展现代互联网产业体系",第二十七章"实施国家大数据战略" |

212

| 目标序号 | 《议程》目标 | 《纲要》对应篇章 |
|---|---|---|
| 10 | 减少国家内部和国家之间的不平等 | 第六十三章"缩小收入差距",第五十二章"积极参与全球经济治理",第五十三章"积极承担国际责任和义务" |
| 11 | 建设包容、安全、有抵御灾害能力和可持续的城市和人类住区 | 第二十八章"强化信息安全保障",第七篇"构筑现代基础设施网络",第三十四章"建设和谐宜居城市",第三十二章"加快农业转移人口市民化";第十七篇"加强和创新社会治理",其中包括第七十一章"完善社会信用体系",第七十二章"健全公共安全体系",第七十三章"建立国家安全体系" |
| 12 | 采用可持续的消费和生产模式 | 第四十二章"加快建设主体功能区",第四十三章"推进资源节约集约利用" |
| 13 | 采取紧急行动应对气候变化及其影响 | 第四十六章"积极应对全球气候变化" |
| 14 | 保护和可持续利用海洋和海洋资源以促进可持续发展 | 第四十四章"加大环境综合治理力度" |
| 15 | 保护、恢复和促进可持续利用陆地生态系统,可持续管理森林,防治荒漠化,制止和扭转土地退化,遏制生物多样性的丧失 | 第四十五章"加强生态保护修复",第四十七章"健全生态安全保障机制",第四十八章"发展绿色环保产业" |
| 16 | 创建和平、包容的社会以促进可持续发展,让所有人都能诉诸司法,在各级建立有效、负责和包容的机构 | 第五十五章"推进两岸关系和平发展和祖国统一进程";第十八篇"加强社会主义民主法治建设",其中包括第七十四章"发展社会主义民主政治",第七十五章"全面推进法治中国建设",第七十六章"加强党风廉政建设和反腐斗争" |
| 17 | 加强执行手段,重振可持续发展全球伙伴关系 | 第二十篇"强化规划实施保障",其中包括第七十九章"发挥党的领导核心作用",第八十章"形成规划实施合力";第十一篇"构建全方位开放新格局",其中包括第四十九章"完善对外开放战略布局",第五十章"健全对外开放新体制",第五十一章"推进'一带一路'建设" |

资料来源:根据联合国《2030 年可持续发展议程》和《中华人民共和国国民经济和社会发展第十三个五年规划纲要》整理。

# 四 联合国气候变化《巴黎协定》与中国对 全球绿色发展的促进与贡献

2015 年 11 月 30 日~12 月 12 日，《联合国气候变化框架公约》第 21 次缔约方大会暨《京都议定书》第 11 次缔约方大会（简称"第 21 届联合国气候变化大会"或"巴黎气候变化大会"）在巴黎北郊的布尔歇展览中心举行，近 200 个《联合国气候变化框架公约》缔约方于 12 月 12 日一致同意通过《巴黎协定》，为到 2030 年全球应对气候变化行动做出安排。

国家主席习近平 2015 年 11 月 30 日出席巴黎气候变化大会开幕式并发表了题为《携手构建合作共赢、公平合理的气候变化治理机制》的重要讲话。在这一讲话中，他就如何富有成效地促进气候变化协议的达成做出了具体分析，这些分析对促进绿色发展具有重要的意义。

## （一）全球环境治理应当遵循的基本原则

全球环境治理是实现人类环境权利的重要手段。全球环境治理应当遵循怎样的原则才能有效地促进人类环境权利的实现，这是各国在这次会议上思考和讨论的一个重要问题。习近平在开幕式的讲话中提出了全球环境治理应当遵循的四个基本原则。

### 1. 互惠共赢原则

面对威胁整个人类的全球环境问题，如果各国只是斤斤计较本国的得失，希望多占点便宜、少承担点责任，不仅会破坏全球环境治理，而且最终也会使自己遭受更大的损失。习近平指出："巴黎大会应该摈弃'零和博弈'狭隘思维，推动各国尤其是发达国家多一点共享、多一点担当，实现互惠共赢。"①

### 2. 国际法治原则

全球环境问题已经到了必须采取共同行动的时候了。在这种情况下，只

---

① 《习近平在气候变化巴黎大会开幕式上的讲话（全文）》，2015 年 11 月 30 日，新华网，http：//news. xinhuanet. com/world/2015-12/01/c_ 1117309642. htm。

靠呼吁和口号是不够的，必须制定更有约束力的国际环境保护法律体系。习近平指出，在全球环境治理中，"要提高国际法在全球治理中的地位和作用，确保国际规则有效遵守和实施，坚持民主、平等、正义，建设国际法治"。①中国在向大会提交的《国家自主贡献》文件中提出，"2015年协议应是一项具有法律约束力的公约实施协议，可以采用核心协议加缔约方会议决定的形式"②。

### 3. 共同但有区别的责任原则

各国在历史上对全球环境问题的产生负有不同的责任，先发国家的责任要比后发国家的责任更大。同时，各国所处的发展阶段和经济实力也不相同，发达国家已经远远超越了温饱水平，并有更多的经济和技术实力来解决环境问题；发展中国家还在为基本生存而奋斗，缺乏充分的资金和技术来应对环境问题。因此，在全球环境治理体系中，发达国家与发展中国家应当共同努力，但承担的责任应当有所区别。习近平指出："发达国家和发展中国家的历史责任、发展阶段、应对能力都不同，共同但有区别的责任原则不仅没有过时，而且应该得到遵守。"③

### 4. 包容互鉴原则

各国在经济、政治、社会体制和文化传统上有很大差别，这使各国在应对本国的环境问题上会采取不同的策略和方法。面对这种差异，习近平提出："我们应该创造一个包容互鉴、共同发展的未来。面对全球性挑战，各国应该加强对话，交流学习最佳实践，取长补短，在相互借鉴中实现共同发展，惠及全体人民。同时，要倡导和而不同，允许各国寻找最适合本国国情的应对之策。"④

---

① 《习近平在气候变化巴黎大会开幕式上的讲话（全文）》，2015年11月30日，新华网，http：//news. xinhuanet. com/world/2015-12/01/c_ 1117309642. htm。
② 新华社：《授权发布：强化应对气候变化行动——中国国家自主贡献》，2015年6月30日，新华网，http：//news. xinhuanet. com/world/2015-06/30/c_ 1115774759_ 3. htm。
③ 《习近平在气候变化巴黎大会开幕式上的讲话（全文）》，2015年11月30日，新华网，http：//news. xinhuanet. com/world/2015-12/01/c_ 1117309642. htm。
④ 《习近平在气候变化巴黎大会开幕式上的讲话（全文）》，2015年11月30日，新华网，http：//news. xinhuanet. com/world/2015-12/01/c_ 1117309642. htm。

气候变化治理是全球环境治理的一个重要方面，全球环境治理又是全球治理的一个重要方面。因此，全球环境治理的上述原则，对于全球环境治理的其他方面也具有重要的指导意义。习近平指出："作为全球治理的一个重要领域，应对气候变化的全球努力是一面镜子，给我们思考和探索未来全球治理模式、推动建设人类命运共同体带来宝贵启示。"①

### （二）气候变化协议应当遵循的五个原则

习近平指出，巴黎气候变化大会的目标，应当是"达成一个全面、均衡、有力度、有约束力的气候变化协议，提出公平、合理、有效的全球应对气候变化解决方案，探索人类可持续的发展路径和治理模式"。② 会议所要达成的协议，既要解决当下矛盾，更要引领未来；既要强化 2020 年后全球应对气候变化的行动，也要为推动全球更好实现可持续发展注入动力。③ 习近平具体提出了气候变化协议应当遵循的五个原则。

#### 1. 实现经济发展与环境保护的双赢

对社会的生存和发展来说，环境保护虽然是很重要的目标，但不是唯一的目标。制约环境保护力度的最主要因素，是实现经济发展目标的考虑。如果将环境保护与经济发展完全对立起来，那么环境保护的目标本身也很难实现。因此，要切实推进环境保护，就必须要考虑如何实现环境保护与经济发展的双赢。习近平在讲话中指出，要"引领绿色发展"，"推动各国走向绿色循环低碳发展，实现经济发展和应对气候变化双赢"。④

#### 2. 建立利益导向和激励机制

环境保护的实现手段，主要包括控制和引导两类方式。有效的环境保护

---

① 《习近平在气候变化巴黎大会开幕式上的讲话（全文）》，2015 年 11 月 30 日，新华网，http：//news. xinhuanet. com/world/2015-12/01/c_ 1117309642. htm。

② 《习近平在气候变化巴黎大会开幕式上的讲话（全文）》，2015 年 11 月 30 日，新华网，http：//news. xinhuanet. com/world/2015-12/01/c_ 1117309642. htm。

③ 《习近平在气候变化巴黎大会开幕式上的讲话（全文）》，2015 年 11 月 30 日，新华网，http：//news. xinhuanet. com/world/2015-12/01/c_ 1117309642. htm。

④ 《习近平在气候变化巴黎大会开幕式上的讲话（全文）》，2015 年 11 月 30 日，新华网，http：//news. xinhuanet. com/world/2015-12/01/c_ 1117309642. htm。

一方面要靠控制，另一方面要靠引导，单靠外部控制机制，难以调动各国的内在积极性。习近平在讲话中指出，"既要有效控制大气温室气体浓度上升，又要建立利益导向和激励机制"①。

### 3. 多元参与合作形成合力

环境问题是全球性问题，环境权利是各国人民共同的集体权利。因此环境权利的实现不能只靠少数国家政府的努力，而必须鼓励各个国家、各个方面的共同参与。习近平在讲话中指出："巴黎协议应该有利于凝聚全球力量，鼓励广泛参与。协议应该在制度安排上促使各国同舟共济、共同努力。除各国政府，还应该调动企业、非政府组织等全社会资源参与国际合作进程，提高公众意识，形成合力。"②

### 4. 提供资金和技术强化能力建设

环境保护不能只喊口号，也不能蛮干，而必须依靠科学技术。在这方面，具有更多资金和技术的发达国家有义务帮助资金和技术不足的发展中国家，提供必要的资金和技术援助，强化发展中国家应对气候变化的能力建设。中国在向联合国大会提交的《国家自主贡献》文件中就这三个方面分别提出了建议。在资金方面，该文件提出："2015年协议应明确发达国家按照公约要求，为发展中国家的强化行动提供新的、额外的、充足的、可预测和持续的资金支持。明确发达国家2020~2030年提供资金支持的量化目标和实施路线图，提供资金的规模应在2020年开始每年1000亿美元的基础上逐年扩大，所提供资金应主要来源于公共资金。"③在技术方面，该文件提出："2015年协议应明确发达国家按照公约要求，根据发展中国家技术需求，切实向发展中国家转让技术，为发展中国家技术研发应用提供支持。加强现有技术机制在妥善处理知识产权问题、评估技术转让绩效等方面的职

---

① 《习近平在气候变化巴黎大会开幕式上的讲话（全文）》，2015年11月30日，新华网，http：//news.xinhuanet.com/world/2015-12/01/c_1117309642.htm。

② 《习近平在气候变化巴黎大会开幕式上的讲话（全文）》，2015年11月30日，新华网，http：//news.xinhuanet.com/world/2015-12/01/c_1117309642.htm。

③ 新华社：《授权发布：强化应对气候变化行动——中国国家自主贡献》，2015年6月30日，新华网，http：//news.xinhuanet.com/world/2015-06/30/c_1115774759_3.htm。

能，增强技术机制与资金机制的联系，包括在绿色气候基金下设立支持技术开发与转让的窗口。"① 在能力建设方面，该文件提出，"2015 年协议应明确发达国家按照公约要求，为发展中国家各领域能力建设提供支持。建立专门关于能力建设的国际机制，制定并实施能力建设活动方案，加强发展中国家减缓和适应气候变化能力建设"。② 习近平在讲话中指出："巴黎协议应该有利于加大投入，强化行动保障。获取资金技术支持、提高应对能力是发展中国家实施应对气候变化行动的前提。发达国家应该落实到 2020 年每年动员 1000 亿美元的承诺，2020 年后向发展中国家提供更加强有力的资金支持。此外，还应该向发展中国家转让气候友好型技术，帮助其发展绿色经济。"③

### 5. 务实有效和责任区分

在环境保护责任的分担上，必须考虑各个国家所处的不同发展阶段和面临的不同问题，不应"一刀切"，而应有所区别。习近平在讲话中指出："巴黎协议应该有利于照顾各国国情，讲求务实有效。应该尊重各国特别是发展中国家在国内政策、能力建设、经济结构方面的差异，不搞'一刀切'。应对气候变化不应该妨碍发展中国家消除贫困、提高人民生活水平的合理需求。要照顾发展中国家的特殊困难。"④

### （三）中国对全球环境治理的贡献

中国本着言行一致的原则主动承担起全球环境治理的责任。2009 年中国向国际社会宣布：到 2020 年单位国内生产总值二氧化碳排放比 2005 年下

① 新华社：《授权发布：强化应对气候变化行动——中国国家自主贡献》，2015 年 6 月 30 日，新华网，http：//news. xinhuanet. com/world/2015-06/30/c_ 1115774759_ 3. htm。
② 新华社：《授权发布：强化应对气候变化行动——中国国家自主贡献》，2015 年 6 月 30 日，新华网，http：//news. xinhuanet. com/world/2015-06/30/c_ 1115774759_ 3. htm。
③ 《习近平在气候变化巴黎大会开幕式上的讲话（全文）》，2015 年 11 月 30 日，新华网，http：//news. xinhuanet. com/world/2015-12/01/c_ 1117309642. htm。
④ 《习近平在气候变化巴黎大会开幕式上的讲话（全文）》，2015 年 11 月 30 日，新华网，http：//news. xinhuanet. com/world/2015-12/01/c_ 1117309642. htm。

降 40%~45%，非化石能源占一次能源消费比重达到 15%左右，森林面积比 2005 年增加 4000 万公顷，森林蓄积量比 2005 年增加 13 亿立方米。2014 年，中国单位国内生产总值二氧化碳排放比 2005 年下降 33.8%，非化石能源占一次能源消费比重达到 11.2%，森林面积比 2005 年增加 2160 万公顷，森林蓄积量比 2005 年增加 21.88 亿立方米，水电装机达到 3 亿千瓦（是 2005 年的 2.57 倍），并网风电装机达到 9581 万千瓦（是 2005 年的 90 倍），光伏装机达到 2805 万千瓦（是 2005 年的 400 倍），核电装机达到 1988 万千瓦（是 2005 年的 2.9 倍）。[①] "中国可再生能源装机容量占全球总量的 24%，新增装机占全球增量的 42%。中国是世界节能和利用新能源、可再生能源第一大国。"[②]

中国根据自身国情、发展阶段、可持续发展战略和国际责任担当，确定了到 2030 年的自主行动目标：二氧化碳排放 2030 年左右达到峰值并争取尽早达峰；单位国内生产总值二氧化碳排放比 2005 年下降 60%~65%，非化石能源占一次能源消费比重达到 20%左右，森林蓄积量比 2005 年增加 45 亿立方米左右。[③] 实现这些目标虽然需要付出艰苦的努力，但正如习近平主席在巴黎气候变化大会讲话中所指出的，"我们有信心和决心实现我们的承诺"[④]。

为了实现所提出的自主行动目标，中国政府提出了一系列的具体措施，包括实施积极应对气候变化的国家战略，完善应对气候变化区域战略，构建低碳能源体系，形成节能低碳的产业体系，控制建筑和交通领域排放，努力增加碳汇，倡导低碳生活方式，全面提高适应气候变化能力，创新低碳发展

---

① 新华社：《授权发布：强化应对气候变化行动——中国国家自主贡献》，2015 年 6 月 30 日，新华网，http://news.xinhuanet.com/world/2015-06/30/c_1115774759.htm。
② 《习近平在气候变化巴黎大会开幕式上的讲话（全文）》，2015 年 11 月 30 日，新华网，http://news.xinhuanet.com/world/2015-12/01/c_1117309642.htm。
③ 新华社：《授权发布：强化应对气候变化行动——中国国家自主贡献》，2015 年 6 月 30 日，新华网，http://news.xinhuanet.com/world/2015-06/30/c_1115774759.htm。
④ 《习近平在气候变化巴黎大会开幕式上的讲话（全文）》，2015 年 11 月 30 日，新华网，http://news.xinhuanet.com/world/2015-12/01/c_1117309642.htm。

模式，强化科技支撑，加大资金和政策支持，推进碳排放交易市场建设，健全温室气体排放统计核算体系，完善社会参与机制，积极推进国际合作。[①]

    同时，中国制定了一系列到 2020 年实现的具体任务指标，包括新建燃煤发电机组平均供电煤耗要降至每千瓦时 300 克标准煤左右；天然气占一次能源消费比重超过 10%，煤层气产量力争达到 300 亿立方米；风电装机达到 2 亿千瓦，光伏装机达到 1 亿千瓦左右，地热能利用规模达到 5000 万吨标准煤；力争使战略性新兴产业增加值占国内生产总值比重达到 15%；二氟一氯甲烷受控用途的生产和使用在基准线水平（2010 年产量）上产量减少 35%、2025 年减少 67.5%，三氟甲烷排放到 2020 年得到有效控制；实现化肥农药使用量零增长；城镇新建建筑中绿色建筑占比达到 50%；大中城市公共交通占机动化出行比例达到 30%。[②]

    在支持其他发展中国家履行环境保护责任方面，中国在 2015 年 9 月宣布设立 200 亿元人民币的中国气候变化南南合作基金。国家主席习近平在巴黎气候变化大会上宣布，将于 2016 年启动在发展中国家开展 10 个低碳示范区、100 个减缓和适应气候变化项目及 1000 个应对气候变化培训名额的合作项目，继续推进清洁能源、防灾减灾、生态保护、气候适应型农业、低碳智慧型城市建设等领域的国际合作，并帮助他们提高融资能力。[③]

    中国的这些做法获得了国际社会的好评。《联合国气候变化框架公约》秘书处执行秘书克里斯蒂娜·菲格雷斯在一个记者会上回答"哪个国家的应对气候变化行动可称榜样"时点名提到了中国。她说，中国采取了"非常令人印象深刻的"行动，中国在对待气候变化问题上"非常非常认真"[④]。

---

[①] 新华社：《授权发布：强化应对气候变化行动——中国国家自主贡献》，2015 年 6 月 30 日，新华网，http://news.xinhuanet.com/world/2015-06/30/c_1115774759.htm。

[②] 新华社：《授权发布：强化应对气候变化行动——中国国家自主贡献》，2015 年 6 月 30 日，新华网，http://news.xinhuanet.com/world/2015-06/30/c_1115774759.htm。

[③] 《习近平在气候变化巴黎大会开幕式上的讲话（全文）》，2015 年 11 月 30 日，新华网，http://news.xinhuanet.com/world/2015-12/01/c_1117309642.htm。

[④] 杨骏：《巴黎协定背后的中国智慧与力量》，2015 年 12 月 14 日，新华网，http://news.xinhuanet.com/world/2015-12/14/c_1117455218.htm。

同时，中国为凝聚各方共识达成《巴黎协定》做出了积极的努力。从会议前制定的分析草案来看，各方在协议如何体现"共同但有区别的责任"原则、2020年后资金支持等议题上存在着明显的分歧，在减排长期目标、各国自主贡献提交周期、行动力度保障机制等具体安排上也没有找到妥协方案。[①] 在巴黎大会前，中国与美国、法国、印度、巴西等主要经济体分别发表了应对气候变化的多个联合声明，气候谈判中的法律约束力、资金、力度等焦点问题在这些联合声明中都有描述，这为巴黎大会的成功奠定了基础。大会伊始，习近平主席同其他与会领导人坦诚、务实沟通协调，引导各方着眼大局、坚定信心、相向而行，最大程度凝聚共识。对各方关切的问题，习近平主席强调共同但有区别的责任这一基本原则依然有效，同时应推进合作共赢，各尽其能共同应对挑战，发达国家尤其应切实履行向发展中国家提供资金和技术转让的义务。这些主张巩固了应对气候变化的国际合作基石。在大会闭幕前夕，习近平主席还与美国总统奥巴马通电话，表达了达成协议的强烈政治意愿。大会期间，中方团队本着负责任、合作精神和建设性态度参与谈判，为促成《巴黎协定》的达成做出了重要贡献。[②] 法国外交部部长、巴黎气候变化大会主席法比尤斯指出，中国在巴黎协议谈判中积极行动，提出多项建议。这些建议被纳入谈判进程，为推进谈判发挥了积极作用。[③]

普遍认为，这次大会所通过的《巴黎协定》是一份全面、平衡、有力度、有法律效力的协议，在照顾各方核心关切的基础上实现了现阶段最大可能的力度，体现了减缓和适应相平衡，行动和支持相匹配，责任和义务相符合，力度雄心和发展空间相协调，2020年前提高力度与2020年后加强行动

---

① 唐志强、应强：《达成巴黎气候协议需各方相向而行》，2015年12月6日，新华网，http：//news. xinhuanet. com/world/2015-12/06/c_ 1117370711. htm。
② 孟小珂：《巴黎气候变化大会达成历史性协定》，2015年12月14日，人民网，http：//politics. people. com. cn/n1/2015/1214/c1001-27924179. html。
③ 唐志强、应强：《达成巴黎气候协议需各方相向而行》，2015年12月6日，新华网，http：//news. xinhuanet. com/world/2015-12/06/c_ 1117370711. htm。

相衔接等特征。①《巴黎协定》获得通过后，将于 2016 年 4 月 22 日提交联合国进行最终签署，并将在占全球碳排放 55%以上的 55 个国家提交批准文件后正式生效。②

## 五　未雨绸缪：应对实现发展权面临的挑战

"十三五"时期作为全面建成小康社会的决胜阶段，是全面建成小康社会的冲刺阶段，也是全面建成小康社会的攻坚阶段。对于中国人权事业来说，这一阶段既是机遇，又是挑战。我们应该未雨绸缪，抓住机遇发展人权事业，应对挑战深化人权问题研究。

首先，经济结构调整中的人权问题，是需要未雨绸缪研究的一大问题。习近平总书记指出，"十三五"规划作为中国经济发展进入新常态后的第一个五年规划，必须适应新常态、把握新常态、引领新常态。他同时深刻指出，速度变化、结构优化、动力转换是经济新常态的三大特点。这些变化不依人的意志为转移，是中国经济发展阶段性特征的必然要求。确实，经济新常态下中国经济要保持中高速发展，在很大程度上取决于结构调整和优化。而结构调整和优化涉及资源的重新配置、产权的置换整合、企业的关停并转、产品的升级换代，是一个非常复杂的过程。特别是，结构调整每推进一步，都会涉及企业员工的切身利益和他们的各种合法权益包括他们的人权，能否得到尊重和保障。在这个问题上，世界各国都有许多经验教训，我们自己也付出过许多学费。因此，在推进结构调整和优化的时候，不仅要考虑经济发展的要求，同时也要认真考虑和处理好员工的利益和人权，避免发生群体性事件。

其次，创新驱动中的知识产权问题，是需要未雨绸缪研究的又一大问

---

① 孟小珂：《巴黎气候变化大会达成历史性协定》，2015 年 12 月 14 日，人民网，http：//politics. people. com. cn/n1/2015/1214/c1001-27924179. html。

② 孟小珂：《巴黎气候变化大会达成历史性协定》，2015 年 12 月 14 日，人民网，http：//politics. people. com. cn/n1/2015/1214/c1001-27924179. html。

题。我们从实际出发，提出用创新驱动来取代要素驱动，是一个明智的选择。改革开放以来推动中国经济大发展中的各种要素包括土地、劳动力等，这些都用得差不多了。特别是现在，由于世界市场发生重大的萎缩性变化，加上中国城镇化和科技创新滞后，许多领域出现了产能过剩的严重问题。在这种情况下，像过去那样依靠投资和出口来拉动经济发展的做法已经难以为继。针对这种情况，以习近平为总书记的党中央提出创新是引领发展的第一动力，具有重大战略意义。只要我们从认识到实践，都强调创新，推进创新，通过创新生产出一系列原创性科技成果，就能够形成新的经济增长极。我们在"十三五"时期以人民为主体，推进大众创业、万众创新，充分调动广大人民群众的创造性、积极性和主动性，就能够破解今天面临的各种难题。而在推进创新发展的时候，如何保护好创新者的知识产权，是一个不容忽视的重大问题。多年来，中国的知识产权问题常常被人诟病。这个问题解决不好，会严重影响创新者的积极性，会严重影响经济的发展和我们的国家形象。因此，要把推进创新和加强知识产权保护作为一体两面的问题来抓，决不放松。

再次，"一带一路"共建中的人权问题，也是需要未雨绸缪研究的一大问题。推进"一带一路"建设已经成为我们的国家战略，实施这一战略，确保这一战略成功，不仅关系到对外开放和经济发展，而且关系到周边关系和国家安全。党中央、国务院对于推进这一大战略，已经有相当完备的规划，而且十分注意同"一带一路"沿线国家的发展战略相对接。与此同时，我们也要清醒地认识到，实施这一战略会遇到许多利益上的和意识形态上的问题，包括习俗因素、宗教因素、人权因素。特别是，"一带一路"沿线国家有的现在正遭受恐怖主义、宗教极端势力的挑战，情况非常复杂。在人权问题上，我们既要维护在境外工作的中国公民的人权，又要尊重中国投资企业所在国的民俗和公民的人权，不能有丝毫大意。对此，我们要有足够的思想准备和对策储备。

除了这些问题，许多其他领域和工作中也有人权问题。比如在城镇化、户籍制度改革、探索实行耕地轮作休耕制度试点中，都有人权问题要注意。

如果把侵犯人权当作无所谓的小事，就会酿成危害社会稳定的大事。对于各级干部来讲，一定要有尊重和保障人权的自觉意识，制定方案要考虑人权，做人的工作决不能简单化，更不能侵犯人权。

"十三五"时期这一全面建成小康社会的决胜阶段，对于尊重和保障人权来讲，具有两个大机遇：一是大力发展中国人权事业的大机遇；二是在应对挑战中深化研究人权问题的大机遇。正是在这个意义上，我们对中国人权事业的发展更有信心，也更有责任。

## 参考文献

［1］中国人权研究会、东北财经大学人权研究与教育中心：《"中国经济发展新常态：发展权的可持续保障"理论研讨会论文集》，2015年7月22~23日。

［2］新华社：《授权发布：强化应对气候变化行动——中国国家自主贡献》，2015年6月30日，新华网，http：//news.xinhuanet.com/world/2015-06/30/c_/115774759.htm。

［3］李君如：《全面小康决胜阶段是中国人权事业发展的新机遇——学习党的十八届五中全会精神的几点体会》，《人权》2016年第1期。

［4］第21届联合国气候变化大会：《巴黎协定》，2015年12月12日通过。

［5］联合国可持续发展峰会：《改变我们的世界——2030年可持续发展议程》，2015年9月25日通过。

［6］《中共中央关于制定国民经济和社会发展第十三个五年规划的建议》，人民出版社，2015。

［7］习近平：《关于〈中共中央关于制定国民经济和社会发展第十三个五年规划的建议〉的说明》，2015年11月3日发布。

［8］《中华人民共和国国民经济和社会发展第十三个五年规划纲要》，2016年3月17日发布。

［9］常健：《五大发展理念对发展权理解的丰富和深化》，2016年3月10日，新华网，http：//news.xinhuanet.com/politics/2016-03/10/c_128786913.htm。

［10］中华人民共和国外交部、联合国驻华系统：《中国实施千年发展目标报告（2000~2015年）》，2015年7月。

# 全面从严治党与中国人权事业的发展

李君如　常健

2016年，中国人权事业发展历史打开了崭新的一页，党的十八届六中全会审议通过了《关于新形势下党内政治生活的若干准则》（以下简称《准则》）和《中国共产党党内监督条例》（以下简称《条例》），提出要在全面从严治党中严肃党内政治生活，净化党内政治生态。这次全会抓的是党，出发点和落脚点是为了人民。这一决策标志着全面从严治党进入了一个新阶段，也标志着中国人权事业发展由此进入了一个新阶段。

## 一　全面从严治党是全面建成小康社会的战略举措，也是全面尊重和保障人权的战略举措

党的十八届六中全会研究和部署的全面从严治党，是从实现"两个一百年"奋斗目标、实现中华民族伟大复兴的中国梦的战略高度，统筹国内国际两个大局，把握我国发展新特征确定的治国理政新方略，也是在协调推进"四个全面"战略布局过程中，全面推进中国人权事业发展的战略举措。

我们知道，中国在确定全面建成小康社会的战略目标时，已经明确尊重和保障人权是其中一项重要任务。在"四个全面"战略布局中，全面从严治党是服从和服务于全面建成小康社会的，从而也是为尊重和保障人权服务的。党的十八大以来，以习近平同志为核心的党中央在治国理政中，形成并提出了"四个全面"战略布局。党的十八届三中、四中、五中全会已经对全面深化改革、全面依法治国、全面建成小康社会做了专题研究和部署，党的十八届六中全会决定以制定《准则》、修订《条例》为重点专题研究全面从严治党。习近平总书记说："这是党中央根据'四个全面'战略布局对全

会议题的一个整体设计。"① 根据党中央对"四个全面"战略布局的论述，全面建成小康社会是战略目标，全面深化改革、全面依法治国、全面从严治党是战略举措，因此党的十八届六中全会研究和部署的全面从严治党，同全面深化改革、全面依法治国一样，都是为了全面建成小康社会，从而也都是为了全面尊重和保障人权。

我们只要把党的十八届六中全会提出的全面从严治党的战略举措，同2016年在十二届全国人大四次会议上审议通过的《国民经济和社会发展第十三个五年规划纲要》，以及国务院新闻办公室和外交部发布的《国家人权行动计划（2016-2020年）》联系起来研究，就可以发现全面从严治党与全面建成小康社会、全面尊重和保障人权之间密不可分的关系。"十三五"规划是决胜全面建成小康社会的经济和社会发展规划。这个规划提出，一要保持经济中高速增长，到2020年国内生产总值和城乡居民人均收入比2010年翻一番；二要强化创新引领作用，深入实施创新驱动发展战略，持续推动大众创业、万众创新；三要推进新型城镇化和农业现代化，缩小城乡区域差距，实现1亿左右农业转移人口和其他常住人口在城镇落户，完成约1亿人居住的棚户区和城中村的改造，引导约1亿人在中西部地区就近城镇化；四要推动形成绿色生产生活方式，深入实施大气、水、土壤污染防治行动计划，加强生态保护和修复；五要深化改革开放，构建发展新体制；六要持续增进民生福祉，使我国现行标准下的农村贫困人口实现脱贫，贫困县全部摘帽，解决区域性整体贫困，缩小收入差距，人均预期寿命提高1岁。② 从中我们可以清楚地看到，"十三五"规划讲的是中国的经济和社会发展问题，但从根本上说，它就是保障中国人民的切身利益和基本人权的发展规划。

事实上，《国家人权行动计划（2016-2020年）》就是根据全面建成小康社会的奋斗目标，以及实现这一目标的经济社会发展规划编制的。自

---

① 习近平：《关于〈关于新形势下党内政治生活的若干准则〉和〈中国共产党党内监督条例〉的说明》，《人民日报》2016年11月3日。
② 《国民经济和社会发展第十三个五年规划纲要》，2016年3月17日，新华网：http://news.xinhuanet.com/politics/2016lh/2016-03/17/c_1118366322.htm。

2009 年以来，中国先后实施了两期人权行动计划。2016 年，国务院新闻办公室和外交部按照全面建成小康社会的新要求，编制了《国家人权行动计划（2016-2020 年）》。其目标很明确：一是全面保障经济、社会和文化权利；二是依法保障公民权利和政治权利；三是充分保障各类特定群体权利；四是深入开展人权教育；五是积极参与国际人权工作，包括向发展中国家提供人权技术援助。由于中国是中国共产党长期执政的国家，中国经济社会的健康发展取决于中国共产党的正确领导；中国人权事业的持续推进，也取决于中国共产党的重视和领导。由此可见，2016~2020 年是中国全面建成小康社会的决胜阶段，也是实现中国人权事业持续稳定有序发展的重要时期。

而要实现"十三五"时期这样宏伟的经济社会发展规划和国家人权行动计划，关键就在于全面从严治党，就在于切实加强党对经济社会发展和人权事业的领导。这不仅是因为中国共产党是一个要在中国长期执政的政党，而且是因为中国共产党的执政是全面执政，从立法、执法到司法，从中央部委到地方、基层，都在中国共产党的统一领导之下，再加上我国公务员队伍中党员比例超过 80%，县处级以上领导干部中党员比例超过 95%，因此，要实现我们的发展战略和国家人权行动计划，就要坚持全面从严治党，监督中国共产党依法执政，监督国家公务员正确用权、廉洁用权，这是关系到我们能不能全面建成小康社会，关系到宪法所确定的"尊重和保障人权"的原则能不能落实的关键问题。党的十八届六中全会提出严肃和规范党内政治生活、加强党内监督、净化党内政治生态，对于中国人权事业发展的意义，就在这里。

## 二　严肃和规范党内政治生活，有效惩治侵犯人权的腐败现象

腐败，是一个社会毒瘤，同时是人权的天敌。反腐败斗争，也是人类社会尊重人权和侵犯人权之间的严肃斗争。党的十八届六中全会以严肃和规范党内政治生活、加强党内监督为主题，把党的十八大以来坚持全面从严治

党、反腐倡廉的斗争推进到一个新的发展阶段，从而把我们在反腐败斗争中尊重和保障人权的工作推进到一个新的发展阶段。

腐败是一种用公权力为个人谋私利的行为。在社会主义社会中，干部手中掌握的公权力是人民赋予的，只能用来为人民谋利益，而决不能为干部自己包括为他们的亲朋好友谋私利。用人民赋予他们的公权力谋私利的腐败行为，从根本上说，都是侵犯人权的行为。党的十八大以来全面从严治党，特别是反腐倡廉中暴露出来的触目惊心的事实告诉我们，党内存在的侵犯人权的腐败问题不仅面广量大、层次高，而且关系到整个党内政治生态，必须把严肃和规范党内政治生活、加强党内监督、净化党内政治生态提上重要议事日程。习近平总书记在党的十八届六中全会上说了一大段分量十分重的话："在长期实践中，党内政治生活状况总体是好的，但一个时期以来，也出现了一些亟待解决的突出矛盾和问题，主要是：在一些党员、干部包括高级干部中，理想信念不坚定、对党不忠诚、纪律松弛、脱离群众、独断专行、弄虚作假、慵懒无为，个人主义、分散主义、自由主义、好人主义、宗派主义、山头主义、拜金主义不同程度存在，形式主义、官僚主义、享乐主义和奢靡之风问题突出，任人唯亲、跑官要官、买官卖官、拉票贿选现象屡禁不止，滥用权力、贪污受贿、腐化堕落、违法乱纪等现象滋生蔓延。特别是高级干部中极少数人政治野心膨胀、权欲熏心，搞阳奉阴违、结党营私、团团伙伙、拉帮结派、谋取权位等政治阴谋活动。这些问题，严重侵蚀党的思想道德基础，严重破坏党的团结和集中统一，严重损害党内政治生态和党的形象，严重影响党和人民事业发展。周永康、薄熙来、郭伯雄、徐才厚、令计划等人严重违纪违法案件，不仅暴露出他们在经济上存在严重问题，而且暴露出他们在政治上也存在严重问题，教训十分深刻。这就使我们认识到，要解决党内存在的一些突出矛盾和问题，必须把党的思想政治建设摆在首位，营造风清气正的政治生态。"[①] 习近平总书记揭露的这些突出矛盾和问题，概

---

[①] 习近平：《关于〈关于新形势下党内政治生活的若干准则〉和〈中国共产党党内监督条例〉的说明》，《人民日报》2016 年 11 月 3 日。

括起来就是"腐败"二字。所有这些腐败，包括思想腐败、作风腐败、经济腐败、吏治腐败、政治腐败等，无一不是对人权的严重侵犯。因此，在某种意义上我们完全可以说，腐败是"反人权"，反腐败是"反反人权"。中国共产党全力以赴推进的反腐倡廉，其实质就是捍卫人权与侵犯人权的严肃斗争。

由表1至表6可见，党的十八大以来，我们在全面从严治党、惩治腐败、保障人权方面取得了突出的成效。

#### 表1　十八大以来查处违规问题情况

| 查处 | 年份 | | | | |
|---|---|---|---|---|---|
| | 2013 | 2014 | 2015 | 2016 | 合计 |
| 查处违规问题(万起) | 2.4 | 5.3 | 3.7 | 4.1 | 15.5 |
| 处理(万人) | 3.0 | 7.1 | 4.9 | 5.8 | 20.8 |
| 给予党纪政纪处分(万人) | 0.7 | 2.3 | 3.4 | 4.3 | 10.7 |

资料来源：根据中央纪委第三至第七次全会工作报告整理。

#### 表2　十八大以来对违法违纪中管干部处理情况

| 查处 | 年份 | | | | |
|---|---|---|---|---|---|
| | 2013 | 2014 | 2015 | 2016 | 合计 |
| 结案处理和正在立案检查(人) | 31 | 68 | 90 | 51 | 240 |
| 涉嫌犯罪移送司法机关处理(人) | 8 | 30 | 42 | 143 | 223 |

资料来源：根据中央纪委第三至第七次全会工作报告整理。

#### 表3　十八大以来纪检监察机关接受举报和处理情况

| 举报和处理 | 年份 | | | | |
|---|---|---|---|---|---|
| | 2013 | 2014 | 2015 | 2016 | 合计 |
| 接受信访举报[万件(次)] | 195.0 | 272.0 | 281.3 | 253.8 | 1002.1 |
| 处置问题线索(万件) | — | — | 53.4 | 73.4 | 126.8 |
| 函询(万人) | 1.8 | 1.7 | 5.4 | 14.1 | 30.4 |
| 谈话(万人) | 4.2 | 3.2 | | | |
| 了结处理(万人) | 4.3 | 3.0 | 2.8 | 30.5 | 40.6 |

续表

| 举报和处理 | 年份 | | | | |
|---|---|---|---|---|---|
| | 2013 | 2014 | 2015 | 2016 | 合计 |
| 立案(万件) | 17.2 | 22.6 | 33.0 | 41.3 | 114.1 |
| 结案(万件) | 17.3 | 21.8 | 31.7 | — | |
| 依规依纪诫勉谈话(万人) | — | — | — | 3.1 | — |
| 给予党政纪处分(万人) | 18.2 | 23.2 | 33.6 | 41.5 | 116.5 |
| 涉嫌犯罪移送司法机关处理(万人) | 0.96 | 1.2 | 1.4 | 1.1 | 4.66 |

资料来源：根据中央纪委第三至第七次全会工作报告整理。

### 表4 十八大以来检察机关立案和法院审结的贪渎案件

| 立案和审结 | 年份 | | | | |
|---|---|---|---|---|---|
| | 2013 | 2014 | 2015 | 2016 | 合计 |
| 检察机关立案贪污贿赂、渎职侵权等犯罪(万人) | 5.1 | 5.5 | 5.4 | 4.8 | 20.8 |
| 法院系统审结一审贪污贿赂案件(万件) | 2.3 | 2.5 | 1.6 | 3.2 | 9.6 |
| 法院系统审结一审渎职侵权案件(件) | — | 5500 | 4300 | 5266 | 15066 |

资料来源：根据中央纪委第三至第七次全会工作报告整理。

### 表5 十八大以来通报和问责情况

| 通报和问责 | 年份 | | | | |
|---|---|---|---|---|---|
| | 2013 | 2014 | 2015 | 2016 | 合计 |
| 违反八项规定典型通报(起) | 32 | 33 | 30 | 44 | 139 |
| 对失职渎职行为问责(万人) | — | 2.1 | 2.6 | — | — |
| 被追责单位(个) | — | — | 850 | 990 | 1840 |
| 被追责党员领导干部(万人) | — | — | 1.5 | 1.7 | 3.2 |

资料来源：根据中央纪委第三至第七次全会工作报告整理。

### 表6 十八大以来追逃情况

| 追逃 | 年份 | | | |
|---|---|---|---|---|
| | 2014 | 2015 | 2016 | 合计 |
| 追逃人数(人) | 500 | 1023 | 1043 | 2566 |
| 追赃(亿元) | 30 | 30 | 26.4 | 86.4 |
| 百名外逃人员红色通缉令归案(人) | — | 18 | 19 | 37 |

资料来源：根据中央纪委第三至第七次全会工作报告整理。

这两年，特别是 2016 年，中央纪委还对一些侵犯人权的典型腐败案例进行了曝光、问责和惩处。例如，2014 年，对湖南衡阳发生的以贿赂手段破坏选举案件严肃问责，给予党纪政纪处分 467 人，移送司法机关处理 69 人。① 2015 年，严肃查处四川南充拉票贿选案，477 名涉案人员全部受到处理。实行责任追究报告和通报制度。中央纪委先后 4 次，对部分地方和部门查处的责任追究案例进行公开通报。2016 年，严肃查处辽宁省委换届、省人大常委会换届以及全国人大代表选举中出现的系统性拉票贿选问题，共查处 955 人，其中中管干部 34 人，并通报全党。从人权事业发展的角度来评价这一举措，就是要从根子上更加有效地惩治侵犯人权的腐败现象。

同时，中央决定开展"猎狐"行动，开通网上举报平台，敦促在逃境外经济犯罪人员投案自首。加强《联合国反腐败公约》框架下双边、多边协作，与美国、加拿大、澳大利亚等国建立反腐败执法合作机制。亚太经合组织领导人非正式会议期间，发表《北京反腐败宣言》。② 2015 年，中国发布百名外逃人员红色通缉令，开展"天网行动"，并借助《联合国反腐败公约》、亚太经合组织、二十国集团、国际刑警组织等多边平台，发挥双边合作机制的作用，加强与美、俄、英、加、澳等国的合作，推动追逃追赃工作取得实效。③

从 2015 年开始，国务院还对干部不作为、乱作为问题开展专项督查，监察机关会同相关部门问责处理 1046 人。④ 2016 年，中央纪委派驻纪检组共谈话函询 2600 件次、立案 780 件、给予纪律处分 730 人，分别增长 134%、38%、56%。⑤ 2016 年，处分省部级干部 76 人、厅局级干部 2781

---

① 《十八届中央纪委第五次全会工作报告》，2015 年 1 月 12 日，中央纪委监察部网站：http：//www.ccdi.gov.cn/xxgk/hyzl/201501/t20150130_ 50785.html。

② 《十八届中央纪委第五次全会工作报告》，2015 年 1 月 12 日，中央纪委监察部网站：http：//www.ccdi.gov.cn/xxgk/hyzl/201501/t20150130_ 50785.html。

③ 《十八届中央纪委第六次全会工作报告》，2016 年 1 月 12 日，中央纪委监察部网站：http：//www.ccdi.gov.cn/xxgk/hyzl/201601/t20160126_ 73506.html。

④ 《十八届中央纪委第六次全会工作报告》，2016 年 1 月 12 日，中央纪委监察部网站：http：//www.ccdi.gov.cn/xxgk/hyzl/201601/t20160126_ 73506.html。

⑤ 《十八届中央纪委第七次全会工作报告》，2017 年 1 月 6 日，中央纪委监察部网站：http：//www.ccdi.gov.cn/xxgk/hyzl/201701/t20170120_ 93095.html。

人、县处级干部 1.8 万人、乡科级干部 6.1 万人。2016 年，全国共处分乡科级及以下干部 39.4 万人，增长 24%，其中处分村党支部书记、村委会主任 7.4 万人，增长 12%。①

此外，党中央印发严重违纪违法中管干部的忏悔录、部分省市县党委书记违纪违法案件及其教训警示的通报，发挥警示教育作用。2015 年，主动向纪检监察机关交代违纪问题的党员干部为 5400 余人。2016 年，在强有力的震慑下，有 5.7 万名党员干部主动交代了违纪问题。

坚持不懈开展反腐败斗争，增强了人民群众对党的信任和支持。在 2016 年 1 月 16 日举行的第十八届中纪委第六次会议上，习近平总书记在讲话中用一系列调查数据说明了人民群众对于反腐败斗争的满意度。他说，国家统计局 2015 年的问卷调查结果显示，91.5% 的群众对党风廉政建设和反腐败工作成效表示很满意或比较满意。中国社会科学院的问卷调查显示，93.7% 的领导干部、92.8% 的普通干部、87.9% 的企业人员、86.9% 的城乡居民对中国反腐败表示有信心或比较有信心。② 他说，这再次印证党风廉政建设和反腐败斗争顺党心、合民意，有着广泛和坚实的政治基础和群众基础。只要我们管党治党不放松、正风肃纪不停步、反腐惩恶不手软，就一定能赢得这场输不起也决不能输的斗争！③

总之，十八大以来，党中央着力解决管党治党失之于宽、失之于松、失之于软的问题，使不敢腐的震慑作用充分发挥，不能腐、不想腐的效应初步显现，反腐败斗争压倒性态势正在形成。这些反腐败斗争成果，是严肃和规范党内政治生活、加强党内监督、净化党内政治生态所取得的初步成果，也是坚定不移捍卫中国人民基本人权所取得的重要进步和成果。

---

① 《十八届中央纪委第七次全会工作报告》，2017 年 1 月 6 日，中央纪委监察部网站：http://www.ccdi.gov.cn/xxgk/hyzl/201701/t20170120_93095.html。
② 《正风反腐深得党心民心——2015 年全国党风廉政建设民意调查数据分析》，《中国纪检监察》2016 年 1 月 15 日，新华网：http://news.xinhuanet.com/legal/ttgg/2016-01/15/c_128633288.htm。
③ 《习近平在中纪委第六次全体会议上的讲话》，2016 年 1 月 12 日，新华网：http://news.xinhuanet.com/politics/2016-05/03/c_128951516.htm。

## 三　坚持思想建党和制度治党相结合，反对特权思想，遏制特权现象

同人权根本对立的，除了用公权力谋取私利的腐败，还有一些干部身上沾染的特权思想和在日常生活中存在的特权现象。一些领导干部就是从迷恋特权，一步一步走向腐败深渊的。习近平总书记在学习贯彻党的十八届六中全会精神专题研讨会上强调，领导干部要严格自律，自觉同特权思想和特权现象做斗争，从自己做起，从身边人管起，从最近身的地方构筑起预防和抵制特权的防护网。

特权，指的是一些人在政治上、经济上、生活上享有的制度和法律以外的权利。特权不仅有违公平正义的原则，使人民群众非常不满，而且在特权横行的时候还会直接侵犯公民的基本人权，引起人民群众的公愤。中国共产党历来是反对特权、维护人权的。中国共产党的党章明确规定："中国共产党党员永远是劳动人民的普通一员。除了法律和政策规定范围内的个人利益和工作职权以外，所有共产党员都不得谋求任何私利和特权。"① 1980 年制定的《关于党内政治生活的若干准则》也明确指出："在我们的国家中，人们只有分工的不同，没有尊卑贵贱的分别。谁也不是低人一等的奴隶或高人一等的贵族。那种认为自己的权力可以不受任何限制的思想，就是腐朽的封建特权思想，这种思想必须受到批判和纠正。共产党员和干部应该把谋求特权和私利看成是极大的耻辱。"②

党的十八大以来，以习近平同志为核心的党中央一再强调各级领导干部决不允许搞特权。习近平总书记在第十八届中纪委第二次会议上就已经说过："在我们的一些干部中，特权思想、特权现象还是比较严重的。"③ 这些特权现象，主要表现在干部的办公用房、住房、用车等问题上，有的还表现在提干问题上。他尖锐地指出："从上到下的一些干部中，违规占有多套住

---

① 《中国共产党章程》第一章第二条。
② 《关于党内政治生活的若干准则》第十一条。
③ 《习近平在十八届中央纪委二次全会上发表重要讲话》，2013 年 1 月 22 日，人民网：http://cpc.people.com.cn/n/2013/0122/c64094-20289660.html。

房的，违规占有公家车辆的，以各种形式侵占公共利益的，违规侵占群众利益的，明里暗里为子女亲属升官发财奔走的，以权枉法的，不乏其人啊！这些特权现象严重损害了社会公平正义，引起了群众极大不满。决不能见怪不怪啊！焦裕禄、杨善洲同志的事迹之所以感人，群众之所以信服，很重要的一个原因就是他们绝对不搞任何特权，有的事做到一般人看来都不近人情的地步，但就是这样过得硬的干部，在群众中才有口碑。"① 习近平总书记揭露的这些特权现象，在党政军机关中都存在，严重地损害了社会公平正义，侵犯了公民的基本人权。

特权现象不仅表现在领导干部个人身上，还表现在领导干部"身边人"的身上。领导干部职位越高，他们和身边人就越容易获取特殊利益，因此，党中央一再要求高级干部要以身作则、以上率下，抵制特权思想，不搞特殊化，加强对亲属子女和身边工作人员的教育管理。习近平总书记曾向领导干部语重心长地指出，各级领导干部特别是高级干部要自觉遵守廉政准则，既严于律己，又加强对亲属和身边工作人员的教育和约束，决不允许以权谋私，决不允许搞特权。在 2015 年 12 月 28～29 日召开的中共中央政治局专题民主生活会上，习近平总书记明确指出："中央政治局的同志不能有权力上、地位上的优越感。无论公事私事，都要坚持党性原则，都要加强自我约束，鼓励和欢迎下级和身边工作人员监督，不折不扣执行党的纪律和规矩。对亲属子女和身边工作人员，要严格教育、严格管理、严格监督，发现问题及时提醒、坚决纠正。"② 党的十八届六中全会之所以要强调加强党内监督，特别是加强对中央领导层的监督，一个重要的考虑就是要同特权思想和特权现象做不妥协的斗争，纠正一切有违社会公平正义、侵犯人权的不合理现象。

关于领导干部的特权问题，经历过"文化大革命"的中国共产党一直保持高度关注。早在 1999 年，有关部门就已经制定了相关规定，明确了各

---

① 《习近平在十八届中央纪委二次全会上发表重要讲话》，2013 年 1 月 22 日，人民网：http：//cpc. people. com. cn/n/2013/0122/c64094-20289660. html。

② 《人民日报》，2015 年 12 月 30 日。

级领导干部在住房、车辆配备、秘书配备、办公用房等待遇方面的具体标准。比如，部长级配备轿车须在 45 万元以下，正部级住房标准是 220 平方米，正部级每人办公面积 54 平方米。但是，由于缺少公开性和透明度，长期以来许多群众并不了解这些情况，许多干部也不把这样的规定当回事。前几年一些地方大兴土木，随心所欲扩大办公用房，引起群众强烈不满。

十八大以来，党中央根据群众的呼声，要求国家发展改革委、住房城乡建设部会同有关部门在深入调查研究和广泛征求意见的基础上，对颁布了 15 年之久的《党政机关办公用房建设标准》进行修订。新版标准不仅明确了办公室的使用面积，还明确规定党政机关办公用房不得在办公区域内建设阶梯式和有舞台灯光音响、舞台机械、同声传译的会堂、报告厅、大型会议室。建筑物内不宜设置阳光房、采光中厅、室内花园、景观走廊等超出办公用房功能的其他空间或房间。主入口门厅高度不应超过两层，中央及省级机关的门厅使用面积不应超过 300 平方米，市级机关不应超过 240 平方米，县级机关不应超过 120 平方米。党政机关办公用房的会议室、接待室及主入口门厅不应选用豪华灯具，外墙面不宜大面积采用玻璃幕墙，主入口不应使用铜质门、豪华旋转门，等等。经报请党中央、国务院批准，2014 年 11 月 24 日修订后的《党政机关办公用房建设标准》印发给了各地各部门，并在网站上向全社会公开了这些标准（见表 7）。2016 年，按标准清查整顿党政机关办公用房工作扎实推进，取得了明显的进展。

表 7　各级工作人员办公室使用面积

单位：平方米/人

| 类别 | 适用对象 | 使用面积 |
| --- | --- | --- |
| 中央机关 | 部级正职 | 54 |
| | 部级副职 | 42 |
| | 正司（局）级 | 24 |
| | 副司（局）级 | 18 |
| | 处级 | 12 |
| | 处级以下 | 9 |

| 类别 | 适用对象 | 使用面积 |
|---|---|---|
| 省级机关 | 省级正职 | 54 |
| | 省级副职 | 42 |
| | 正厅（局）级 | 30 |
| | 副厅（局）级 | 24 |
| | 正处级 | 18 |
| | 副处级 | 12 |
| | 处级以下 | 9 |
| 市级机关 | 市级正职 | 42 |
| | 市级副职 | 30 |
| | 正局（处）级 | 24 |
| | 副局（处）级 | 18 |
| | 局（处）级以下 | 9 |
| 县级机关 | 县级正职 | 30 |
| | 县级副职 | 24 |
| | 正科级 | 18 |
| | 副科级 | 12 |
| | 科级以下 | 9 |
| 乡级机关 | 乡级正职 | 由省级人民政府按照中央规定和精神自行做出规定，原则上不得超过县级副职 |
| | 乡级副职 | |
| | 乡级以下 | |

资料来源：国家发展改革委、住房城乡建设部：《党政机关办公用房建设标准》。

2015 年和 2016 年，党中央有关部门对各级领导干部的公务用车、秘书配备和住房、办公用房等问题进行了清查，发现了许多违规问题。一是近几年来，一些地方一些部门并不把党和政府制定的这些标准当回事，出现了超范围配车配秘书，超标准建干部住房，领导干部调离后依然保留他在当地的住房等问题；二是一些领导干部退出领导岗位后还在多地有住房、多处有办公室，引起群众强烈不满。2016 年在清查的基础上对发现的问题进行了认真的整顿和处理。在住房方面，严格执行领导干部住房待遇标准和相关政策，不准多处占用住房。严格执行办公用房配备使用标准，不准超标准配备和装修办公用房；领导干部在不同部门同时任职的，只在主要工作部门安排一处办公用房，其他任职部门不再安排办公用房；领导干部工作有调动的，由调入部门安排办公用房，原单位的办公用房不再保留；领导干部已办理离退休手续的，原单位的办公用房全部腾退。在用车方面，严格执行领导干部专车、相对固定用车和机关工作用车配备、购置、使用的具体规定，收回违规超编制超标准配备的公车，收回违规使用的军车、警车牌照等装置，严禁公车私用。领导干部调动，其所配专车或相对固定用车留在原单位。在秘书配备和警卫工作方面，严格执行领导干部秘书配备规定，不得随意配备秘书工作人员特别是配备专职秘书。此外还规定严格按照相关规定部署组织警卫工作，不得违反规定扩大警卫范围，不准超规格进行警卫。在公务接待方面，严格执行公务接待各项规定，不准超标准进行公务接待。同时，还明确要加强日常监督，对领导干部住房、办公用房、公车、公务接待等实行集中统一管理，将保障领导干部待遇所需经费逐步列入财政预算，以预算改革推动领导干部待遇标准的严格执行。①

2016 年 11 月 30 日，中共中央政治局还召开会议，审议通过了规范党和国家领导人有关待遇的文件。会议认为，对党和国家领导人办公用房、住房、用车、交通、工作人员配备、休假休息等待遇进一步做出规定，明确提出党和国家领导人退下来要及时腾退办公用房；不能超标准配备车辆、超规格乘坐交通工具，外出要轻车简从，最大限度减少对群众生产生活的影响；按规定配备工作人员并加强教育管理，严格约束亲属和身边工作人员；压缩赴外地休假休息时间，实行严格报批制度等。这些规定坚持从严要求，按照"保障工作需要、待遇适当从低"的原则，统一规范，强化约束，是贯彻落

---

① 《全会〈决定〉解读：规范并严格执行领导干部工作生活保障制度》，2013 年 12 月 11 日，中央纪委监察部网站：http://www.ccdi.gov.cn/special/szqh/qwjd/201312/t20131211_15109.html。

实党的十八届六中全会精神的重要举措，是对中央八项规定的拓展和深化，对加强党的作风建设意义重大，充分体现了以习近平同志为核心的党中央坚持以身作则、率先垂范，对全党具有重要示范和带动作用。有关规定从十八届中央政治局率先做起，并分批实施。① 对此，全国政协常委、复旦大学教授葛剑雄 2016 年 12 月 1 日接受《北京青年报》记者采访时表示，他在 2013 年"两会"期间向全国政协提交过"关于制定公布离任国家领导人礼遇条例和退休官员待遇规定提案"。这一年"两会"闭幕后，中组部就在提案答复函中说，中组部正会同有关部门对省部级干部生活待遇规定进行修订，党和国家领导人生活待遇规定也正由有关部门研究修订。葛剑雄认为，目前制定的文件强调的是"全面规范"，其中确定"待遇适当从低"的原则体现了党的十八届六中全会全面从严治党的要求，而且中央政治局率先做起，并分批实施是符合实际的做法。

特权的另外一种表现，是在用人问题上，如明里暗里为子女亲属升官发财奔走。对此，党中央要求各级领导干部严格自律，注重在选人用人上把好方向、守住原则，坚持党管干部原则，带头执行党的干部政策，坚决纠正各种不正之风。领导干部严格自律，要注重防范被利益集团"围猎"，坚持公正用权、谨慎用权、依法用权，坚持交往有原则、有界限、有规矩。领导干部要严格自律，要注重自觉主动接受监督，对党忠诚老实，党员干部决不能以任何借口拒绝接受监督，党组织也决不能以任何理由放松监督。②

为了遏制特权思想、遏制特权现象蔓延，党中央强调要坚持思想建党与制度治党相结合，全面从严治党。习近平总书记指出："从严治党靠教育，也靠制度，二者一柔一刚，要同向发力、同时发力。"思想建党是全面从严治党的根本，要从根本上解决党员干部思想上的滑坡问题，拧紧世界观、人生观、价值观这个"总开关"，补足共产党人精神之"钙"，引导

① 《中共中央政治局召开会议　审议规范党和国家领导人有关待遇等文件》，2016 年 11 月 30 日，新华网：http://news.xinhuanet.com/politics/2016-11/30/c_1120025506.htm。
② 《习近平：以解决突出问题为突破口和主抓手推动六中全会精神落到实处》，2017 年 2 月 13 日，新华网：http://news.xinhuanet.com/2017-02/13/c_1120459366.htm。

党员干部坚定理想信念，坚守共产党人"为民务实清廉"的价值追求，为全面建成小康社会提供精神动力和思想保证。制度建党是全面从严治党的治本之策，要制定务实管用、科学严密的制度体系，把党章作为管党治党和党内各项制度建设的根本依据，不断深化党的建设制度改革，切实增强制度的科学性、系统性、权威性和可操作性，特别是提高制度执行力，坚持制度执行到人到事到底，制度面前人人平等，执行制度没有例外，使制度成为硬约束而不是"橡皮筋"。①

2015年10月，中共中央印发通知，将2010年制定的《中国共产党党员领导干部廉洁从政若干准则》修订为《中国共产党廉洁自律准则》，并对2003年制定的《中国共产党纪律处分条例》进行了修订。新修订的准则和条例于2016年1月1日开始实施。各级党委和政府在落实《中国共产党廉洁自律准则》的同时，加大财政预算公开力度，从严控制行政经费支出。严肃整治公款大吃大喝行为，落实公务接待有关规定，严禁以各种名义用公款互相宴请和安排高消费娱乐活动。严肃整治公款旅游行为，严禁以开会、调研、考察、检查、培训等名义变相旅游。继续从严控制党政机关办公楼、接待场所等楼堂馆所建设，禁止违反规定购建、装修办公用房和配置高档办公用品。继续做好公务用车问题专项治理，规范公务用车管理。规范领导干部出访活动，坚决制止公款出国（境）旅游。严格规范领导干部离职或退休后从业行为。同时，严禁违反规定干预和插手市场经济活动，严禁违规收送礼金、有价证券和支付凭证，严禁利用职权和职务影响为配偶、子女及其配偶以及其他亲属经商办企业提供便利条件。加强对配偶子女均已移居国（境）外的国家工作人员的管理和监督。认真执行领导干部报告个人有关事项制度，并开展抽查核实工作。② 2016年6月28

---

① 桑学成：《全面从严治党为全面建成小康社会提供坚强保证》，《学习时报》2016年6月13日，人民网：http://theory.people.com.cn/n1/2016/0613/c49154-28429307.html。

② 王岐山：《深入学习贯彻党的十八大精神　努力开创党风廉政建设和反腐败斗争新局面——在中国共产党第十八届中央纪律检查委员会第二次全体会议上的工作报告》，2013年1月21日，中国网：http://finance.china.com.cn/news/gnjj/20130226/1297819.shtml。

日，中共中央政治局还召开会议，审议通过了《中国共产党问责条例》，明确规定了问责的对象、内容和方式方法，强调要"加强党的建设，全面从严治党，做到有权必有责、有责要担当、失责必追究，落实党组织管党治党政治责任，督促党的领导干部践行忠诚干净担当"。① 坚持失责必问，把权力和义务、责任和担当统一起来，这为强化问责提供了制度利器。② 这些思想建党和制度治党相结合的重大举措，对于全党反对特权思想、遏制特权现象，发挥了重要作用。与此同时，所有这些措施，都有力地遏制了侵犯人权的现象频发，对于保障公民公正地享有基本人权发挥了重要的作用。

党的十八届六中全会强调指出，新形势下加强和规范党内政治生活，重点是各级领导机关和领导干部，关键是高级干部特别是中央委员会、中央政治局、中央政治局常务委员会的组成人员。③ 明确这一点非常重要，不仅有利于凝聚党心民心，而且坚持以上率下严肃党内政治生活，丰富发展了党在加强自身建设中积累的重要经验，体现了全面从严治党的客观要求，是解决执政党建设问题的根本之策。因此，以习近平同志为核心的党中央提出领导干部要严格自律，自觉同特权思想和特权现象做斗争，更具有关系到从严治党全局的重大意义。

## 四 完善党纪执行制度，防止"灯下黑"，保障被审查人的权利

为了保证全面从严治党的制度能够得到有效落实，中共中央还在反腐败斗争中，进一步完善纪律执行制度，一方面积极发挥纪检监察机关的执纪执法监督作用，另一方面有效监督和惩治纪检监察人员的违纪违法行为，防止

---

① 《中国共产党问责条例》，中共中央政治局 2016 年 6 月 28 日通过，新华网：http：//news. xinhuanet. com/politics/2016-07/17/c_ 1119232150. htm。

② 《十八届中央纪委第七次全会工作报告》，2017 年 1 月 6 日，中央纪委监察部网站：http：//www. ccdi. gov. cn/xxgk/hyzl/201701/t20170120_ 93095. html。

③ 《中国共产党第十八届中央委员会第六次全体会议公报》，2016 年 10 月 27 日，新华网：http：//news. xinhuanet. com/politics/2016-10/27/c_ 1119801528. htm。

"灯下黑"，同时也使被审查人的各项人权得到有效保障。

为了加强对纪检部门本身的监督管理，十八届中央纪委第六次全会工作报告在强调不能混淆纪律和法律的界限的同时，明确指出："纪委决不能成为党内的'公检法'，执纪审查决不能成为'司法调查'，要依纪监督、从严执纪，真正把纪律立起来、严起来，执行到位"。①

从 2014 年起，中纪委就对纪检监察干部配偶子女移居国（境）外情况进行摸底排查，带头对自建培训中心存在的问题自查自纠。严肃查处违反中央八项规定精神的问题，点名道姓、通报曝光。以零容忍态度清除害群之马，处分违纪违法干部 1575 人。② 2015 年，中央纪委机关查处违纪纪检监察干部 7 人，各级纪检监察机关处分 2479 人。③ 党的十八大以来，中央纪委机关谈话函询 218 人、组织调整 21 人、立案查处 17 人，全国纪检监察系统共谈话函询 5800 人次、组织处理 2500 人、处分 7900 人，维护了队伍纯洁。④

全面从严治党的同时强调保障被审查人的人权。中纪委早就明文规定，要维护被查者的申辩权、申诉权、人身权、知情权和财产权，尊重被调查人的人格，坚持文明办案。不得以讽刺、挖苦等方式对被调查人进行人格侮辱。不得打骂、体罚或变相体罚被调查人。中纪委向党的十八大所做的工作报告指出，要"严格依纪依法、安全文明办案，保障被审查人员合法权益"。⑤ 党的十八届六中全会以后，以习近平同志为核心的党中央进一步要求各级纪委强化自我监督，自觉接受党内和社会监督，建设一支让党放心、

---

① 《十八届中央纪委第六次全会工作报告》，2016 年 1 月 12 日，中央纪委监察部网站：http：//www. ccdi. gov. cn/xxgk/hyzl/201601/t20160126_ 73506. html。
② 《十八届中央纪委第五次全会工作报告》，2015 年 1 月 12 日，中央纪委监察部网站：http：//www. ccdi. gov. cn/xxgk/hyzl/201501/t20150130_ 50785. html。
③ 《十八届中央纪委第六次全会工作报告》，2016 年 1 月 12 日，中央纪委监察部网站：http：//www. ccdi. gov. cn/xxgk/hyzl/201601/t20160126_ 73506. html。
④ 《十八届中央纪委第七次全会工作报告》，2017 年 1 月 6 日，中央纪委监察部网站：http：//www. ccdi. gov. cn/xxgk/hyzl/201701/t20170120_ 93095. html。
⑤ 《中共中央纪律检查委员会向党的第十八次全国代表大会的工作报告》，2012 年 11 月 14 日通过，中央纪委监察部网站：http：//www. ccdi. gov. cn/xxgk/hyzl/201307/t20130719_ 45382. html。

让人民信赖的纪检干部队伍，为全党全社会树起严格自律的标杆。

2016 年，党中央根据依法治国和健全社会主义监督体系的要求，把深化国家监察体制改革作为事关全局的重大政治体制改革，提上了议事日程。中央决定，积极稳妥推进国家监察体制改革，加强统筹协调，做好政策把握和工作衔接，并为此制定了深化国家监察体制改革的方案，确定了时间表、路线图，推动试点先行。中央政治局、中央政治局常委会和中央全面深化改革领导小组进行了 6 次专题研究，审议通过了改革和试点方案，决定整合反腐败力量，设立国家监察委员会，实现对所有行使公权力的公职人员监察全覆盖；监察委员会作为监督执法机关，履行监督、调查、处置职责，赋予谈话、询问、留置等调查权限，体现全面深化改革、全面依法治国、全面从严治党的有机统一。党的纪律检查机关和监察机关合署办公，构建集中统一、权威高效的监察体系。中央还决定成立中央深化国家监察体制改革试点工作领导小组，由全国人大常委会做出相关决定，在北京市、山西省、浙江省部署开展改革试点。中央纪委召开 20 多次会议研究制定改革和试点方案，深入试点地区调查研究，推动检察机关反贪污贿赂等部门转隶。会同全国人大机关成立工作专班，研究将行政监察法修改为国家监察法。①

正如习近平在十八届六中全上指出的，党的十八大以来，全面从严治党取得显著成效，要做到惩治腐败力度决不减弱、零容忍态度决不改变，坚决打赢反腐败这场正义之战，必须坚持原则，完善配套措施，推动问责制度落地生根，同时各级纪委要强化自我监督，自觉接受党内和社会监督，把尊重和保障人权的原则体现在纪律检查全过程。

总之，中国共产党十八届六中全会要求在新形势下加强和规范党内政治生活，净化党内政治生态，这标志着全面从严治党进入了一个新阶段。全面从严治党将巩固和强化中国共产党作为中国人权事业领导核心的地位，对中国人权事业的长远发展也必将产生深远的影响。

---

① 《十八届中央纪委第七次全会工作报告》，2017 年 1 月 6 日，中央纪委监察部网站：http：//www.ccdi.gov.cn/xxgk/hyzl/201701/t20170120_ 93095.html。

# 中国人权事业发展进入新时代

李君如　常　健

　　2017 年 10 月中国共产党第十九次全国代表大会根据中国发展的实际，做出了"中国特色社会主义进入新时代"的重要判断①。新时代对中国人权事业发展也提出了新要求，正如习近平所指出的，"中国共产党第十九次全国代表大会描绘了中国发展的宏伟蓝图，必将有力推动中国人权事业发展，为人类进步事业作出新的更大的贡献"②。

　　习近平在省部级主要领导干部"迎接党的十九大"专题研讨班开班式上对理论建设和理论创新提出要求，指出："我们要在迅速变化的时代中赢得主动，要在新的伟大斗争中赢得胜利，就要在坚持马克思主义基本原理的基础上，以更宽广的视野、更长远的眼光来思考和把握国家未来发展面临的一系列重大战略问题，在理论上不断拓展新视野、作出新概括。"③ 2017 年 11 月 1 日，中国人权研究会在全国人大会议中心召开了"深入学习贯彻党的十九大精神座谈会"。2017 年 12 月 19 日，中国人权研究会和广东省委宣传部主办、广州大学人权研究院承办的"新时代中国人权事业的发展"研讨会在广州举行④。人权专家学者们围绕新时代中国人权事业发展展开了热烈的讨论，深入探讨了新时代中国人权事业的方向、特征、逻辑起点和战略目标，新时代对人权保障的新需求和实现方式，以及新时代中国人权研究、教育和文化建设的方向。

---

① 习近平：《决胜全面建成小康社会　夺取新时代中国特色社会主义伟大胜利——在中国共产党第十九次全国代表大会上的报告》（2017 年 10 月 18 日），人民出版社，2017，第11 页。

② 《习近平致首届"南南人权论坛"的贺信》，2017 年 12 月 7 日，中国政府网，http://www.gov.cn/xinwen/2017-12/07/content_5245144.htm。

③ 转引自河沿《担负起理论工作者的时代使命》，《红旗文稿》2017 年第 15 期。

④ 贺林平：《开启新时代中国人权事业发展新征程——"新时代中国人权事业的发展"研讨会综述》，《人民日报》2017 年 12 月 21 日，第 6 版。

# 一　新时代中国人权事业的方向、特征、逻辑起点和战略目标

党的十九大庄严地宣布"中国特色社会主义进入了新时代"，中国人权事业也伴随着中国历史方位的这一大变化，进入了中国特色社会主义新时代。围绕新时代中国人权事业的方向、特征、逻辑起点和战略目标，专家们提出了自己的理解。

关于新时代中国人权事业发展的方向，专家们认为，是更充分、更均衡地保障中国人民的各项人权。正如中宣部副部长、中国人权研究会副会长崔玉英所说的，党的十九大报告指出，我国社会的主要矛盾已经转化为人民日益增长的美好生活需要和不平衡不充分的发展之间的矛盾。新时代新矛盾对实现更加平衡和更加充分的发展提出了新要求，也对更加充分保障人民发展权提出了新要求。党的十九大开启了全面建设社会主义现代化国家的新征程，这也是我国人权保障水平向更高层次迈进的新起点。习近平总书记强调坚持在发展中保障和改善民生，在幼有所育、学有所教、劳有所得、病有所医、老有所养、住有所居、弱有所扶上不断取得新进展，不断促进社会公平正义；强调坚持健全民主制度，丰富民主形式，拓宽民主渠道，将人民当家作主落实到国家政治生活和社会生活之中；强调坚持全面依法治国，加强人权法治保障，保护人民人身权、财产权、人格权，充分保障人民平等参与、平等发展权利，保证人民依法享有广泛权利和自由；强调坚持人与自然和谐共生，建设美丽中国，为人民创造良好生产生活环境①。

关于新时代中国人权事业的特征，中国人权研究会副会长、原中央党校副校长李君如从指导思想、主要矛盾、历史背景和与世界人权事业的关系四个方面进行了分析②。

---

① 崔玉英在"新时代中国人权事业的发展"研讨会上的讲话，2017 年 12 月 19 日。
② 李君如：《中国人权进入了新时代》，在中国人权研究会"深入学习贯彻党的十九大精神座谈会"上的发言，2017 年 11 月 1 日。

　　第一，新时代中国人权事业，是在习近平新时代中国特色社会主义思想指导下的伟大事业。党的十九大把十八大以来的创新理论概括为习近平新时代中国特色社会主义思想，并把这一马克思主义中国化的最新成果同马克思列宁主义、毛泽东思想、邓小平理论、"三个代表"重要思想、科学发展观一并确立为党的行动指南，写入党章。推进中国人权事业发展，要坚持以习近平新时代中国特色社会主义思想为指南，将其与习近平关于中国特色人权的深刻思想作为一个整体加以深入研究，并同中国共产党历来的人权主张结合起来，形成一个中国特色的人权理论体系。

　　第二，新时代中国人权事业是在解决新时代社会主要矛盾过程中不断满足人民日益增长的美好生活需要的人权事业。以社会主要矛盾及其变动特点为根据，来划分社会发展阶段、确定各个发展阶段的中心工作，是从国情实际出发，而不是从所谓"人权普世价值"出发，有针对性地研究和解决中国人权问题的科学方法论。在半殖民地半封建的中国，中国的人权事业重点解决的是怎样在反帝反封建的斗争中求得民族独立和人民解放，使得中国人获得独立自主的集体人权。进入社会主义初级阶段后，特别是改革开放以来，中国的人权事业重点解决的是中国人民在解决"温饱问题"、"奔小康"和"全面建设小康社会"进程中的人权问题，特别是最基本的生存权和发展权。今天，中国特色社会主义已经进入新时代，我国社会主要矛盾转化为人民日益增长的美好生活需要和不平衡不充分的发展之间的矛盾，同时我国依然处在社会主义初级阶段，这一基本国情没有变。在这种情况下，党和国家的工作所致力的，是在继续推动发展的基础上，解决好发展不平衡不充分问题，大力提升发展质量和效益，更好地满足人民在经济、政治、文化、社会、生态等方面日益增长的需要，推动人的全面发展、社会全面进步。与此相联系，中国人权事业也要与时俱进，在继续保障生存权和发展权的同时，进一步关注和满足人民在民主、法治、公平、正义、安全、环境等方面的人权。党的十九大报告明确提出了"加强人权的法治保障"；在强调"全面依法治国是国家治理的一场深刻革命"时，提出要"加强宪法实施和监督，推进合宪性审查工作，维护宪法权威"；在论述"打造共建共治共享的社会治理格局"时，明确提出要"保护人民人身权、财产权、人格权"。这说明，中国特色社会主义新时代对人权事业提出了更高的、更广泛的要求，必须以"不断满足人民日益增长的美好生活需要"为大坐标来研究新时代的人权问题。

第三，新时代中国人权事业，是在决胜全面建成小康社会、开启全面建设社会主义现代化国家新征程中的人权事业。十九大报告指出，中国特色社会主义进入新时代，意味着近代以来久经磨难的中华民族迎来了从"站起来"、"富起来"到"强起来"的伟大飞跃。中国人"站起来"是中国人权事业的第一次飞跃，"富起来"是中国人权事业的第二次飞跃，"强起来"必将实现中国人权事业新的伟大飞跃。"强起来"就是要在全面建成小康社会的基础上，再奋斗"两个15年"即"分两步走"：第一阶段，基本实现社会主义现代化；第二阶段，到21世纪中叶把我国建成富强民主文明和谐美丽的社会主义现代化强国。在新时代研究"尊重和保障人权"，需要在中华民族"强起来"的历史进程中，研究"决胜全面建成小康社会、开启全面建设社会主义现代化国家新征程"中的人权保障问题。

第四，新时代中国人权事业，是在和各国人民同心协力构建人类命运共同体历史进程中的人权事业。十九大报告指出："中国共产党始终把为人类作出新的更大的贡献作为自己的使命。"[①] 在新时代，中国不仅要通过提升中国人权保障水平为世界人权事业作贡献，还要进一步通过参与国际事务和全球治理，促进世界人权事业的发展。今天的世界出现了许多不确定性，针对"世界怎么了，我们怎么办"的困惑，习近平总书记提出了"构建人类命运共同体，实现共赢共享"的"中国方案"。中国人权事业同世界人权事业的联系日益紧密，中国在人权事业中获得的进步也日益受到国际社会的关注。中国的人权理论工作者已经从"请进来"到"走出去"，在国际社会发

---

① 习近平：《决胜全面建成小康社会　夺取新时代中国特色社会主义伟大胜利——在中国共产党第十九次全国代表大会上的报告》（2017年10月18日），人民出版社，2017，第11页。

出中国的声音，这是新时代中国人权事业的历史性进步。中国人权事业需要进一步顺应时代要求，在"人类命运共同体"思想的指导下，为世界人权的发展做出贡献。

关于新时代中国人权事业的逻辑起点，专家们认为，应当从中国人权事业已经取得的成就以及面临的主要矛盾两个方面来加以分析。中国人权研究会常务理事、武汉大学人权研究院执行院长汪习根说，党的十九大报告指出，我国社会的主要矛盾已经转化为人民日益增长的美好生活需要和不平衡不充分的发展之间的矛盾。这涉及两个方面：一个是人民的需要，从人权法理论角度来讲，就是基本权利和利益的诉求，利益在形式上表现为人权，利益是人权内在的实体，权利是利益需求的外在表现，人民的需要构成了目标预测；另一个是现实状况中存在的差距，将高远的目标同我们现实的国情和取得的成就与存在的某些问题相对照，就可以看出我们应从什么地方出发，找准目标定位[1]。

关于新时代人权事业建设的战略目标，专家们认为，它必须与国家社会主义现代化建设两个阶段的总体目标相一致，与国家发展战略的两个阶段相一致。在汪习根看来，人权建设的战略目标也可以分两步。第一个阶段，在全面建成小康社会的前提下，从人权得到保障到人权得到充分保障。十九大报告提出，从2020年到2035年，要基本建成现代化国家，现代化国家也应当是现代化人权的国家。第二个阶段，从基本建成人权大国到建成一个现代化的人权强国。十九大报告提出，从2035年到21世纪中叶，要建成富强、民主、文明、和谐、美丽的社会主义现代化国家。到那时，我们的物质文明、精神文明、政治文明、社会文明、生态文明全面提升，全体人民共同富裕基本实现，我国人民将享有更加幸福、安康的生活，中国成为一个人权强国[2]。

---

[1] 汪习根在中国人权研究会"深入学习贯彻党的十九大精神座谈会"上的发言，2017年11月1日。

[2] 汪习根在中国人权研究会"深入学习贯彻党的十九大精神座谈会"上的发言，2017年11月1日。

## 二 新时代对人权保障的新需求和实现方式

中国特色社会主义新时代对人权保障提出了新的要求。一方面，人民要求更全面、更均衡、更充分、更可靠的人权保障；另一方面，国家在满足这些更高要求方面还存在一定的差距，要采取有效和可行的方式来满足这些新的人权需求。专家们围绕新时代人权保障的新需求及其满足方式展开了热烈的讨论。

### （一）立足人的全面发展促进更全面的人权保障

在新时代，人民要求更加全面的人权保障，不仅要求保障生存权，而且要求保障发展权、环境权；不仅要求保障经济、社会和文化权利，而且要求保障公民权利和政治权利[①]。为了更加全面地保障人权，十九大报告将"促进人的全面发展"置于更加突出的位置。报告中三处提到要更好地推动、不断地促进"人的全面发展"，这不仅意味着要将人真正作为发展的主体，而且要求对人的各方面权利予以全面的尊重和保障。报告特别强调要使"人民平等参与、平等发展权利得到充分保障"，在公民权利方面特别提出要"保护人民的人身权、财产权、人格权"，在政治权利方面强调要"扩大人民有序政治参与，保证人民依法实行民主选举、民主协商、民主决策、民主管理、民主监督……保证人民依法享有广泛权利和自由……保障人民知情权、参与权、表达权、监督权"[②]。

中国人权研究会常务理事、山东大学人权研究中心主任齐延平认为，党的十九大报告体现了各项人权相互依存、协调发展的理念。报告中对当前的社会基本矛盾的变化做出了重大的判断，人民美好生活需要日益广泛，十九

---

① 常健：《十九大报告对中国人权保障新需求的全面回应》，在中国人权研究会"深入学习贯彻党的十九大精神座谈会"上的发言，2017年11月1日。参见常健《中国人权事业迈向新阶段》，《人民日报》（海外版）2017年11月25日，第1版。
② 习近平：《决胜全面建成小康社会　夺取新时代中国特色社会主义伟大胜利——在中国共产党第十九次全国代表大会上的报告》（2017年10月18日），人民出版社，2017。

大报告特别提出了在民生、法治、公平、正义、安全、环境等各方面的要求，并为回应这些要求做出了具体的行动安排。这些方案与我们长期坚持的全面推进经济、社会、文化权利和公民权利、政治权利协调发展，坚持人权的普遍原则和中国实际相结合，在更高水平上保障中国人民的人权，促进人的全面发展，在精神上是高度统一的①。

## （二）坚持协调发展促进更均衡的人权保障

在新时代，人民要求更加均衡的人权保障，特别要提升中西部、乡村和边远贫困地区人权保障水平，使他们能够与全国发达地区享受同等的人权保障水平②。为促进更加均衡的人权保障，十九大报告在六处提到要逐步实现、不断促进"全体人民共同富裕③"。报告提出了一系列促进人权均衡保障的具体战略，包括乡村振兴战略、区域协调发展战略、可持续发展战略，开展脱贫攻坚、精准脱贫等，报告还在教育、社会保险、救助体系等方面提出了城乡一体化战略。

人权保障的不平衡，是新时代人权发展必须面对和解决的重要问题。中国人权研究会常务理事、中国人民大学人权研究中心主任韩大元指出，十九大报告所提出的新发展理念，极大地丰富了人权的新内涵，有助于我们正确认识人权发展中的不平衡、不充分问题，使我们在未来促进人权的发展过程中回应中国真实的人权状况和人权需求。必须承认，在中国人权事业发展过程中，虽然我们取得了重大的成就，但人权的原则和人权的实践之间仍存在较大的差距，城乡的人权发展水平之间，各阶层的人权发展水平之间，以及国内人权和国际人权的发展水平之间，客观上存在不平衡、不充分的问题。

---

① 齐延平在中国人权研究会"深入学习贯彻党的十九大精神座谈会"上的发言，2017 年 11 月 1 日。

② 常健：《十九大报告对中国人权保障新需求的全面回应》，在中国人权研究会"深入学习贯彻党的十九大精神座谈会"上的发言，2017 年 11 月 1 日。参见常健《中国人权事业迈向新阶段》，《人民日报》（海外版）2017 年 11 月 25 日，第 1 版。

③ 习近平：《决胜全面建成小康社会　夺取新时代中国特色社会主义伟大胜利——在中国共产党第十九次全国代表大会上的报告》（2017 年 10 月 18 日），人民出版社，2017。

如何解决好这种不平衡、不充分问题，将是我们落实好习近平总书记人权思想的重要课题①。西南政法大学人权研究院院长助理赵树坤教授对人权保障不平衡问题做出了具体分析。她认为，人权保障不平衡问题主要是发展机会和发展成果享有方面的不平衡，它涉及由性别差异、民族差异、城乡差异、地区差异、阶层差异、收入差异、健康差异等方面所导致的在权利享受方面的差异②。汪习根认为，平等保障人民的参与权、发展权是新时代促进更平衡的人权保障的重要方面。党的十七大报告、十八大报告两次提出了要保障全体人民平等参与、平等发展的权利，十九大报告在此基础上进一步提出要使人民平等参与、平等发展的权利得到充分保障③。

### （三）提升发展质量促进更充分的人权保障

在新时代，人民要求更加充分的人权保障，提高各项人权的保障水平④。为了促进更加充分地保障人权，十九大报告提出要"坚持在发展中保障和改善民生"⑤，并具体提出"必须多谋民生之利、多解民生之忧，在发展中补齐民生短板、促进社会公平正义，在幼有所育、学有所教、劳有所得、病有所医、老有所养、住有所居、弱有所扶上不断取得新进展，深入开展脱贫攻坚，保证全体人民在共建共享发展中有更多获得感"⑥。

新时代新矛盾对实现更加平衡和更加充分的发展提出了新要求，也对更加充分地保障人民发展权提出了新要求。崔玉英认为，习近平新时代中国特

---

① 韩大元在中国人权研究会"深入学习贯彻党的十九大精神座谈会"上的发言，2017年11月1日。
② 赵树坤在"新时代中国人权事业的发展"研讨会上的发言，2017年12月19日。
③ 汪习根在中国人权研究会"深入学习贯彻党的十九大精神座谈会"上的发言，2017年11月1日。
④ 常健：《十九大报告对中国人权保障新需求的全面回应》，在中国人权研究会"深入学习贯彻党的十九大精神座谈会"上的发言，2017年11月1日。参见常健《中国人权事业迈向新阶段》，《人民日报》（海外版）2017年11月25日，第1版。
⑤ 习近平：《决胜全面建成小康社会　夺取新时代中国特色社会主义伟大胜利——在中国共产党第十九次全国代表大会上的报告》（2017年10月18日），人民出版社，2017。
⑥ 习近平：《决胜全面建成小康社会　夺取新时代中国特色社会主义伟大胜利——在中国共产党第十九次全国代表大会上的报告》（2017年10月18日），人民出版社，2017。

色社会主义思想，坚持把发展作为解决问题的关键，坚持把实现人民的发展权作为首要的基本人权，以发展促进发展权的实现。习近平新时代中国特色社会主义思想坚持创新、协调、绿色、开放、共享的新发展理念，更加注重发展质量和效益，更加关注人民在民主、法治、公平、正义、安全、环境等方面的权益诉求，努力缩小城乡、区域、行业收入差距，不断促进社会公平正义，更好地满足人民在经济、政治、文化、社会、生态等方面日益增长的需要，让改革发展成果更多更公平地惠及全体人民，着力使人民获得感、幸福感、安全感更加充实，更有保障[1]。

专家们对人权保障不充分的方面进行了具体的分析。赵树坤具体分析了人权保障不充分问题。她认为，人权保障不充分问题主要集中在发展权的实现程度方面。个人发展权的充分实现，应该依托不断提升个人发展潜能、持续促进个人发展能力的各种社会机制的供给。它涉及生命权、健康权、受教育权、劳动权、政治参与权等内容。发展权作为集体人权，其保障要求国家和政府要为个人充分实现个体意义上的发展权提供公共产品，诸如安全的交易环境，充分的知识产权保护体系，严格公正的执法环境，公正公开的司法保障机制，开放包容的跨区、跨国交流机制，以及人与自然和谐的生态环境，等等。而这种集体意义上的发展权，这些公共产品的供给只能依靠政府、国家来实现[2]。

对于如何更充分地满足人权保障的需求，汪习根认为，中国特色社会主义人权建设需要坚持基本国情。初级阶段是中国人权的基本国情和最大实际，因为无论是减贫、教育、就业、健康、住房、社会保障等民生方面的人权，还是关于民主政治的发展、人民当家作主地位进一步的提高，以及在生态文化等方面权益的实现，都要立足于当下[3]。韩大元认为，人权

---

[1] 崔玉英在"新时代中国人权事业的发展"研讨会上的发言，2017年12月19日。
[2] 赵树坤在中国人权研究会"深入学习贯彻党的十九大精神座谈会"上的发言，2017年11月1日。
[3] 汪习根在中国人权研究会"深入学习贯彻党的十九大精神座谈会"上的发言，2017年11月1日。

的建设必须在社会主义事业的总体进程中开展。人权的发展不是孤立的问题，推动人权的大发展一定要结合中国特色社会主义的历史进程，既不能空想、空谈，也不能坐等，要实实在在地推动人权发展。人权的发展应该在"五位一体"的总格局、"四个全面"的战略布局框架下整体性地推动①。

### （四）加强法治和制度建设促进更可靠的人权保障

在新时代，人民要求更加可靠的人权保障，不仅要求通过广泛的人权教育和具体的人权政策来维护和保障人权，而且要求通过科学立法、严格执法、公正司法和全民守法使人权得到可以明确预期的法治保障②。为了使人权得到更可靠的保障，十九大报告从法治化和制度化两方面做出了战略部署。在法治化方面，十九大明确提出要"加强人权法治保障"，"深化依法治国实践"，"坚持厉行法治，推进科学立法、严格执法、公正司法、全民守法。成立中央全面依法治国领导小组，加强对法治中国建设的统一领导。加强宪法实施和监督，推进合宪性审查工作，维护宪法权威"③。在制度化方面，十九大报告反复强调要"加强人民当家作主制度保障"④，提出要"健全人民当家作主制度体系，发展社会主义民主政治"；"发展社会主义民主政治就是要体现人民意志、保障人民权益、激发人民创造活力，用制度体系保证人民当家作主"；"推进社会主义民主政治制度化、规范化、程序化，保证人民依法通过各种途径和形式管理国家事务，管理经济文化事业，管理社会事务"；"加强协商民主制度建设，

---

① 韩大元在中国人权研究会"深入学习贯彻党的十九大精神座谈会"上的发言，2017年11月1日。

② 常健：《十九大报告对中国人权保障新需求的全面回应》，在中国人权研究会"深入学习贯彻党的十九大精神座谈会"上的发言，2017年11月1日。参见常健《中国人权事业迈向新阶段》，《人民日报》（海外版）2017年11月25日，第1版。

③ 习近平：《决胜全面建成小康社会 夺取新时代中国特色社会主义伟大胜利——在中国共产党第十九次全国代表大会上的报告》（2017年10月18日），人民出版社，2017。

④ 习近平：《决胜全面建成小康社会 夺取新时代中国特色社会主义伟大胜利——在中国共产党第十九次全国代表大会上的报告》（2017年10月18日），人民出版社，2017。

形成完整的制度程序和参与实践，保证人民在日常政治生活中有广泛持续深入参与的权利"①。

专家们认为，人权与法治是相互联系、相互依赖的。在齐延平看来，尊重和保障人权是法治的基本出发点，法治是保障人权、促进人权发展的根本途径。只有全面落实依法治国方略，全面建成法治政府，不断提高政府公信力，人权才能得到切实的尊重和保障。十九大报告坚持了人权保障与法治建设的有机统一。报告在基本方略部分进一步明确指出，全面推进依法治国的总体目标是建设中国特色社会主义法治体系，建设社会主义法治国家。全面依法治国是中国特色社会主义的本质要求和重要保障。为了实施全面依法治国方略，决定成立中央全面依法治国领导小组，加强对法治中国建设的统一领导，加强宪法实施和监督，推进合宪性审查工作，这将依法治国和人权保障有机统一起来②。

人权需要法治保障。法治的保障是促进人权制度化的重要建构。全面促进人权，应该更加重视法治的人权保障功能。韩大元从四个方面对十九大报告中有关人权法治保障的内容进行了分析。第一，全面依法治国，通过法治来保障人权。党的十八届四中全会通过了《中共中央关于全面推进依法治国若干重大问题的决定》，提出要"加强人权司法保障"。党的十九大报告将人权保障的内涵扩大到"加强人权法治保障"③，这意味着中国人权保障要扩大到立法、执行、司法和守法各个环节，扩大到政治、经济、社会、文化的总体发展。第二，十九大报告明确提出"树立宪法法律至上，法律面前人人平等的法治理念"④，这要求我们在"宪法法律至上"的理念下推进

---

① 习近平：《决胜全面建成小康社会　夺取新时代中国特色社会主义伟大胜利——在中国共产党第十九次全国代表大会上的报告》（2017 年 10 月 18 日），人民出版社，2017。

② 齐延平在中国人权研究会"深入学习贯彻党的十九大精神座谈会"上的发言，2017 年 11 月 1 日。

③ 习近平：《决胜全面建成小康社会　夺取新时代中国特色社会主义伟大胜利——在中国共产党第十九次全国代表大会上的报告》（2017 年 10 月 18 日），人民出版社，2017。

④ 习近平：《决胜全面建成小康社会　夺取新时代中国特色社会主义伟大胜利——在中国共产党第十九次全国代表大会上的报告》（2017 年 10 月 18 日），人民出版社，2017。

人权的法治保障。十九大报告提出，"加强宪法实施和监督，推进合宪性审查工作，维护宪法权威"①。宪法是我国法律体系的核心，维护宪法、法律至上、依宪治国是全面依法治国的核心，也是人权法治保障的根本。第三，以全面促进公平正义来带动人权价值的落实。全面深化改革，以促进社会公平正义、增进人民的福祉为基本的出发点。公平正义的价值理念贯穿于整个十九大报告中，从经济到社会、从国内到国际，整个报告中充分展现了中国共产党人新的公平观和正义观。第四，强调人权保障的实践性。中国人权事业发展既要在价值理念上遵循人权的规律，也要让人民在实践当中实实在在地感受到人权的存在。如果只讲价值、只讲理论，人民感受不到生活中的人权，那么人权是没有生命力的。因此，十九大报告强调了人权保障实践的重要性，这是十九大报告的一个重要特点。十九大报告在教育、就业、收入、社会保障、脱贫、健康中国、食品安全等方面实实在在地展现了中国共产党人在人权方面的新形象②。

法治的真谛是人权。深圳大学宪政人权研究中心执行主任李薇薇认为，人权是法治的灵魂、内容、目标。在法治社会，法律应该确认人的尊严、自由和权利。从十八大报告到全面依法治国重大问题的决定，再到法治政府建设纲要，涉及法治国家、法治政府、法治社会，要求依法治国、依法行政，重点是治官和吏治，它有利于人民权利的保障。坚持以人民为中心的发展思想，需要把人权融入法治建设当中，使法治建设具有灵魂③。

从人权保障法治化的历史来看，坚持人权的法治保障与全面依法治国的总目标是完全一致的。汪习根指出，正是在国家法治体系的建设中，国家尊重和保障人权被写入宪法，保障人权的一整套法律制度规范体系的建设不断推进。全面依法治国要建成五个基本体系，这五个体系都包

① 习近平：《决胜全面建成小康社会　夺取新时代中国特色社会主义伟大胜利——在中国共产党第十九次全国代表大会上的报告》（2017 年 10 月 18 日），人民出版社，2017。
② 韩大元在中国人权研究会"深入学习贯彻党的十九大精神座谈会"上的发言，2017 年 11 月 1 日。
③ 李薇薇在"新时代中国人权事业的发展"研讨会上的发言，2017 年 12 月 19 日。

含了人权方面的指标和要素。第一，要建立完备的法律规范体系。在人权立法方面，不仅涉及宪法、法律和法规，还包括法治社会的建设，涉及民间社会的习惯以及法律规范等。第二，建立高效的法治实施体系。从党的十八届三中全会提出"完善人权司法保障制度"，到十八届四中全会提出"加强人权司法保障"，再到十九大报告确立"加强人权法治保障"并做出全方位部署，都是在建立和完善人权法治实施体系。第三，要建立有力的法治保障体系。人权的法治保障体系非常重要，在组织机构的保障方面涉及我们已经建立的人权协调机制，是非常具有中国特色的，在世界上都具有独特的地位，值得好好宣传，理直气壮地去发展好。第四，建立有力的法治监督体系。加强对权力的监督制约，构建繁复的法治监督体系在根本上是为了确保公权力始终在维护人民权利的轨道上运行。第五，形成完善的党内法规体系。党内法规体系建设根本的价值目标是实现全体人民的权利，无论是依规治党还是从严治党，都是为了这个目标[①]。

## 三　新时代人权研究、教育和文化建设

迎接中国人权发展的新时代，需要采取一系列实际行动。对人权研究工作者来说，应当广泛开展新时代人权的研究、教育和文化建设。

习近平新时代中国特色社会主义思想中蕴含着丰富的人权内容，是新时代人权研究的重点内容。全国人大常委会副委员长、中国人权研究会会长向巴平措认为，习近平新时代中国特色社会主义思想，进一步丰富了中国人权观和人权思想，成为我们坚持走中国特色社会主义人权发展道路遵循的基本思想，为中国人权事业的发展指明了方向。要原原本本、原汁原味地学习好党的十九大精神，要特别注意提炼习近平新时代中国特色社会主义思想的人

---

① 汪习根在中国人权研究会"深入学习贯彻党的十九大精神座谈会"上的发言，2017 年 11 月 1 日。

权内涵，要不断丰富和发展中国特色人权理论和话语体系。新时代孕育新思想，新思想催生新理论，中国人权研究会要广泛地发动全国人权研究工作者坚定人权自信，自觉运用习近平新时代中国特色社会主义思想，指导人权理论研究，以使命担当、科学严谨的工作作风开展工作，以习近平新时代中国特色社会主义思想为指导，立足中国人权实践，努力提炼具有国际影响的新概念、新表述，进一步提升中国人权话语的国际影响力①。崔玉英指出，习近平新时代中国特色社会主义思想提出了许多新理念、新论断，不仅为中国人权事业的发展创造了更为广阔的空间，也为人权研究和宣传工作提供了重要思想源泉，是我们做好工作的重要指引和根本原则②。当前摆在人权理论工作者面前最为紧迫，也是最为重要的一项政治任务，就是对习近平新时代中国特色社会主义思想当中丰富的人权内涵和思想精髓进行系统的研究。要按照习近平总书记的要求，坚持马克思主义的立场、观点和方法，从我国的实际出发，遵循我国发展的逻辑，注重采取理论和实践、历史和现实、当前和未来相结合的方法，深入、透彻地领会每一个点，进一步创新新时代中国特色社会主义人权理论体系，更好地指导推动我们的人权工作③。要加强对习近平总书记关于中国人权发展道路、以人民为中心、保障人民发展权、人权法治保障、构建人类命运共同体等重要思想的研究，并在此基础上，不断加深对中国人权的基本概念、基本范畴、基本特征、基本属性等方面的研究，探究我国人权事业发展的规律与特征，总结我国人权事业发展的经验与成绩，不断丰富和完善新时代中国特色社会主义人权理论内涵④。

国家人权教育和培训基地是开展人权研究的重要力量，应当承担起新时代人权研究的重任。崔玉英要求国家人权教育和培训基地与人权研究机构要紧紧围绕党的十九大精神，提出一批重点选题，组织骨干力量来开展综合的

① 向巴平措在中国人权研究会"深入学习贯彻党的十九大精神座谈会"上的发言，2017年11月1日。
② 崔玉英在"新时代中国人权事业的发展"研讨会上的发言，2017年12月19日。
③ 崔玉英在中国人权研究会"深入学习贯彻党的十九大精神座谈会"上的发言，2017年11月1日。
④ 崔玉英在"新时代中国人权事业的发展"研讨会上的发言，2017年12月19日。

研究和专题的研究，举办高端的理论研讨会。中国人权研究会自身还会举办一些高端的理论研讨会，不断地推出有深度、有说服力的研究成果①。韩大元认为，要结合人权基地的建设，加强人权研究、人权教育、人权实践，深入贯彻十九大报告的精神。在人权研究方面，更加注重马克思主义人权理论研究，尤其是将十九大的人权新理念和马克思主义的人权原理结合起来，使得习近平新时代中国特色社会主义人权思想更加体系化。在人权教育方面，要加强人权的学术体系、课程体系和教材体系的建设，使人权教育成为整个高校特别是法学教育的基本内容。要办好《人权》杂志，进一步发挥《人权》杂志和人权期刊在推进人权学术研究、构建中国特色社会主义人权理论方面的基础作用②。

开展人权文化建设，树立人权自信，是新时代人权工作的重要内容。韩大元认为，新时代人权建设的重大目标，就是建立人权的文化自信。为提升人权的文化自信，需要将人权融入社会主义的核心价值体系。为此，我们不仅要构建一套有中国特色的现代人权制度体系，更要在人类文明的共同价值体系的基础上，确立中国的人权文化。新时代的人权建设，要在国际舞台上掌握话语权，要有说服力，还必须把国际人权话语合理的元素融入中国特色社会主义价值体系，使之成为世界人权体系的一部分，让中国的人权实践真正走向国际社会，成为国际人权体系的重要组成部分③。

---

① 崔玉英在中国人权研究会"深入学习贯彻党的十九大精神座谈会"上的发言，2017 年 11 月 1 日。
② 韩大元在中国人权研究会"深入学习贯彻党的十九大精神座谈会"上的发言，2017 年 11 月 1 日。
③ 韩大元在中国人权研究会"深入学习贯彻党的十九大精神座谈会"上的发言，2017 年 11 月 1 日。

# 改革开放与中国人权事业发展

李君如　常健

2018 年适逢改革开放 40 周年。改革开放为中国人权事业发展提供了内生动力和发展条件，人权事业发展也为改革开放的健康发展提供了必要约束和持续保障。从社会主要矛盾发展变化的角度来看，可以将中国改革开放的历史进程分为两个阶段，与此相应，改革开放以来中国人权事业的发展也呈现两个相继的发展阶段，它们相互衔接，但在目标、任务和具体内容方面又有不同的侧重。

## 一　中国改革开放和人权事业发展的两个阶段

中共十九大报告明确提出，"经过长期努力，中国特色社会主义进入了新时代，这是我国发展新的历史方位"[①]。中国特色社会主义进入新时代，意味着改革开放正在经历从富起来到强起来的飞跃，其任务是决胜全面建成小康社会和建设社会主义现代化强国，逐步实现全体人民共同富裕，实现中华民族伟大复兴中国梦，走近世界舞台中央，为人类作出更大贡献。根据这一判断，可以将中国改革开放的历史进程分为两个阶段。第一个阶段是从 1978 年中共十一届三中全会到 2012 年中共十八大，第二个阶段是中共十八大以来。

十九大报告作出中国特色社会主义进入新时代的判断，是基于社会主要矛盾的变化。

在改革开放的第一个阶段，中国社会的主要矛盾是人民日益增长的物质

---

① 习近平：《决胜全面建成小康社会　夺取新时代中国特色社会主义伟大胜利——在中国共产党第十九次全国代表大会上的报告》（2017 年 10 月 18 日），人民出版社，2017。

文化需要同落后的社会生产之间的矛盾。中共十一届六中全会通过的《关于建国以来党的若干历史问题的决议》在总结新中国成立以来正反两方面的经验，特别是"文化大革命"的教训后明确提出，"在社会主义改造基本完成以后，我国所要解决的主要矛盾，是人民日益增长的物质文化需要同落后的社会生产之间的矛盾。党和国家工作的重点必须转移到以经济建设为中心的社会主义现代化建设上来，大力发展社会生产力，并在这个基础上逐步改善人民的物质文化生活"①。中共十三大报告再次确认了十一届六中全会对社会主要矛盾的判断，指出"我们在现阶段所面临的主要矛盾，是人民日益增长的物质文化需要同落后的社会生产之间的矛盾。阶级斗争在一定范围内还会长期存在，但已经不是主要矛盾。为了解决现阶段的主要矛盾，就必须大力发展商品经济，提高劳动生产率，逐步实现工业、农业、国防和科学技术的现代化，并且为此而改革生产关系和上层建筑中不适应生产力发展的部分"②。中共十四大报告再次强调，"现阶段我国社会的主要矛盾是人民日益增长的物质文化需要同落后的社会生产之间的矛盾，必须把发展生产力摆在首要位置，以经济建设为中心，推动社会全面进步"③。中共十五大报告再次强调，"社会的主要矛盾是人民日益增长的物质文化需要同落后的社会生产之间的矛盾，这个主要矛盾贯穿我国社会主义初级阶段的整个过程和社会生活的各个方面。这就决定了我们必须把经济建设作为全党全国工作的中心，各项工作都要服从和服务于这个中心。只有牢牢抓住这个主要矛盾和工作中心，才能清醒地观察和把握社会矛盾的全局，有效地促进各种社会矛

---

① 《关于建国以来党的若干历史问题的决议》，1981 年 6 月 27 日中国共产党第十一届中央委员会第六次全体会议通过，人民网，中国共产党历次全国代表大会数据库：http：//cpc. people. com. cn/GB/64162/64168/64563/65374/4526448. html。

② 《沿着有中国特色的社会主义道路前进——在中国共产党第十三次全国代表大会上的报告》，1987 年 10 月 25 日，人民网，中国共产党历次全国代表大会数据库：http：//cpc. people. com. cn/GB/64162/64168/64566/65447/4526368. html。

③ 《加快改革开放和现代化建设步伐 夺取有中国特色社会主义事业的更大胜利——江泽民在中国共产党第十四次全国代表大会上的报告》，1992 年 10 月 12 日，人民网，中国共产党历次全国代表大会数据库：http：//cpc. people. com. cn/GB/64162/64168/64567/65446/4526308. html。

盾的解决。发展是硬道理，中国解决所有问题的关键在于依靠自己的发展"①。中共十六大报告再次肯定"人民日益增长的物质文化需要同落后的社会生产之间的矛盾仍然是我国社会的主要矛盾"，并具体分析指出，我国现在达到的小康还是低水平的、不全面的、发展很不平衡的小康，国家生产力和科技、教育还比较落后，实现工业化和现代化还有很长的路要走，城乡二元经济结构还没有改变，地区差距扩大的趋势尚未扭转，贫困人口还为数不少，就业和社会保障压力增大，生态环境、自然资源和经济社会发展的矛盾日益突出，仍然面临发达国家在经济科技等方面占优势的压力，经济体制和其他方面的管理体制还不完善，民主法制建设和思想道德建设等方面还存在一些不容忽视的问题。巩固和提高目前达到的小康水平，还需要进行长时期的艰苦奋斗②。中共十七大报告继续指出，"经过新中国成立以来特别是改革开放以来的不懈努力，我国取得了举世瞩目的发展成就，从生产力到生产关系、从经济基础到上层建筑都发生了意义深远的重大变化，但我国仍处于并将长期处于社会主义初级阶段的基本国情没有变，人民日益增长的物质文化需要同落后的社会生产之间的矛盾这一社会主要矛盾没有变"③。中共十八大报告也再次指出，"人民日益增长的物质文化需要同落后的社会生产之间的矛盾这一社会主要矛盾没有变"④。

　　中共十九大作出了社会主要矛盾出现变化的重要判断，指出"中国特

① 《高举邓小平理论伟大旗帜，把建设有中国特色社会主义事业全面推向二十一世纪——江泽民在中国共产党第十五次全国代表大会上的报告》，1997年9月12日，人民网，中国共产党历次全国代表大会数据库：http：//cpc.people.com.cn/GB/64162/64168/64568/65445/4526285.html。

② 《全面建设小康社会，开创中国特色社会主义事业新局面——在中国共产党第十六次全国代表大会上的报告》，2002年11月8日，人民网，中国共产党历次全国代表大会数据库：http：//cpc.people.com.cn/GB/64162/64168/64569/65444/4429125.html。

③ 《高举中国特色社会主义伟大旗帜　为夺取全面建设小康社会新胜利而奋斗——在中国共产党第十七次全国代表大会上的报告》，2007年10月15日，人民网，中国共产党历次全国代表大会数据库：http：//cpc.people.com.cn/GB/64162/64168/106155/106156/6430009.html。

④ 《坚定不移沿着中国特色社会主义道路前进　为全面建成小康社会而奋斗——在中国共产党第十八次全国代表大会上的报告》，2012年11月8日，人民网，中国共产党历次全国代表大会数据库：http：//cpc.people.com.cn/18/n/2012/1109/c350821-19529915.html。

色社会主义进入新时代，我国社会的主要矛盾已经转化为人民日益增长的美好生活需要和不平衡不充分的发展之间的矛盾"①。对这一重大判断，十九大报告给出了具体解释："我国稳定解决了十几亿人的温饱问题，总体上实现小康，不久将全面建成小康社会，人民美好生活需要日益广泛，不仅对物质文化生活提出了更高要求，而且在民主、法治、公平、正义、安全、环境等方面的要求日益增长。同时，我国社会生产力水平总体上显著提高，社会生产能力在很多方面进入世界前列，更加突出的问题是发展不平衡不充分，这已经成为满足人民日益增长的美好生活需要的主要制约因素。"② 十九大报告进一步明确了新时代中国特色社会主义的总任务是"实现社会主义现代化和中华民族伟大复兴，在全面建成小康社会的基础上，分两步走在本世纪中叶建成富强民主文明和谐美丽的社会主义现代化强国"③。

中国特色社会主义建设进入新时代，不仅标志着中国改革开放进入了一个新阶段，而且意味着中国人权保障事业也进入了新的阶段。十九大报告明确指出，"新时代我国社会主要矛盾是人民日益增长的美好生活需要和不平衡不充分的发展之间的矛盾，必须坚持以人民为中心的发展思想，不断促进人的全面发展、全体人民共同富裕"；"加强人权法治保障，保证人民依法享有广泛权利和自由"④。因此，有必要从人权事业发展的角度对改革开放第一阶段和第二阶段的中国人权事业发展的不同特点作出分析，总结改革开放第一阶段人权事业所取得的突破性进展，展望改革开放第二阶段人权事业发展的主要任务、目标和要求。

---

① 习近平：《决胜全面建成小康社会　夺取新时代中国特色社会主义伟大胜利——在中国共产党第十九次全国代表大会上的报告》（2017 年 10 月 18 日），人民出版社，2017。

② 习近平：《决胜全面建成小康社会　夺取新时代中国特色社会主义伟大胜利——在中国共产党第十九次全国代表大会上的报告》（2017 年 10 月 18 日），人民出版社，2017。

③ 习近平：《决胜全面建成小康社会　夺取新时代中国特色社会主义伟大胜利——在中国共产党第十九次全国代表大会上的报告》（2017 年 10 月 18 日），人民出版社，2017。

④ 习近平：《决胜全面建成小康社会　夺取新时代中国特色社会主义伟大胜利——在中国共产党第十九次全国代表大会上的报告》（2017 年 10 月 18 日），人民出版社，2017。

# 二 改革开放第一阶段中国人权事业的突破性进展

改革开放的第一个阶段，是从计划经济体制向社会主义市场体制转型的阶段，也是中国人权事业拨乱反正、重新认识人权、大力促进人权发展的阶段。随着中国改革事业的成功突破和推进，中国人权事业也取得了突破性进展，并呈现大踏步前进的局面，主要体现在以下三个方面。

## （一）拨乱反正，重新认识人权的价值和意义

在改革开放的实践中，中国共产党领导国家和人民拨乱反正，重新评价人权的价值，重新认识人权保障对中国社会主义建设事业的重要意义。江泽民同志在 1989 年提出，要从思想上解决"如何用马克思主义观点来看待'民主、自由、人权'问题"①。中共中央在 1990 年底提出："要理直气壮地宣传我国关于人权、民主、自由的观点和维护人权、实行民主的真实情况，把人权、民主、自由的旗帜掌握在我们手里。"②

1991 年，中国发布第一份《中国的人权状况》（白皮书），鲜明地将"人权"表述为"伟大的名词"，是无数仁人志士矢志不渝努力奋斗的目标，并承诺中国愿意同国际社会一道，为"实现联合国维护和促进人权与基本自由的宗旨，继续作出不懈的努力"③。1998 年 12 月 10 日《世界人权宣言》发布 50 周年之际，时任中共中央总书记、国家主席江泽民致信中国人权研究会，指出"中华人民共和国成立以来，特别是改革开放以来，中国政府和人民将人权的普遍性原则和中国的具体国情结合起来，在促进和保护人权方面作出了巨大的努力，取得了举世瞩目的成就。中国已经加入 17 个

① 《江泽民论人权》，人民网，http：//politics.people.com.cn/GB/8198/5139784.html。
② 转引自董云虎《"人权"入宪：中国人权发展的重要里程碑》，《人民日报》2004 年 3 月 15 日，第 10 版。
③ 国务院新闻办公室：《中国的人权状况》（白皮书），1991 年 11 月，国务院新闻办公室网站，http：//www.scio.gov.cn/zfbps/ndhf/1991/Document/308017/308017.htm。

国际人权公约,去年和今年又签署了《经济、社会及文化权利国际公约》及《公民权利和政治权利国际公约》。我们要继续加强民主法制建设,依法治国,建设社会主义法治国家,进一步推进我国人权事业,充分保障人民依法享受人权和民主自由权利"①。

中共十五大报告、十六大报告和十七大报告都明确提出"尊重和保障人权"。中共十六届三中全会提出将"国家尊重和保障人权"写入宪法。2004年,第十届全国人大二次会议通过宪法修正案,确立了"国家尊重和保障人权"的宪法原则。2007年,中共十七大将"尊重和保障人权"写入《中国共产党章程》。2008年12月10日,在《世界人权宣言》发布60周年之际,时任中共中央总书记、国家主席胡锦涛致信中国人权研究会,指出"改革开放30年来,党和政府把尊重和保障人权作为治国理政的重要原则,庄严载入中国共产党章程和中华人民共和国宪法,并采取切实有效的措施促进人权事业发展,使广大人民群众物质文化生活水平得到显著提高,政治、经济、文化、社会权益得到切实保障,谱写了中国人权事业发展的新篇章"②。

围绕着人权的各种理论问题,社会各界以马克思主义为指导,结合中国改革开放的实际开展了广泛的研究,形成了对人权的系统化的理论认识。在2006年编写出版的《人权知识干部读本》中阐明了中国特色的社会主义人权观,它被概括为八个方面:(1)人权普遍性的原则必须同各国国情相结合;(2)人权应当是社会全体成员的权利,不是少数人的特权;(3)人权是一个权利体系,是各类权利的有机统一;(4)生存权和发展权是首要的基本人权;(5)人权是权利与义务的统一;(6)人权实现离不开稳定、发展与法治;(7)人权在本质上是一国主权范围内的问题;(8)对话与合作是促进国际人权事业的正确途径③。

---

① 《江泽民论人权》,人民网,http://politics.people.com.cn/GB/8198/5139820.html。

② 《胡锦涛致信中国人权研究会:切实推进人权事业发展》,2008年12月11日,人民网,http://politics.people.com.cn/GB/1024/8505506.html。

③ 全国干部培训教材编审指导委员会组织编写《人权知识干部读本》,人民出版社、党建读物出版社,2006,第35页。

截至 2012 年，中国制订了两期国家人权行动计划，发表了 9 份人权白皮书和 39 份与人权有关的白皮书，在高校建立了首批三个国家人权教育与培训基地。2005~2012 年，国务院新闻办公室举办了 11 次干部人权知识培训班。全国高校、党校、社会科学院建立了数十个人权研究中心，开展人权研究、教学和培训工作，出版人权教材，发表人权研究的专著和学术论文。中国人权研究会出版了《人权》杂志，建立了中国人权网，出版了"人权知识读本丛书"和《中国人权年鉴》。

## （二）初步建立适合中国国情的人权保障制度

建立中国特色社会主义法律体系，依法保障人权，是中国人权事业发展的重要基础。1997 年 9 月，中共十五大明确提出立法工作目标：到 2010 年形成有中国特色社会主义法律体系。2007 年中共十七大进一步强调，要完善中国特色社会主义法律体系。2011 年 3 月 10 日，时任全国人民代表大会常务委员会委员长吴邦国向十一届全国人民代表大会四次会议作全国人大常委会工作报告时庄严宣布，中国特色社会主义法律体系已经形成。中国特色社会主义法律体系的形成，为中国人权的法制保障提供了坚实的制度基础。截至 2012 年底，中国已制定现行宪法和有效法律 243 部、行政法规 721 部、地方性法规 9200 部，涵盖社会关系各个方面①，社会生活的各个领域和人权保障的各个方面实现了有法可依。

2004 年通过的宪法修正案增加了"国家尊重和保障人权"的规定（第二十四条）。2012 年修改的刑事诉讼法也明确规定了该法的任务包括"尊重和保障人权，保护公民的人身权利、财产权利、民主权利和其他权利"（第二条）。2009 年通过的侵权责任法明确规定该法所保护的民事权益中包括生命权、健康权、名誉权、隐私权、婚姻自主权、所有权、著作权、专利权、发现权等方面的人权（第二条）。

---

① 国务院新闻办公室：《2012 年中国人权事业的进展》，2013 年 5 月，国务院新闻办公室网站，http://www.scio.gov.cn/zfbps/ndhf/2013/Document/1322525/1322525.htm。

在保障经济、社会和文化权利方面，中国制定了《劳动法》《劳动合同法》《职业病防治法》《安全生产法》《矿山安全法》《就业促进法》《劳动争议仲裁法》《工会法》《保险法》《社会保险法》《公益事业捐赠法》《传染病防治法》《食品安全法》《国境卫生检疫法》《红十字会法》《教育法》《义务教育法》《职业教育法》《民办教育促进法》《高等教育法》《教师法》《文物保护法》《非物质文化遗产法》《著作权法》《环境保护法》《海洋环境保护法》《水污染防治法》《大气污染防治法》《环境噪声污染防治法》《固体废物污染环境防治法》《放射性污染防治法》《清洁生产促进法》《环境影响评估法》《可再生能源法》《循环经济促进法》等法律。国务院制定了《城市居民最低生活保障条例》《农村五保供养工作条例》《城市生活无着的流浪乞讨人员救助管理办法》《职工带薪年休假条例》《国务院关于职工工作时间的规定》《劳动保障监察条例》《工伤保险条例》《失业保险条例》《艾滋病防治条例》《人体器官移植条例》《血吸虫病防治条例》《疫苗流通和预防接种管理条例》《全民健身条例》《扫除文盲工作条例》《幼儿园管理条例》《公共文化体育设施条例》《传统工艺美术保护条例》《自然保护区条例》《退耕还林条例》《海洋倾废管理条例》《消耗臭氧层物质管理条例》《防治船舶污染海洋环境管理条例》《医疗废物管理条例》《海洋石油勘探开发环境保护管理条例》等行政法规。

在保障公民权利和政治权利方面，中国制定了《全国人民代表大会和地方各级人民代表大会选举法》《全国人民代表大会和地方各级人民代表大会代表法》《全国人民代表大会组织法》《物权法》《专利法》《著作权法》《刑事诉讼法》《民事诉讼法》《行政诉讼法》《仲裁法》《国家赔偿法》《侵权责任法》等法律，国务院制定了《拘留所条例》《法律援助条例》《社会团体管理登记条例》《宗教事务管理条例》《宗教活动场所管理条例》《出版管理条例》《政府信息公开条例》《信访条例》《网络信息传播权保护条例》等行政法规。

在保障特定群体权利方面，中国制定了《民族区域自治法》《婚姻法》《未成年人保护法》《老年人权益保障法》《妇女权益保障法》《残疾人保障法》《母婴保健法》等法律，国务院制定了《女职工劳动保护特别规定》《禁止使用童工规定》《残疾人教育条例》《残疾人就业条例》《无障碍环境建设条例》等行政法规。

以法律为根据，在改革开放第一阶段，中国建立了一系列保障人权的具体制度。

在经济、社会和文化权利保障方面，为保障基本生活水准权利，国家建立了城市居民最低生活保障制度、农村五保供养制度、城市生活无着的流浪乞讨人员救助制度。为保障工作权利，国家改革劳动人事制度，建立最低工资保障制度、劳动合同制度、集体协商和集体合同制度、国家协调劳动关系三方机制、劳动保障监察制度和劳动人事争议处理制度。为保障社会保障权利，国家建立了世界上规模最大、覆盖人口最多的社会保障体系，其中包括基本养老保险、基本医疗保障、失业保险、工伤保险；建立了以最低生活保障、特困人员救助供养、灾害救助、医疗救助、住房救助、教育救助、就业救助以及临时救助为主体，以社会力量参与为补充的制度体系。为保障教育权利，国家建立了中小学义务教育制度、国家奖学金制度。

在公民权利和政治权利保障方面，国家通过民法通则和侵权责任法建立了人格权保护体系。为保障公民迁徙自由权，国家改革了户籍制度。通过宪法、物权法建立了财产权的保障制度。为保障公民人身自由和获得公正审判的权利，国家不断完善司法诉讼制度。为保障政治权利，国家完善选举制度，逐步实现了城乡按相同人口比例选举人大代表，并保证各地区、各民族、各方面都有适当数量的代表。建立并不断完善以城乡村（居）民自治为核心，以民主选举、民主协商、民主决策、民主管理、民主监督为主要内容的基层群众自治制度。为保障知情权，国家建立了政务信息公开制度。为保障参与权，国家建立了重大行政决策法定程序，将公众参与作为决策的法定环节。为了保障监督权，国家建立了人民监督员制度。

在特定群体权利保障方面，国家建立了性别平等制度、少数民族权利保障制度、儿童权利保障制度、老年人权利保障制度、困难残疾人生活补贴和重度残疾人护理补贴制度、残疾儿童康复救助制度、残疾人辅助器具补贴制度。

### （三）参与全球人权治理

在改革开放的第一阶段，中国人权事业发展向世界打开大门，加入并履行联合国人权公约，参与国际人权治理。

截至 2012 年底，中国政府已加入包括《经济、社会及文化权利国际公约》在内的 27 项国际人权公约①，并提交了 21 个履约报告。中国在 1984 年承认了国民党政府在 1930~1947 年批准的 14 个国际劳工公约，并于 1990 年和 2001 年批准了国际劳工组织的另外两个公约。

中国与联合国人权机构开展合作，自 1994 年以来，中国先后邀请宗教信仰自由特别报告员、任意拘留问题工作组、教育权特别报告员、酷刑问题特别报告员、粮食权特别报告员访华。中国分别于 2009 年和 2012 年接受联合国人权理事会国别人权审查。

中国建设性地参与联合国人权事务。自 1979 年起，中国连续三年作为观察员出席联合国人权委员会会议。1981 年，中国在联合国经社理事会组织会议上当选为人权委员会成员国。自 1982 年起，中国正式担任人权委员会成员国并一直连选连任。自 1984 年起，中国推荐的专家连续当选为防止歧视和保护少数小组委员会的委员和候补委员。为构建公正、客观、透明的国际人权机制，中国积极参与联合国人权专门机制的改革，在设立联合国人权理事会的磋商和最后表决过程中发挥了重要作用。2006 年联合国人权理事会成立后，中国先后于 2006 年和 2009 年高票当选和连任联合国人权理事会成员，并在人权理事会上积极表达中国主张，提出相关议案。中国支持对人权条约机构进行必要的改革，促进条约机构与缔约国在相互尊重的基础上开展对话与合作。中国积极推荐专家参选条约机构委员，多名中国专家出任联合国经济、社会和文化权利委员会，禁止酷刑委员会，消除种族歧视委员会，消除对妇女歧视委员会，残疾人权利委员

---

① 国务院新闻办公室：《2012 年中国人权事业的进展》，2013 年 5 月，国务院新闻办公室网站，http：//www. scio. gov. cn/zfbps/ndhf/2013/Document/1322525/1322525. htm。

会委员。

在国际人权舞台上，中国主动参与创设国际人权规则与机制。改革开放以来，中国参加了《禁止酷刑和其他残忍、不人道或有辱人格的待遇或处罚公约》《儿童权利公约》《残疾人权利公约》《保护所有移徙工人及其家属权利国际公约》，以及《经济、社会及文化权利国际公约》任择议定书等重要人权文件制定工作组会议，为这些规则的起草、修改和完善作出了重要贡献。中国作为主要推动者之一，参与了《发展权利宣言》的起草工作，积极推动联合国人权委员会和人权理事会就实现发展权问题进行全球磋商，致力于推动构建发展权实施机制。1993 年，中国推动亚洲国家通过《曼谷宣言》。中国作为第二届世界人权大会的副主席国，参加了《维也纳宣言和行动纲领》的起草工作。1995 年，在北京主办第四次世界妇女大会。2006年以来，中国支持联合国人权理事会设立安全饮用水、文化权、残疾人权利等专题性特别机制；倡导召开关于粮食安全、国际金融危机等的特别会议，积极推动完善国际人权机制。

中国坚持在平等和相互尊重的基础上与有关国家开展双边人权对话与交流。中国与美国、欧盟、英国、德国、澳大利亚、荷兰、瑞士、新西兰等国家或国际组织分别举行人权对话，还与美国举行中美法律专家交流，与欧盟举行中欧司法研讨会，与澳大利亚开展人权技术合作项目等①。

截至 2012 年，中国人权研究会主办了五届"北京人权论坛"，围绕人权与发展、文化、科技、环境等的关系展开讨论，成为国际人权对话与交流的重要国际平台。

## 三 改革开放第二阶段中国人权事业发展的目标和任务

中共十八大以来，中国的改革开放进入了一个新阶段，中国人权事业发

---

① 国务院新闻办公室：《2012 年中国人权事业的进展》，2013 年 5 月，国务院新闻办公室网站，http://www.scio.gov.cn/zfbps/ndhf/2013/Document/1322525/1322525.htm。

展也进入了新阶段。经过几十年的不懈奋斗，中国稳定解决了十几亿人的温饱问题，总体上实现小康，社会生产力水平总体上显著提高，社会生产能力在很多方面进入世界前列。在这种情况下，中国进入了全面决胜建成小康社会、全面建设社会主义现代化强国的时代，社会主要矛盾已经转化为人民日益增长的美好生活需要和不平衡不充分的发展之间的矛盾。在新时代，人民美好生活需要日益广泛，人们不仅对物质文化生活提出了更高要求，而且在民主、法治、公平、正义、安全、环境等方面的要求日益增长。正如十九大报告所指出的，新时代"是全国各族人民团结奋斗、不断创造美好生活、逐步实现全体人民共同富裕的时代，是全体中华儿女勠力同心、奋力实现中华民族伟大复兴中国梦的时代，是我国日益走近世界舞台中央、不断为人类作出更大贡献的时代"①。

随着进入新时代，中国人权事业发展呈现出一系列新的特点。以习近平同志为核心的党中央强调以人民为中心，将人民的幸福生活视为最大的人权；以"五位一体"总体布局促进人的全面发展；用"四个全面"战略布局保障人权事业顺利推进；构建人类命运共同体，为全球人权治理提供中国方案。

## （一）以人民为中心，人民的幸福生活是最大的人权

中共十八大以来，党和国家强调以人民为中心的发展思想，将促进人的全面发展作为人权事业发展的出发点和落脚点。在 2016 年 12 月致"纪念《发展权利宣言》通过 30 周年国际研讨会"的贺信中，习近平指出："多年来，中国坚持以人民为中心的发展思想，把增进人民福祉、保障人民当家作主、促进人的全面发展作为发展的出发点和落脚点，有效保障了人民发展权益，走出了一条中国特色人权发展道路。"② 2018 年 12 月 10 日，在致"纪念《世界人权宣言》发表 70 周年座谈会"的贺信中，习近平再次指出，中

---

① 习近平：《决胜全面建成小康社会　夺取新时代中国特色社会主义伟大胜利——在中国共产党第十九次全国代表大会上的报告》（2017 年 10 月 18 日），人民出版社，2017。
② 《习近平致"纪念〈发展权利宣言〉通过 30 周年国际研讨会"的贺信》，2016 年 12 月 4 日，人民网，http：//politics.people.com.cn/n1/2016/1204/c1024-28923470.html。

国"奉行以人民为中心的人权理念，把生存权、发展权作为首要的基本人权，协调增进全体人民的经济、政治、社会、文化、环境权利，努力维护社会公平正义，促进人的全面发展"①。《国家人权行动计划（2016—2020年）》明确提出制订和实施国家人权行动计划的指导思想包括"坚持以人民为中心的发展思想，把保障人民的生存权和发展权放在首位，将增进人民福祉、促进人的全面发展作为人权事业发展的出发点和落脚点，维护社会公平正义，在实现中华民族伟大复兴中国梦的征程中，使全体人民的各项权利得到更高水平的保障"②。中共十九大报告指出："必须坚持以人民为中心的发展思想，不断促进人的全面发展、全体人民共同富裕"；"坚持以人民为中心。人民是历史的创造者，是决定党和国家前途命运的根本力量。必须坚持人民主体地位，坚持立党为公、执政为民，践行全心全意为人民服务的根本宗旨，把党的群众路线贯彻到治国理政全部活动之中，把人民对美好生活的向往作为奋斗目标，依靠人民创造历史伟业"③。

以人民为中心，就是要以满足人民的最迫切需求作为人权发展的优先目标。正如习近平所指出的："在人权方面，最大发言权还是所在国的大多数人民。""人民对美好生活的向往，就是我们的奋斗目标。"④ 中共十九大报告提出，"保障和改善民生要抓住人民最关心最直接最现实的利益问题，既尽力而为，又量力而行，一件事情接着一件事情办，一年接着一年干。坚持人人尽责、人人享有，坚守底线、突出重点、完善制度、引导预期，完善公共服务体系，保障群众基本生活，不断满足人民日益增长的美好生活需要，不断促进社会公平正义，形成有效的社会治理、良好的社会秩序"⑤。

---

① 《习近平致信"纪念〈世界人权宣言〉发表 70 周年座谈会"》，2018 年 12 月 10 日，中国政府网，http://www.gov.cn/xinwen/2018-12/10/content_5347429.htm。
② 国务院新闻办公室：《国家人权行动计划（2016—2020 年）》，人民出版社，2016，第 3页。
③ 习近平：《决胜全面建成小康社会　夺取新时代中国特色社会主义伟大胜利——在中国共产党第十九次全国代表大会上的报告》（2017 年 10 月 18 日），人民出版社，2017。
④ 习近平：《在同中外记者见面时的讲话》，2012 年 11 月 15 日。
⑤ 习近平：《决胜全面建成小康社会　夺取新时代中国特色社会主义伟大胜利——在中国共产党第十九次全国代表大会上的报告》（2017 年 10 月 18 日），人民出版社，2017。

以人民为中心，就要促进对人权的更平等保障。《国家人权行动计划（2016—2020 年）》在阐述推进人权事业发展的基本原则时，在前两期行动计划提出的依法推进、协调推进和务实推进三原则的基础上，进一步提出了平等推进和合力推进两个新原则。平等推进就是要"保障每个人都能平等享有各项人权"；合力推进就是要求"政府、企事业单位、社会组织共同促进人权事业的发展"①。

以人民为中心，要求将人民生活幸福作为人权实现的检验标准。习近平在致"纪念《世界人权宣言》发表 70 周年座谈会"的贺信中指出，"人民幸福生活是最大的人权。……中国发展成就归结到一点，就是亿万中国人民生活日益改善"②。在致"纪念《发展权利宣言》通过 30 周年国际研讨会"的贺信中，习近平指出："中国人民正在为实现'两个一百年'奋斗目标、实现中华民族伟大复兴的中国梦而努力，中国人民生活将更加幸福，中国人民权利将得到更充分保障，中国将为人类发展进步作出更大贡献。"③ 中共十九大报告提出，要"使人民获得感、幸福感、安全感更加充实、更有保障、更可持续"④。

以人民为中心，就要将各项人权保障措施落到实处，使人民有更多的获得感。习近平多次谈到，空谈误国，实干兴邦。习近平指出，制定出一个好文件，只是万里长征走完了第一步，关键还在于落实文件，"要防止徒陈空文、等待观望、急功近利，必须有时不我待的紧迫意识和夙夜在公的责任意识抓实、再抓实"⑤。习近平提出，要"推出一批能叫得响、立得住、群众认可的硬招实招，处理好改革'最先一公里'和'最后一公里'的关系，

① 国务院新闻办公室：《国家人权行动计划（2016—2020 年）》，人民出版社，2016，第3 页。
② 《习近平致信"纪念〈世界人权宣言〉发表 70 周年座谈会"》，2018 年 12 月 10 日，中国政府网，http://www.gov.cn/xinwen/2018-12/10/content_ 5347429.htm。
③ 《习近平致"纪念〈发展权利宣言〉通过 30 周年国际研讨会"的贺信》，2016 年 12 月 4日，人民网，http://politics.people.com.cn/n1/2016/1204/c1024-28923470.html。
④ 习近平：《决胜全面建成小康社会 夺取新时代中国特色社会主义伟大胜利——在中国共产党第十九次全国代表大会上的报告》（2017 年 10 月 18 日），人民出版社，2017。
⑤ 《习近平谈治国理政》，外文出版社，2014，第 107 页。

突破'中梗阻'，防止不作为，把改革方案的含金量充分展示出来，让人民群众有更多获得感"①；"要努力让人民群众在每一个司法案件中都感受到公平正义"②。

以人民为中心，就要认识到人权没有最好，只有更好，要不断满足人民日益增长的权利需求。习近平指出："任何国家都需要不断加强和改进人权保护，适应时代的发展。""改革开放30多年来中国人权事业取得了有目共睹的巨大成就，但在人权问题上没有最好只有更好。中国人口多，区域差异大，发展不平衡，在进一步改善民生和人权状况方面还面临不少的挑战。中国政府将继续从本国国情出发坚持以人为本、始终把人民愿望和要求放在心上，采取切实有效的政策措施大力促进社会公平、正义与和谐，推动中国人权事业不断取得新的进展。"③

## （二）"五位一体"总体布局促进人的全面发展

党的十八大着眼于全面建成小康社会、实现社会主义现代化和中华民族伟大复兴，为了推进中国特色社会主义事业发展，作出经济建设、政治建设、文化建设、社会建设、生态文明建设"五位一体"的总体布局，它本质上也是中国人权事业发展的总体布局，对应着经济、政治、文化、社会、环境权利的保障。习近平指出："我们将坚持以人为本，全面推进经济建设、政治建设、文化建设、社会建设、生态文明建设，促进现代化建设各个方面、各个环节相协调，建设美丽中国。"④ 在致"纪念《世界人权宣言》发表70周年座谈会"的贺信中，习近平强调要"协调增进全体人民的经济、政治、社会、文化、环境权利"⑤。国务院新闻办公室2013年5月14日发表的《2012年中国人权事业的进展》（白皮书）明确指出，"中国将人

① 习近平：《在中央全面深化改革领导小组第十次会议上的讲话》，2015年2月27日。
② 习近平：《在主持中央政治局第四次集体学习时发表的讲话》，2013年2月23日。
③ 习近平：《在美国国务院出席午宴时就中美关系发表的讲话》，2012年2月14日。
④ 习近平：《习近平在金砖国家领导人第五次会晤时的主旨讲话》，2013年3月27日。
⑤ 《习近平致信"纪念〈世界人权宣言〉发表70周年座谈会"》，2018年12月10日，中国政府网，http://www.gov.cn/xinwen/2018-12/10/content_5347429.htm。

权事业的发展与经济建设、政治建设、文化建设、社会建设和生态文明建设相结合"①，并分别从五大建设中的人权保障角度对中国人权事业发展作出了总结。《国家人权行动计划（2016—2020 年）》进一步明确提出，"将人权事业与经济建设、政治建设、文化建设、社会建设、生态文明建设和党的建设结合起来"②。

"五位一体"总体布局，从人权的角度说，就是要促进人的全面发展，使每个人的发展权得到充分的实现。2013 年 3 月 17 日，习近平在十二届全国人大一次会议闭幕会上发表的讲话中指出："生活在我们伟大祖国和伟大时代的中国人民，共同享有人生出彩的机会，共同享有梦想成真的机会，共同享有同祖国和时代一起成长与进步的机会。"2014 年 3 月 27 日，习近平在中法建交五十周年纪念大会上的讲话中指出："中国梦是追求幸福的梦。中国梦是中华民族的梦，也是每个中国人的梦。我们的方向就是让每个人获得发展自我和奉献社会的机会，共同享有人生出彩的机会，共同享有梦想成真的机会，保证人民平等参与、平等发展权利，维护社会公平正义，使发展成果更多更公平惠及全体人民，朝着共同富裕方向稳步前进。"2015 年 9 月 16 日，习近平在致"2015·北京人权论坛"贺信中指出："中国人民正在为实现中华民族伟大复兴的中国梦而奋斗，这将在更高水平上保障中国人民的人权，促进人的全面发展。"十九大报告将"促进人的全面发展"置于更加突出的位置。报告三处提到要更好推动、不断促进"人的全面发展"，这不仅意味着要将人真正作为发展的主体，而且要求对人的各方面权利予以全面的尊重和保障。报告特别强调要使"人民平等参与、平等发展权利得到充分保障"③。

《中华人民共和国国民经济和社会发展第十三个五年规划纲要》结合

---

① 国务院新闻办公室：《2012 年中国人权事业的进展》（白皮书），2013 年 5 月 14 日，国务院新闻办公室网站：http：//www.scio.gov.cn/zfbps/ndhf/2013/Document/1322525/1322525.htm。
② 国务院新闻办公室：《国家人权行动计划（2016—2020 年）》，人民出版社，2016，第 3 页。
③ 习近平：《决胜全面建成小康社会 夺取新时代中国特色社会主义伟大胜利——在中国共产党第十九次全国代表大会上的报告》（2017 年 10 月 18 日），人民出版社，2017。

"五大建设"提出了一系列保障人权的规划目标和具体措施。

在经济建设方面，"十三五"规划提出的涉及人权保障的目标包括就业比较充分，就业服务体系更加健全，收入差距缩小，中等收入人口比重上升。中国现行标准下农村贫困人口实现脱贫，贫困县全部摘帽，解决区域性整体贫困，产权得到有效保护。具体措施包括推进精准扶贫、精准脱贫，促进资源枯竭、产业衰退、生态严重退化等困难地区发展接续替代产业，深入推进西部大开发，大力推动东北地区等老工业基地振兴，促进中部地区崛起，促进困难地区转型发展①。

在政治建设方面，"十三五"规划提出的涉及人权保障的目标包括人民民主更加健全，法治政府基本建成，司法公信力明显提高，人权得到切实保障。具体措施包括依法保障居民知情权、参与权、决策权和监督权，完善公众参与治理的制度化渠道；对关系公众切身利益的重大决策，以居民会议、议事协商、民主听证等形式，广泛征求公众意见建议；完善村务公开、居务公开、民主评议等途径，加强公众监督评估；加强协商民主制度建设，构建程序合理、环节完整的协商民主体系，进一步加强政党协商，拓宽国家政权机关、政协组织、党派团体、基层组织、社会组织的协商渠道；完善基层民主制度，畅通民主渠道，健全基层选举、议事、公开、述职、问责等机制；开展形式多样的基层民主协商，推进基层协商制度化②。

在文化建设方面，"十三五"规划中涉及人权保障的目标是公共文化服务体系基本建成。具体措施包括推进基本公共文化服务标准化、均等化，完善公共文化设施网络，加强基层文化服务能力建设；加大对老少边穷地区文化建设帮扶力度；加快公共数字文化建设；加强文化产品、惠民服务与群众文化需求对接；鼓励社会力量参与公共文化服务；继续推进公共文化设施免费开放；繁荣发展文学艺术、新闻出版、广播影视

① 《中华人民共和国国民经济和社会发展第十三个五年规划纲要》，2016年3月17日，新华社，http://news.xinhuanet.com/politics/2016lh/2016-03/17/c_1118366322.htm。
② 《中华人民共和国国民经济和社会发展第十三个五年规划纲要》，2016年3月17日，新华社，http://news.xinhuanet.com/politics/2016lh/2016-03/17/c_1118366322.htm。

和体育事业；加强老年人、未成年人、农民工、残疾人等群体的文化权益保障等①。

在社会建设方面，"十三五"规划中涉及的人权保障目标包括教育、文化体育、社保、医疗、住房等公共服务体系更加健全，基本公共服务均等化水平稳步提高，教育现代化取得重要进展，劳动年龄人口受教育年限明显增加，户籍人口城镇化率加快提高。具体措施包括深化户籍制度改革，实施居住证制度，保障居住证持有人在居住地享有义务教育、公共就业服务、公共卫生服务等国家规定的基本公共服务；加快城镇棚户区和危房改造，健全住房供应体系，提高住房保障水平；加快基本公共教育均衡发展，推进职业教育产教融合，提升大学创新人才培养能力，加快学习型社会建设；推进健康中国建设，建立健全基本医疗卫生制度，实现人人享有基本医疗卫生服务，健全全民医疗保障体系；改革完善社会保障制度，完善社会保险体系，健全社会救助体系，支持社会福利和慈善事业发展；保障妇女、未成年人和残疾人的基本权益，健全养老服务体系；形成政社分开、权责明确、依法自治的现代社会组织体制，推动登记制度改革，实行分类登记制度，支持行业协会商会类、科技类、公益慈善类、社区服务类社会组织发展；加快建设美丽宜居乡村，全面改善农村生产生活条件，实施农村饮水安全巩固提升工程，改善农村办学条件和教师工作生活条件；加强基层医疗卫生机构和乡村医生队伍建设，建立健全农村留守儿童和妇女、老人关爱服务体系；加强和改善农村社会治理，完善农村治安防控体系，深入推进平安乡村建设等②。

在生态文明建设方面，"十三五"规划中涉及人权保障的目标包括生态环境质量总体改善，生产方式和生活方式绿色、低碳水平上升，能源资源开发利用效率大幅提高，能源和水资源消耗、建设用地、碳排放总量得到有效

---

① 《中华人民共和国国民经济和社会发展第十三个五年规划纲要》，2016 年 3 月 17 日，新华社，http：//news. xinhuanet. com/politics/2016lh/2016-03/17/c_ 1118366322. htm。
② 《中华人民共和国国民经济和社会发展第十三个五年规划纲要》，2016 年 3 月 17 日，新华社，http：//news. xinhuanet. com/politics/2016lh/2016-03/17/c_ 1118366322. htm。

控制，主要污染物排放总量大幅减少，主体功能区布局和生态安全屏障基本形成。具体措施包括加快建设主体功能区，推进资源节约集约利用，加大环境综合治理力度，加强生态保护修复，健全生态安全保障机制，发展绿色环保产业①。

### （三）"四个全面"战略布局保障人权事业顺利推进

为落实"五位一体"总体布局，保障人权事业顺利推进，中央提出了"四个全面"的战略布局，即全面建成小康社会、全面深化改革、全面依法治国、全面从严治党，它对于保障中国人权事业的顺利推进具有重要的战略意义。

全面建成小康社会系统地确立了建成富强民主文明和谐的社会主义现代化国家的战略目标和宏伟蓝图，推进国家治理体系和治理能力现代化，同时也确定了促进人的全面发展的总体战略目标。正如习近平所指出的，"中国梦意味着中国人民和中华民族的价值体认和价值追求，意味着全面建成小康社会、实现中华民族伟大复兴，意味着每一个人都能在为中国梦的奋斗中实现自己的梦想"②。

全面深化改革的直接目的，是要改革那些阻碍全面建成小康社会的体制机制障碍，习近平指出："中国正在全面深化改革，统筹推进经济、政治、文化、社会、生态文明等领域改革，努力破解发展难题，消除影响经济社会发展的体制机制障碍，不断为发展增添新动力。"③ 从促进人的实现角度来看，全面深化改革具有双重意义，一方面，它要激发人的生命活力，为人的全面发展创造条件。正如习近平所指出的："我们要通过深化改革，让一切劳动、知识、技术、管理、资本等要素的活力竞相迸发，让

① 《中华人民共和国国民经济和社会发展第十三个五年规划纲要》，2016 年 3 月 17 日，新华社，http://news.xinhuanet.com/politics/2016lh/2016-03/17/c_1118366322.htm。
② 习近平：《建设社会主义文化强国　着力提高国家文化软实力》，2013 年 12 月 30 日。
③ 习近平：《让工程科技造福人类、创造未来——在 2014 年国际工程科技大会上的主旨演讲》，2014 年 6 月 3 日，《人民日报》2014 年 6 月 4 日，第 2 版。

一切创造社会财富的源泉充分涌流。""要靠通过不断改革创新，使中国
特色社会主义在解放和发展社会生产力、解放和增强社会活力、促进人的
全面发展上比资本主义制度更有效率，更能激发全体人民的积极性、主动
性、创造性，更能为社会发展提供有利条件，更能在竞争中赢得比较优
势，把中国特色社会主义制度的优越性充分体现出来。"① 另一方面，全
面深化改革也是要消除阻碍人权实现的各种障碍，保障人民平等参与、平
等发展的权利。正如习近平所指出的，"我们要通过创新制度安排，努力
克服人为因素造成的有违公平正义的现象，保证人民平等参与、平等发展
权利"②。

全面依法治国是要"为党和国家事业发展提供根本性、全局性、长期
性的制度保障"③，它是保证全面建成小康社会、全面深化改革顺利进行的
重要条件。全面依法治国包括立法、执法、司法和守法四个环节，每一个环
节都与人权保障有着密切的关系。推进科学立法和民主立法是提高立法质量
的根本途径，它要求"完善科学立法、民主立法机制，创新公众参与立法
方式，广泛听取各方面意见和建议"④。坚持严格执法，就是要"维护人民
群众切身利益"⑤。公正司法同样"事关人民切身利益，事关社会公平正
义"⑥。全民守法，重点是反对特权，要求党政领导干部做尊法守法模范。
习近平指出："领导干部要做尊法的模范，带头尊崇法治、敬畏法律；做学
法的模范，带头了解法律、掌握法律；做守法的模范，带头遵纪守法、捍卫
法治；做用法的模范，带头厉行法治、依法办事。"⑦ 习近平指出，"全面依

① 习近平：《切实把思想统一到党的十八届三中全会精神上来》，2014年1月1日，《人民日报》2014年1月1日，第2版。
② 习近平：《切实把思想统一到党的十八届三中全会精神上来》，2014年1月1日，《人民日报》2014年1月1日，第2版。
③ 习近平：《在中共十八届四中全会第二次全体会议上的讲话》，2014年10月23日。
④ 《关于〈中共中央关于全面推进依法治国若干重大问题的决定〉的说明》，2014年10月20日。
⑤ 习近平：《在中央政法工作会议上的讲话》，2014年1月7日。
⑥ 习近平：《在中共中央政治局第二十一次集体学习时的讲话》，2015年3月24日。
⑦ 习近平：《在省部级主要领导干部学习贯彻十八届四中全会精神全面推进依法治国专题研讨班开班式上的讲话》，2015年2月2日。

法治国，核心是坚持党的领导、人民当家作主、依法治国有机统一，关键在于坚持党领导立法、保证执法、支持司法、带头守法。要在全社会牢固树立宪法法律权威，弘扬宪法精神，任何组织和个人都必须在宪法法律范围内活动，都不得有超越宪法法律的特权"①。

全面从严治党的目的，是要保持党同人民群众的血肉联系，始终保持党的先进性和纯洁性，侵害人民的权利，以保证人权的平等实现。习近平指出："严以用权，就是要坚持用权为民，按规则、按制度行使权力，把权力关进制度的笼子里，任何时候都不搞特权、不以权谋私。"②"党内决不允许有不受党纪国法约束、甚至凌驾于党章和党组织之上的特殊党员。"③"领导干部不论职务多高、资历多深、贡献多大，都要严格按法规制度办事，坚持法规制度面前人人平等、遵守法规制度没有特权、执行法规制度没有例外。"④

## （四）构建人类命运共同体，为全球人权治理提供中国方案

2012 年 11 月，党的十八大报告正式提出了"倡导人类命运共同体意识"。2013 年 3 月，习近平在莫斯科国际关系学院的演讲中第一次提出"命运共同体"理念。2015 年 9 月，在联合国成立 70 周年系列峰会上，习近平全面阐述了打造人类命运共同体的主要内涵，其中包括建立平等相待、互商互谅的伙伴关系，营造公道正义、共建共享的安全格局，谋求开放创新、包容互惠的发展前景，促进和而不同、兼收并蓄的文明交流，构筑尊崇自然、绿色发展的生态体系，这就形成了"五位一体"的构建人类命运共同体总布局⑤。2017 年 1 月，习近平在联合国日内瓦总部发表了题为《共同构建人类命运共同体》的重要演讲，系统阐述了人类命运共同体重大理念，为改

① 习近平：《在庆祝中国共产党成立 95 周年大会上的讲话》，2016 年 7 月 1 日。
② 习近平：《在参加十二届全国人大二次会议安徽代表团审议时的讲话》，2014 年 3 月 9 日。
③ 习近平：《在第十八届中央纪律检查委员会第二次全体会议上的讲话》，2013 年 1 月 22 日。
④ 习近平：《在十八届中央政治局第二十四次集体学习时的讲话》，2015 年 6 月 26 日。
⑤ 崔玉英：《在"构建人类命运共同体与全球人权治理"理论研讨会开幕式上的主旨讲话》，《人权》2017 年第 4 期，第 4~7 页。

革和完善全球治理指明方向，为人类实现更好发展提供中国方案，得到了与会者的高度赞赏。2017 年 10 月 18 日，习近平在党的十九大报告之中明确提出，坚持和平发展道路，推动构建人类命运共同体。2018 年 3 月 11 日，第十三届全国人民代表大会第一次会议所通过的宪法修正案，将我国宪法序言第十二自然段中的"发展同各国的外交关系和经济、文化的交流"修改为"发展同各国的外交关系和经济、文化交流，推动构建人类命运共同体"①。

构建人类命运共同体，是中国对全球人权治理提出的中国方案。2017 年 12 月 7 日，习近平在致首届"南南人权论坛"的贺信中指出："当今世界，发展中国家人口占 80% 以上，全球人权事业发展离不开广大发展中国家共同努力。人权事业必须也只能按照各国国情和人民需求加以推进。发展中国家应该坚持人权的普遍性和特殊性相结合的原则，不断提高人权保障水平。国际社会应该本着公正、公平、开放、包容的精神，尊重并反映发展中国家人民的意愿。中国人民愿与包括广大发展中国家在内的世界各国人民同心协力，以合作促发展，以发展促人权，共同构建人类命运共同体。"② 在致"纪念《世界人权宣言》发表 70 周年座谈会"的贺信中，习近平再次指出："中国人民愿同各国人民一道，秉持和平、发展、公平、正义、民主、自由的人类共同价值，维护人的尊严和权利，推动形成更加公正、合理、包容的全球人权治理，共同构建人类命运共同体，开创世界美好未来。"

构建人类命运共同体，要求各国在平等和相互尊重的基础上开展人权对话和交流，形成人权共识，开展人权合作。2012 年 12 月 14 日，习近平在华盛顿出席美国副总统拜登、国务卿希拉里·克林顿共同举行的欢迎午宴，在致辞中指出："中国愿在平等和相互尊重的基础上，与包括美国在内的世界各国就人权问题开展坦诚、建设性的对话和交流，增进了解，缩小分歧，相互借鉴，共同进步。"2015 年 9 月 16 日，习近平致"2015·北京人权论

---

① 《习近平致信"纪念〈世界人权宣言〉发表 70 周年座谈会"》，2018 年 12 月 10 日，中国政府网，http：//www.gov.cn/xinwen/2018-12/10/content_ 5347429.htm。

② 《习近平致首届"南南人权论坛"的贺信》，2017 年 12 月 7 日，央广网，http：//news.cnr.cn/native/gd/20171207/t20171207_ 524053878.shtml。

坛"的贺信中指出："中国主张加强不同文明交流互鉴、促进各国人权交流合作，推动各国人权事业更好发展。希望各方嘉宾积极探讨、集思广益，为促进世界人权事业健康发展作出贡献。"2015年9月25日，习近平在华盛顿同奥巴马共同会见记者时指出："民主和人权是人类共同追求，同时必须尊重各国人民自主选择本国发展道路的权利。中国人民实现中华民族伟大复兴中国梦的过程，本质上就是实现社会公平正义和不断推动人权事业发展的进程。中方愿继续在平等和相互尊重基础上，同美方开展人权对话，扩大共识、减少分歧、相互借鉴、共同提高。"2015年10月21日，习近平在会见英国首相卡梅伦时指出："人权保障全世界来讲，没有最好，只有更好，任何国家都要改进。在人权方面，最大发言权还是所在国的大多数人民。"

为了促进构建人类命运共同体，中国作出了很多积极的努力。在人权对话方面，中国除了与西方发达国家定期开展人权对话之外，进一步开展了同俄罗斯、埃及、南非、巴西、马来西亚、巴基斯坦、白俄罗斯、古巴、非盟等发展中国家或国际组织的人权磋商。在定期举办"北京人权论坛"的基础上，2017年，中国举办了首届"南南人权论坛"。从2015年开始，中国每年定期举办"中欧人权研讨会"。2016年举办了"纪念《发展权利宣言》通过30周年国际研讨会"。

在人权国际合作方面，中国全程参与并有效推动国际气候谈判，为《巴黎气候变化协定》的最终通过作出贡献。中国积极推动联合国《2030年可持续发展议程》的制定和实施。中国提出了"一带一路"倡议，以合作促发展，以发展促人权。

## 四 在改革开放中走出了一条适合中国国情的人权发展道路

在改革开放的实践中，中国探索并成功走出了一条适合中国国情的人权发展道路。中共中央总书记、国家主席习近平在致"2015·北京人权论坛"的贺信中指出："中国共产党和中国政府始终尊重和保障人权。长期以来，中国坚持把人权的普遍性原则同中国实际相结合，不断推动经济社会发展，增进人民福祉，促进社会公平正义，加强人权法治保障，努力促进经济、社会、文化权利和公民、政治权利全面协调发展，显著提高了人民生存权、发展权的保障水平，走出了一条适合中国国情的人权发展道路。"① 《2014 年中国人权事业的进展》（白皮书）对中国人权发展道路进行了进一步的总结概括："中国人权事业取得的巨大成就，充分说明中国成功地走出一条适合本国国情的人权发展道路。在这条人权发展道路上，中国坚持中国共产党的领导，确保人权事业发展的正确方向；坚持人权普遍性原则与中国现实国情相结合，在更高层次上保障好人民的生存权、发展权；坚持依法治国，把人权发展纳入法治化制度化轨道；坚持突出重点与全面推进相统一，推动人权建设和各领域建设统筹兼顾、协调发展；坚持继承和弘扬中华优秀传统文化，吸收和借鉴人类文明有益成果。"②

第一，坚持中国共产党领导，以人民为中心促进人权事业发展。中国共产党是中国人权事业发展的领导者，确保了中国人权事业沿着正确的方向前进。习近平在致"2015·北京人权论坛"的贺信中指出，"中国共产党和中国政府始终尊重和保障人权"③；在致"纪念《世界人权宣言》发表 70 周年座谈会"的贺信中特别强调，"中国共产党从诞生那一天起，就把为人民谋幸福、为人类谋发展作为奋斗目标"④；在致首届"南南人权论坛"的贺信中进一步指出，"中国共产党第十九次全国代表大会描绘了中国发展的宏伟蓝图，必将有力推动中国人权事业发展，为人类进步事业作出新的更大

---

① 《习近平致"2015·北京人权论坛"的贺信》，2015 年 9 月 16 日，新华网，http://www.xinhuanet.com/politics/2015-09/16/c_ 1116583281.htm。
② 国务院新闻办公室：《2014 年中国人权事业的进展》（白皮书），2015 年 6 月 8 日，国务院新闻办公室网站，http://www.scio.gov.cn/zfbps/ndhf/2015/Document/1437147/1437147.htm。
③ 《习近平致"2015·北京人权论坛"的贺信》，2015 年 9 月 16 日，新华网，http://www.xinhuanet.com/politics/2015-09/16/c_ 1116583281.htm。
④ 《习近平致信"纪念〈世界人权宣言〉发表 70 周年座谈会"》，2018 年 12 月 10 日，中国政府网，http://www.gov.cn/xinwen/2018-12/10/content_ 5347429.htm。

的贡献"①。坚持党对人权事业的领导，就是要坚持以人民为中心的人权发展方向。习近平多次强调要"坚持以人民为中心的发展思想，把增进人民福祉、保障人民当家作主、促进人的全面发展作为发展的出发点和落脚点"②。

第二，坚持将人权的普遍性原则与中国现实国情相结合，务实推进人权事业发展。习近平在致"纪念《世界人权宣言》发表70周年座谈会"的贺信中指出，"中国坚持把人权的普遍性原则同本国实际相结合"③。《国家人权行动计划（2009—2010年）》指出，要"从中国国情出发，本着务实的精神，确保设定的目标和措施切实可行，科学推进中国人权事业的发展"④。《国家人权行动计划（2012—2015年）》进一步提出"务实推进原则"，要求"既尊重人权的普遍性原则，又坚持从中国的基本国情和新的实际出发，切实推进人权事业发展"⑤。《国家人权行动计划（2016—2020年）》再次强调"务实推进，把人权的普遍原则和中国实际相结合"⑥。务实推进中国人权事业发展，要求结合中国的具体国情制定适合中国实际状况的人权发展战略，不盲目照搬照抄其他国家的人权发展模式。首先，在制订人权发展计划时，充分考虑民众最迫切的权利需求，将人民最关心的权利问题置于人权发展战略的优先位置，使人权事业的发展获得最广泛的支持，为人民群众带来实际的利益满足。其次，将人权事业发展与国家发展规划相结合，将人权发展与国家的各项建设规划结合起来，将人权发展目标纳入国家整体的发展

---

① 《习近平致首届"南南人权论坛"的贺信》，2017年12月7日，央广网，http://news.cnr.cn/native/gd/20171207/t20171207_524053878.shtml。
② 《习近平致"纪念〈发展权利宣言〉通过30周年国际研讨会"的贺信》，2016年12月4日，人民网，http://politics.people.com.cn/n1/2016/1204/c1024-28923470.html。
③ 《习近平致信"纪念〈世界人权宣言〉发表70周年座谈会"》，2018年12月10日，中国政府网，http://www.gov.cn/xinwen/2018-12/10/content_5347429.htm。
④ 国务院新闻办公室：《国家人权行动计划（2009—2010年）》，外文出版社，2009，第3页。
⑤ 国务院新闻办公室：《国家人权行动计划（2012—2015年）》，人民出版社，2012，第4页。
⑥ 国务院新闻办公室：《国家人权行动计划（2016—2020年）》，人民出版社，2016，第3页。

规划之中，使各项人权保障措施得以有效落实。最后，处理好人权保障与经济发展和社会稳定的关系。人权事业的有效推进需要一定的条件，其中最重要的两个条件是经济的发展和社会的稳定。经济发展为各项人权的实现提供物质基础，社会稳定为各项人权的实现提供社会保障。中国在推进人权事业发展过程中，特别注意处理好人权保障与经济发展和社会稳定的关系，在经济发展的基础上提升人权保障的水平，在维护社会稳定的基础上推进人权事业发展，使人权事业发展有了坚实的现实基础和环境保障，中国人权事业得以快速和全面发展[1]。

第三，坚持将生存权和发展权作为首要人权，以发展促人权。中国是世界上最大的发展中国家，我们清醒地认识到自身处于社会主义初期发展阶段，明确地将生存权、发展权作为首要人权，通过保障生存权和发展权促进其他各项人权的实现。1991年发布的第一份《中国的人权状况》（白皮书）中明确提出，"生存权是中国人民长期争取的首要人权"，"对一个国家和民族来说，人权首先是人民的生存权。没有生存权，其他一切人权均无从谈起"[2]。1995年发布的《中国人权事业的进展》（白皮书）中进一步提出，"实践证明，将人民的生存权、发展权摆在首位，在改革、发展、稳定的条件下全面改进人权状况，是符合中国国情和全体人民的根本利益的"[3]。《国家人权行动计划（2009—2010年）》指出，要"切实把保障人民的生存权和发展权放在保障人权的首要位置，在推动经济社会又好又快发展的基础上，依法保证全体社会成员平等参与、平等发展的权利"[4]。《国家人权行动计划（2012—2015年）》进一步提出，要"继续把保障人民的生存权、发展权放在首位，着力保障和改善民生，着力解决人民群众最关心、最直接、

① 常健、刘一：《从五大推进原则看中国人权发展道路的特点》，《人权》2017年第1期。
② 国务院新闻办公室：《中国的人权状况》（白皮书），1991年11月，国务院新闻办公室网站，http://www.scio.gov.cn/zfbps/ndhf/1991/Document/308017/308017.htm。
③ 国务院新闻办公室：《中国人权事业的进展》（白皮书），1995年12月，国务院新闻办公室网站，http://www.scio.gov.cn/zfbps/ndhf/1995/Document/307995/307995.htm。
④ 国务院新闻办公室：《国家人权行动计划（2009—2010年）》，外文出版社，2009，第2页。

最现实的权利和利益问题"①。《国家人权行动计划（2016—2020 年）》再次强调"把保障人民的生存权和发展权放在首位，将增进人民福祉、促进人的全面发展作为人权事业发展的出发点和落脚点"②。

第四，坚持依法治国，把人权发展纳入法治化轨道。《国家人权行动计划（2009—2010 年）》指出，要"根据中国宪法的基本原则，遵循《世界人权宣言》和国际人权条约的基本精神，完善保障人权的各项法律法规，依法推进中国人权事业的发展"③。《国家人权行动计划（2012—2015 年）》进一步提出"依法推进原则"，要求"从立法、行政和司法各个环节完善尊重和保障人权的法律法规和实施机制，依法推进中国人权事业发展"④。《国家人权行动计划（2016—2020 年）》再次强调"依法推进，将人权事业纳入法治轨道"⑤。中共十九大报告进一步提出"加强人权法治保障"⑥。把人权事业发展纳入法治化轨道，首先意味着不搞"运动式""突击式"，而是建立稳定的规则和制度，注重长期可持续的效果。其次，它意味着在人权保障的法律和政策的相互关系上，法律保障将日益占据主导位置。最后，它意味着要从立法、行政、司法、守法等法治的各个环节加强人权保障。

第五，坚持突出重点与全面推进相统一，协调推动各项人权发展。《国家人权行动计划（2009—2010 年）》指出，要"坚持各类人权相互依赖与不可分割的原则，平衡推进经济、社会和文化权利与公民权利和政治权利的协调发展，促进个人人权和集体人权的均衡发展"⑦。《国家人权行动计划

① 国务院新闻办公室：《国家人权行动计划（2012—2015 年）》，人民出版社，2012，第 3 页。
② 国务院新闻办公室：《国家人权行动计划（2016—2020 年）》，人民出版社，2016，第 2 页。
③ 国务院新闻办公室：《国家人权行动计划（2009—2010 年）》，外文出版社，2009，第 3 页。
④ 国务院新闻办公室：《国家人权行动计划（2012—2015 年）》，人民出版社，2012，第 3 页。
⑤ 国务院新闻办公室：《国家人权行动计划（2016—2020 年）》，人民出版社，2016，第 2~3 页。
⑥ 习近平：《决胜全面建成小康社会 夺取新时代中国特色社会主义伟大胜利——在中国共产党第十九次全国代表大会上的报告》（2017 年 10 月 18 日），人民出版社，2017。
⑦ 国务院新闻办公室：《国家人权行动计划（2009—2010 年）》，外文出版社，2009，第 3 页。

（2012—2015 年）》进一步提出"全面推进原则"，要求"将各项人权作为相互依存、不可分割的有机整体，促进经济、社会、文化权利与公民权利、政治权利的协调发展，促进个人人权与集体人权的协调发展"①。《国家人权行动计划（2016—2020 年）》再次强调"协调推进，使各项权利全面协调发展"②。全面协调推进中国人权事业发展，首先要求协调推进经济、社会、文化权利与公民权利、政治权利的发展。其次，它要求协调促进个人人权与集体人权的发展。再次，它要求平等保障各项个人权利。最后，它要求协调人权保障与其他公共利益之间的关系。

第六，合力推进，努力促进各类特定群体人权得到平等保障。中国作为全球最大的发展中国家，长期存在发展不平衡的问题。如何促进各类主体的人权特别是弱势群体的人权得到平等保障，是执政党必须面对的挑战。首先，中国特别注重对各类特定群体人权的平等保障。《国家人权行动计划（2012—2015 年）》指出，要"充分保障少数民族、妇女、儿童、老年人和残疾人的合法权益"③；《国家人权行动计划（2016—2020 年）》提出"平等推进"原则，要求"保障每个人都能平等享有各项人权"④；"采取有针对性的措施，有效满足各类群体的特殊需求，切实保障少数民族、妇女、儿童、老年人和残疾人的合法权益"⑤。其次，中国特别注意弥补由自然条件的差异和经济发展战略的不同造成的居住在不同地区的居民在权利享有上存在的实际差距，着力提升中西部地区和贫困地区的人权保障水平。最后，为了促进社会所有成员的人权都得到平等保障，中国特别强调社会各界合力

---

① 国务院新闻办公室：《国家人权行动计划（2012—2015 年）》，人民出版社，2012，第 4 页。
② 国务院新闻办公室：《国家人权行动计划（2016—2020 年）》，人民出版社，2016，第 3 页。
③ 国务院新闻办公室：《国家人权行动计划（2012—2015 年）》，人民出版社，2012，第 4 页。
④ 国务院新闻办公室：《国家人权行动计划（2016—2020 年）》，人民出版社，2016，第 3 页。
⑤ 国务院新闻办公室：《国家人权行动计划（2016—2020 年）》，人民出版社，2016，第 30 页。

推进人权事业发展。《国家人权行动计划（2016—2020 年）》提出了"合力推进"原则，要求"政府、企事业单位、社会组织共同促进人权事业的发展"①。

## 五　2018年中国人权事业发展值得关注的发展

2018 年中国人权事业发展呈现丰富多彩的发展趋势，一些重点领域的发展特别值得重点关注。

2018 年，是中国改革开放 40 周年。国务院新闻办公室发布了《改革开放 40 年中国人权事业的发展进步》白皮书。12 月 18 日，"庆祝改革开放 40 周年大会"在人民大会堂隆重举行，习近平总书记在讲话中肯定了改革开放 40 年"人权事业全面发展"，并在对今后的要求中指出："前进道路上，我们必须始终把人民对美好生活的向往作为我们的奋斗目标，践行党的根本宗旨，贯彻党的群众路线，尊重人民主体地位，尊重人民群众在实践活动中所表达的意愿、所创造的经验、所拥有的权利、所发挥的作用，充分激发蕴藏在人民群众中的创造伟力。我们要健全民主制度、拓宽民主渠道、丰富民主形式、完善法治保障，确保人民依法享有广泛充分、真实具体、有效管用的民主权利。我们要着力解决人民群众所需所急所盼，让人民共享经济、政治、文化、社会、生态等各方面发展成果，有更多、更直接、更实在的获得感、幸福感、安全感，不断促进人的全面发展、全体人民共同富裕。"② 在本书中，除了总报告对改革开放 40 年中国人权事业发展作出总体分析之外，还有一篇研究报告综述了改革开放 40 年与人权发展之间关系的最新研究。

2018 年，是《世界人权宣言》发布 70 周年，12 月 10 日中国人权研究会和中国人权发展基金会在人民大会堂举行了"纪念《世界人权宣言》发

---

① 国务院新闻办公室：《国家人权行动计划（2016—2020 年）》，人民出版社，2016，第 3 页。

② 习近平：《在庆祝改革开放 40 周年大会上的讲话》，2018 年 12 月 18 日，人民网，http：//politics. people. com. cn/n1/2018/1218/c1024-30474793. html？ form＝rect。

表 70 周年座谈会",中共中央总书记、国家主席习近平专门发来贺信。贺信对《世界人权宣言》的意义予以了高度肯定,认为它"是人类文明发展史上具有重大意义的文献,对世界人权事业发展产生了深刻影响"①。贺信表明了中国对人权的明确态度,指出"中国人民愿同各国人民一道,秉持和平、发展、公平、正义、民主、自由的人类共同价值,维护人的尊严和权利,推动形成更加公正、合理、包容的全球人权治理,共同构建人类命运共同体,开创世界美好未来"②。习近平在贺信中回顾了中国共产党领导中国人民争取人权的历史进程,指出"人民幸福生活是最大的人权。中国共产党从诞生那一天起,就把为人民谋幸福、为人类谋发展作为奋斗目标。中华人民共和国成立近 70 年特别是改革开放 40 年来,中华民族迎来了从站起来、富起来到强起来的伟大飞跃。中国发展成就归结到一点,就是亿万中国人民生活日益改善"③。习近平在贺信中进一步阐明了中国人权事业发展的未来方向,指出"时代在发展,人权在进步。中国坚持把人权的普遍性原则和当代实际相结合,走符合国情的人权发展道路,奉行以人民为中心的人权理念,把生存权、发展权作为首要的基本人权,协调增进全体人民的经济、政治、社会、文化、环境权利,努力维护社会公平正义,促进人的全面发展"④。习近平还对人权研究工作提出了要求,指出"我国人权研究工作者要与时俱进、守正创新,为丰富人类文明多样性、推进世界人权事业发展作出更大贡献"⑤。中共中央政治局委员、中宣部部长黄坤明在座谈会上宣读了习近平的贺信并讲话。他说,习近平总书记的贺信深刻阐述了

① 《习近平致信"纪念〈世界人权宣言〉发表 70 周年座谈会"》,2018 年 12 月 10 日,中国政府网,http://www.gov.cn/xinwen/2018-12/10/content_ 5347429. htm。
② 《习近平致信"纪念〈世界人权宣言〉发表 70 周年座谈会"》,2018 年 12 月 10 日,中国政府网,http://www.gov.cn/xinwen/2018-12/10/content_ 5347429. htm。
③ 《习近平致信"纪念〈世界人权宣言〉发表 70 周年座谈会"》,2018 年 12 月 10 日,中国政府网,http://www.gov.cn/xinwen/2018-12/10/content_ 5347429. htm。
④ 《习近平致信"纪念〈世界人权宣言〉发表 70 周年座谈会"》,2018 年 12 月 10 日,中国政府网,http://www.gov.cn/xinwen/2018-12/10/content_ 5347429. htm。
⑤ 《习近平致信"纪念〈世界人权宣言〉发表 70 周年座谈会"》,2018 年 12 月 10 日,中国政府网,http://www.gov.cn/xinwen/2018-12/10/content_ 5347429. htm。

中国共产党的人权观，为新时代中国人权事业发展指明了方向。要认真学习贯彻习近平总书记重要指示精神，讲好中国人权故事，深化人权理论研究，促进人权领域交流，扎实做好尊重和保障人权各项工作①。此外，南开大学人权研究中心、中国人民大学人权研究中心也分别举行了研讨会，研讨《世界人权宣言》的历史意义和对后世的影响，以及宣言达成的人权共识对当今世界的意义。

2018 年，也是《共产党宣言》发表 170 周年，中国人民大学人权研究中心举办了"马克思主义人权理论研讨会"。

扶贫攻坚和乡村振兴仍然是 2018 年中国生存权、发展权保障的重中之重。有几篇报告分别涉及脱贫攻坚、健康扶贫、扶贫小额贷款、乡村振兴战略、乡村小规模学校和寄宿学校、农村人居环境整治。

健康权利保障在 2018 年有突出的进展，特别是在人体器官捐献移植方面实施了一些重要的举措，对健康权保障产生了积极的效果。

环境权利保障仍在持续推进，特别是环保督察和农村人居环境整治都对改善环境产生了实际的效果。

在公民权利保障方面，对公民个人财产权的保障值得关注。有一篇报告对政府反财产诈骗措施在保障个人财产权方面的效果作出了专门的分析。

人权的法治保障仍然是 2018 年关注的重点。有一篇报告对 2018 年国家立法进行了分析。

在政治权利保障方面，2018 年特别值得关注的是政务信息公开对保障公民知情权的影响以及妇女参政议政机制的发展。有一篇研究报告对基层政府政务信息公开标准化试点作出了研究。还有两篇报告涉及妇女参政议政机制，分别对全国和江苏省妇女参政议政机制进行了研究。

在特定群体权利保障方面，反家庭暴力法的实施、被诱拐儿童快速解救机制的构建、老年人赡养的司法保障、残疾人参加高考和高等教育权保障是

① 《习近平致信"纪念〈世界人权宣言〉发表 70 周年座谈会"》，2018 年 12 月 10 日，中国政府网，http://www.gov.cn/xinwen/2018-12/10/content_ 5347429. htm。

2018 年蓝皮书报告关注的重点，有四篇报告对上述主题分别进行了研究。

在人权研究、教育与培训方面，2018 年也出现了一些新的发展趋势，人权教育从学历教育扩展到课堂教育，从校园教育扩展到社会教育，从学校教育扩展到对公务员、干部特别是领导干部的培训，从对中国公民的教育培训扩展到其他国家相关人员的培训。在人权研究、教育与培训的内容方面，也呈现出人权法学与人权政治学、社会学相结合，人权研究与教育、培训相结合，人权研究与人权宣传、传播和普及相结合，人权建设与人权国际传播相结合，人权理论与人权实际相结合的特点。有一篇报告专门对此作出了分析。

在参与国际人权交流与合作方面，2018 年中国又迈出了新的步伐。中国在国际人权领域倡导合作共赢和推动消除贫困方面的国际合作，合作共赢的理念被成功写入联合国人权理事会的决议，成为国际人权话语。中国积极参与常规性的多边和双边人权合作与交流并发挥建设性的作用。中国顺利通过了第三次联合国人权理事会普遍定期审议。中国的人权组织也在国际人权交流中开展了形式多样、内容丰富的活动，发挥了重要作用。

总体来看，新时代的中国人权事业正在不断向前迈进，中国的人权保障正在朝着更加全面、更加平衡、更加充分的方向健康发展。

# 中国人权70年发展对世界的贡献

李君如　常健

2019 年是中华人民共和国成立 70 年，是新中国人权事业发展的 70 年，也是中国为世界人权事业进步做出贡献的 70 年。70 年来，中国人权保障水平大幅提升，在尊重和保障人权方面提出了重要的理念，走出了成功的发展道路，其经验对许多其他国家具有一定的借鉴意义。与此同时，中国采取一系列实际行动支持联合国人权保障工作，并积极建言和推动全球人权治理体系的变革。

## 一　大幅改善占世界人口六分之一的中国人民的人权状况

中华人民共和国成立以来，中国人民的人权保障水平出现了历史性的提升，这意味着世界六分之一的人口的人权状况得到了根本性改善。

首先，新中国成立之前，中国曾经是世界上贫困人口最多的国家，大多数人口连维持基本生存的粮食、安全饮用水、住房、医疗、养老都得不到保障。中国农村贫困人口（按照 2010 年贫困标准）由 1978 年的 7.7 亿人减少至 2019 年的 551 万人，农村贫困发生率由 1978 年的 97.5% 下降至 2019 年的 0.6%，对全球减贫贡献率超过 70%。[1] 世界银行发布的数据显示，按照每人每天 1.9 美元的国际贫困标准，从 1981 年末到 2015 年末，全球贫困发

---

[1]　国务院新闻办公室：《为人民谋幸福：新中国人权事业发展 70 年》（白皮书），2019 年 9 月 2 日，国务院新闻办公室网站，http://www.scio.gov.cn/zfbps/32832/Document/1665072/1665072.htm，国家统计局：《中华人民共和国 2019 年国民经济和社会发展统计公报》，2020 年 2 月 28 日，国家统计局网站，http://www.stats.gov.cn/tjsj/zxfb/202002/t20200228_1728913.html。

生率累计下降 32.2 个百分点，年均下降 0.9 个百分点，而中国同期贫困发生率累计下降了 87.6 个百分点，年均下降 2.6 个百分点。[①] 具体来看，第一，中国从根本上消除了饥饿，持续提高了人民的营养水平。中国的粮食总产量由 1949 年的 11318 万吨提高到 2019 年的 66384 万吨，耕地灌溉面积由 1949 年的 1594 万公顷扩大到 2019 年的 6837 万公顷，谷物、肉类、花生、茶叶、水果等产量连续多年位居世界第一。第二，中国于 2009 年提前 6 年完成联合国千年发展目标提出的"饮水不安全人口减少一半"的目标。2005 年至 2018 年，全国累计解决 5.2 亿农村居民和 4700 多万农村学校师生的饮水安全问题。第三，中国大幅改善了城乡居民住房条件。2018 年，城镇居民人均住房建筑面积由 1956 年的 5.7 平方米增加到 39.0 平方米，增长 5.8 倍；农村居民人均住房建筑面积由 1978 年的 8.1 平方米增加到 47.3 平方米，增长 4.8 倍。第四，中国提前完成联合国千年发展目标确定的指标，2018 年，人均预期寿命从新中国成立之初的 35 岁提高到 77 岁，孕产妇死亡率由新中国成立前的 1500/10 万下降到 18.3/10 万，婴儿死亡率由新中国成立前的 200‰下降到 6.1‰。第五，中国建立起世界上覆盖人口最多的社会保障制度。截至 2019 年末，全国参加基本养老保险人数 96748 万人，参加基本医疗保险人数 135436 万人，参加失业保险人数 20543 万人，参加工伤保险人数 25474 万人，参加生育保险人数 21432 万人，共有 861 万人享受城市最低生活保障，3456 万人享受农村最低生活保障，439 万人享受农村特困人员救助供养，全年临时救助 918 万人次。[②] 联合国秘书长古特雷斯在给"2017 减贫与发展高层论坛"所发贺信中盛赞中国减贫方略，称"精准减贫方略是帮助最贫困人口、实现 2030 年可持续发展议程宏伟目标的唯一

---

[①] 张翼：《新中国成立 70 周年成就系列报告显示——贫困人口大幅减少为世界提供中国方案》，《光明日报》2019 年 8 月 13 日，第 02 版，中央政府网，http：//www.gov.cn/xinwen/2019-08/13/content_5420809.htm。

[②] 国务院新闻办公室：《为人民谋幸福：新中国人权事业发展 70 年》（白皮书），2019 年 9 月 2 日，国务院新闻办公室网站，http：//www.scio.gov.cn/zfbps/32832/Document/1665072/1665072.htm；国家统计局：《中华人民共和国 2019 年国民经济和社会发展统计公报》，2020 年 2 月 28 日，国家统计局网站，http：//www.stats.gov.cn/tjsj/zxfb/202002/t20200228_1728913.html。

途径。中国已实现数亿人脱贫，中国的经验可以为其他发展中国家提供有益借鉴"。①

其次，新中国成立之前，中国曾经是一个缺乏发展条件的国家，与人的发展相关的工作权、受教育权、文化权、参与权、知情权等更是缺乏相应的保障条件。经过70年的不懈努力，中国人的发展权得到了前所未有的实现。中国的人类发展指数从1980年的0.423提高到2018年的0.758，② 从低人类发展水平国家跃升至高人类发展水平国家。在1990年处于低人类发展水平组别的47个国家中，中国是目前唯一跻身高人类发展水平组的国家。③ 具体来看，第一，中国劳动者的各项权利得到充分保障。1949年末，城镇失业率高达23.6%。到2019年，城镇登记失业率为3.6%，调查失业率为5.2%。劳动者工资支付保障、同工同酬、休息休假、职业安全卫生、女性劳动者特别保护、依法参加和组织工会、参与企事业单位民主管理等各项权利得到依法保障。第二，在受教育权利方面，中国实施教育优先发展战略。新中国成立之初，小学净入学率和初中毛入学率仅分别为20%和3%，高校在校生仅有11.7万人，全国80%的人口是文盲。2018年，学前三年毛入园率达81.7%，小学学龄儿童净入学率达99.95%，初中阶段毛入学率达100.9%，高等教育毛入学率达48.1%。2019年，九年义务教育巩固率为94.8%，高中阶段毛入学率为89.5%。第三，在文化权利方面，从1949年到2019年底，全国的公共图书馆由55个增加到3189个，文化馆由896个增加到3325个，博物馆由21个增加到3410个。④ 巴基斯坦欧亚世纪研究所所长穆罕默德·阿凡·沙赫扎

---

① 张翼：《改革开放40年：我国农村贫困人口减少7.4亿人》，《光明日报》2018年9月4日，第12版，光明网，http://news.gmw.cn/2018-09/04/content_30963585.htm。

② 《联合国人类发展指数公布，香港列第4，中国内地第85》，2019年12月11日，新浪网，http://news.sina.com.cn/c/2019-12-11/doc-iihnzhfz5102766.shtml。

③ 国务院新闻办公室：《改革开放40年中国人权事业的发展进步》（白皮书），2018年12月，国务院新闻办网站，http://www.scio.gov.cn/zfbps/ndhf/37884/Document/1643348/1643348.htm。

④ 国务院新闻办公室：《为人民谋幸福：新中国人权事业发展70年》（白皮书），2019年9月2日，国务院新闻办公室网站，http://www.scio.gov.cn/zfbps/32832/Document/1665072/1665072.htm；国家统计局：《中华人民共和国2019年国民经济和社会发展统计公报》，2020年2月28日，国家统计局网站，http://www.stats.gov.cn/tjsj/zxfb/202002/t20200228_1728913.html。

德在第二届"南南人权论坛"上指出:"中国在减贫、发展和保障人权方面所做的努力,为地区和世界人权事业发展作出了极大贡献。"①

再次,新中国成立之前,中国曾经是一个民众缺乏参与公共事务机会的国家,公民的表达权、参与权、知情权、监督权都得不到保障。经过70年不懈努力,中国在保障公民表达权、参与权、知情权和监督权方面建立和实施了一系列有效的制度。在参与权方面,中国建立并不断完善以城乡村(居)民自治为核心,以民主选举、民主协商、民主决策、民主管理、民主监督为主要内容的基层群众自治制度。与此同时,建立了广泛、多层次、制度化的协商民主体系。在知情权方面,中国建立并不断完善政府信息公开制度,各级政府都建立了用于公开信息的门户网站,并通过政府公报、新闻发布会、微信、微博等工具及时发布公共信息,主动回应社会关切问题;还设置专门的信息公开申请受理机构,安排专人负责公民信息公开申请的处理和回复,使公民可以申请获取需要的信息。② 在司法信息公开方面,截至2019年2月,中国审判流程信息公开网公开案件信息3.7亿项,中国庭审公开网直播庭审259万件,中国裁判文书网公开文书6382万份,访问量226亿次。人民检察院案件信息公开网自2014年10月1日开通以来,公开案件程序性信息928万余件,发布重要案件信息58万余条,公开法律文书386万余份。③

最后,新中国成立之前,中国曾经是一个缺乏法治的国家,公民的各项权利得不到有效的保障。经过70年的不懈努力,中国建立并不断完善人权的法治保障。"文化大革命"后,中国本着实事求是的精神,依法全面清理和纠正侵犯人权的冤假错案。在健全法制进程中,立法法规定,有关犯罪和刑罚、对公民政治权利的剥夺和限制人身自由的强制措施和处罚、司法制度等事项,只有全国人大及其常委会有权立法。刑法确立罪刑法定原则、适用

---

① 王慧:《凝聚共识,推动人权事业健康发展——记"2019·南南人权论坛"》,2019年12月12日,中国人权网,http://www.humanrights.cn/html/2019/1_1212/47028.html。

② 姜明安:《中国政府信息公开制度的发展趋势》,《比较法研究》2017年第2期。

③ 国务院新闻办公室:《为人民谋幸福:新中国人权事业发展70年》(白皮书),2019年9月2日,国务院新闻办公室网站,http://www.scio.gov.cn/zfbps/32832/Document/1665072/1665072.htm。

刑法人人平等原则、罪责刑相适应原则，刑事诉讼法将"尊重和保障人权"写入总则，明确规定无罪推定原则、非法证据排除规则，既依法打击侵犯公民生命、健康、自由、财产等权利的犯罪行为，又重视保护犯罪嫌疑人、被告人和罪犯依法享有的人权。选举法、集会游行示威法、民族区域自治法以及宗教、信访、出版、社团登记等方面的行政法规，对保障公民及其政治权利作出了明确规定。国家安全法、反间谍法、反恐怖主义法、网络安全法、国家情报法、核安全法等法律，为维护公民人身财产安全、公共安全和国家安全提供了坚实的法制保障。[①] 2013 年至 2019 年 3 月，各级人民法院依法对 5876 名被告人宣告无罪，确保无罪的人不受刑事追究；再审改判刑事案件 8568 件；各级人民法院审结国家赔偿案件 61978 件。2013 年至 2018 年，全国法律援助机构共组织办理法律援助案件 778.8 万余件，受援 847.5 万余人次，提供法律咨询 4526.8 万余人次。[②]

## 二 中国保护人权的理念和经验对许多国家 具有一定的借鉴意义

中华人民共和国成立 70 年来在促进人权保护方面的成功实践，形成了一些具有重要指导意义的理念，积累了许多有益的经验。这些人权发展的理念和经验不仅对指导中国未来的人权实践发挥重要的作用，而且也是世界人权思想宝库中的宝贵财富，可以为其他国家促进人权带来新的启发。首届"南南人权论坛"通过《北京宣言》时指出："中国从国情出发推进人权事业发展，以生存权和发展权为首要的基本人权，坚持全面的、发展的人权观，不仅自身人权事业发展取得巨大成就，也为世界人权事业发展作出了重

---

① 国务院新闻办公室：《改革开放 40 年中国人权事业的发展进步》（白皮书），2018 年 12 月 12 日，国务院新闻办公室网站，http://www.scio.gov.cn/zfbps/ndhf/37884/Document/1643348/1643348.htm。

② 国务院新闻办公室：《为人民谋幸福：新中国人权事业发展 70 年》（白皮书），2019 年 9 月 2 日，国务院新闻办公室网站，http://www.scio.gov.cn/zfbps/32832/Document/1665072/1665072.htm。

大贡献，提供了中国经验。"①

　　总结 70 年来中国促进人权发展的实践，可以发现下列理念和经验具有一定普遍性意义。

### （一）将人的自由全面发展作为人权的最高价值追求

　　什么是尊重和保障人权要实现的目标？中国人权白皮书指出："促进人的自由全面发展是人权的最高价值追求。"② 尊重和保障人权是为了确立人的主体地位；促进人权事业发展从根本上说是为了实现人的发展，为每个人实现自身的潜能创造条件；全面和协调地促进人权发展，就是要使每个人的自由发展成为一切人自由发展的条件，让每个人都能更有尊严地发展自我和奉献社会，共同享有人生出彩的机会，共同享有梦想成真的机会。

　　这一理念获得了许多发展中国家的支持。首届"南南人权论坛"通过的《北京宣言》第 4 条明确指出："人的尊严不仅涉及人的自由，而且关系人的全面发展。"③

### （二）根据国情选择适合自身的人权发展道路

　　中国在 70 年的人权实践中深切体会到，人权发展道路的选择一定要结合本国的国情。习近平在 2015 年 9 月 16 日致"2015·北京人权论坛"的贺信中指出："中国共产党和中国政府始终尊重和保障人权。长期以来，中国坚持把人权的普遍性原则同中国实际相结合，不断推动经济社会发展，增进人民福祉，促进社会公平正义，加强人权法治保障，努力

---

① 《首届"南南人权论坛"〈北京宣言〉》，2017 年 12 月 8 日，中国人权网，http：//www.humanrights. cn/html/2017/1_ 1208/33415. html。

② 国务院新闻办公室：《为人民谋幸福：新中国人权事业发展 70 年》（白皮书），2019 年 9 月 2 日，国务院新闻办公室网站，http：//www. scio. gov. cn/zfbps/32832/Document/1665072/1665072. htm。

③ 《首届"南南人权论坛"〈北京宣言〉》，2017 年 12 月 8 日，中国人权网，http：//www.humanrights. cn/html/2017/1_ 1208/33415. html。

促进经济、社会、文化权利和公民、政治权利全面协调发展，显著提高了人民生存权、发展权的保障水平，走出了一条适合中国国情的人权发展道路。"① 各国发展阶段、经济发展水平、文化传统、社会结构不同，所面临的人权发展任务和应采取的人权保障方式也会有所不同。只有将人权的普遍性原则同各国实际相结合，才能有效地促进人权的实现。② 中国根据本国的国情和人民的实际需要推进中国人权事业发展，基于中国特色社会主义的制度优势，立足中国处于并将长期处于社会主义初级阶段的基本国情，主动适应人民的发展要求有计划、有步骤、分阶段地促进人权事业发展进步。③

中国的上述主张和原则获得了很多国家的赞赏和认同。汤加总检察长办公室高级法律顾问阿卡内西·艾米琳·卡托阿在第二届"南南人权论坛"上表示，没有放之四海而皆准的人权道路，各国应根据自己的国情选择合适的人权发展道路。④ 南非姆贝基非洲领导力研究所研究员谭哲理在参加首届"南南人权论坛"时指出，"我们应当向中国学习，按照本国国情和人民的需求来推进人权事业。在如何将人权的普遍性与特殊性相结合方面，中国为我们树立了榜样"。⑤ 首届"南南人权论坛"通过的《北京宣言》第1条指出："为确保对人权的普遍认可和遵行，人权的实现必须考虑区域和国家情境，考虑政治、经济、社会、文化、历史和宗教背景。人权事业发展必须也

① 《习近平致"2015·北京人权论坛"的贺信》，2015年9月16日，新华网，http://www. xinhuanet. com/politics/2015-09/16/c_ 1116583281. htm。
② 国务院新闻办公室：《为人民谋幸福：新中国人权事业发展70年》（白皮书），2019年9月2日，国务院新闻办公室网站，http://www. scio. gov. cn/zfbps/32832/Document/1665072/ 1665072. htm。
③ 国务院新闻办公室：《改革开放40年中国人权事业的发展进步》（白皮书），2018年12月12日，国务院新闻办公室网站，http://www. scio. gov. cn/zfbps/ndhf/37884/Document/1643348/ 1643348. htm。
④ 马海燕：《南南合作以发展促人权》，2019年12月12日，中国人权网，http://www. humanrights. cn/html/2019/1_ 1212/47033. html。
⑤ 黄小希、孙奕、丁小溪：《标注全球人权事业发展的"中国刻度"——写在首届"南南人权论坛"闭幕之际》，2017年12月11日，中国人权网，http://www. humanrights. cn/html/ 2017/1_ 1211/33419. html。

只能按照各国国情和人民需要加以推进。各国应坚持人权的普遍性和特殊性相结合的原则，从国情出发选择适合本国实际的人权发展道路或保障模式。"[1]

## （三）优先促进生存权和发展权，带动其他各项人权协调发展

中国主张将生存权和发展权置于优先地位。习近平在 2018 年致纪念《世界人权宣言》发表 70 周年座谈会的贺信中指出，中国"把生存权、发展权作为首要的基本人权，协调增进全体人民的经济、政治、社会、文化、环境权利"。[2] 新中国成立 70 年来，中国始终把解决人民的生存权、实现人民的发展权作为第一要务，"以促进和保护生存权、发展权为先导，协调推动公民权利、政治权利、社会权利、文化权利和特殊群体权利的保障"。[3] 这与近代中国长期遭受外来侵略、积贫积弱的苦难经历有密切的联系，它使中国人民深刻认识到，生存权和发展权是首要的基本人权，是享有其他人权的前提和基础。[4] 贫穷是实现人权的最大障碍。没有物质资料的生产和供给，人类其他一切权利的实现都是非常困难或不可能的。[5] 与此同时，中国也主张，"实现生存权和发展权是广大发展中国家在人权领域的最优先任务"[6]；并且倡导国际社会"应以 2030 年可持续发展议程为新起点，充分尊

[1] 《首届"南南人权论坛"〈北京宣言〉》，2017 年 12 月 8 日，中国人权网，http：//www. human
rights. cn/html/2017/1_ 1208/33415. html。

[2] 魏哲哲：《人民幸福生活是最大的人权》，2018 年 12 月 11 日，第 04 版。

[3] 中国向联合国人权理事会提交的《国家人权报告》，2013 年 8 月 5 日，联合国文件：A/HRC/WG. 6/17/CHN/1，第 2 页。

[4] 国务院新闻办公室：《改革开放 40 年中国人权事业的发展进步》（白皮书），2018 年 12 月 12 日，国务院新闻办公室网站，http：//www. scio. gov. cn/zfbps/ndhf/37884/Document/1643348/1643348. htm。

[5] 国务院新闻办公室：《为人民谋幸福：新中国人权事业发展 70 年》（白皮书），2019 年 9 月 2 日，国务院新闻办公室网站，http：//www. scio. gov. cn/zfbps/32832/Document/1665072/1665072. htm。

[6] 《常驻联合国副代表王民大使在第 69 届联大三委人权议题一般性辩论上的发言》，2014 年 10 月 29 日，中华人民共和国常驻联合国代表团网站，https：//www. fmprc. gov. cn/ce/ceun/chn/zgylhg/shhrq/liandawanwei1/t1205516. htm。

重发展中国家优先实现生存权和发展权的要求"①。

中国的这一主张获得了发展中国家的普遍赞同。首届"南南人权论坛"通过的《北京宣言》第 3 条指出："生存权和发展权是首要的基本人权。发展权的主体是人民。为实现人类整体利益的最大化，应坚持个人发展权与集体发展权相统一，使各国人民拥有平等的发展机会，充分实现发展权。发展中国家应当特别重视保障人民的生存权和发展权，特别是获得相当的生活水准、足够的食物、衣着、安全饮用水、住房的权利，获得安全、工作、受教育的权利，以及健康权利和社会保障权利等。国际社会应将消除贫困和饥饿等作为首要任务，着力解决发展不平衡不充分不可持续问题，为发展中国家人民发展权的实现创造更多有利条件。"② 在联合国人权理事会第 40 届会议审议中国的人权状况时，纳米比亚代表希望中国分享在实施发展权方面的经验和最佳做法。③ 2019 年 9 月 27 日，人权理事会再次以压倒性多数通过不结盟运动和中国共同提出的发展权决议（第 43/23 号）。决议重申发展权是一项普遍和不可剥夺的权利，指出发展权对充分实现 2030 年可持续发展议程至关重要，消除贫困是促进和实现发展权的关键，是实现可持续发展的必要条件。决议呼吁各国坚持多边主义，加强国际合作，全面落实《发展权利宣言》，促进全球发展伙伴关系，消除发展的障碍，实现发展权。④

## （四）"以发展促人权"的推动路径

在人权的推动方式上，中国选择了"以发展促人权"的路径。习近平

---

① 《常驻联合国代表刘结一大使在第 70 届联大三委人权议题一般性辩论中的发言》，2015 年 10 月 30 日，中华人民共和国常驻联合国代表团网站，https：//www.fmprc.gov.cn/ce/ceun/chn/lhghywj/t1310846.htm。

② 《首届"南南人权论坛"〈北京宣言〉》，2017 年 12 月 8 日，中国人权网，http：//www.human rights.cn/html/2017/1_1208/33415.html。

③ Human Rights Council, Report of the Human Rights Council on Its Fortieth Session（A/HRC/40/2）, 3 June 2019, p.127.

④ United Nations Human Rights Council, 42nd Session of the Human Rights Council：Resolutions, Decisions and President's Statements, https：//www.ohchr.org/EN/HRBodies/HRC/RegularSessions/Session42/Pages/ResDecStat.aspx.

在致"2015·北京人权论坛"的贺信中指出:"对各国人民而言,发展寄托着生存和希望,象征着尊严和权利";"唯有发展,才能消除冲突的根源。唯有发展,才能保障人民的基本权利。唯有发展,才能满足人民对美好生活的热切向往"。① 在 2016 年 12 月 4 日致"纪念《发展权利宣言》通过 30 周年国际研讨会"的贺信中,习近平指出:"发展是人类社会永恒的主题。联合国《发展权利宣言》确认发展权利是一项不可剥夺的人权。作为一个拥有 13 亿多人口的世界最大发展中国家,发展是解决中国所有问题的关键,也是中国共产党执政兴国的第一要务。"② 中国代表团在联合国人权理事会发言中指出,"当人们谈到人权问题时,往往忽略发展在保护和促进人权方面的重要性和关键作用。发展关乎国计民生,百姓福祉,最终目标是改善和提高全体人民的生活质量、维护人的尊严、实现人的价值追求,从而更好地保护和促进人权。经济增长、减贫、社会保障、卫生和教育服务、残疾人、妇女、儿童、老年人和土著人权利保障、青年人就业、环境保护、应对气候变化等,都只能通过发展寻求解决"。③

"以发展促人权"的理念得到了联合国人权机制的认同。在联合国人权理事会第 40 届会议审议中国的人权状况时,马里代表赞扬中国通过实施经济和社会发展第十三个五年规划促进和保护经济、社会和文化权利所取得的重要进展,欢迎中国在实施第三期国家人权行动计划和反家暴法以及废除劳动教养制度方面取得的进步。④ 毛里求斯赞扬中国努力和倡导包容性公平增长,指出中国采取了一系列措施建设一个与 2030 年可持续发展议程相一致的公正、公平和繁荣的中国社会,并采取了各种旨在保护人权的措施,涵盖

---

① 《习近平致"2015·北京人权论坛"的贺信》,2015 年 9 月 16 日,新华网,http://www.xinhuanet.com/politics/2015-09/16/c_ 1116583281. htm。

② 《习近平致"纪念〈发展权利宣言〉通过 30 周年国际研讨会"的贺信》,2016 年 12 月 4 日,新华网,http://www.xinhuanet.com/politics/2016-12/04/c_ 1120048817. htm。

③ 《马朝旭大使在人权理事会第 33 次会议代表近 140 个国家就"发展促人权"问题发表共同发言》,2016 年 9 月 17 日,中华人民共和国常驻联合国日内瓦办事处和瑞士其他国际组织代表团网站,http://www.china-un. ch/chn/hyyfy/t1398078. htm。

④ Human Rights Council, Report of the Human Rights Council on Its Fortieth Session (A/HRC/40/2), 3 June 2019, p. 126.

立法措施、减贫、健康、环境保护和国际合作。① 缅甸代表指出，中国在人权发展方面的成功全面确保了其公民的各项人权，分享中国的经验将有助于其他国家和地区推进人权发展。②

## （五）"以减贫享人权"的有力举措

中国在实现生存权和发展权的保障方面，最重要的举措就是消除贫困。国际社会的共识是：极端贫困阻碍充分和有效享有人权，消除一切形式和表现的贫困，包括极端贫困，是一项重大全球挑战。中国代表团在联合国人权理事会发言中指出："极端贫穷阻碍人民充分有效地享有人权"③；"消除贫困是世界最重要的人权事业之一"④；"贫困问题是当今世界面临的严峻挑战，不仅严重阻碍发展中国家经济发展和社会进步，也是地区冲突、恐怖主义蔓延和环境恶化等问题的根源之一。消除贫困事关各国人民最基本的生存和发展权利，是各国尤其是发展中国家经济和社会发展的首要考量，也是各国实现可持续发展的前提"⑤。经过 70 年的不懈努力，中国成为世界上减贫人口最多的国家，是第一个完成联合国千年发展目标减贫目标的发展中国家。

中国在消除贫困方面所采取的积极措施和取得的成效，受到了发展中国家的普遍赞赏。在联合国人权理事会第 40 届会议审议中国的人权状况时，莫桑比克代表赞赏中国在人权发展方面所取得的巨大成就，指出中国使 7 亿

---

① Human Rights Council, Report of the Human Rights Council on Its Fortieth Session (A/HRC/40/2), 3 June 2019, p. 126.

② Human Rights Council, Report of the Human Rights Council on Its Fortieth Session (A/HRC/40/2), 3 June 2019, p. 127.

③ 《中国代表团在人权理事会第 25 次会议议题 8 一般性辩论中的发言》，2014 年 3 月 24 日，中华人民共和国常驻联合国日内瓦办事处和瑞士其他国际组织代表团网站，http://www.china-un.ch/chn/hyyfy/t1140297.htm.

④ 《中国代表团在人权理事会第 29 次会议与极端贫困、反恐中保护人权问题特别报告员对话时的发言》，2015 年 6 月 22 日，中华人民共和国常驻联合国日内瓦办事处和瑞士其他国际组织代表团网站，http://www.china-un.ch/chn/hyyfy/t1275177.htm。

⑤ 《中国代表团三秘卢毓辉在第 70 届联大二委议题 24："消除贫穷和其他发展问题"的发言》，2015 年 10 月 15 日，中华人民共和国常驻联合国代表团网站，https://www.fmprc.gov.cn/ce/ceun/chn/lhghywj/t1306033.htm。

多乡村地区人口摆脱了贫困，并赞赏中国以整体性方式促进人权的普及并专注于人民的福祉、和平和发展。① 荷兰代表注意到中国在促进经济权利和使许多人摆脱贫困方面的巨大进步。② 尼日利亚代表也注意到中国通过其经济政策成功地使广大的人口摆脱贫困，从而保障他们充分享有各项人权。③ 菲律宾代表也欢迎中国将促进社会经济发展、减贫、打击恐怖主义和加强国际合作置于优先位置。④ 古巴常驻联合国日内瓦代表团参赞利桑德拉·阿斯蒂亚萨兰·阿瑞斯在第二届"南南人权论坛"上称赞中国在脱贫工作中取得的成效，她说："作为发展中国家，中国和古巴有很多相似之处，两国共同致力于消除贫困，为人民谋福祉。中国脱贫工作成效非常显著，其他发展中国家可以从其成功经验中获益。"⑤ 几内亚比绍国家电台信息部主任巴卡尔·卡马拉在第二届"南南人权论坛"上指出："中国在促进人权、尊重人民的基本需求、创造有效条件以满足此类需求方面起了很好的示范作用。在过去几年的时间中，中国在共产党的领导下开创了一种扶贫及开放模式，该模式推动了不发达国家（尤其是非洲）的发展。中国政府采取的这一开放模式为全世界社会和平的共同发展做出了重大贡献。中国的扶贫战略应成为所有不发达国家（尤其是诸如非洲之类的正在突破发展道路的国家）的一种榜样。"⑥

## （六）"以安定护人权"的保障方式

人权不仅需要靠发展来推动，而且需要安定的国内和国际社会环境来保

① Human Rights Council, Report of the Human Rights Council on Its Fortieth Session (A/HRC/40/2), 3 June 2019, p. 126.
② Human Rights Council, Report of the Human Rights Council on Its Fortieth Session (A/HRC/40/2), 3 June 2019, p. 127.
③ Human Rights Council, Report of the Human Rights Council on Its Fortieth Session (A/HRC/40/2), 3 June 2019, p. 127.
④ Human Rights Council, Report of the Human Rights Council on Its Fortieth Session (A/HRC/40/2), 3 June 2019, p. 128.
⑤ 王聪：《拉美专家学者表示中国为推动国际人权事业发展做出积极贡献》，2019年12月12日，中国人权网，http://www.humanrights.cn/html/2019/1_1212/47060.html。
⑥〔几内亚比绍〕巴卡尔·卡马拉：《新中国成立以来中国对人权事业的贡献》，载国务院新闻办公室、外交部《2019·南南人权论坛论文集》，2019年12月10~11日，第21页。

障。中国代表团在联合国人权理事会发言中指出，需要"以安全促人权"，因为"战乱、冲突和地区动荡是导致大规模侵犯人权的根源"，"一国人权事业的发展也离不开安全稳定的国内环境"。① 在国际人权领域，中国强调和平对于人权的重要意义，积极参与和平权问题工作组的工作。中国代表团在联合国人权理事会发言中指出，"和平成为各国人民的共同期待，也是促进和保障人权的根本前提和基础"②；"没有和平与发展，人权就成为无本之木。应致力于维护持久和平，实现共同发展，为促进和保护人权提供坚实基础"③；"多数情况下，战争和冲突是造成人道主义灾难和侵犯人权的根源。致力于维护地区和世界稳定，和平解决国际和国内争端，避免不经安理会授权及违反当事国意志的武装介入，是保护人权的最有力保障"④；"只有维护和平，防止战争，消除暴力和冲突，人权才能得到根本保障"⑤；"应维护有利于保障人权的和平环境，通过和平方式解决国际争端"⑥。

中国"以安定护人权"的理念和经验，获得了许多发展中国家的认同。马达加斯加参议院副议长库鲁·克里斯托夫·洛朗·罗杰在第二届"南南

① 《坚持合作共赢 共促人权发展——俞建华大使在人权理事会第 37 次会议高级别会议一般性辩论中的发言》，2018 年 3 月 1 日，中华人民共和国常驻联合国日内瓦办事处和瑞士其他国际组织代表团网站，https：//www. fmprc. gov. cn/ce/cegv/chn/hyyfy/t1538414. htm。

② 《刘华特别代表在人权理事会第 34 次会议代表中国和非洲国做"维护和平，促进和保护人权"共同发言》，2017 年 2 月 28 日，中华人民共和国常驻联合国日内瓦办事处和瑞士其他国际组织代表团网站，http：//www. china-un. ch/chn/hyyfy/t1442034. htm。

③ 《常驻联合国日内瓦办事处和瑞士其他国际组织代表马朝旭大使在人权理事会第 34 次会议做"完善全球人权治理，推进国际人权事业"共同发言》，2017 年 3 月 20 日，中华人民共和国常驻联合国日内瓦办事处和瑞士其他国际组织代表团网站，http：//www. china-un. ch/chn/hyyfy/t1447149. htm。

④ 《马朝旭大使在人权理事会第 32 次会议"纪念人权理事会十周年"高级别专题讨论会上的共同发言稿：加强对话与合作促进和保护普遍认可的人权》，2016 年 6 月 14 日，中华人民共和国常驻联合国日内瓦办事处和瑞士其他国际组织代表团网站，http：//www. china-un. ch/chn/hyyfy/t1371850. htm。

⑤ 《中国代表团在人权理事会第 29 次会议议题 5 一般性辩论中的发言》，2015 年 6 月 27 日，中华人民共和国常驻联合国日内瓦办事处和瑞士其他国际组织代表团网站，http：//www. china-un. ch/chn/hyyfy/t1277359. htm。

⑥ 《吴海涛大使在人权理事会第 25 次会议一般性辩论中的发言》，2014 年 3 月 7 日，中华人民共和国常驻联合国日内瓦办事处和瑞士其他国际组织代表团网站，http：//www. china-un. ch/chn/hyyfy/t1135110. htm。

人权论坛"上指出，任何人权都必须通过发展才能获得，而任何发展都必须植根于稳定，因为只有这样，各种行动才能顺利开展，各类思想才能在和谐的氛围中百花齐放。① 莫桑比克希萨诺基金会执行主任莱昂纳多·桑多斯·西芒在第二届"南南人权论坛"上表示，许多人都羡慕中国 1978 年改革开放后所取得的成就，中国走过的发展道路是一条平稳的道路，中国公民也随之享有越来越高的幸福水平。② 首届"南南人权论坛"通过的《北京宣言》第 1 条指出："各国和国际社会有责任为实现人权创造必要条件，包括维护和平、安全与稳定，促进经济和社会发展，消除实现人权的各种障碍。"③ 在联合国人权理事会第 40 届会议审议中国的人权状况时，缅甸代表欢迎中国关于"通过和平、发展、合作和平等促进人权"的倡议，认为这将对改善全球人权治理的努力作出补充。④ 尼泊尔代表指出，中国为广泛的社会和经济发展培育了和平和稳定的环境，为更广泛地实现和促进人权创造了坚实的基础。⑤

（七）将人民的获得感、幸福感、安全感作为人权实现的重要检验标准

如何检验各项人权措施的实现状况？中国人权白皮书提出："人民的获得感、幸福感、安全感是检验人权实现的重要标准。"⑥ 中国提出了"以人

① 马海燕：《南南合作以发展促人权》，2019 年 12 月 12 日，中国人权网，http：//www. humanrights. cn/html/2019/1_ 1212/47033. html。
② 马海燕：《南南合作以发展促人权》，2019 年 12 月 12 日，中国人权网，http：//www. humanrights. cn/html/2019/1_ 1212/47033. html。
③ 《首届"南南人权论坛"〈北京宣言〉》，2017 年 12 月 8 日，中国人权网，http：//www. humanrights. cn/html/2017/1_ 1208/33415. html。
④ Human Rights Council, Report of the Human Rights Council on Its Fortieth Session (A/HRC/40/2), 3 June 2019, p. 127.
⑤ Human Rights Council, Report of the Human Rights Council on Its Fortieth Session (A/HRC/40/2), 3 June 2019, p. 127.
⑥ 国务院新闻办公室：《为人民谋幸福：新中国人权事业发展 70 年》（白皮书），2019 年 9 月 2 日，国务院新闻办公室网站，http：//www. scio. gov. cn/zfbps/32832/Document/1665072/1665072. htm。

民为中心"的人权发展理念。习近平在 2017 年 12 月 7 日致首届"南南人权论坛"的贺信中指出："中国共产党和中国政府坚持以人民为中心的发展思想，始终把人民利益摆在至高无上的地位，把人民对美好生活的向往作为奋斗目标，不断提高尊重与保障中国人民各项基本权利的水平。"① 在 2018 年致纪念《世界人权宣言》发表 70 周年座谈会的贺信中，习近平进一步指出："人民幸福生活是最大的人权。中国共产党从诞生那一天起，就把为人民谋幸福、为人类谋发展作为奋斗目标。中华人民共和国成立近 70 年特别是改革开放 40 年来，中华民族迎来了从站起来、富起来到强起来的伟大飞跃。中国发展成就归结到一点，就是亿万中国人民生活日益改善。"②

中国的上述人权理念得到了发展中国家的认同。首届"南南人权论坛"通过的《北京宣言》第 9 条指出："人权的实现永无止境，人权事业的发展永远在路上。人权保障没有最好，只有更好。人民的满意是检验人权及其保障方式合理性的最终标准。各国政府有责任根据人民的要求持续提高人权保障水平。"③

## 三　积极建言和推动全球人权治理体系变革

中国始终致力于推进世界人权事业的发展。新中国成立初期，由于受到美国等国家的遏制和阻挠，中国在联合国的合法地位被非法占据。但中国仍然在国际人权问题上积极发声，发挥建设性作用。20 世纪 50 年代，中国与印度、缅甸提出互相尊重主权和领土完整、互不侵犯、互不干涉内政、平等互利、和平共处五项原则，体现了对国家独立的认可，尊重了相关国家和人民的自主权。1955 年，在中国推动下，万隆会议通过的《亚非会议最后公报》将"尊重基本人权"写入和平共处十项原则的第一条。万隆会议通过的十项原则是对和平共处五项原则的引申和发展。20 世纪 60 年代兴起的不

---

① 《习近平致首届"南南人权论坛"的贺信》，2017 年 12 月 7 日，新华网，http：//www. xin huanet. com/politics/2017–12/07/c_ 1122073544. htm。
② 魏哲哲：《人民幸福生活是最大的人权》，2018 年 12 月 11 日，第 04 版。
③ 《首届"南南人权论坛" 〈北京宣言〉》，2017 年 12 月 8 日，中国人权网，http：// www. humanrights. cn/html/2017/1_ 1208/33415. html。

结盟运动把五项原则作为指导原则。1970 年和 1974 年联合国大会通过的有关宣言接受了和平共处五项原则。[①]

1971 年,联合国大会通过决议恢复中国在联合国的合法席位,中国在联合国的框架内积极开展工作,在世界人权领域发挥更加积极的建设性作用,产生日益重要的影响。1981 年,中国在联合国经社理事会组织会议上当选为人权委员会成员国。自 1982 年起,中国正式担任人权委员会成员国并一直连选连任。自 1984 年起,中国推荐的专家连续当选为防止歧视和保护少数小组委员会的委员和候补委员。自 2006 年 3 月设立联合国人权理事会以来,中国四度高票当选人权理事会成员。

近些年来,中国在推动全球人权治理体系变革方面提出了一系列重要主张,并正在获得越来越多国家的认同。

## (一)尊重人权发展道路的多样性

尽管联合国通过了一系列有关人权的决议、宣言和公约,但各国在人权问题上仍然存在分歧。对此,中国在联合国主张,"各国由于政治制度、发展水平和历史文化不同,在人权问题上存在不同看法是正常现象"。[②] "世界上没有放之四海而皆准的人权发展道路。人权事业是各国经济社会发展的重要组成部分,必须根据各国国情和人民需求加以推进,不能定于一尊。"[③] 因此,"应尊重人权发展道路的多样性"。[④]

中国这一主张得到了多数发展中国家的赞同。首届"南南人权论坛"

---

① 国务院新闻办公室:《为人民谋幸福:新中国人权事业发展 70 年》(白皮书),2019 年 9 月 2 日,国务院新闻办公室网站,http://www.scio.gov.cn/zfbps/32832/Document/1665072/1665072.htm。

② 中国向联合国人权理事会提交的《国家人权报告》,2008 年 12 月 5 日,联合国文件:A/HRC/WG.6/4/CHN/1,第 4 页。

③ 中国向联合国人权理事会提交的《国家人权报告》,2018 年 12 月 5 日,联合国文件:A/HRC/WG.6/31/CHN/1,第 2 页。

④ 《常驻联合国代表刘结一大使在第 70 届联大三委人权议题一般性辩论中的发言》,2015 年 10 月 30 日,中华人民共和国常驻联合国代表团网站,https://www.fmprc.gov.cn/ce/ceun/chn/lhghywj/t1310846.htm。

通过的《北京宣言》第 2 条指出："人权是所有文明的内在组成部分，应承认所有文明平等，都应受到尊重。应珍视并尊重不同文化背景的价值和社会道德，相互包容、相互交流、相互借鉴。"①

第 73 届联合国大会第 55 次会议于 2018 年 12 月 17 日通过的关于"促进建立一个民主和公平的国际秩序"决议（A/RES/73/169 号）强调指出，"在加强人权领域的国际合作时，必须保持由不同国家和人民组成的国际社会所具有的丰富多样性，并且必须尊重各国和各区域的特点及各种历史、文化和宗教背景"。②

## （二）反对在人权问题上的政治化、选择性和双重标准

公正合理包容是国际人权治理的基本原则。在国际社会，中国一贯反对将人权政治化或搞人权"双重标准"③，"推动国际社会以公正、客观和非选择性方式处理人权问题"④。针对许多西方国家在联合国将人权问题政治化以服务于地缘政治需要的做法，中国代表团在联合国人权理事会发言中明确指出，"中国反对人权政治化和'双重标准'"⑤，"将人权问题政治化，进行'点名羞辱'和公开施压，或采取双重标准，只会毒化理事会气氛，破坏人权领域的合作"⑥；"反对将人权问题政治化和借人权问题向别国施压，

---

① 《首届"南南人权论坛"〈北京宣言〉》，2017 年 12 月 8 日，中国人权网，http：//www. human
rights. cn/html/2017/1_ 1208/33415. html。

② 联合国大会关于《促进建立一个民主和公平的国际秩序》决议（第 A/HRC/73/169 号）第 4 页，2018 年 12 月 17 日，联合国网站，https：//www. un. org/zh/documents/view_ doc. asp? symbol＝A/RES/73/169。

③ 国务院新闻办公室：《为人民谋幸福：新中国人权事业发展 70 年》（白皮书），2019 年 9 月 2 日，国务院新闻办公室网站，http：//www. scio. gov. cn/zfbps/32832/Document/1665072/1665072. htm。

④ 中国向联合国人权理事会提交的《国家人权报告》，2008 年 12 月 5 日，联合国文件：A/HRC/WG. 6/4/CHN/1，第 4 页。

⑤ 中国向联合国人权理事会提交的《国家人权报告》，2018 年 12 月 5 日，联合国文件：A/HRC/WG. 6/31/CHN/1，第 3 页。

⑥ 《中国代表团在人权理事会第 27 次会议议题 4 一般性辩论中的发言》，2014 年 9 月 29 日，中华人民共和国常驻联合国日内瓦办事处和瑞士其他国际组织代表团网站，http：//www. china-un. ch/chn/hyyfy/t1196350. htm。

反对利用联合国人权机制搞公开对抗"①；"联合国人权机制应客观、公正开展工作，避免发表主观和缺乏事实根据的言论"。②

在国别人权审查的问题上，中国代表团指出，"审查工作应有助于当事国落实其接受的建议……在审查过程中提出建议时要考虑当事国国情，并为当事国落实接受的建议提供建设性帮助"。③

在特别机制的问题上，中国代表团指出，"特别机制作为联合国专家，其行为应符合《联合国宪章》宗旨和原则，尊重各国主权与领土完整，根据《特别机制行为准则》和人权理事会授权，客观、公正、非选择性开展工作，采取可靠信息，摒弃公开施压做法，以建设性态度与各国政府开展对话与合作"。④

在人权高专和高专办与会员国合作的问题上，中国代表团指出，"人权高专和高专办在要求会员国提供合作的同时，需要首先体现出合作的诚意，体现出对各国的尊重"。⑤ 中国敦促人权高专和高专办应当遵循客观、公正原则，不应以人权法官自居，基于未经证实的信息，对各国人权状况妄加评论，将自身理念和主张强加于会员国。

在人权技术援助问题上，中国代表团指出，"促进和保护人权的首要责任在于各国政府。当一国政府在促进和保护本国人民人权过程中面临困难、

① 《中国代表团在人权理事会第 28 次会议与人权高专对话时的发言》，2015 年 3 月 5 日，中华人民共和国常驻联合国日内瓦办事处和瑞士其他国际组织代表团网站，http://www.china-un.ch/chn/hyyfy/t1244198.htm。

② 《马朝旭大使在人权理事会第 32 次会议"纪念人权理事会十周年"高级别专题讨论会上的共同发言稿：加强对话与合作促进和保护普遍认可的人权》，2016 年 6 月 14 日，中华人民共和国常驻联合国日内瓦办事处和瑞士其他国际组织代表团网站，http://www.china-un.ch/chn/hyyfy/t1371850.htm。

③ 《中国代表团在人权理事会第 25 次会议议题 6 "国别人权审查"一般性辩论中的发言》，2014 年 3 月 21 日，中华人民共和国常驻联合国日内瓦办事处和瑞士其他国际组织代表团网站，http://www.china-un.ch/chn/hyyfy/t1168017.htm。

④ 《中国代表团在人权理事会第 38 届会议议题 5 一般性辩论中的发言》，2018 年 6 月 27 日，中华人民共和国常驻联合国日内瓦办事处和瑞士其他国际组织代表团网站，https://www.fmprc.gov.cn/ce/cegv/chn/hyyfy/t1579251.htm。

⑤ 《中国代表团在人权理事会第 38 届会议与人权高专对话时的发言》，2018 年 7 月 22 日，中华人民共和国常驻联合国日内瓦办事处和瑞士其他国际组织代表团网站，https://www.fmprc.gov.cn/ce/cegv/chn/hyyfy/t1579242.htm。

需要外界帮助时，国际社会应提供建设性的援助和支持。在此过程中，应尊重当事国的国情和实际需求，与当事国充分协商，确保援助效果。借技术援助和能力建设之名，将人权问题政治化，不符合人权理事会建设性对话与合作的原则，也无助于当事国人权状况的实际改善"。①

　　中国倡导的这一理念获得了联合国大多数成员国的赞同。2006 年至 2009 年，联合国大会先后通过了 5 个关于"促进国际合作并重视非选择性、公正性和客观性以加强联合国在人权领域的行动"的决议。联合国人权理事会第 37 届第 54 次会议于 2018 年 3 月 23 日通过的关于"在人权领域促进合作共赢"的第 37/23 号决议重申"人权理事会的工作应以普遍性、公正性、客观性和非选择性以及建设性国际对话与合作等原则为指导，以加强促进和保护公民权利、政治权利、经济、社会及文化权利等所有人权，包括发展权"；强调"人权领域的真诚对话与合作应具有建设性并基于普遍性、不可分割性、非选择性、非政治化、平等和相互尊重，目的是促进相互理解，扩大共识和加强建设性合作，包括开展能力建设与技术合作"。②

### （三）反对单方面强制

　　少数西方国家根据自己对人权问题的狭隘理解，对一些与自己的人权模式不一致的国家采取各种单边强制措施，包括经济制裁、贸易禁运等。中国反对各种形式的单方面制裁。中国代表团在联合国人权理事会上指出，"任何单边强制措施都会妨碍充分实现各类人权"③；"单边强制措施特别是经济

---

① 《中国代表团在人权理事会第 31 次会议议题 10 一般性辩论中的发言》，2016 年 3 月 23 日，中华人民共和国常驻联合国日内瓦办事处和瑞士其他国际组织代表团网站，http：//www. china-un. ch/chn/hyyfy/t1351691. htm。

② 《人权理事会报告》，联合国大会第 73 届会议正式记录（A73/53 号决议），第 83 页。

③ 《常驻联合国日内瓦办事处和瑞士其他国际组织代表马朝旭大使在人权理事会第 36 次会议代表 140 个国家做"加强人权对话与合作，构建人类命运共同体"共同发言》，2017 年 9 月 16 日，中华人民共和国常驻联合国日内瓦办事处和瑞士其他国际组织代表团网站，http：//www. china-un. ch/chn/hyyfy/t1493650. htm。

制裁和贸易禁运等，会对目标国家广大民众享有人权产生严重负面影响，而这些影响恰恰会成几何倍数放大到弱势群体身上，严重影响他们获得衣食、住房和医疗等基本权利"；"以单边强制措施为手段对一些国家、尤其是发展中国家施加政治或经济压力，不利于这些国家根据本国人民需求促进和保护人权。……国际社会应敦促有关国家停止将单边强制措施作为政治工具，不要动辄对他国实施单边制裁或以制裁相威胁，努力消除单边强制措施造成的负面影响"①。

中国的这一主张得到了发展中国家的普遍赞同。首届"南南人权论坛"通过的《北京宣言》第8条指出："国际社会对人权事项的关切，应始终遵行国际法和公认的国际关系基本准则，其中至为关键的是尊重国家主权、领土完整和不干涉各国内政。各国应坚持主权平等的原则，所有国家不论大小，均有权决定其政治制度，控制和自由利用其资源，自主追求其经济、社会和文化发展。人权问题上的政治化、选择性和双重标准，滥用军事、经济或其他手段干涉他国事务，是与人权的目的和精神背道而驰。国际社会保护人权的相关行动必须严格遵守《联合国宪章》的相关规定，并应充分尊重当事国和区域组织的意见。"②

联合国就单方面强制措施问题通过了一系列相关的决议。2006年至2019年，联合国人权理事会通过了7个关于"人权与单方面强制性措施"的决议，联合国大会通过了13个关于"人权与单方面胁迫措施"的决议，13个关于"以雇佣军为手段侵犯人权并阻挠行使人民自决权"的决议。

## （四）以对话和合作促进世界人权发展

中国在国际社会积极倡导以对话和合作促进世界人权发展。中国代表团

---

① 《中国代表团在联合国人权理事会第30次会议单边强制措施双年专题讨论会上的发言》，2015年9月17日，中华人民共和国常驻联合国日内瓦办事处和瑞士其他国际组织代表团网站，http://www.china-un.ch/chn/hyyfy/t1305283.htm。

② 《首届"南南人权论坛"〈北京宣言〉》，2017年12月8日，中国人权网，http://www.humanrights.cn/html/2017/1_1208/33415.html。

在联合国人权理事会发言中提出"以合作促人权"①,"应该在平等和相互尊重的基础上,开展对话与合作,共同促进和保护人权"②,并建议"将促进人权领域对话与合作作为核心宗旨"③。

中国身体力行,在相互尊重、开放包容、交流互鉴基础上,积极与其他国家开展建设性人权对话和人权磋商。自20世纪90年代起,中国陆续与20多个国家建立人权对话或磋商机制,同美国、欧盟、英国、德国、瑞士、荷兰、澳大利亚、新西兰等西方国家或国际组织进行人权对话,同俄罗斯、埃及、南非、巴西、马来西亚、巴基斯坦、白俄罗斯、古巴及非盟等开展人权磋商。④

中国的这一主张和做法获得了大多数发展中国家的支持。首届"南南人权论坛"通过的《北京宣言》第9条指出:"国际社会应在平等和相互尊重基础上通过对话交流、互学互鉴和凝聚共识,促进人权合作。"第7条指出:"南南合作是促进发展中国家发展和人权进步的重要途径。南南国家之间应以同舟共济、权责共担、互帮互助、合作共赢的精神,坚持以团结促合作,以合作促发展,以发展促人权,努力实现更加充分的人权保障。国际社会应本着平衡、包容、普惠和可持续的原则,积极支持发展中国家加快发展,不断提高发展中国家人权保障水平。"⑤ 在联合国人权理事会第40届会议审议中国的人权状况时,阿曼赞扬

---

① 《坚持合作共赢　共促人权发展——俞建华大使在人权理事会第37次会议高级别会议一般性辩论中的发言》,2018年3月1日,中华人民共和国常驻联合国日内瓦办事处和瑞士其他国际组织代表团网站,https://www.fmprc.gov.cn/ce/cegv/chn/hyyfy/t1538414.htm。

② 中国向联合国人权理事会提交的《国家人权报告》,2008年12月5日,联合国文件:A/HRC/WG.6/4/CHN/1,第4页。

③ 《中国代表团在人权理事会第28次会议与人权高专对话时的发言》,2015年3月5日,中华人民共和国常驻联合国日内瓦办事处和瑞士其他国际组织代表团网站,http://www.china-un.ch/chn/hyyfy/t1244198.htm。

④ 国务院新闻办公室:《为人民谋幸福:新中国人权事业发展70年》(白皮书),2019年9月2日,国务院新闻办公室网站,http://www.scio.gov.cn/zfbps/32832/Document/1665072/1665072.htm。

⑤ 《首届"南南人权论坛"〈北京宣言〉》,2017年12月8日,中国人权网,http://www.human
rights.cn/html/2017/1_1208/33415.html。

中国在人权领域取得的成就，并对中国的国际合作模式表示欢迎，这种国际合作模式是基于尊重和文化多样性，反映了社会中的各种价值，丰富了和平与安全。[1]

联合国在人权领域的国际对话与合作方面也通过了一系列相关决议。2006 年至 2019 年，联合国人权理事会通过了关于"在人权领域促进合作共赢"的第 37/23 号决议，3 个关于"在亚洲太平洋地区增进和保护人权的区域合作"的决议，13 个关于"加强人权领域的国际合作"的决议。联合国大会通过了关于"促进平等和相互尊重的人权对话"的第 61/166 号决议，以及 13 个关于"增进（或加强）人权领域的国际合作"的决议。第 73 届联合国大会第 55 次会议于 2018 年 12 月 17 日通过的关于"增进人权领域的国际合作"决议（第 A/RES/73/168 号）重申"不同宗教、文化和文明之间在人权领域开展对话，大大有助于增进这个领域的国际合作"；"不同文化和文明之间的对话有利于促进宽容和尊重多样性的文化"；着重指出"相互理解、对话、合作、透明和建立信任，是所有促进和保护人权活动的重要元素"；强调"人权对话应具有建设性，并基于普遍性、不可分割性、客观性、非选择性、非政治化、相互尊重和平等对待等原则，目的是促进相互理解和加强建设性合作，包括开展能力建设和国家之间的技术合作"。[2]

### （五）平衡保障各项人权

国际社会长期存在片面强调公民权利和政治权利，忽视经济、社会和文化权利的倾向。针对这种情况，中国代表团在联合国人权理事会指出，"在全球化的形势下，如何实现经社文权利和发展权是广大发展中国家面临的重

---

[1]　Human Rights Council, Report of the Human Rights Council on Its Fortieth Session (A/HRC/40/2), 3 June 2019, p. 127.

[2]　联合国大会决议：《增进人权领域的国际合作》（第 A/RES/73/168 号）第 2 页，2018 年 12 月 17 日通过。联合国网站：https：//www. un. org/en/ga/search/view_ doc. asp？symbol＝A/RES/73/168&Lang＝C。

要挑战。忽视这些权利的实质，是忽视发展中国家在人权问题上的正当诉求"①；应"平等和平衡地推进各类人权，充分重视经济、社会、文化权利及发展权利"②，反对"一味推行公民政治权利，漠视甚至公开反对提及经社文权利及发展权"的倾向，③"扭转当前重公民政治权利，轻经社文权利和发展权的现状"④，纠正两类人权发展不平衡的问题。⑤

中国这一主张得到了大多数发展中国家的响应。首届"南南人权论坛"通过的《北京宣言》第4条指出："各国人民的生存权、发展权、和平权、环境权等，既是重要的集体人权，又是实现个人人权的前提和基础。所有人权不可分割、相互联系。公民和政治权利的获得离不开同时获得经济、社会和文化权利，两者同等重要，相互依存。"⑥

在经济、社会和文化权利保障方面，联合国也先后通过了一系列相关决议。2006年至2019年，联合国人权理事会先后通过了10个关于"在所有国家实现经济、社会及文化权利问题"的决议，还通过了4个关于"工作权"的决议，10个关于"受教育权"的决议，11个关于"人人享有可达到的最高水准的身心健康的权利"的决议，9个关于"增进人人享有文化权利

---

① 《张义山大使在经社理事会实质性会议上关于人权问题的发言（议题14g）》，（2004年7月22日），中华人民共和国常驻联合国代表团网站，https：//www.fmprc.gov.cn/ce/ceun/chn/zgylhg/shhrq/rqsw/t143780.htm。

② 《马朝旭大使在人权理事会第32次会议"纪念人权理事会十周年"高级别专题讨论会上的共同发言稿：加强对话与合作促进和保护普遍认可的人权》，2016年6月14日，中华人民共和国常驻联合国日内瓦办事处和瑞士其他国际组织代表团网站，http：//www.china-un.ch/chn/hyyfy/t1371850.htm。

③ 《常驻联合国代表团姚绍俊参赞在第69届联大三委与人权理事会主席对话时的发言》，2014年11月17日，中华人民共和国常驻联合国代表团网站，https：//www.fmprc.gov.cn/ce/ceun/chn/zgylhg/shhrq/liandawanwei1/t1213664.htm。

④ 《常驻联合国代表团姚绍俊参赞在联大三委与人权理事会主席互动对话时的发言》，2015年11月17日，中华人民共和国常驻联合国代表团网站，https：//www.fmprc.gov.cn/ce/ceun/chn/lhghywj/t1315936.htm。

⑤ 《中国代表团姚绍俊参赞在第72届联大三委人权议题一般性辩论中的发言》，2017年10月30日，中华人民共和国常驻联合国代表团网站，https：//www.fmprc.gov.cn/ce/ceun/chn/zgylhg/shhrq/liandawanwei1/t1506228.htm。

⑥ 《首届"南南人权论坛"〈北京宣言〉》，2017年12月8日，中国人权网，http：//www.humanrights.cn/html/2017/1_1208/33415.html。

和尊重文化多样性"的决议，3个关于"文化权利和文化遗产保护"的决议。

### （六）以人类命运共同体理念构建公正合理包容的全球人权治理体系

针对国际人权治理体系面临的一系列问题和严峻的挑战，中国提出构建人类命运共同体：政治上，倡导相互尊重、平等协商，坚决摒弃冷战思维和强权政治，走对话而不对抗、结伴而不结盟的国与国交往新路；安全上，倡导坚持以对话解决争端，以协商化解分歧，统筹应对传统和非传统安全威胁，反对一切形式的恐怖主义；经济上，倡导同舟共济，促进贸易和投资自由化、便利化，推动经济全球化朝着更加开放、包容、普惠、平衡、共赢的方向发展；文化上，倡导尊重世界文明多样性，以文明交流超越文明隔阂、文明互鉴超越文明冲突、文明共存超越文明优越；生态上，倡导坚持环境友好，合作应对气候变化，保护好人类赖以生存的地球家园。推动构建人类命运共同体，不是倡导每个国家必须遵循统一的价值标准，不是推进一种或少数文明的单方主张，也不是谋求在全球范围内建设统一的行为体，更不是一种制度替代另一种制度、一种文明替代另一种文明，而是主张不同社会制度、不同意识形态、不同历史文明、不同发展水平的国家，在国际活动中目标一致、利益共生、权利共享、责任共担，从而促进人类社会整体发展。[①]

以人类命运共同体理念为指导，中国致力于构建公正合理包容的全球人权治理体系，不同文明、不同国家之间相互包容、相互交流、相互借鉴，共同推进人权发展。中国主张，国际人权事务应由各国共同商量，全球人权治理体系要由各国共同建设，人权发展成果要由各国人民共同分享。[②] 国际社

---

① 国务院新闻办公室：《新时代的中国与世界》（白皮书），2019年9月27日，国务院新闻办公室网站，http://www.scio.gov.cn/zfbps/32832/Document/1665426/1665426.htm。

② 国务院新闻办公室：《改革开放40年中国人权事业的发展进步》（白皮书），2018年12月12日，国务院新闻办公室网站，http://www.scio.gov.cn/zfbps/ndhf/37884/Document/1643348/1643348.htm。

会应秉持和平、发展、公平、正义、民主、自由的人类共同价值,维护人的尊严和权利,推动形成更加公正合理包容的全球人权治理。① 为此,中国提出应当增加发展中国家在国际人权机构中的代表比例。中国代表团在联合国人权理事会上的发言指出,"当今世界,发展中国家人口占 80%以上,全球人权事业发展离不开广大发展中国家共同努力。我们应推动提高发展中国家在全球人权治理体系中的代表性和发言权,推动国际人权合作充分尊重并反映发展中国家的意愿"。②

中国的上述主张得到了越来越多国家的赞同。几内亚人权事务专家、地矿部办公厅主任艾哈迈德·塞古·凯塔在第二届"南南人权论坛"上指出:"习近平主席在日内瓦万国宫的历史性演讲中提出了'构建人类命运共同体与全球人权治理'的概念。在这次历史性的演讲之后,中国在人权理事会第三十四届会议上得到了 140 个国家的支持,发表了题为《促进和保护人权,共建人类命运共同体》的联合声明。结果,2017 年 3 月 23 日,联合国人权理事会第三十四届会议通过了关于该主题的两项决议。因此,这一概念反映了中国领导和塑造全球人权治理的能力日益增强。"③ 他进一步认为,"通过这一概念,中国定义了一种新的人权方法,它超越了传统的人权方法,并首将发展中国家的发展权纳入其中"。④ "构建人类命运共同体的概念超越了西方自由主义狭隘的方法,它寻求全人类福祉。它着重于个人和集体权利,政治、经济、文化、社会和环境权利的统一。它还统一了生存、发展与和平权利。这种方法的关键在于协商与对话以达成对人类利益和价值的共识,这与西方

---

① 国务院新闻办公室:《为人民谋幸福:新中国人权事业发展 70 年》(白皮书),2019 年 9 月 2 日,国务院新闻办公室网站,http://www.scio.gov.cn/zfbps/32832/Document/1665072/1665072.htm。

② 《坚持合作共赢促人权发展——俞建华大使在人权理事会第 37 次会议高级别会议一般性辩论中的发言》,2018 年 3 月 1 日,中华人民共和国常驻联合国日内瓦办事处和瑞士其他国际组织代表团网站,https://www.fmprc.gov.cn/ce/cegv/chn/hyyfy/t1538414.htm。

③ 〔几内亚〕艾哈迈德·塞古·凯塔:《构建人类命运共同体与全球人权治理》,载国务院新闻办公室、外交部《2019·南南人权论坛论文集》,2019 年 12 月 10~11 日,第 6 页。

④ 〔几内亚〕艾哈迈德·塞古·凯塔:《构建人类命运共同体与全球人权治理》,载国务院新闻办公室、外交部《2019·南南人权论坛论文集》,2019 年 12 月 10~11 日,第 8 页。

统治或强权政治的方法不同。……通过这一概念，中国正在引领全球治理与合作，以促进和保护人权的发展。"① 布隆迪总统府高级顾问兼发言人让·克洛德·恩登扎科·卡雷鲁瓦在第二届"南南人权论坛"上表示，"构建人类命运共同体"带动了人权理论的发展，这一概念扩展了传统的人权观，超越了西方人权自由主义的范式，主张建立一个更为公平合理的国际人权治理体系，开创一种全球人权治理新路径。② 古巴常驻联合国日内瓦代表团参赞利桑德拉·阿斯蒂亚萨兰·阿瑞斯在第二届"南南人权论坛"上高度评价了中国在推动联合国人权机构改革中所做的努力。她表示，"中国是联合国人权理事会的创始成员国之一，对联合国人权事业的发展做出了积极贡献。中国在联合国积极为发展中国家发声，在消除贫困、促进南南合作、协调发展等方面做出显著有效的贡献。当前单边主义抬头，联合国及联合国人权理事会面临诸多挑战。古巴作为联合国人权理事会成员国，与中国密切合作，共同推动世界人权事业的发展"。③ 首届"南南人权论坛"通过的《北京宣言》第 2 条指出："各国政府和各国人民应本着共商共建共享的原则，同心协力构建人类命运共同体，建设持久和平、普遍安全、共同繁荣、开放包容、清洁美丽的世界，使人类远离恐惧，远离贫困，远离疾病、远离歧视。人类命运共同体汇聚着世界各国人民对和平、发展、繁荣向往的最大公约数。"④

"构建人类命运共同体"理念获得了联合国多数国家的赞同。第 72 届联大一委主席、伊拉克常驻联合国代表阿鲁罗姆表示，"构建人类命运共同体"理念具有前瞻性，是破解全球安全治理困境的有效办法，应该在多边

---

① 〔几内亚〕艾哈迈德·塞古·凯塔：《构建人权命运共同体与全球人权治理》，《2019·南南人权论坛论文集》，2019 年 12 月 10~11 日，第 9 页。

② 马海燕：《南南合作以发展促人权》，2019 年 12 月 12 日，中国人权网，http：//www.humanrights.cn/html/2019/1_ 1212/47033.html。

③ 王聪：《拉美专家学者表示中国为推动国际人权事业发展做出积极贡献》，2019 年 12 月 12 日，中国人权网，http：//www.humanrights.cn/html/2019/1_ 1212/47060.html。

④ 《首届"南南人权论坛"〈北京宣言〉》，2017 年 12 月 8 日，中国人权网，http：//www.human
rights.cn/html/2017/1_ 1208/33415.html。

领域加以推广。巴基斯坦常驻联合国代表洛迪表示，在当前安全形势下，国际社会面临的核竞争、恐怖主义、网络犯罪等问题，都不是一个国家或一个国家集团能够解决的，各国只有摒弃丛林法则与零和博弈，追求人类命运共同体，才能实现持久和平与普遍安全。相信巴基斯坦将成为"构建人类命运共同体"理念的直接受益者。①

2017 年 2 月 10 日，联合国社会发展委员会第 55 届会议协商一致通过"非洲发展新伙伴关系的社会层面"决议，"构建人类命运共同体"理念被写入这一联合国决议；2017 年 3 月 17 日，"构建人类命运共同体"写入联合国安理会关于阿富汗问题的第 2344 号决议；2017 年 3 月 23 日，这一理念被写入联合国人权理事会关于"经济、社会、文化权利"和"粮食权"的两个决议；2017 年 11 月 2 日，这一理念被写入第 72 届联大负责裁军和国际安全事务第一委员会会议通过的"防止外空军备竞赛进一步切实措施"和"不首先在外空放置武器"两份安全决议。② 联合国人权理事会第 37 届会议第 54 次会议于 2018 年 3 月 23 日通过的关于"在人权领域促进合作共赢"的第 37/23 号决议指出，"必须构建相互尊重、公平正义、合作共赢的国际关系，构建人类命运共同体，人人享有人权"；吁请"所有国家坚持多边主义，共同促进人权领域的合作共赢"。③ 2018 年 6 月 22 日，这一理念再次被写入联合国外空会议成果文件。④

在建立民主和公平的国际秩序方面，联合国也通过了一系列相关决议。2006 年至 2019 年，联合国人权理事会通过了 3 个关于"促进建立民主和公平的国际秩序"的决议，联合国大会通过了 13 个关于"促进建立一个民主和公平的国际秩序"的决议，7 个关于"促进人权条约机构成员名额的公平地域分配"的决议。第 73 届联合国大会第 55 次会议于 2018 年 12 月 17 日

---

① 马建国：《"构建人类命运共同体"再次写入联合国决议》，《新华每日电讯》2017 年 11 月 3 日，第 8 版。新华网：http://www.xinhuanet.com/mrdx/2017-11/03/c_136725856.htm。
② 徐祥丽、李焱：《"构建人类命运共同体"为什么被写入联合国决议?》，2019 年 10 月 11 日，人民网，http://politics.people.com.cn/n1/2019/1011/c429373-31394646.html。
③ 《人权理事会报告》，联合国大会第 73 届会议正式记录（A73/53 号决议），第 83 页。
④ 冯雪珺：《命运共同体理念写入联合国外空会议成果文件》，《人民日报》2018 年 6 月 23 日，多版。

通过的关于"促进建立一个民主和公平的国际秩序"决议（第 A/RES/73/169 号）敦促"各国通过加强国际合作，继续努力推动建立一个民主和公平的国际秩序"；重申"唯有通过广泛持久的努力，在我们的共同人性及其广泛多样性基础上打造一个共同未来，才能使全球化具有充分包容性和公平性"；"联合国系统工作人员的组成体现公平的区域及性别均衡代表性原则"；敦促"国际舞台上的所有行为体建立一个以包容、社会正义、平等和公平、人类尊严、相互谅解、促进和尊重文化多样性以及普遍人权为基础的国际秩序，摒弃一切基于种族主义、种族歧视、仇外心理和相关不容忍行为的排他理论"。①

## 四　积极参与联合国人权保障工作

随着经济发展和人权状况的日益改善，中国越来越多地用实际行动在国际社会为维护人权承担力所能及的工作。

### （一）加入和践行联合国人权公约

中国先后批准或加入了 26 项国际人权文书，其中包括《经济、社会及文化权利国际公约》《消除对妇女一切形式歧视公约》《消除一切形式种族歧视国际公约》等 6 项联合国核心人权条约。②

截至 2019 年 3 月，中国已向各条约机构提交履约报告 27 次，总计 43 期，接受审议 26 次。自 2009 年以来，中国三次接受联合国人权理事会普遍定期审议并顺利通过核可，中国对各国所提建议均给予认真、负责任的反馈。③

---

① 联合国大会决议：《促进建立一个民主和公平的国际秩序》（第 A/RES/73/169 号）第 3~5 页，2018 年 12 月 17 日通过。联合国网站：https：//www. un. org/en/ga/search/view_doc. asp？symbol＝A/RES/73/169&Lang＝C。
② 国务院新闻办公室：《为人民谋幸福：新中国人权事业发展 70 年》（白皮书），2019 年 9 月 2 日，国务院新闻办公室网站，http：//www. scio. gov. cn/zfbps/32832/Document/1665072/1665072. htm。
③ 国务院新闻办公室：《为人民谋幸福：新中国人权事业发展 70 年》（白皮书），2019 年 9 月 2 日，国务院新闻办公室网站，http：//www. scio. gov. cn/zfbps/32832/Document/1665072/1665072. htm。

自 1994 年至今，中国先后邀请宗教信仰自由特别报告员、任意拘留问题工作组、教育权特别报告员、酷刑问题特别报告员、粮食权特别报告员、消除对妇女歧视问题工作组、外债对人权影响问题独立专家、极端贫困与人权问题特别报告员 8 个特别机制 10 次访华。①

## （二）积极参与联合国人权机构的工作

中国在 1971 年恢复联合国合法席位后，派团参与联合国大会和联合国经社理事会的历届会议，并积极参加有关人权议题的审议。自 1979 年起，中国连续 3 年作为观察员出席联合国人权委员会会议。1981 年，中国在联合国经社理事会组织会议上当选为人权委员会成员国。中国推荐的多名专家担任联合国经社文权利委员会、禁止酷刑委员会、消除种族歧视委员会、消除对妇女歧视委员会、残疾人权利委员会等多个多边人权机构或专门委员会的委员。②

中国参加了《禁止酷刑和其他残忍、不人道或有辱人格的待遇或处罚公约》《儿童权利公约》《残疾人权利公约》《保护所有移徙工人及其家庭成员权利国际公约》，以及《经济、社会及文化权利国际公约》任择议定书等重要人权文件的制定工作组会议。中国作为主要推动者之一，参与了《发展权利宣言》的起草工作。中国是《联合国气候变化框架公约》首批缔约方之一，全程参与并有效推动气候变化多边进程，为推动达成《巴黎协定》做出了积极贡献。③

---

① 国务院新闻办公室：《为人民谋幸福：新中国人权事业发展 70 年》（白皮书），2019 年 9 月 2 日，国务院新闻办公室网站，http：//www. scio. gov. cn/zfbps/32832/Document/1665072/1665072. htm。

② 国务院新闻办公室：《为人民谋幸福：新中国人权事业发展 70 年》（白皮书），2019 年 9 月 2 日，国务院新闻办公室网站，http：//www. scio. gov. cn/zfbps/32832/Document/1665072/1665072. htm。

③ 国务院新闻办公室：《为人民谋幸福：新中国人权事业发展 70 年》（白皮书），2019 年 9 月 2 日，国务院新闻办公室网站，http：//www. scio. gov. cn/zfbps/32832/Document/1665072/1665072. htm。

## （三）为维护世界和平发挥建设性作用

中国以实际行动维护世界和平。改革开放以来，中国主动裁减军队员额400余万。中国签署或加入《不扩散核武器条约》等20个多边军控、裁军和防扩散条约。2015年起，中国宣布设立为期10年、总额10亿美元的中国-联合国和平与发展基金，并于2016年正式投入运行。中国始终致力于通过谈判、协商方式处理领土问题和海洋划界争端，同14个邻国中的12个国家彻底解决了陆地边界问题，划定了中越北部湾海上界线，为和平解决国家间历史遗留问题以及国际争端开辟了崭新道路。[1]

中国坚定支持并积极参与联合国维和行动。1990年4月，中国首次向联合国停战监督组织派遣5名军事观察员，这标志着中国开始正式参与联合国维和行动。[2]中国已成为联合国第二大维和预算摊款国和经常性预算会费国，是联合国安理会常任理事国第一大出兵国。截至2018年12月，中国军队已累计参加24项联合国维和行动，派出维和军事人员3.9万余人次，先后派出维和警察2700余人次，13名中国军人牺牲在维和一线。2015年9月，中国宣布加入新的联合国维和能力待命机制，建设8000人规模维和待命部队。[3]

中国积极参与国际执法安全合作，在联合国、国际刑警组织、上海合作组织等国际和地区组织框架下加强合作，打击一切恐怖主义、分裂主义、极

[1] 国务院新闻办公室：《新时代的中国与世界》（白皮书），2019年9月27日，国务院新闻办公室网站，http：//www.scio.gov.cn/zfbps/32832/Document/1665426/1665426.htm。

[2] 国务院新闻办公室：《改革开放40年中国人权事业的发展进步》（白皮书），2018年12月12日，国务院新闻办公室网站，http：//www.scio.gov.cn/zfbps/ndhf/37884/Document/1643348/1643348.htm。

[3] 国务院新闻办公室：《新时代的中国与世界》（白皮书），2019年9月27日，国务院新闻办公室网站，http：//www.scio.gov.cn/zfbps/32832/Document/1665426/1665426.htm；国务院新闻办公室：《为人民谋幸福：新中国人权事业发展70年》（白皮书），2019年9月2日，国务院新闻办公室网站，http：//www.scio.gov.cn/zfbps/32832/Document/1665072/1665072.htm。

端主义犯罪和毒品犯罪。① 中国于 2008 年 12 月起派遣海军舰艇编队赴亚丁湾、索马里海域实施常态化护航行动。②

中国积极参与重大国际和地区热点问题解决，发挥了建设性作用。在巴勒斯坦问题上多次提出主张和倡议，深度参与伊朗核问题谈判，积极斡旋南苏丹国内和解，努力推动叙利亚问题政治解决，推动阿富汗政府与塔利班开启和谈，推动朝鲜半岛问题政治解决进程。③

## （四）参加紧急人道主义救援

中国积极参与联合国机构主导的国际人道主义援助活动，援助规模逐年扩大。

1963 年，中国首次派出援外医疗队，截至 2019 年 8 月，已累计派遣医疗队员 2.6 万人次，诊治患者 2.8 亿人次。中国先后向东南亚国家提供防治禽流感技术援助，就几内亚比绍蝗灾和霍乱、墨西哥甲型 H1N1 流感、非洲埃博拉、黄热病、鼠疫等传染病疫情提供人道主义援助。2014 年 3 月西非多国暴发埃博拉疫情，中国向受灾地区提供四轮援助，总额达 7.5 亿元人民币，派出专家和医护人员累计超过 1000 人次。截至 2017 年，中国先后向亚洲、非洲、拉丁美洲和加勒比地区、欧洲和大洋洲的 72 个国家和地区累计派遣医疗队员 2.5 万人次，诊治患者 2.8 亿人次，挽救了无数生命，赢得了受援国政府和人民的高度评价。④⑤

---

① 国务院新闻办公室：《为人民谋幸福：新中国人权事业发展 70 年》（白皮书），2019 年 9 月 2 日，国务院新闻办公室网站，http：//www.scio.gov.cn/zfbps/32832/Document/1665072/1665072.htm。
② 国务院新闻办公室：《新时代的中国与世界》（白皮书），2019 年 9 月 27 日，国务院新闻办公室网站，http：//www.scio.gov.cn/zfbps/32832/Document/1665426/1665426.htm。
③ 国务院新闻办公室：《改革开放 40 年中国人权事业的发展进步》（白皮书），2018 年 12 月 12 日，国务院新闻办公室网站，http：//www.scio.gov.cn/zfbps/ndhf/37884/Document/1643348/1643348.htm。
④ 国务院新闻办公室：《改革开放 40 年中国人权事业的发展进步》（白皮书），2018 年 12 月 12 日，国务院新闻办公室网站，http：//www.scio.gov.cn/zfbps/ndhf/37884/Document/1643348/1643348.htm。
⑤ 国务院新闻办公室：《为人民谋幸福：新中国人权事业发展 70 年》（白皮书），2019 年 9 月 2 日，国务院新闻办公室网站，http：//www.scio.gov.cn/zfbps/32832/Document/1665072/1665072.htm。

1979 年加入联合国儿童基金会、世界粮食计划署，恢复了在联合国难民署执委会的活动，并多次向其捐款捐物。在 2011 年利比亚撤侨行动中，中国协助亚洲、欧洲 12 个国家撤离约 2100 名外国公民。在 2015 年也门撤侨行动中，中国协助亚洲、非洲、欧洲、美洲 15 个国家撤离 279 名外国公民。①

2004 年，中国建立了人道主义紧急救灾援助应急机制，先后向朝鲜、孟加拉国等国提供粮食等人道主义物资援助；向尼泊尔、日本、伊朗、海地、智利、厄瓜多尔、墨西哥地震，马达加斯加、美国卡特里娜、加勒比有关国家飓风，菲律宾超强台风"海燕"，印度洋海啸、印度尼西亚巽他海啸，马来西亚、缅甸、巴基斯坦洪灾，老挝水电站溃坝，智利山火等提供物资、现汇或人员等人道主义援助。②

### （五）提供发展援助

20 世纪 50 年代开始资助其他发展中国家学生来华学习，帮助亚洲和非洲国家建设普通和技术院校，60 年代开始向发展中国家派遣援外教师，70 年代至 80 年代以接收留学生的方式专门为受援国培养中高级技术和管理人才。近年来，中国先后设立南南合作援助基金、南南合作与发展学院、金砖国家经济技术合作交流计划等，通过举办培训、外派管理人员和技术专家、提供奖学金等方式，帮助其他发展中国家培养人才。为支持全球妇女事业发展，2015 年，习近平主席在全球妇女峰会上宣布，邀请 3 万名发展中国家妇女来华参加培训，并在当地为发展中国家培训 10 万名女性技术人员。③

---

① 国务院新闻办公室：《为人民谋幸福：新中国人权事业发展 70 年》（白皮书），2019 年 9 月 2 日，国务院新闻办公室网站，http://www.scio.gov.cn/zfbps/32832/Document/1665072/1665072.htm。

② 国务院新闻办公室：《为人民谋幸福：新中国人权事业发展 70 年》（白皮书），2019 年 9 月 2 日，国务院新闻办公室网站，http://www.scio.gov.cn/zfbps/32832/Document/1665072/1665072.htm。

③ 国务院新闻办公室：《为人民谋幸福：新中国人权事业发展 70 年》（白皮书），2019 年 9 月 2 日，国务院新闻办公室网站，http://www.scio.gov.cn/zfbps/32832/Document/1665072/1665072.htm。

中国在减贫、教育、卫生、基础设施、农业生产等领域，积极向亚洲、非洲等发展中国家援建农业、工业、交通运输、能源电力、信息通信等重大基础设施项目，帮助发展中国家满足基础设施建设需求、破除发展瓶颈，在保障当地民众民生权利实现方面发挥了重要作用。① 1964 年，中国政府宣布以平等互利、不附带条件为核心的对外经济技术援助八项原则，确立了中国开展对外援助的基本方针，在工业、农业、教育、医疗、公共设施等各部门、各领域广泛开展对外援助。中国同多个发展中国家建立了经济技术合作关系，援建了坦赞铁路、毛里塔尼亚友谊港、中非友谊医院、老挝琅勃拉邦医院、斯里兰卡纪念班达拉奈克国际会议大厦、埃及开罗国际会议中心、肯尼亚国际体育中心、坦桑尼亚国家体育场等一批重大基础设施。近年来，中国国家主席习近平等党和国家领导人多次在国际场合宣布系列重大对外援助倡议和举措。中国多次主动免除与中国有外交关系的最不发达国家、重债穷国、内陆发展中国家、小岛屿发展中国家的债务。② 1950 年至 2016 年，中国在自身长期发展水平和人民生活水平不高的情况下，累计对外提供援款 4000 多亿元人民币，实施各类援外项目 5000 多个，其中成套项目近 3000 个，举办 11000 多期培训班，为发展中国家在华培训各类人员 26 万多名。③

中国开展对外援助 60 多年来，共向 166 个国家和国际组织提供近 4000 亿元人民币援助，派遣 60 多万名援助人员，700 多人为他国发展献出了宝贵生命。先后 7 次宣布无条件免除重债穷国和最不发达国家对华到期政府无息贷款债务。中国积极向亚洲、非洲、拉丁美洲和加勒比地区、大洋洲的 69 个国家提供医疗援助，先后为 120 多个发展中国家落实联合国千年发展

---

① 国务院新闻办公室：《改革开放 40 年中国人权事业的发展进步》（白皮书），2018 年 12 月 12 日，国务院新闻办公室网站，http://www.scio.gov.cn/zfbps/ndhf/37884/Document/1643348/1643348.htm。

② 国务院新闻办公室：《为人民谋幸福：新中国人权事业发展 70 年》（白皮书），2019 年 9 月 2 日，国务院新闻办公室网站，http://www.scio.gov.cn/zfbps/32832/Document/1665072/1665072.htm。

③ 国务院新闻办公室：《改革开放 40 年中国人权事业的发展进步》（白皮书），2018 年 12 月 12 日，国务院新闻办公室网站，http://www.scio.gov.cn/zfbps/ndhf/37884/Document/1643348/1643348.htm。

目标提供帮助。积极参与联合国 2030 年可持续发展议程磋商，全面做好国内落实工作，率先发布落实议程的国别方案和进展报告，在多个领域实现早期收获。在南南合作框架下，为其他发展中国家落实议程提供帮助。中国-联合国和平与发展基金 2030 年可持续发展议程子基金 3 年来成功实施 27 个项目，惠及 49 个亚非拉国家，为全球落实议程注入强大动力。2015 年，中国宣布设立南南合作援助基金，截至 2018 年，已在亚洲、非洲、美洲等地区 30 多个国家实施了 200 余个有关救灾、卫生、妇幼、难民、环保等领域的发展合作项目。[1]

中国对发展中国家的援助，得到了受援国的广泛赞誉。在联合国人权理事会第 40 届会议审议中国人权状况的过程中，毛里坦尼亚赞扬中国对发展中国家的支持，并赞赏中国做出的关于尊重和促进人权以及在平等和相互尊重基础上开展国际合作的呼吁。[2] 联合国人权咨询委员会成员、毛里求斯国家人权委员会主席迪鲁杰拉尔·巴兰拉尔·西图辛格在第二届"南南人权论坛"上接受记者专访时表示，中国为世界人权事业的发展做出了巨大贡献，为发展中国家提供了有益的援助。中国在发展中国家援建医院、开展农业技术推广，帮助包括非洲在内的发展中国家改善人权状况，这些都有助于发展中国家在未来实现和中国一样的长足发展。[3] 加蓬民主党全国委员会委员、司法部人权总司研究员格尔曼·姆贝加·埃邦在第二届"南南人权论坛"上指出："中国长久以来一直向加蓬政府表达希望创造一条发展道路的愿望，让加蓬人民能够在医疗、教育和粮食供应方面自给自足。此举说明中国有意通过经济、社会和文化等手段为人权做出贡献。"[4] 他用大量事实来

① 国务院新闻办公室：《新时代的中国与世界》（白皮书），2019 年 9 月 27 日，国务院新闻办公室网站，http：//www.scio.gov.cn/zfbps/32832/Document/1665426/1665426.htm。
② Human Rights Council, Report of the Human Rights Council on Its Fortieth Session (A/HRC/40/2), 3 June 2019, p.126.
③ 吴辛欣、李橙：《联合国人权咨询委员会成员表示中国对世界人权事业做出积极贡献》，2019 年 12 月 13 日，中国人权网，http：//www.humanrights.cn/html/2019/1_1213/47083.html。
④ 〔加蓬〕格尔曼·姆贝加·埃邦：《新中国对世界人权事业的贡献》，载国务院新闻办公室、外交部《2019·南南人权论坛论文集》，2019 年 12 月 10~11 日，第 90 页。

证明他的观点：中国在弗朗西维尔市和利伯维尔援建了两所大型医院；2017年9月，配备了优质技术平台和有资质医务人员的中国和平号方舟来到奥文多港口，让利伯维尔、奥文多和阿坎达社区的全体居民享受了为期一个月的免费医疗服务；中国在加蓬建立了两个稻米生产和渔业生产的公司，并在农业和粮食安全方面向加蓬政府提供了多方面的支持；中国公司在木材、渔业、购物中心等行业招募了大量的加蓬青年。加蓬人民对中国的这一系列促进人权的措施表示诚挚的感谢。①

### （六）"一带一路"倡议提升共建国家发展能力

为了给各国人民实现发展权创造更好条件，中国提出"一带一路"倡议。为实现这一倡议，中国采取了一系列实际行动，包括发起成立亚洲基础设施投资银行和新开发银行，设立丝路基金和南南合作援助基金，设立中国国际发展知识中心，设立南南合作与发展学院，支持和帮助受援国增强自主发展能力、减少贫困、改善民生、保护环境。中国在吉布提、斯里兰卡科伦坡、马来西亚关丹的港口、产业、城市融合发展模式得到沿线国家的积极认同。稳步加大对外援助培训力度，通过举办培训班、派出管理人员和技术专家、派出青年志愿者、提供奖学金名额等方式，为发展中国家举办各类政府官员研修、学历学位教育、实用技术培训以及其他人员交流项目，及时分享发展经验和实用技术。②

"一带一路"倡议提出以来，得到160多个国家（地区）和国际组织积极响应，截至2019年8月底，中国政府已与136个国家和30个国际组织签署195份"一带一路"合作文件。中老铁路、中泰铁路、匈塞铁路、雅万高铁等重点区际、洲际铁路网络建设取得重大进展。截至2019年6

---

① 〔加蓬〕格尔曼·姆贝加·埃邦：《新中国对世界人权事业的贡献》，载国务院新闻办公室、外交部《2019·南南人权论坛论文集》，2019年12月10~11日，第90~91页。
② 国务院新闻办公室：《改革开放40年中国人权事业的发展进步》（白皮书），2018年12月12日，国务院新闻办公室网站，http://www.scio.gov.cn/zfbps/ndhf/37884/Document/1643348/1643348.htm。

月，中欧班列累计开行 16760 列，到达境外 16 个国家 53 个城市，运送货物 143.8 万标箱。2017 年首届"一带一路"国际合作高峰论坛以来，中国与"一带一路"参与国签署了 100 多项海关检验检疫合作文件，建立了 40 多个海关检验检疫合作机制。2013 年至 2018 年，中国与共建"一带一路"国家货物贸易进出口总额近 6.5 万亿美元。截至 2018 年底，中国企业对共建"一带一路"国家直接投资超过 900 亿美元，对外承包工程完成营业额超过 4000 亿美元。[1] 2019 年 1 月至 10 月，中国企业在共建"一带一路"的 61 个国家新签对外承包工程项目合同 5494 份，新签合同额 1121.7 亿美元，占同期中国对外承包工程新签合同额的 63.5%，同比增长38.6%。[2]

2013 年至 2017 年，在共建"一带一路"国家建设的经贸合作区，带动东道国就业超过 20 万人。"中非十大合作计划"相关项目实施后，将帮助非洲新增约 3 万公里的公路里程、超过 900 万吨/日的清洁用水处理能力，为非洲国家创造近 90 万个就业岗位。其中，蒙内铁路自 2017 年开通后，拉动肯尼亚国内生产总值增长 1.5%至 2%。[3] 据世界银行研究报告，"一带一路"倡议将使相关国家 760 万人摆脱极端贫困、3200 万摆脱中度贫困，将使参与国贸易增长 2.8%至 9.7%、全球贸易增长 1.7%至 6.2%、全球收入增加 0.7%至 2.9%。[4]

"一带一路"倡议和相关的合作项目受到各参与国的欢迎。赞比亚穆隆古希大学社会科学系主任迈克尔·恩琼加·穆里基塔在第二届"南南人权论坛"上指出："'一带一路'愿景将为非洲数百万年轻人创造就业机会，

[1] 国务院新闻办公室：《新时代的中国与世界》（白皮书），2019 年 9 月 27 日，国务院新闻办公室网站，http://www.scio.gov.cn/zfbps/32832/Document/1665426/1665426.htm。
[2] 曹典、马卓言：《"2019·南南人权论坛"凝聚发展中国家人权共识》，2019 年 12 月 12 日，中国人权网，http://www.humanrights.cn/html/2019/1_1212/47026.html。
[3] 国务院新闻办公室：《改革开放 40 年中国人权事业的发展进步》（白皮书），2018 年 12 月 12 日，国务院新闻办公室网站，http://www.scio.gov.cn/zfbps/ndhf/37884/Document/1643348/1643348.htm。
[4] 世界银行：《"一带一路"经济学：交通走廊发展机遇与风险》（Belt and Road Economics：Opportunities and Risks of Transport Corridors），2019 年 6 月。

他们目前面临着失业和边缘化的非人道生活。非洲的失业抹杀了发展权，因为缺乏就业会严重限制获得这项权利的机会，这会对人的尊严和平等产生有害的后果。传统的经济全球化模式往往会使发展中国家的绝大多数人边缘化和贫困化，因为经济全球化的利益和优势被西方发达国家经济精英所垄断。中国提倡的'一带一路'概念为西方在全球发展方面的叙述提供了另一种视角。"① 乌兹别克斯坦国家人权中心副主任米尔扎提罗·提拉巴耶夫在第二届"南南人权论坛"上表示，作为丝路古国，乌兹别克斯坦正积极参与共建"一带一路"。"在政治、经济、文化等领域加强互联互通，密切合作，有助于提高'一带一路'沿线发展中国家人民的生活水平，为实现他们的各项人权带来新的重大机遇。"② 吉布提国家人权委员会总报告人穆罕默德·法拉合·凯尔东在第二届"南南人权论坛"上表示，"一带一路"为吉布提带来了基建升级，使吉布提深度参与了亚非国家经济的合作发展，"中国的'一带一路'倡议是非常尊重人权发展的，我们深感受惠于此"。③

---

① 〔赞比亚〕迈克尔·恩琼加·穆里基塔：《发展权：建立"一带一路"倡议和〈2063年议程〉之间的协同效应》，载国务院新闻办公室、外交部《2019·南南人权论坛论文集》，2019年12月10~11日，第75~76页。

② 王慧：《凝聚共识，推动人权事业健康发展——记"2019·南南人权论坛"》，2019年12月12日，中国人权网，http://www.humanrights.cn/html/2019/1_1212/47028.html。

③ 曹典、马卓言：《"2019·南南人权论坛"凝聚发展中国家人权共识》，2019年12月12日，中国人权网，http://www.humanrights.cn/html/2019/1_1212/47026.html。

# 中国抗击新冠肺炎疫情中的人权保障

李君如　常　健

新冠肺炎疫情是新中国成立以来发生的传播速度最快、感染范围最广、防控难度最大的一次重大突发公共卫生事件。① 重大疫情直接威胁所有人的生命和健康，同时也会对国家经济、社会和政治产生难以预估的负面影响。为了保障人民的生命权、健康权，政府必须采取一系列紧急措施控制疫情的蔓延，挽救患者的生命。但抗击疫情的措施会在一定程度上限制其他人权和公共利益的实现。因此，如何在抗击重大疫情的过程中对各项人权的保障作出合理排序，协调各项人权保障之间的关系，平等保障各类人权主体特别是特定群体的权利，平衡人民生命权、健康权保障与维持经济发展和维护政治稳定的关系，兼顾国内人民生命权、健康权保障与实施国际人道主义救援的关系，是各国政府必须面对的人权问题。

中国在此次抗击新冠肺炎疫情的过程中，坚持把保障人民的生命权、健康权置于首位，充分发挥社会主义的制度优势，合理协调生命权、健康权保障与其他各项人权保障的关系，平等保障各类人权主体特别是疫情中特定群体的生命权、健康权，平衡人权保障与其他公共利益之间的关系，成功阻断了病毒在中国的传播，率先恢复了正常的经济和社会生活，保持了社会和谐安定，为共建人类卫生健康共同体作出了中国贡献，也验证了中国所提出的一系列人权理念和原则的正确性。

---

① 国务院新闻办公室：《抗击新冠肺炎疫情的中国行动》，国务院新闻办网站，http://www.scio.gov.cn/zfbps/ndhf/42312/Document/1682143/1682143.htm。

# 一 将保障人民生命权、健康权作为抗击
## 疫情的首要目标

面对突袭而至的新冠肺炎疫情，中国政府从一开始就坚持将人民生命权、健康权置于首位，采取全面严格彻底的防控措施，实施大规模隔离和全面医疗救治，不遗漏一个感染者，不放弃一个病患，扭转了疫情局势，维护了人民生命安全和身体健康。

### （一）竭尽全力保障人民生命权、健康权

面对突如其来的新冠肺炎疫情，中国采取五大举措阻击疫情传播，全力救治每一位患者。

第一，确立把人民群众的生命安全和身体健康放在第一位的疫情防控方针，建立应对疫情的中央领导小组和国务院应对疫情联防联控机制，并向湖北派出了中央指导组。

第二，及时切断病毒传播链。对湖北省尤其是武汉市对外通道实施最严格的封闭和交通管控，对湖北以外地区实施差异化交通管控，对全国其他地区实施分区分级精准防控，实施严格的出入境卫生检疫和边境管控。与此同时，推迟学校开学，限制聚集性活动，关闭娱乐场所，出入社区测体温和佩戴口罩，鼓励民众居家和企业远程办公。

第三，全面开展排查，控制传染源。对武汉居民集中开展两轮拉网式排查，在全国范围内排查确诊患者、疑似患者、发热患者、确诊患者的密切接触者，持续提升核酸检测能力，全力进行流行病学追踪调查，精准切断病毒传播途径。

第四，紧急补充医疗资源，全力救治患者。为了解决重症患者大规模收治难题，在短时间内建成了火神山、雷神山两座各可容纳1000多张床位的传染病专科医院，改扩建一批定点医院，改造一批综合医院，使重症床位从1000张左右迅速增加至9100多张。为了尽量减少轻症患者转为重症，武汉

市集中力量将一批体育场馆、会展中心等改造成 16 家方舱医院，全国共指定 1 万余家定点医院对新冠肺炎患者实行定点集中治疗，使轻症患者应收尽收、应治尽治。为了弥补武汉和湖北医疗资源的不足，1 月 24 日至 3 月 8 日，中央共调集全国 346 支医疗队、4.26 万名医务人员、900 多名公共卫生人员驰援湖北，19 个省份以对口支援、以省包市的方式支援湖北省除武汉市以外的 16 个地市。①

第五，实施科研应急攻关，研制针对新冠病毒的疫苗。中央政府部署启动 83 个应急攻关项目，组织全国优势力量开展科技攻关，沿 5 条技术路线开展疫苗研发。

上述措施有效保障了人民的生命权、健康权。仅仅两周时间，中国新增确诊病例就下降了 80%。3 月 11 日至 17 日，全国新增确诊病例降至个位数。② 英国《自然》杂志网站 2020 年 5 月 4 日发表的《中国非药物干预措施（NPI）对新冠肺炎疫情的影响》一文指出，中国实施的城际旅行限制、病例的早期识别和隔离以及人员接触限制和社交疏远措施等三类非药物干预措施，有效控制了疫情在中国的发展，同时也为全球赢得了宝贵的"窗口"。如果中国采取的非药物干预措施比实际实施时间晚 1 周，病例可能较目前增加 3 倍；如果晚 3 周，则病例可能较目前增加 18 倍。③《科学》杂志网站 2020 年 5 月 8 日发表了《中国在新冠肺炎疫情发生最初 50 天的控制传播措施研究》的报告，对 2019 年 12 月 31 日至 2020 年 2 月 19 日武汉控制措施的影响进行了定量分析，结论是"关闭全市公共交通和娱乐场所、禁止公众集会等措施综合起来，避免了数十万例感染病例"④。

① 国务院新闻办公室：《抗击新冠肺炎疫情的中国行动》，国务院新闻办网站，http://www. scio. gov. cn/zfbps/ndhf/42312/Document/1682143/1682143. htm。

② 国务院新闻办公室：《抗击新冠肺炎疫情的中国行动》，国务院新闻办网站，http://www. scio. gov. cn/zfbps/ndhf/42312/Document/1682143/1682143. htm。

③ S. Lai et al., "Effect of Non-pharmaceutical Interventions to Contain COVID-19 in China", *Nature*, 04 May 2020, Vol. 585, pp. 410-413. https://www. nature. com/articles/s41586-020-2293-x.

④ H. Tian et al., "An Investigation of Transmission Control Measures during the First 50 Days of the COVID-19 Epidemic in China", *Science*, 08 May 2020, Vol. 368, Issue 6491, pp. 638-642. DOI: 10. 1126/science. abb6105. https://science. sciencemag. org/content/368/6491/638. full.

### （二）平等保障各类人权主体的生命权、健康权

新冠肺炎疫情之下，一些特定群体的生命和健康面临更严重的威胁。一类是在突发重大疫情时由于自身身体状况而受到疫情更大威胁的人群，如病毒感染者、易感染病毒的老年人和患有相关基础病的人，以及缺乏自我防护能力的残疾人、未成年人、孕妇、精神障碍者等。另一类是在突发重大疫情时由于所处的特殊情境而更容易遭受疫情危害的人群，包括在疫情发生区域的居民，与感染者发生各类密切接触的人员，如疫情救治一线的医护人员、感染者家属、快递员、商店店员等，还有处于特殊管制状态的监狱服刑人员、精神病院的住院患者，以及处于集中生活状态的孤儿院、养老院、残疾人福利院的住院人员等。

为了保障疫情下这两类特定群体的生命权、健康权，中国政府采取了一系列特殊保护措施。

第一，要求医疗机构全力救治伴有基础性疾病的老年患者，政府在人员、药品、设备、经费上予以全力保障。湖北省成功治愈3000余位80岁以上、7位百岁以上新冠肺炎患者。[1]

第二，针对养老机构中的老年人，民政部印发了《养老机构新型冠状病毒感染的肺炎疫情防控指南》（第二版）和《新冠肺炎疫情高风险地区及被感染养老机构防控指南》。国务院应对新型冠状病毒感染肺炎疫情联防联控机制发布了《关于进一步做好民政服务机构疫情防控工作的通知》，要求"进一步做好养老机构、儿童福利机构、未成年人救助保护机构、精神卫生福利机构、流浪乞讨人员救助管理机构和殡葬服务机构等民政服务机构新冠肺炎疫情防控和服务保障工作"[2]。国家卫生健康委员会发布了《新型冠状病毒肺炎疫情防控期间养老机构老年人就医指南》。

---

① 国务院新闻办公室：《抗击新冠肺炎疫情的中国行动》，国务院新闻办网站，http：//www. scio. gov. cn/zfbps/ndhf/42312/Document/1682143/1682143. htm。

② 国务院联防联控机制：《关于进一步做好民政服务机构疫情防控工作的通知》，2020年2月28日，民政部网站，http：//www. mca. gov. cn/article/xw/mzyw/202002/20200200025124. shtml。

第三，针对孤寡老人、留守儿童、孕产妇、精神病患者等疫情中的特定群体，国务院联防联控机制发布了《关于进一步做好民政服务机构疫情防控工作的通知》，要求"各地对于受疫情影响在家隔离的孤寡老人、因家人被隔离收治而无人照料的老年人和未成年人，以及社会散居孤儿、留守儿童、留守老年人等特殊群体，要组织开展走访探视，及时提供帮助"①。民政部先后印发了《关于做好新型冠状病毒感染肺炎疫情防控期间有关社会救助工作的通知》《关于做好因新冠肺炎疫情影响造成监护缺失的儿童救助保护工作的通知》《生活无着的流浪乞讨人员救助管理机构新冠肺炎疫情防控工作指南》。国家卫生健康委发布了《关于加强新型冠状病毒肺炎疫情防控期间孕产妇疾病救治与安全助产工作的通知》《关于加强新冠肺炎疫情期间严重精神障碍患者治疗管理工作的通知》《基层医疗卫生机构在新冠肺炎疫情防控期间为老年人慢性病患者提供医疗卫生服务指南（试行）》。

第四，针对一线医护人员，中央应对新型冠状病毒感染肺炎疫情工作领导小组发布了《关于全面落实进一步保护关心爱护医务人员若干措施的通知》。国家卫生健康委发布了《关于全力做好一线医务人员及其家属保障工作的通知》《关于贯彻落实改善一线医务人员工作条件切实关心医务人员身心健康若干措施的通知》《关于做好新冠肺炎疫情防控一线医务人员老年亲属关爱服务工作的通知》。

第五，为了使所有患者不会因付不起医疗费用而无法获得及时的医疗，政府承担了医治新冠肺炎患者的全部费用。在医疗费用方面，政府及时调整医保政策，明确对确诊和疑似患者实行"先救治，后结算"，对发生的医疗费用，在基本医保、大病保险、医疗救助等按规定支付后，个人负担部分由财政给予补助。在核酸检测费用方面，根据国务院联防联控机制 2020 年 6 月 8 日发布的《关于加快推进新冠病毒核酸检测的实施意见》（联防联控机

---

① 《国务院应对新型冠状病毒感染肺炎疫情联防联控机制关于进一步做好民政服务机构疫情防控工作的通知》，2020 年 2 月 28 日，中国政府网，http：//www.gov.cn/zhengce/content/2020-02/28/content_ 5484533.htm。

制综发〔2020〕181 号），对密切接触者、境外入境人员、发热门诊患者、新住院患者及陪护人员、医疗机构工作人员、口岸检疫和边防检查人员、监所工作人员、社会福利养老机构工作人员等重点人群实施"应检尽检"，"应检尽检"所需费用由各地政府承担。①

### （三）保障健康权包括积极保障所有人的基本生活必需品供给

在采取全面严格彻底的疫情防控措施时，当地居民的基本生活会受到严重影响。为了充分保障公民基本生活水准权利，政府采取了积极的措施全力保障居民基本生活必需品的供给。

在武汉实施封城措施后，为了保障武汉市近千万居家隔离者的基本生活必需品的供给，中国建立了央地协同、政企联动的 9 省联保联供协作，以及500 家应急保障供应企业调运机制，实施了社区物资配送，保障了隔离期间居民生活需要和防疫安全。

## 二　抗击疫情中对各项人权的协调保障

在抗击疫情的过程中，不仅需要全力保障人民的生命权、健康权，而且需要协调保障其他各项人权。在此次抗击新冠肺炎疫情过程中，中国政府特别关注合理保障个人隐私权和个人信息安全，平衡保障经济社会权利，充分保障公民的知情权、表达权、参与权和监督权。

### （一）合理保障个人隐私权和个人信息安全

在此次抗击新冠肺炎疫情的过程中，中国政府在公开疫情信息的同时，特别强调对个人隐私和个人信息安全的保护。2020 年 1 月 30 日，交通运输部发出紧急通知，要求"依法严格保护个人隐私和个人信息安全，除因疫

---

① 《关于加快推进新冠病毒核酸检测的实施意见》，国家卫健委网站，http：//www.nhc.gov.cn/jkj/s5898bm/202006/6c97dc68c7b24fcb997599a8e6afb931.shtml。

情防控需要，向卫生健康等部门提供乘客信息外，不得向其他机构、组织或者个人泄露有关信息、不得擅自在互联网散播"①。2020 年 2 月 4 日，中央网络安全和信息化委员会办公室发出了《关于做好个人信息保护利用大数据支撑联防联控工作的通知》，要求各地方各部门要高度重视个人信息保护工作，除国务院卫生健康部门依据《中华人民共和国网络安全法》《中华人民共和国传染病防治法》《突发公共卫生事件应急条例》授权的机构外，其他任何单位和个人不得以疫情防控、疾病防治为由，未经被收集者同意收集使用个人信息。收集联防联控所必需的个人信息应参照国家标准《个人信息安全规范》，坚持最小范围原则，收集对象原则上限于确诊者、疑似者、密切接触者等重点人群，一般不针对特定地区的所有人群，防止形成对特定地域人群事实上的歧视。为疫情防控、疾病防治收集的个人信息，不得用于其他用途。任何单位和个人未经被收集者同意，不得公开姓名、年龄、身份证号码、电话号码、家庭住址等个人信息，因联防联控工作需要，且经过脱敏处理的除外。收集或掌握个人信息的机构要对个人信息的安全保护负责，采取严格的管理和技术防护措施，防止个人信息被窃取、被泄露。② 各地政府工作人员自觉注意对相关人员信息的保护。在新闻报道中，感染者的名字都被虚化，电视采访播出时，感染者的镜头打上了马赛克。

针对出现的侵犯感染者隐私权的问题，政府迅速采取了追究和惩治措施，对益阳市赫山区卫生健康局党组成员、副局长等人将属于内部工作文件且涉及多人隐私的调查报告转发给无关人员进而传播至微信群的行为③，以及文山州人民医院工作人员私自用手机拍摄医院电脑记录的新型冠状病毒感

---

① 《交通运输部关于统筹做好疫情防控和交通运输保障工作的紧急通知》，2020 年 1 月 30 日，交通运输部网站，http：//xxgk. mot. gov. cn/jigou/ysfws/202001/t20200130_ 3328400. html。

② 中央网络安全和信息化委员会办公室：《关于做好个人信息保护利用大数据支撑联防联控工作的通知》，2020 年 2 月 9 日，中央网信办网站，http：//www. cac. gov. cn/2020-02/09/c _ 1582791585580220. htm。

③ 《湖南益阳一区卫生局副局长泄露患者隐私被查处》，2020 年 1 月 30 日，新浪网，http：// news. sina. com. cn/2020-01-30/doc-iimxxste7675435. shtml。

染肺炎患者的隐私信息并公开散布的行为予以严肃处理。① 据成都警方通报，2020 年 12 月 7 日，王某将一张内容涉及"成都疫情及赵某某身份信息、活动轨迹"的图片在自己的微博转发，严重侵犯他人隐私。经公安机关调查，王某对散布泄露赵某某个人隐私的行为供认不讳。王某因违反《中华人民共和国治安管理处罚法》的相关规定，已被成都公安机关依法予以行政处罚。②

### （二）平衡保障经济和社会权利

新冠肺炎疫情防控是为了保障人民的生命权和健康权，但这种保障需要经济发展为其提供物质基础。同时，如果经济发展长期停滞，不仅会对其他各项人权的保障带来负面影响，而且会使更多的人缺乏相应条件而失去生命。英国《柳叶刀》社论认为，"中国的成功也伴随着巨大的社会和经济代价，中国必须做出艰难的决定，从而在国民健康与经济保护之间获得最佳平衡"③。因此，在疫情防控的过程中，应当根据疫情发展的实际情况，精准施策，平衡疫情防控与经济发展之间的关系。

中国政府统筹推进疫情防控和经济社会发展，最大限度保障民生和人民正常生产生活。2020 年 2 月 17 日，国务院联防联控机制印发《关于科学防治精准施策分区分级做好新冠肺炎疫情防控工作的指导意见》，部署各地区各部门做好分区分级精准防控，有序恢复生产生活秩序。4 月 7 日，中央应对疫情工作领导小组印发《关于在有效防控疫情的同时积极有序推进复工复产的指导意见》，国务院联防联控机制印发《全国不同风险地区企事业单位复工复产疫情防控措施指南》。

为了在防控疫情的同时合理恢复经济社会生活，全国推行分区分级精准

---

① 《云南警方暂缓拘留泄露确诊患者信息的医务人员》，2020 年 2 月 8 日，人民网，http：//society. people. com. cn/n1/2020/0208/c1008-31576842. html。
② 《成都警方：泄露成都确诊女孩信息男子被行政处罚》，2020 年 12 月 9 日，光明网，https：//m. gmw. cn/2020-12/09/content_ 1301921239. htm。
③ "Sustaining Containment of COVID-19 in China"，*The Lancet*，18 April 2020，DOI：https：//doi. org/10. 1016/S0140-6736（20）30864-3.

施策防控策略。低风险区严防输入，全面恢复生产生活秩序；中风险区外防输入、内防扩散，尽快全面恢复生产生活秩序；高风险区内防扩散、外防输出、严格管控，集中精力抓疫情防控。①

为了消除疫情对经济的负面影响，中央和各地方政府采取了一系列保障经济运行的举措。2020年各级财政新增减税降费超过1万亿元人民币。截至2020年3月27日，"已向市场注入超过1.3万亿元人民币的流动性和再贷款再贴现等定向工具"。② 发行抗疫特别国债，大幅增加地方政府专项债券；通过降准、降息、再贷款等多种方式，保持流动性合理充裕，引导贷款市场利率下行。适当增加公共消费，加大创业担保贷款贴息支持力度，帮助企业保订单、保市场、保份额。③

为了帮助企业特别是中小企业和个体工商户减负纾困，政府实施减费降税和增加财政补贴的政策，对中小微企业贷款实施临时性延期还本付息，新增优惠利率贷款。

为了兼顾防疫和恢复经济所需要的人员流动，各地政府将"健康码"作为个人在当地出入通行的电子凭证。"健康码"分为三种不同颜色，持绿码的人可以直接进入一个地区，持红码的人需要集中隔离14天，持黄码的人需要隔离7天。中央政府积极推动各地"健康码"互通互认。④

根据国家统计局发布的2020年中国经济年报的初步核算，2020年我国国内生产总值为1015986亿元，按可比价格计算，比2019年增长2.3%。分季度看，第一季度同比下降6.8%，第二季度同比增长3.2%，第三季度同

---

① 国务院新闻办公室：《抗击新冠肺炎疫情的中国行动》，国务院新闻办网站，http://www.scio.gov.cn/zfbps/ndhf/42312/Document/1682143/1682143.htm。

② 《外交部：中方全力抗疫出台系列举措稳经济》，2020年3月27日，第一财经，https://www.yicai.com/news/100568732.html。

③ 《国家发改委：一揽子政策落地　保持经济平稳运行》，2020年4月21日，中青在线，http://news.cyol.com/app/2020-04/21/content_18579129.htm。

④ 《依托全国一体化政务服务平台共享信息全国绝大部分地区"健康码"已可实现"一码通行"》，2020年3月22日，国家网信办网站，http://www.cac.gov.cn/2020-03/22/c_1586425970924963.htm。

比增长 4.9%，第四季度同比增长 6.5%。[①] 中国成为全球唯一实现经济正增长的主要经济体。2020 年中国货物贸易进出口总值为 32.16 万亿元，同比增长 1.9%，在新冠肺炎疫情和单边主义保护主义等多重压力之下创历史新高，成为全球唯一实现货物贸易正增长的主要经济体。[②]

### （三）充分保障知情权、表达权、参与权和监督权

疫情及其防控属于重大公共卫生事项，直接影响公众的生命健康和日常生活。公众对疫情及政府采取的疫情防控措施享有知情权、表达权、参与权和监督权。在此次抗击新冠肺炎疫情的过程中，中国政府在积极抗击疫情的同时，对公民在疫情防控中的知情权、表达权、参与权和监督权也予以充分的保障。

#### 1. 及时发布疫情信息，回应公众关切

在疫情发生后，中国政府以对人民负责的态度，及时发布所掌握的疫情信息，并建立起严格的疫情发布机制。2019 年 12 月 27 日，湖北省中西医结合医院向武汉市江汉区疾控中心报告不明原因肺炎病例。武汉市组织专家从病情、治疗转归、流行病学调查、实验室初步检测等方面进行分析，认为上述病例系病毒性肺炎。12 月 30 日，武汉市卫生健康委向辖区医疗机构发布《关于做好不明原因肺炎救治工作的紧急通知》。12 月 31 日，武汉市卫生健康委在官方网站发布《关于当前我市肺炎疫情的情况通报》，发现 27 例病例，提示公众尽量避免到封闭、空气不流通的公众场合和人员集中地方，外出需要佩戴口罩。当日起，武汉市卫生健康委依法发布疫情信息。2020 年 1 月 3 日，武汉市卫生健康委在官方网站发布《关于不明原因的病毒性肺炎情况通报》。1 月 5 日，武汉市卫生健康委在官方网站发布《关于不明原因的病毒性肺炎情况通报》。

---

① 李金磊：《中国 2020 年 GDP 突破 100 万亿元同比增长 2.3%》，2021 年 1 月 18 日，中国新闻网，http://www.chinanews.com/cj/2021/01-18/9389849.shtml。

② 《我国 2020 年成为全球唯一实现货物贸易正增长的主要经济体》，2021 年 1 月 19 日，中国江苏网，http://news.jschina.com.cn/zt2021/gk2021/202101/t20210119_2712858.shtml。

1月20日，国家卫生健康委组织召开记者会，高级别专家组通报新冠病毒已出现人传人现象。自2020年1月21日起，国家卫生健康委每日在官方网站、政务新媒体平台发布前一天全国疫情信息。各省级卫生健康部门每日统一发布前一天本省份疫情信息，并在政务新媒体平台及时发布本地防控举措。1月22日，国务院新闻办公室就疫情举行第一场新闻发布会，介绍疫情有关情况。①

2. 鼓励志愿者参与志愿服务

防控重大疫情需要公众的积极参与。在此次抗击新冠肺炎疫情的过程中，急需大量的志愿者参与抗疫工作和社区服务。2020年1月28日，中央文明办、中国志愿服务联合会发出《关于号召广大志愿者、志愿服务组织积极有序参与疫情防控的倡议书》，号召志愿者"依法有序参与关心疫情防控的态势和信息，关注各地志愿服务信息系统，根据抗疫斗争的实际需求，在各地应对疫情工作领导小组的统一指挥调度下，时刻做好思想准备、工作准备、组织准备，立足本地，结合所长，主动报名，等候召唤"，帮助宣传普及，助力排查治理，做好医疗保障，提供专业服务。② 与此同时，各地志愿者协会也向志愿者发出倡议。例如，2020年1月28日，上海市志愿者协会发出《关于号召积极参与疫情防控志愿服务的倡议书》，号召志愿者立足社区发挥作用，就近就便提供服务，为社区基层组织提供支持和帮助，帮助困难家庭、空巢老人、残障人士等特定群体；协助社区摸清居民需求，特别是对居家隔离观察的居民，做好基本生活的保障服务；宣传防疫知识，分发防疫物品，收集居民信息。③ 武汉"志愿服务关爱行动"相关招募信息发布后，7万余人先后报名。经过审核并根据实际需要，2万余名志愿者上岗从

① 国务院新闻办公室：《抗击新冠肺炎疫情的中国行动》，国务院新闻办网站，http://www.scio.gov.cn/zfbps/ndhf/42312/Document/1682143/1682143.htm。
② 中央文明办、中国志愿服务联合会：《关于号召广大志愿者、志愿服务组织积极有序参与疫情防控的倡议书》，2020年1月28日，中国文明网，http://www.wenming.cn/zyfw/rd/202001/t20200128_5402262.shtml。
③ 《上海市志愿者协会关于号召积极参与疫情防控志愿服务的倡议书》，2020年1月28日，上海志愿者网，http://www.volunteer.sh.cn/Website/News/NewsItem.aspx?id=12579。

事关爱行动，由各社区具体组织和动态管理。他们承担了信息员、采购员、分拣员、快递员、测温员、调解员等诸多工作职责，解决了居民在家抗疫而产生的诸多生活难题。①据不完全统计，截至 2020 年 5 月 31 日，全国参与疫情防控的注册志愿者达到 881 万人，志愿服务项目超过 46 万个，记录志愿服务时间超过 2.9 亿小时。②与此同时，社区工作者在城乡社区中认真监测疫情、测量体温、排查人员、站岗值守、宣传政策、防疫消杀，尽职尽责。

3. 回应民众呼声，严肃查处公职人员的不当行为

疫情防控是重大公共事务，关系到每一个人的生命和健康。每个公民都有权利对疫情防控表达自己的观点，对公共部门疫情防控执行情况予以监督。

由中央政治局委员、国务院副总理孙春兰任组长，11 位部级领导干部和多位院士及专家组成的中央指导组 2020 年 1 月 27 日赴武汉，针对初期底数不清、收治缓慢、管控不力等问题多次明察暗访，35 次就医疗救治进行专题研究，23 次到医院实地考察，批转社会反映的 2 万多条问题线索至省市核实解决，就医疗救治和疫情防控措施落实情况进行检查督导。③2020 年 1 月 30 日，湖北省红十字会官网公布了 17 项捐赠物资的使用情况。其中显示，主要进行不孕不育诊疗的武汉仁爱医院，收到了 1.6 万个 N95 捐赠口罩。而武汉市 61 家发热门诊之一的协和医院仅收到 3000 个口罩。有网友质疑，湖北省红十字会对捐赠物资分配不合理。④2020 年 2 月 4 日，湖北省纪委监委发布消息，针对反映湖北省红十字会在捐赠款物接收分配中的有关问题，湖北省纪委监委迅速开展调查核实工作。经调查，省红十字会有关领导

① 陈城：《志愿服务筑起抗击疫情的"万里长城"》，《光明日报》2020 年 4 月 7 日，第 2 版。
② 国务院新闻办公室：《抗击新冠肺炎疫情的中国行动》，国务院新闻办网站，http://www.scio.gov.cn/zfbps/ndhf/42312/Document/1682143/1682143.htm。
③ 《抗击新冠肺炎疫情的中国实践》，2020 年 4 月 21 日，中国日报网，http://cn.chinadaily.com.cn/a/202004/21/WS5e9e45afa310c00b73c786ed.html?ivk_sa=1023197a。
④ 《湖北红十字会再道歉》，2020 年 2 月 1 日，政事儿百家号，https://baijiahao.baidu.com/s?id=1657343326057287218&wfr=spider&for=pc。

和干部在疫情防控期间接收和分配捐赠款物工作中存在不担当不作为、违反"三重一大"规定、信息公开错误等失职失责问题，依据《中国共产党问责条例》《中国共产党纪律处分条例》《行政机关公务员处分条例》等规定，经湖北省纪委监委研究并报省委批准，决定免去张钦省红十字会党组成员、专职副会长职务，并给予其党内严重警告、政务记大过处分；给予省红十字会党组成员陈波党内严重警告、政务记大过处分；给予省红十字会党组书记、常务副会长高勤党内警告处分。省红十字会其他责任人员按照干部管理权限由有关党组织依纪依规处理。① 据人民网报道，截至 2020 年 2 月 5 日，全国至少已有 100 名党员干部因应对疫情工作防控不力等被问责。②

## 三 抗击新冠肺炎疫情实践对中国人权观的检验

新冠肺炎疫情是近百年来人类遭遇的影响范围最广的全球性大流行病，不仅考验各国政府的应对智慧，也检验了各种人权观念。

中国在此次抗击新冠肺炎疫情的过程中所体现出的将人民的生命权、健康权置于首位的人权观，与西方以个人自由为核心的人权观形成鲜明对比。抗击疫情的实践结果是对两种人权观的有效检验。中国抗击疫情的实践不仅有效保障了人民的生命健康，而且保持了经济的增长和社会的安定。而以美国为代表的许多西方国家抗击疫情的实践却受到其人权观的限制，未能有效地阻断疫情的蔓延，付出了沉重的生命代价，不仅无法实现经济的恢复，还导致了社会的剧烈动荡。

### （一）生存权在人权体系中的基础性地位

在人权体系中，生存权保障是主体享有其他各项人权的前提条件和客观

---

① 《湖北省红十字会3名领导被问责，副会长被免！违规发放口罩，武汉市统计局副局长被免》，2020 年 2 月 4 日，搜狐网，https：//www.sohu.com/a/370573542_115362。

② 贾茹：《应对疫情工作不力，全国超 100 名干部被问责》，2020 年 2 月 6 日，人民网，http：//unn.people.com.cn/n1/2020/0206/c14717-31574317.html。

基础，中国政府始终将生存权作为首要人权。生存权中最重要的内容就是生命权和健康权。在面对突发重大疫情时，对生命权、健康权的保障必须置于最优先的地位。联合国人权事务委员会 1982 年第 16 届会议通过的第 6 号一般性意见第 1 条指出，生命权"是甚至当威胁到国家存亡的社会紧急状态存在时，也绝不允许克减的最重要权利"①。联合国人权事务委员会 1984 年第 23 届会议通过的第 14 号一般性意见第 1 条进一步指出："生命权是所有人权的基础。"② 联合国人权事务委员会 2018 年第 124 届会议通过的第 36 号一般性意见第 2 条再次强调："生命权是不允许克减的最高权利，即使在武装冲突和危及国家生存的其他公共紧急状况下也是如此。生命权对个人和整个社会都至关重要。它作为每个人固有的一项权利，因其本身的重要性而极为宝贵，但生命权也是一项这样的基本权利：它得到有效保护是享受所有其他人权的先决条件，它的内容可受到其他人权的影响。"③

在面临突发重大疫情时，将生命权和健康权置于最优先的地位，意味着当生命权、健康权保障与其他人权的实现方式出现冲突时，可以对其他人权的实现方式予以相应的限制或克减。联合国《公民权利和政治权利国际公约》第 18 条、第 19 条、第 21 条、第 22 条均规定，为了保护公共卫生，可以对各项自由权利的行使依法予以必要的限制。该公约第 4 条第 1 款规定，"在社会紧急状态威胁到国家的生命并经正式宣布时，本公约缔约国得采取措施克减其在本公约下所承担的义务"④。

新冠肺炎疫情发生后，中国政府提出了"将人民的生命和健康放在第一位"的疫情防控战略。正如国家主席习近平指出的："在这一次疫病流行的时候，我们毅然地，为了防控疫情，对经济社会发展按下了暂停键，不惜

---

① 联合国人权事务委员会：《第 6 号一般性意见：第六条（生命权）》，1982 年第 16 届会议通过。
② 联合国人权事务委员会：《第 14 号一般性意见：第六条（生命权）》，1984 年第 23 届会议通过。
③ 联合国人权事务委员会：《第 36 号一般性意见：第六条（生命权）》，2018 年第 124 届会议通过。
④ 《公民权利和政治权利国际公约》，载董云虎、刘武萍编著《世界人权约法总览》，四川人民出版社，1990，第 273 页。

付出很高的代价，把人民的生命和健康放在第一位。人的生命只有一次，必须把它保住，我们办事情一切都从这个原则出发。"①

在抗击新冠肺炎疫情的过程中，中国将保障人民的生命权、健康权置于优先地位，实施严格的防控措施阻断病毒传播，将感染率和病死率降到最低限度。为阻断疫情蔓延，全国普遍实施应急一级响应，对武汉采取暂时关闭离汉通道措施，在全国范围内实施一系列防疫举措，学校停课，企业停产，商店关门，停止所有聚集性活动，社区实行封闭管理。在所有出入场所进行体温检测，对所有疑似病人迅速进行复查与确认，对疑似病人和所有类型感染者迅速实施隔离收治，对确诊患者密切接触者进行排查，并参照发热患者对他们进行集中观察后居家隔离。居民出门必须戴口罩，来自不同地区的人员必须居家隔离 14 天。上述措施有效地遏制了新冠病毒在中国的传播，也为阻止新冠病毒的全球传播作出了中国贡献。

## （二）对各类权利主体的生命权和健康权能否平等保障是人权观的重要试金石

疫情突然发生导致感染者数量激增，医院、床位、医疗设施、药品和医护人员在短期内出现严重短缺，无法及时满足所有感染者的就医需求。在这种特殊情境下，如果选择优先救治危重感染者，其所耗费的资源会使更多重症和轻症患者得不到及时救治；如果优先选择救治轻症和重症感染者，就意味着放弃对危重感染者生命权、健康权的充分保障，由此形成了生命权、健康权保障的主体间冲突。

中国政府坚持平等保障每个人的生命权、健康权，反对一切形式的歧视。为了解决由资源稀缺所导致的生命权、健康权平等保障的困境，中国政府迅速调集全国资源，在短时间内转变了资源短缺的局面，实现了应检尽

---

① 《习近平：把人民的生命和健康放在第一位》，2020 年 6 月 2 日，央广网，http://news.cnr.cn/native/gd/20200602/t20200602_ 525114395.shtml。

检、应收尽收、应治尽治。中国在疫情防控中对妇女、儿童、老年人、残疾人、贫困人口等群体给予特别关注，不让任何人落下。武汉病愈出院的高龄患者中，有 7 位百岁老人，其中最高龄老人已 108 岁。为了保护疫情中处于弱势地位的各类群体，中央应对新型冠状病毒感染肺炎疫情工作领导小组发布了一系列相关文件，要求保护、关心、爱护处于疫情防控一线的医务人员及其老年亲属；对受疫情影响在家隔离的孤寡老人、因家人被隔离收治而无人照料的老年人和未成年人，以及社会散居孤儿、留守儿童、留守老年人等特殊群体，要组织开展走访探视，及时提供帮助；做好养老机构、儿童福利机构、未成年人救助保护机构、精神卫生福利机构、流浪乞讨人员救助管理机构和殡葬服务机构等民政服务机构的新冠肺炎疫情防控和服务保障工作；加强疫情防控期间孕产妇疾病救治与安全助产；在疫情防控期间为老年人慢性病患者提供医疗卫生服务指南。① 这体现了对每一个生命平等的尊重和保护。

### （三）审时度势协调生命权、健康权与个人自由等各项人权保障

尽管所有人权是一个相互联系的整体，应当得到同等的尊重和保障，但在突发重大疫情之下，人民生命权、健康权受到最严重的威胁。在这种现实条件下，如果不能竭尽全力充分保障人民的生命权、健康权，其他各项人权的保障也会受到严重的损害。因此，只有将保障人民生命权、健康权置于首位，才能为其他各项人权的保障提供现实的基础。

面对新冠肺炎疫情的重大危机，中国政府将人民的生命权、健康权置于抗击疫情的第一位，在全力消除疫情对人民生命和健康的威胁的前提下，协调保障个人自由权利、政治权利、经济社会权利。中国抗击疫情的实践结果显示，不仅人民的生命权、健康权得到了充分保障，其他各项权利也得到了较好的保障。中国是采取最全面最严格最彻底的疫情防控措施的国家，也是

---

① 常健：《突发重大疫情下四类弱势群体人权的特殊保护》，《人权研究》2020 年第 1 期（总第 23 卷），社会科学文献出版社，2020。

最先控制住疫情的国家，这使人民的正常生活和自由活动最先获得全面恢复，也使中国成为新冠肺炎疫情下唯一实现经济正增长的主要经济体。与此同时，中国在抗击疫情中坚持"科学防控、精准施策"，通过分级分类防控、推广使用健康码等手段，协调保障人民的经济社会权利；通过必要的规制约束保障个人隐私权和个人信息权。

### （四）政府在保障人权中的积极作用

政府的作为，在人权理论中始终是一个重要的话题。在面对威胁人民生命健康的突发重大公共卫生事件时，政府应当承担保障人民生命权、健康权的重要责任，采取积极措施，消除疫情对人民生命健康的威胁。

面对突袭而至的新冠肺炎疫情，在以习近平同志为核心的中共中央坚强领导下，中国建立了中央统一指挥、统一协调、统一调度，各地方各方面各负其责、协调配合，集中统一、上下协同、运行高效的指挥体系，制定了"坚定信心、同舟共济、科学防治、精准施策"的总方针，建立了中央应对疫情工作领导小组和国务院联防联控机制。全国各省、市、县构建了统一指挥、一线指导、统筹协调的应急决策指挥体系。世界卫生组织总干事谭德塞对此评论道："中方行动速度之快、规模之大，世所罕见，展现出中国速度、中国规模、中国效率。"①

## 四　倡议共建人类卫生健康共同体以推动构建人类命运共同体

值得注意的是，面对这次新冠病毒全球大流行，中国不仅在本国为保障14亿人民的生命权、健康权做了卓有成效的工作，而且创造性地提出了国际社会要共建人类卫生健康共同体，以推动人类命运共同体的建设。

---

① 《习近平会见世界卫生组织总干事谭德塞》，2020 年 1 月 28 日，新华网，http：//www.xinhuanet.com/politics/leaders/2020-01/28/c_ 1125508831.htm。

新冠肺炎疫情在全球 215 个国家和地区蔓延，对各国人民的生命健康都构成了严重的威胁，以血淋淋的事实提醒各国人民，人类是休戚与共的命运共同体。根据世界卫生组织的统计数据，全球累计新冠肺炎确诊病例超过 8077 万例，累计死亡病例超过 178 万例。[①] 冷酷的事实告诫世人，在全球化时代，各个国家深度相互依赖，在公共卫生、金融、经济、安全、环境等各个领域相互影响、休戚与共。面对这种威胁人类整体生存的全球突发重大公共卫生事件，只有团结协作，构筑全球防疫共同体，共同抵御疫情的蔓延和危害，才能成功战胜疫情，实现各个国家的合作共赢。

中国对其他国家人民遭受的疫情苦难感同身受，本着面对灾难同舟共济的人道主义精神，秉持人类命运共同体理念，肩负大国担当，同其他国家并肩作战、共克时艰。疫情发生以来，中国始终同国际社会开展交流合作，加强高层沟通，分享疫情信息，开展科研合作。中国还呼吁各方以人类安全健康为重，秉持人类命运共同体理念，携手加强国际抗疫合作，共建人类卫生健康共同体。

首先，中国政府本着依法、公开、透明、负责任的态度，在发现"不明原因肺炎"后，立即组织专家攻关，并在查明是新冠病毒肆虐后，第一时间主动向世界卫生组织、有关国家和地区组织通报疫情信息。2019 年 12 月 31 日，中国第一时间向世卫组织驻华办事处通报了新冠病毒信息。从 2020 年 1 月 3 日起，中国开始定期向世界卫生组织、有关国家和地区组织及时、主动通报疫情信息。1 月 11 日起，中国每日向世界卫生组织等通报疫情信息。1 月 12 日，中国疾控中心、中国医学科学院、中国科学院武汉病毒研究所向世界卫生组织提交新型冠状病毒基因组序列信息，在全球流感共享数据库（GISAID）发布。国家生物信息中心开发的 2019 新型冠状病毒信息库正式上线，发布全球新冠病毒基因组和变异分析信息。2 月 16 日开始，由 25 名专家组成的中国—世界卫生组织联合专家考察组对北京、成都、

---

① 《全球新冠肺炎确诊病例超 8077 万》，2020 年 12 月 31 日，新闻联播网，http://www.xwlb.net.cn/17279.html。

广州、深圳和武汉等地进行了9天实地考察调研。2020年1月20日至21日，中国政府接受了世界卫生组织派团对中国武汉的现场考察。① 中国发布了7版新冠肺炎诊疗方案、6版防控方案，被翻译成多国语言。

其次，中国政府以抑制疫情的全球传播为己任，采取积极严格和超规格的应对措施，不惜以经济社会停摆为代价，全力阻击疫情的蔓延，为世界争取了两个月的机会窗口。湖北省武汉市监测发现不明原因肺炎病例后，中国第一时间报告疫情，迅速采取行动，开展病因学和流行病学调查，阻断疫情蔓延。

再次，中国还在自身疫情防控面临巨大压力的情况下，仍然向国际社会提供力所能及的抗疫援助。中国向150多个国家、地区和国际组织捐赠抗疫物资，向27个国家派出29支医疗专家组，向世界卫生组织提供5000万美元现汇援助。据中国海关统计，2020年3月1日至5月5日，中国共向美国提供了超过66亿只口罩，3.44亿双外科手套，4409万套防护服，675万副护目镜，近7500台呼吸机。②

又次，为支援发展中国家抗击疫情，中国积极减免贫困国家债务。国家主席习近平在第73届世界卫生大会视频会议开幕式上致辞时宣布：中国将在两年内提供20亿美元国际援助，用于支持受疫情影响的国家特别是发展中国家的抗疫斗争以及经济社会恢复发展；将同二十国集团成员一道落实"暂缓最贫困国家债务偿付倡议"。③ 截至2020年6月，中国已宣布77个有关发展中国家暂停债务偿还，向50多个非洲国家和非盟交付医疗援助物资。④ 联合国秘书长古特雷斯表示，"联合国感谢中方为当前处境困难的国

① 国务院新闻办公室：《抗击新冠肺炎疫情的中国行动》，国务院新闻办网站，http：//www. scio. gov. cn/zfbps/ndhf/42312/Document/1682143/1682143. htm。

② 于潇清、张无为：《外交部：3月1日到5月5日，中国向美国提供超66亿只口罩》，2020年5月7日，澎湃新闻网站，https：//www. thepaper. cn/newsDetail_ forward_ 7289585。

③ 《习近平在第73届世界卫生大会视频会议开幕式上的致辞》，2020年5月18日，中国政府网，http：//www. gov. cn/xinwen/2020-05/18/content_ 5512708. htm。

④ 国务院新闻办公室：《抗击新冠肺炎疫情的中国行动》，国务院新闻办网站，http：//www. scio. gov. cn/zfbps/ndhf/42312/Document/1682143/1682143. htm。

家抗击疫情提供援助，赞赏中国同发展中国家分享疫情防控经验，并提供医疗物资和疫苗医药等宝贵援助"①。

最后，为了支持全球抗击新冠肺炎疫情，中国宣布将中国研发的疫苗作为全球公共产品。习近平主席在第 73 届世界卫生大会视频会议开幕式上提出，中国新冠病毒疫苗研发完成并投入使用后，将作为全球公共产品，为实现疫苗在发展中国家的可及性和可担负性作出中国贡献。② 2020 年 10 月初，中国同全球疫苗免疫联盟（GAVI）签署协议，正式加入旨在确保所有国家都能同时获得疫苗的"新冠肺炎疫苗实施计划"。全球疫苗免疫联盟执行董事奥蕾莉亚·阮表示，中国加入"新冠肺炎疫苗实施计划"非常重要，为确保公平获得疫苗提供了动力。③ 中国认真履行自己的承诺，不仅紧急投入研发疫苗工作，而且在疫苗通过安全性和有效性测试后迅速向多个国家输送。

总之，中国自疫情发生以来，始终秉持人类命运共同体理念，积极主动地和国际社会开展交流合作，携手抗击疫情。尤其是中国提出的"共建人类卫生健康共同体"的倡议和理念，为丰富和发展人类的生命权、健康权作出了创造性的贡献。历史将证明，这一倡议和理念对世界人权事业具有不可估量的意义。

**参考文献**

［1］ 李君如：《一场生命权和健康权的保卫战及其提出的人权思想——抗疫人权笔记六则》，《人权》2020 年第 3 期。

---

① 《习主席同联合国秘书长通电话 传递三个重要信息》，2020 年 3 月 14 日，新华网，http://www.xinhuanet.com/politics/2020-03/14/c_1125710856.htm。
② 《中国新冠疫苗将成全球公共产品》，2020 年 5 月 19 日，人民健康网，http://health.people.cn/n1/2020/0519/c14739-31714282.html。
③ 《全球疫苗免疫联盟执行董事：欢迎中国加入"新冠肺炎疫苗实施计划"》，2020 年 10 月 26 日，央广网，http://news.cnr.cn/native/gd/20201026/t20201026_525310215.shtml。

［2］常健：《疫情防控中的人权保障》，《学术界》2020年第2期。

［3］常健、王雪：《疫情下人权保障的冲突及其解决路径》，《南开学报》2020年第4期。

［4］常健：《中国抗击疫情中的人权保障》，《红旗文稿》2020年第12期。

［5］常健：《突发重大疫情下四类弱势群体人权的特殊保护》，载《人权研究》2020年第1期（总第23卷），社会科学文献出版社，2020。

［6］张永和：《中国疫情防控彰显人权保障》，《学习时报》2020年3月20日，第1版。

［7］汪习根：《疫情防控中生命健康权保障的中国经验》，《当代兵团》2020年第13期。

# 2020年：统筹疫情防控与脱贫攻坚

李云龙

2020年是脱贫攻坚的收官之年。在以习近平同志为核心的党中央坚强领导下，全国人民团结一心，克服新冠肺炎疫情影响，取得了脱贫攻坚战的全面胜利，在中华大地上消除了绝对贫困，建立了彪炳千秋的历史伟业。

## 一 克服疫情影响，推进脱贫攻坚

岁末年初，一场罕见的新型冠状病毒肺炎疫情侵袭中华大地。疫情给脱贫攻坚带来新的困难和挑战。疫情阻碍了农村劳动力外出务工，干扰了贫困户生产经营，影响了驻村帮扶工作，延迟了扶贫项目开工，给扶贫龙头企业和扶贫车间的复工复产增加了困难。克服疫情影响成为2020年脱贫攻坚的首要任务。以习近平同志为核心的党中央在领导和指挥全国人民妥善应对新冠肺炎疫情的同时，对如期完成脱贫攻坚任务给予了特别的关注。2月23日，习近平明确指出，要克服疫情影响，坚决完成脱贫攻坚任务。

有关部门及时出台疫情条件下推动脱贫攻坚的政策文件。国务院扶贫开发领导小组要求继续如期完成脱贫攻坚任务，不能改变工作总体安排部署。[1] 国务院扶贫办和中国银保监会要求适当延长疫情期间还款困难贫困户的扶贫小额信贷还款期限。[2] 人社部和国务院扶贫办要求推动贫困人口就地

---

[1] 《国务院扶贫开发领导小组发出关于做好新冠肺炎疫情防控期间脱贫攻坚工作的通知》，2020年2月13日，国务院扶贫办网站，http：//www.cpad.gov.cn/art/2020/2/13/art_ 624_ 111581. html。

[2] 《关于积极应对新冠肺炎疫情影响，切实做好扶贫小额信贷工作的通知》，2020年2月12日，国务院扶贫办网站，http：//www.cpad.gov.cn/art/2020/2/12/art_ 624_ 111481. html。

和就近转移就业，具体方法是：为企业招用贫困劳动力提供补贴、加大劳务输出力度、定向投放就业岗位、扩大乡村公益性岗位规模。① 农业农村部和国务院扶贫办要求研究疫情对贫困地区农业产业的影响，制定农产品应急销售方案，重点解决农产品"卖难"问题，帮助扶贫企业复工复产，推动贫困人口返岗就业。② 国务院扶贫办和财政部发出通知，要求积极应对疫情影响，进一步加强财政扶贫资金项目管理，确保如期完成脱贫任务；对疫情影响较重的贫困市县给予特别支持，保障这些地区脱贫的资金需要，减少疫情影响，重点支持涉及脱贫产业项目，支持贫困人口就业，保障贫困群众的基本生活。③ 国务院扶贫办要求统筹疫情防控和驻村帮扶工作，在高风险地区，首要任务是疫情防控；在中风险地区和低风险地区，要抓紧组织贫困群众落实脱贫攻坚各项政策举措。除湖北省以外，各地驻村干部应在 2 月底前后返岗，开展工作。④

在各方面共同努力下，新冠肺炎疫情影响得到控制，脱贫攻坚取得积极进展。到 4 月底，驻村帮扶人员已全部到位，贫困劳动力外出务工人数已达 2019 年的 95.4%，中西部地区扶贫公益岗位已安置 343 万贫困劳动力，扶贫车间复工率达到 97%，扶贫龙头企业复工率达到 97.5%，消费扶贫销售额达到 323 亿元，扶贫项目开工率达到 82%，东西部扶贫协作的资金和干部人才已超额到位。⑤

---

① 《人力资源社会保障部、国务院扶贫办关于应对新冠肺炎疫情进一步做好就业扶贫工作的通知》，2020 年 2 月 24 日，中国政府网，http：//www.gov.cn/zhengce/zhengceku/2020-02/24/content_ 5482770. htm。

② 《农业农村部办公厅、国务院扶贫办综合司关于做好 2020 年产业扶贫工作的意见》，2020 年 2 月 28 日，国家乡村振兴局网站，http：//www.cpad.gov.cn/art/2020/2/28/art_ 46_ 113261. html。

③ 《国务院扶贫办、财政部关于积极应对新冠肺炎疫情影响、加强财政专项扶贫资金项目管理工作、确保全面如期完成脱贫攻坚目标任务的通知》，2020 年 2 月 18 日，国务院扶贫办网站，http：//www.cpad.gov.cn/art/2020/2/18/art_ 46_ 185442. html。

④ 《国务院扶贫办关于积极应对新冠肺炎疫情影响切实做好驻村帮扶工作的通知》，2020 年 2 月 26 日，国务院扶贫办网站，http：//www.cpad.gov.cn/art/2020/2/26/art_ 50_ 113041. html。

⑤ 《国新办举行确保如期完成脱贫攻坚目标任务新闻发布会》，2020 年 5 月 18 日，国务院新闻办公室网站，http：//www.scio.gov.cn/xwfbh/xwbfbh/wqfbh/42311/43035/wz43037/Document/1680464/1680464. htm。

# 二  打好脱贫攻坚收官之战

2020 年是脱贫攻坚最后一年。这一年的中心任务是全面实现脱贫攻坚目标，不留死角，不漏一人一户。

## （一）进一步扩大消费扶贫

消费扶贫是通过消费来自贫困地区和贫困人口的产品与服务，支持贫困人口脱贫的扶贫方式。实施消费扶贫，有利于促进贫困人口的稳定脱贫，促进贫困地区的产业发展。2019 年，国务院办公厅印发文件，动员社会各界扩大对贫困地区产品和服务的消费，支持贫困人口增收脱贫。① 为了进一步推动消费扶贫，2020 年 3 月，国家发展改革委制定消费扶贫行动方案，联合 27 个部门和单位开展 30 项具体行动，释放消费扶贫政策红利，促进脱贫攻坚。② 各地区、各部门结合各自实际，印发 100 个配套文件，构建了消费扶贫"1+N"政策体系。国家发展改革委会同有关部门举办了"全国消费扶贫论坛"，总结交流消费扶贫经验，探讨消费扶贫新模式，并在论坛期间发布《巩固拓展消费扶贫成果延安共识》。③ 2020 年 9 月，国务院扶贫办、国家发展改革委联合有关部门，共同主办全国消费扶贫月活动，动员社会各界大力购买贫困地区农产品，有效推动扶贫产品消费，进一步巩固脱贫攻坚成果。④ 国务院扶贫办多次召开全国消费扶贫行动推进会，推动扶贫产品认定，搭建服务平台，挖掘市场消费潜力。截至 2020 年 11 月底，中西部 22 个省份已认定

---

① 《国务院办公厅关于深入开展消费扶贫助力打赢脱贫攻坚战的指导意见》，2019 年 1 月 14 日，中国政府网，http://www.gov.cn/zhengce/content/2019-01/14/content_5357723.htm。

② 《消费扶贫助力决战决胜脱贫攻坚 2020 年行动方案》，2020 年 3 月 19 日，国务院扶贫办网站，http://www.cpad.gov.cn/art/2020/3/19/art_46_116261.html。

③ 《2020 年全国消费扶贫论坛在延安举行》，2020 年 9 月 17 日，中国新闻网，https://www.chinanews.com/cj/2020/09-17/9293480.shtml。

④ 《2020 年全国消费扶贫月活动启动》，2020 年 9 月 1 日，新华网，http://www.xinhuanet.com/2020-09/01/c_1126440180.htm。

164543 个扶贫产品，涵盖 1857 个县和 46426 个供应商，实现销售 3069.4 亿元。①

## （二）开展挂牌督战

经过多年努力，脱贫攻坚取得重大成就，绝大多数贫困地区和贫困人口摆脱贫困。但是，到 2019 年底，全国没有摘帽的贫困县仍有 52 个，贫困人口超过 1000 人的贫困村有 88 个，贫困发生率超过 10% 的村有 1025 个。彻底解决最后的贫困问题，不让一个人掉队，需要有超常措施和超常作为。为了啃下这些脱贫攻坚的"硬骨头"，中央决定对未摘帽贫困县和贫困村实行挂牌督战。挂牌督战采取明确责任、分级负责的工作机制，具体说来就是中央统筹，省负总责，最后由市县抓落实。国务院扶贫开发领导小组负责统筹协调，国务院扶贫办通过实地了解、视频调度会议、暗访等方式，及时发现问题，及时推动解决。各相关省区负责本区域挂牌督战工作，每月初向中央报告工作进展情况。各相关县按照省区统一部署组织对挂牌村进行督战。②

根据中央挂牌督战指示精神，有挂牌督战对象的 7 个省级行政区都制定了挂牌督战实施方案，所有的县和村都制定了作战方案，提出一系列具体措施。同时，政府加大对 52 个挂牌督战县的投入。2020 年中央财政专门安排 417 亿元资金支持挂牌督战县完成脱贫攻坚任务。各省还给予 1113 个挂牌督战村扶贫资金倾斜。同时，财政部建立了定期调度分析机制，督促加快资金支出进度，以便及时拨付到挂牌督战县。③ 国务院扶贫办组织社会力量，在资金、产业、就业、培训、消费扶贫等方面加大对挂牌督战对象的帮扶力度，已实现对口帮扶全覆盖。截至 9 月底，东中部 11 省市 2133 家社会力量已结对帮扶 1113 个挂牌督战贫困村，实际帮扶资金 5.01

---

① 孙伶伶：《持续推进消费扶贫行动》，《经济日报》2021 年 1 月 2 日。
② 《国务院扶贫开发领导小组印发关于开展挂牌督战工作的指导意见的通知》，2020 年 2 月 18 日，国务院扶贫办网站，http://www.cpad.gov.cn/art/2020/2/18/art_50_111823.html。
③ 《国新办举行财税支持脱贫攻坚新闻发布会》，2020 年 12 月 2 日，国务院新闻办公室网站，http://www.scio.gov.cn/xwfbh/xwbfbh/wqfbh/42311/44402/wz44404/Document/1693788/1693788.htm。

亿元，支持贫困劳动力就业 4336 人，帮助销售 2738.93 万元的扶贫产品。①

挂牌督战工作进展顺利。国务院扶贫办跟踪各地挂牌督战工作，逐月调度挂牌督战地区脱贫攻坚工作的进展情况，及时帮助基层解决实际困难和问题。到 2020 年 8 月，52 个挂牌督战县的"两不愁三保障"问题及饮水安全问题已全部解决，易地扶贫搬迁剩余任务已全部完成，2020 年贫困劳动力的外出务工规模已经超过了 2019 年。②

### （三）建立防止返贫监测与帮扶机制

随着脱贫攻坚任务的全面完成，绝大多数贫困人口都实现了脱贫。但是，由于各种原因，一些脱贫人口存在返贫风险，一些边缘人口存在致贫风险。为了防止产生新的贫困，2020 年 3 月，国务院扶贫开发领导小组印发文件，要求提前发现和识别可能存在返贫致贫风险的人员，采取有针对性的帮扶措施，防止脱贫人口返贫和边缘人口致贫。一旦出现返贫和新致贫现象，要及时纳入建档立卡范围，让相关人口享受脱贫攻坚相关政策，实现精准帮扶。监测对象是那些不稳定的脱贫户和收入略高于贫困户的边缘户，具体来说是人均可支配收入低于扶贫标准 1.5 倍的家庭，以及因病、因残、因灾等造成支出明显超过上年收入与收入大幅缩减的家庭。监测对象一般占建档立卡人口的 5%，深度贫困地区不超过 10%。监测对象由县级扶贫部门确定，并录入全国扶贫开发信息系统，实行动态管理。对具备发展产业条件的监测对象，实行产业帮扶，帮助他们发展生产；对有劳动能力的监测对象，实行就业帮扶，帮助他们找到工作岗位；对无劳动能力的监测对象提供社会保障，如低保、医疗、养老保险及特困人员救助供养等，确保应保尽保。③

---

① 《国务院扶贫办：社会力量助力挂牌督战取得显著成效》，2020 年 10 月 20 日，新华网，http：//www.xinhuanet.com/gongyi/2020-10/20/c_ 1210849769.htm。

② 《国新办举行挂牌督战工作成果新闻发布会》，2020 年 8 月 10 日，国务院新闻办公室网站，http：//www.scio.gov.cn/xwfbh/xwbfbh/wqfbh/42311/43434/index.htm。

③ 《国务院扶贫开发领导小组关于建立防止返贫监测和帮扶机制的指导意见》，2020 年 3 月 26 日，国务院扶贫办网站，http：//www.cpad.gov.cn/art/2020/3/26/art_ 46_ 185453.html。

2020年，各地普遍建立并全面实施了防止返贫监测和帮扶的机制。

河北省是较早开展防止致贫返贫探索的省份。2018年以来，河北省先后制定了一系列政策文件，建立了省市县互通和多部门参与的防贫监测及帮扶机制，构建了覆盖筛查监测、帮扶救助与动态管理的防贫体系，取得显著成效。根据这个机制，河北把国家扶贫标准的1.5倍作为防贫预警线，通过农户自行申报、乡村干部排查和部门筛查预警三种渠道，全面排查，并在完成村干部评议、村内公示、乡级审核、县级审定等防贫监测程序之后，精准锁定防贫监测对象。2020年底，河北省共有4万户，9.3万人纳入防贫监测对象。对这些脱贫不稳定户与边缘易致贫户，有关部门进一步落实后续帮扶与巩固提升政策，通过稳岗就业、产业扶持、教育救助、医疗救助、兜底保障等方式，因户因人实行帮扶救助。所有防贫监测对象都由政府指定帮扶责任人。帮扶责任人定期入户走访，跟踪监测帮扶成效。

为了解决脱贫不稳定户和边缘易致贫户的返贫问题，河北省通过政保联办和引入商业保险的方式，建立"未贫先防"机制，同太平洋保险公司合作，设立"防贫保"。"防贫保"由政府出资为返贫监测对象投保，保险公司则根据政府要求制定保险方案，提供理赔。"防贫保"针对因病、因灾、因学三种因素分类设立防贫保障线和救助标准。当受助群体由于以上三种情况收入低于防贫保障线时，保险公司就会启动核查程序，实施救助。到2020年底，防贫保险覆盖河北省有建档立卡贫困人口的所有县（市、区），累计救助3.4万户。此外，"防贫保"还推广到了其他省级行政区。截至2020年9月，河北、甘肃、湖北、云南、青海、内蒙古、四川等省级行政区140个县5000万以上临贫、易贫人群加入了"防贫保"，保险金额累计2.35万亿元，赔付金额近6000万元。①

---

① 《"防贫保"筑起"防贫堤"》，《人民日报》2020年11月14日；《国新办举行防止返贫监测和帮扶工作情况新闻发布会》，2020年12月2日，国务院新闻办公室网站，http://www.scio.gov.cn/xwfbh/xwbfbh/wqfbh/42311/44322/wz44324/Document/1693692/1693692.htm。

### （四）做好贫困退出工作

随着脱贫攻坚成效显现，贫困退出逐渐提上议事日程。贫困退出是脱贫攻坚的最后一项工作。中央很早就对这项工作进行了部署。2016 年，中共中央办公厅、国务院办公厅印发文件，明确规定了贫困退出标准和退出程序。贫困人口退出标准是"两不愁三保障"及住房安全。贫困人口退出程序是：村"两委"组织民主评议后提出，村"两委"和驻村工作队核实，拟退出贫困户认可，村内公示，公告退出，在建档立卡贫困人口中销号。贫困县和贫困村退出标准都是贫困发生率降至 2% 以下，这一标准在西部地区放宽至 3% 以下。贫困县和贫困村退出程序如下：县级扶贫开发领导小组提出，市级扶贫开发领导小组初审，省级扶贫开发领导小组核查，向社会公示征求意见，省级扶贫开发领导小组审定后提交国务院扶贫开发领导小组，经国务院扶贫开发领导小组评估检查后，省级政府正式批准退出。①

在中央统一部署下，贫困退出工作有序推进。2016 年，全国共有 28 个贫困县提出退出申请。江西省井冈山市、河南省兰考县最早通过国家专项评估检查，并分别于 2017 年 2 月 25 日、27 日经省级政府批准退出。此后，其他提出退出申请的贫困县也陆续通过国家专项评估检查，经省级政府正式批准后退出。2016 年退出的贫困县，纳入评估检查的有 4 项指标，分别为贫困发生率低于 2%（西部地区低于 3%）、贫困人口漏评率低于 2%、脱贫人口错退率低于 2% 和群众认可度高于 90%。任何一项指标不合格，都不予退出。②

按照中央确定的贫困县摘帽程序，2017 年、2018 年和 2019 年分别有 125 个、283 个和 344 个贫困县摘掉贫困帽子。2020 年，国务院扶贫开发领导小组抽查 2019 年退出的贫困县，重点检查退出质量，尤其是"两不愁三保障"实现情况。督查巡查主要通过暗访抽查、实地督查、受理举报等方

---

① 《关于建立贫困退出机制的意见》，2016 年 4 月 28 日，中国政府网，http：//www.gov.cn/zhengce/2016-04/28/content_5068878.htm。

② 《2016 年申请退出的 28 个贫困县已全部摘帽》，《中国经济导报》2017 年 11 月 3 日。

式进行，有关情况向党中央、国务院报告。① 2020 年，在脱贫退出标准上，各地严格按照贫困人口脱贫、贫困村退出、贫困县摘帽考核评估要求和贫困退出标准，逐一考核、对账销号。11 月 23 日，随着贵州省最后 9 个贫困县摘帽，全国 22 个省区市的 832 个贫困县全部退出。②

### 表 1 832 个国家贫困县历年摘帽情况

单位：个

| 省区市 | 2016 年 | 2017 年 | 2018 年 | 2019 年 | 2020 年 | 合计 |
|---|---|---|---|---|---|---|
| 河 北 | 3 | 11 | 18 | 13 | — | 45 |
| 山 西 | — | 3 | 17 | 16 | — | 36 |
| 内蒙古 | — | 1 | 10 | 20 | — | 31 |
| 吉 林 | — | — | 3 | 5 | — | 8 |
| 黑龙江 | — | 5 | 10 | 5 | — | 20 |
| 安 徽 | — | 1 | 10 | 9 | — | 20 |
| 江 西 | 2 | 6 | 10 | 6 | — | 24 |
| 河 南 | 2 | 3 | 19 | 14 | — | 38 |
| 湖 北 | — | 2 | 10 | 16 | — | 28 |
| 湖 南 | — | 5 | 15 | 20 | — | 40 |
| 广 西 | — | 1 | 9 | 15 | 8 | 33 |
| 海 南 | — | — | 2 | 3 | — | 5 |
| 重 庆 | 5 | 3 | 2 | 4 | — | 14 |
| 四 川 | 2 | 10 | 17 | 30 | 7 | 66 |
| 贵 州 | 1 | 14 | 18 | 24 | 9 | 66 |
| 云 南 | — | 15 | 33 | 31 | 9 | 88 |
| 西 藏 | 5 | 25 | 25 | 19 | — | 74 |
| 陕 西 | — | 4 | 23 | 29 | — | 56 |
| 甘 肃 | — | 6 | 14 | 30 | 8 | 58 |
| 青 海 | 3 | 7 | 12 | 20 | — | 42 |

---

① 《国务院扶贫开发领导小组开展 2020 年脱贫攻坚督查》，2020 年 7 月 17 日，国务院扶贫办网站，http://www.cpad.gcn/art/2020/7/17/art_624_182296.html。
② 《贵州所有贫困县全部脱贫摘帽》，2020 年 11 月 23 日，央视网，https://tv.cctv.com/2020/11/23/VIDEa9HQ3HHF41Fw0s5gL3Sa201123.shtml？spm = C31267.PFsKSaKh6QQC.S71105.13。

| 省区市 | 2016 年 | 2017 年 | 2018 年 | 2019 年 | 2020 年 | 合计 |
|--------|---------|---------|---------|---------|---------|------|
| 宁 夏 | — | 1 | 3 | 3 | 1 | 8 |
| 新 疆 | 5 | 2 | 3 | 12 | 10 | 32 |
| 合计 | 28 | 125 | 283 | 344 | 52 | 832 |

资料来源：《832 个贫困县历年摘帽退出名单》，2020 年 10 月 16 日，国务院扶贫办网站，http：//www. cpad. gov. cn/art/2020/10/16/art_ 343_ 1140. html。

# 三　脱贫攻坚目标全面实现

国家提供巨额资金支持脱贫攻坚目标的实现。中国政府为脱贫攻坚提供了充足的财政支持。2016~2020 年，中央财政专项扶贫资金每年增加 200 亿元，从 2015 年的 460 亿元增加到 2020 年的 1461 亿元，5 年累计超过 5300 亿元。2020 年，中央专门安排综合性财力补助资金 300 亿元，用于支持挂牌督战地区脱贫攻坚。国家实施城乡建设用地调剂政策，为脱贫攻坚和乡村振兴筹措 1896 亿元资金；通过贷款贴息和风险补偿，推动金融机构发放扶贫小额信贷 6000 多亿元。2018~2020 年，中央财政安排 2800 多亿元增量资金，支持"三区三州"等深度贫困地区脱贫攻坚。2016 年到 2020 年前三季度，832 个贫困县统筹整合财政涉农资金 1.5 万亿元以上，每个贫困县可以支配的财政扶贫资金大幅增加，由整合前的年均几千万元，增加到整合后的年均超 3.6 亿元。① 中央财政对贫困地区加大转移支付力度，引导农业、医疗、教育、生态、交通等转移支付向贫困地区和贫困人口倾斜。中国政府建立起立体的脱贫攻坚投入体系，财政资金、金融资金和土地政策的支持力度非常大，每年有超过 1 万亿元的各类资金投向贫困县乡村，用来帮助贫困人

---

① 《国新办举行财税支持脱贫攻坚新闻发布会》，2020 年 12 月 2 日，国务院新闻办公室网站，http：//www. scio. gov. cn/xwfbh/xwbfbh/wqfbh/42311/44402/wz44404/Document/1693788/1693788. htm。

口脱贫。①

贫困人口义务教育得到保障，因贫失学辍学问题得到解决。在全面普及义务教育的背景下，失学辍学问题成为影响贫困人口实现教育权的主要障碍。控辍保学是教育脱贫攻坚的主要任务之一。2020年6月，教育部等十部门印发文件，要求确保义务教育阶段贫困家庭儿童少年不失学辍学，常态化开展控辍保学工作，建立保障义务教育的长效机制。对学有困难的学生，要建立帮扶制度，有针对性地制订教学计划；对辍学外出打工的学生，要建立各部门协作劝返机制，打击使用童工的犯罪行为。要以52个未摘帽的贫困县为主战场，全面排查辍学学生情况，制定一人一案的工作方案，加大劝返力度，确保贫困家庭辍学学生应返尽返。② 2016年以来，教育部与10多个省份签订合作备忘录，以解决贫困地区学生辍学问题为中心，促进各类教育资金向贫困地区倾斜，确保实现教育脱贫目标。全国95%的县出台了"一县一案"的控辍保学工作方案。2019年5月底，全国义务教育阶段的辍学学生还有60万人，其中20万人是贫困家庭辍学学生。到2020年9月15日，全国义务教育阶段的辍学学生减少到2419人，建档立卡的贫困家庭辍学学生数实现动态清零。③

基本医疗保险和大病保险实现对所有贫困人口的全覆盖，贫困人口的基本医疗得到保障。中国建成了全世界规模最大的基本医疗保障网络，发挥了重要的防贫减贫作用。中国政府增加对贫困地区的医疗保障投入。2020年，居民医保人均财政补助达到550元以上，比2012年增加了310元。中央财政下达275亿元医疗救助补助资金，90%投向了中西部地区。从2018年起，中央财政连续三年累计投入120亿元，帮助深度贫困地区解决贫困人口医疗保障问题。中国政府通过定额资助和全额资助的方法，尽可能把所有贫困人

---

① 刘永富：《在改革开放与中国扶贫国际论坛上的演讲》，2018年11月6日，国务院扶贫办公室网站，http：//www.cpad.gov.cn/art/2018/11/6/art_ 624_ 90881.html。

② 教育部等十部门印发《关于进一步加强控辍保学工作 健全义务教育有保障长效机制的若干意见》，2020年6月29日，教育部网站，http：//www.moe.gov.cn/jyb_ xwfb/gzdt_ gzdt/s5987/202006/t20200629_ 468952.html。

③ 《确保实现义务教育有保障》，《人民日报》2020年11月22日。

口都纳入医疗保障体系之中。在全面补助城乡居民参加基本医保的基础上，国家对农村贫困人口实行医疗救助，帮助他们支付个人应缴费用。2018~2020年，国家以医疗救助的方式资助了2.3亿贫困人口加入医保，支付医疗救助资金367亿元。贫困人口医保的参保率稳定在99.9%以上。居民基本医保的报销比例达到60%。贫困人口的医保报销比例要比居民基本医保报销比例高10个百分点左右，住院费用报销比例则达到了80%。农村贫困人口的医疗负担有了明显的减轻。2018年以来，医保扶贫政策累计帮助了4.8亿人次贫困人口，减轻贫困人口医疗负担近3300亿元，支持近千万户因病致贫家庭脱贫。[①] 对贫困人口实行大病保险优惠政策。贫困人口的大病保险起付线比其他人低50%，支付比例则高5个百分点，且报销数额没有封顶线。从实际执行结果看，大病保险的报销比例达到了65%。[②]

贫困地区医疗条件改善，医疗服务能力提高。党的十八大以来，中央财政累计投入1.4万亿元资金，帮助有脱贫攻坚任务的25个省区市发展卫生健康事业，共投入1700多亿元资金，帮助贫困地区建设15万多个基础设施项目。实施全科医生特岗计划，帮助贫困地区聘用3000名全科医生。实施农村订单定向医学生培养项目，共为贫困地区免费定向培养5.6万余名本科医学生。全国1007家城市三级医院共选派近10万人，蹲点帮扶832个贫困县的县医院。贫困地区市县级医疗机构派遣医生支持乡镇卫生院和村卫生室，累计选派近10万人。[③]

贫困人口的住房和饮水安全得到有效保障。住房城乡建设部在全国推行农村危房改造，重点解决建档立卡贫困户的住房安全问题，对所有贫困家庭

---

① 《推进健康扶贫和医保扶贫确保贫困人口基本医疗有保障发布会》，2020年11月20日，国务院新闻办公室网站，http://www.scio.gov.cn/xwfbh/xwbfbh/wqfbh/42311/44282/wz44284/Document/1692738/1692738.htm。

② 《国家医疗保障局、财政部、国家卫生健康委、国务院扶贫办关于坚决完成医疗保障脱贫攻坚硬任务的指导意见》，2019年10月17日，国家医疗保障局网站，http://www.nhsa.gov.cn/art/2019/10/17/art_37_1860.html。

③ 《推进健康扶贫和医保扶贫确保贫困人口基本医疗有保障发布会》，2020年11月20日，国务院新闻办公室网站，http://www.scio.gov.cn/xwfbh/xwbfbh/wqfbh/42311/44282/wz44284/Document/1692738/1692738.htm。

的住房进行安全性评定。存在安全隐患的房屋全都被纳入改造范围。有关部门逐户建立改造台账，逐步提高改造危房的补助标准，并把深度贫困地区作为危房改造的重点，给予倾斜支持。建档立卡贫困户的危房改造任务已经完成，贫困户住房安全问题基本解决。截至 2020 年 6 月，全国 2340 多万贫困户全部实现住房安全有保障，其中 1157 万户通过易地扶贫搬迁、农村危房改造、农村集体公租房等形式实现了住房安全。① 水利部制定了 20 多个水利扶贫政策性文件，召开了 20 多次全国性的水利扶贫工作部署推进会，选派了 200 多名水利专家和干部到一线挂职，推动贫困人口的饮水安全保障工作。贫困人口饮水安全问题现已得到全面解决，八成以上农村人口用上自来水，水质明显改善。②"十三五"以来，累计有 2.27 亿农村人口供水保障水平得到提升，其中 1707 万贫困人口的饮水安全问题得到解决。③

贫困地区电力和交通条件全面改善。国家能源局开展贫困村通动力电工程，解决贫困村的生产用电问题。工程实施以来，全国有 3.3 万个自然村接通动力电，涉及 23 个省区市的 839 个县，惠及 800 万农村居民。目前全国大电网覆盖范围内的农村地区都通上了动力电。④ 2016 年以来，交通部加快了贫困地区的交通建设，累计投入车购税资金 9500 亿元以上，支持贫困地区改造建设国家高速公路 1.69 万公里、普通国道 5.25 万公里、硬化路 9.6 万公里，完成农村公路安全生命防护工程约 45.8 万公里，加宽改造窄路基路面 14.3 万公里，改建危桥约 1.5 万座，具备条件的建制村和乡镇全部通上硬化路，具备条件的建制村和乡镇 100% 通客车，交通脱贫攻坚任务已经

---

① 《国新办举行脱贫攻坚住房安全有保障新闻发布会》，2020 年 9 月 23 日，国务院新闻办公室网站，http：//www.scio.gov.cn/xwfbh/xwbfbh/wqfbh/42311/43790/wz43792/Document/1688273/1688273.htm。
② 《国新办举行农村饮水安全脱贫攻坚新闻发布会》，2020 年 8 月 21 日，国务院新闻办公室网站，http：//www.scio.gov.cn/xwfbh/xwbfbh/wqfbh/42311/43491/wz43493/Document/1685748/1685748.htm。
③ 鄂竟平：《坚决打赢水利扶贫攻坚战》，2020 年 6 月 8 日，人民网，http：//theory.people.com.cn/n1/2020/0608/c40531-31738694.html。
④ 《国新办举行能源行业决战决胜脱贫攻坚有关情况发布会》，2020 年 10 月 19 日，国务院新闻办公室网站，http：//www.scio.gov.cn/xwfbh/xwbfbh/wqfbh/42311/43981/wz43983/Document/1689870/1689870.htm。

基本完成。①

　　贫困人口全部加入基本养老保险。2017 年 8 月，为解决贫困人员的参保问题，人社部、财政部、国务院扶贫办印发文件，要求各级财政为建档立卡贫困人口等困难群体代缴养老保险保费。2017 年至 2020 年 9 月底，全国共为 11774 万人次代缴养老保险费 126.7 亿元；截至 2020 年 11 月底，全国参加基本养老保险的贫困人口达到 5966 万，参保率保持在 99.99%。② 2020年上半年共为 3372.26 万人代缴养老保险费 37.48 亿元；全国贫困人口参保人数为 5917.71 万，参保率为 99.99%，基本实现贫困人口应保尽保。全国2935 万以上贫困老年人领取基本养老保险金。③ 贫困人口最低生活保障实现全覆盖。全国共有 2004 万农村贫困人口获得最低生活保障待遇，其中纳入低保的有 1852 万人，纳入特困人员救助供养的有 152 万人。2017 年底以来，全国所有县（市、区）的农村低保标准都达到或超过了国家扶贫标准。接受困难残疾人生活补贴的有 1153 万人，接受重度残疾人护理补贴的有1433 万人。④

　　贫困地区农民人均纯收入的增长幅度超过全国平均水平。2016～2019年，全国农村贫困人口人均纯收入从 4124 元增加到 9057 元，年均增幅约为30%。⑤ 这个增长幅度大大超过了同一时期全国农民人均纯收入增长幅度。

① 《国新办举行决战决胜脱贫攻坚为全面建成小康社会提供坚实交通保障发布会》，2020 年 9月 28 日，国务院新闻办公室网站，http://www.scio.gov.cn/xwfbh/xwbfbh/wqfbh/42311/43838/wz43840/Document/1688687/1688687.htm。
② 《人社部扶贫办有关负责同志介绍人社部门扶贫工作进展成效》，2020 年 12 月 31 日，人力资源和社会保障部网站，http://www.mohrss.gov.cn/SYrlzyhshbzb/dongtaixinwen/buneiyaowen/rsxw/202012/t20201231_406971.html。
③ 《踏遍千山万水只为寻你而来——社会保险脱贫攻坚"动态清零"工作侧记》，2020 年 10 月 9日，人力资源和社会保障部网站，http://www.mohrss.gov.cn/SYrlzyhshbzb/ztzl/rsfp/xw/202010/t20201009_392495.html。
④ 《国新办举行脱贫攻坚兜底保障情况新闻发布会》，2020 年 11 月 23 日，国务院新闻办公室网站，http://www.scio.gov.cn/xwfbh/xwbfbh/wqfbh/42311/44298/wz44300/Document/1692909/1692909.htm。
⑤ 《"十三五"我国脱贫攻坚力度规模空前》，2020 年 10 月 29 日，央广网，http://news.cnr.cn/native/gd/20201029/t20201029_525313668.shtml。

2016~2019年，全国年度农民人均可支配收入增长率分别为 6.2%、7.3%、6.6% 和 6.2%。[1]

## 四　巩固拓展脱贫攻坚成果

脱贫攻坚目标全面实现，并不意味着农村扶贫工作的结束。为了巩固拓展脱贫攻坚成果，必须为脱贫人口提供后续支持。

第一，保持帮扶政策总体稳定。在国家扶贫政策支持下，全部贫困人口已经实现脱贫。但是，一些贫困人口收入刚刚超过贫困线，随时有返贫可能。另外，由于灾害、疾病、伤残、事故等原因，也有可能产生新的贫困。因此，脱贫攻坚结束后，国家对脱贫人口不能撒手不管。为了阻止返贫和新的贫困现象的产生，国家对摘帽贫困县和脱贫人口应继续提供政策帮扶和资金支持。脱贫任务完成后，对摆脱贫困的县，从脱贫之日开始设立5年过渡期。在这个过渡期内，主要的帮扶政策将保持总体稳定。[2] 帮扶队伍不撤、投入力度不减，各级财政投入要适应巩固拓展脱贫攻坚成果的需要。继续实施产业扶贫政策，进一步壮大扶贫产业。继续实施就业扶贫政策，进一步加强对脱贫人口的职业技能培训。继续提供管理公益岗位，促进弱劳力、半劳力等家庭就近就地解决就业。

第二，健全防止返贫监测和帮扶机制。继续对脱贫县、脱贫村和脱贫人口进行监测，跟踪收入变化及"两不愁三保障"的巩固情况，定期核查，及时发现脱贫不稳定户与边缘易致贫户，对他们及时进行帮扶，杜绝出现新的贫困现象。[3]

第三，强化易地搬迁后续扶持工作。"十三五"期间，全国累计投入

① 《全国年度统计公报》（2016、2017、2018、2019年），2020年11月22日，国家统计局网站，http://www.stats.gov.cn/tjsj/tjgb/ndtjgb/。
② 《坚持把解决好"三农"问题作为全党工作重中之重　促进农业高质高效乡村宜居宜业农民富裕富足》，《人民日报》2020年12月30日。
③ 《中共中央政治局常务委员会召开会议　听取脱贫攻坚总结评估汇报》，2020年12月3日，新华网，http://www.xinhuanet.com/2020-12/03/c_1126818856.htm。

各类资金约 6000 亿元，建成集中安置区约 3.5 万个，安置住房 266 万余套，帮助 960 多万建档立卡贫困群众乔迁新居。搬迁群众收入水平得到显著提升。据统计，全国易地扶贫搬迁贫困户人均纯收入从 2016 年的 4221元提高到 2019 年的 9313 元，年均增幅30.2%。[1] 易地扶贫搬迁任务完成后，需要持续进行后续扶持，最关键的是提供就业帮扶。2019 年 7 月，国家发展改革委等十部门联合印发文件，要求在农村搬迁安置区大力发展后续产业，解决搬迁群众就业问题。[2] 人力资源和社会保障部等部门要求大规模开展职业技能培训，促进安置区发展吸纳就业，落实配套产业扩大就业，组织劳务输出就业，预留场地扶持创业就业，落实政策兜底安置就业。[3] 2020 年，国家发展改革委联合 12 个部门提出完善易地扶贫搬迁安置区配套公共服务设施和基础设施等 25 条具体措施，进一步细化了国家层面的后续扶持政策。[4] 2021 年中央财政专项扶贫资金专门安排 47.83 亿元，用于易地扶贫搬迁后续产业的发展。"十四五"时期，国家将继续加大对搬迁群众的产业就业帮扶力度，完善安置区的配套公共服务设施，加强社区管理，促进社会融入，巩固易地搬迁的脱贫成果。[5]

第四，做好社会保障兜底脱贫。社会保障兜底是脱贫攻坚重要的制度安排，也是脱贫攻坚的最后一道防线。那些失去劳动能力的贫困人口，无法借助就业帮扶等政策实现自主脱贫，只能靠社会保障摆脱贫困。正因为有社会

① 《国新办举行易地扶贫搬迁工作新闻发布会》，2020 年 12 月 3 日，国务院新闻办公室网站，http：//www.scio.gov.cn/xwfbh/xwbfbh/wqfbh/42311/44410/wz44412/Document/1693839/1693839.htm。
② 《十部门印发指导意见对易地扶贫搬迁贫困人口　后续扶持力度将加大》，《经济日报》2019 年 7 月 12 日。
③ 《人力资源社会保障部　国家发展改革委　财政部　国务院扶贫办关于做好易地扶贫搬迁就业帮扶工作的通知》，2019 年 6 月 2 日，中国政府网，http：//www.gov.cn/guowuyuan/2019-06/02/content_5396800.htm。
④ 《发改委：易地扶贫搬迁后续扶持政策体系已初步建立》，2020 年 10 月 15 日，人民网，http：//finance.people.com.cn/n1/2020/1015/c1004-31893211.html。
⑤ 《国新办举行易地扶贫搬迁工作新闻发布会》，2020 年 12 月 3 日，国务院新闻办公室网站，http：//www.scio.gov.cn/xwfbh/xwbfbh/wqfbh/42311/44410/wz44412/Document/1693839/1693839.htm。

保障制度，中国才有可能实现全部脱贫、不落一人的目标。脱贫攻坚以来，农村低保标准大幅提高，从 2015 年的 3177.6 元提高到 2020 年第三季度的 5841.7 元。从 2017 年底开始，全国各县（市、区）农村低保标准都达到或超过了国家脱贫收入标准。各地民政部门努力将符合条件的贫困人口都纳入低保或特困救助的政策范围。2020 年，为了防止出现盲区和死角，民政部在正常按季度比对之外，又对 2019 年底未脱贫人口、脱贫不稳定户、边缘户和无劳动能力但未纳入低保或特困的贫困家庭进行了一次更加精细的比对，共摸排 361 万人，新纳入兜底保障人口超过 100 万。① 2020 年，全国 1936 万建档立卡贫困人口纳入救助保障范围。②

第五，有效衔接好脱贫攻坚与乡村振兴。中央明确，脱贫攻坚取得胜利后，要全面推进乡村振兴，用乡村振兴巩固拓展脱贫成果。为此，要做好脱贫攻坚与乡村振兴的衔接，实现政策衔接、规划衔接、产业帮扶衔接、就业帮扶衔接、基础设施建设衔接、公共服务提升衔接、重点县衔接、考核衔接。③

**参考文献**

［1］习近平：《在全国脱贫攻坚总结表彰大会上的讲话》，2021 年 2 月 25 日。
［2］习近平：《在打好精准脱贫攻坚战座谈会上的讲话》，《求是》2020 年第 9 期。
［3］习近平：《在决战决胜脱贫攻坚座谈会上的讲话》，2020 年 3 月 6 日，新华网。
［4］习近平：《在统筹推进新冠肺炎疫情防控和经济社会发展工作部署会议上的讲话》，2020 年 2 月 23 日，新华网。
［5］中共国家乡村振兴局党组：《人类减贫史上的伟大奇迹》，《求是》2021 年第 4 期。

---

① 《国新办举行脱贫攻坚兜底保障情况新闻发布会》，2020 年 11 月 13 日，国务院新闻办公室网站，http://www.scio.gov.cn/xwfbh/xwbfbh/wqfbh/42311/44298/wz44300/Document/1692909/1692909.htm。
② 《今年我国困难群体保障水平稳步提升》，2020 年 12 月 26 日，央视网，https://tv.cctv.com/2020/12/26/VIDE0U2XFNNCwucpLi1hYdMI201226.shtml? spm=C31267.PFsKSaKh6QQC.S71105.10。
③ 《巩固拓展脱贫攻坚成果》，《人民日报》2021 年 1 月 5 日。

# 为中国人民普遍人权而奋斗的中国共产党

李君如　常　健

2021 年，是中国共产党百年华诞，举国上下一片欢腾，以各种方式开展庆祝和纪念活动。2 月 20 日，党中央召开党史学习教育动员大会。7 月 1 日，党中央在北京天安门广场隆重举行庆祝中国共产党成立 100 周年大会，中共中央总书记、国家主席、中央军委主席习近平发表重要讲话。11 月 11 日，党的十九届六中全会审议通过了《中共中央关于党的百年奋斗重大成就和历史经验的决议》，系统总结了中国共产党百年奋斗历史及其历史意义和历史经验，深刻阐述了新时代中国共产党的历史任务。在这样的时代背景下，总结中国共产党是怎样在为中国人民的人权而奋斗的过程中发展壮大的，成为 2021 年中国人权工作的主题主线。

## 引言：站在新的历史起点总结领导人权事业的中国共产党百年奋斗的重大成就和历史经验

中国的人权工作者和人权学者，和全国各行各业一样，在庆祝中国共产党百年华诞之际，全面总结了为保障中国人民人权而奋斗的中国共产党所取得的重大成就和历史经验，并站在新的历史起点上推进中国人权理论和实践的发展，取得了新的进展。

4 月 8 日，"中国共产党与中国人权事业发展进步"国际研讨会在吉林长春召开。来自美国、英国、法国、德国、荷兰、奥地利、埃及等 20 多个国家和国际组织的专家学者、机构负责人、媒体人士、在华留学生和中国有关部门、研究机构、社会组织的代表 100 余人，以线上线下相结合的方式参加会议。中国人权研究会会长向巴平措发表讲话指出，中国共产党的百年奋斗史，是一部争取人民解放、保障人民权利、致力于人的全面发展的光辉历史。中宣部副部长蒋建国发表演讲指出，中国共产党的一百年，是尊重和保障人权伟大实践的一百年，是创造中华民族史上人权发展奇迹的一百年，也是为世界人权事业发展作出巨大贡献的一百年。①

6月24日，国务院新闻办公室发表了《中国共产党尊重和保障人权的伟大实践》白皮书，系统梳理了中国共产党尊重和保障人权的百年历史。中国共产党百年历史证明，中国共产党是为中国人民普遍人权而奋斗的政党。中国共产党人权理念的突出特点是人民性，这是由党的性质和历史使命决定的。其表现形式和包含内容与党在不同时期的历史任务相联系，经历了一个发展变化的过程，从最初为被压迫阶级争取人权，到保障统一战线各阶层人民的人权，再扩展到保障全体人民的人权。虽然历经发展变化，但其维护最广大人民群众基本人权的初心和基点始终如一。②

11月11日，党的十九届六中全会通过了《中共中央关于党的百年奋斗重大成就和历史经验的决议》。在回顾中国共产党百年奋斗的历史时，它深刻指出党领导中国人民在四个历史时期实现或推进了"四次伟大飞跃"。第一次，实现了中国从几千年封建专制政治向人民民主的伟大飞跃；第二次，实现了一穷二白、人口众多的东方大国大步迈进社会主义社会的伟大飞跃；第三次，推进了中华民族从站起来到富起来的伟大飞跃；第四次，中华民族迎来了从站起来、富起来到强起来的伟大飞跃。显而易见，这四次伟大飞跃，就是中国人民争取和实现人权、保障和发展中国人权事业的四次伟大飞跃。尤其是，党的十九届六中全会把"坚持人民至上"作为党的历史经验写进了历史决议。"人民至上"是中国共产党的执政理念，也是中国共产党的人权原则。正如决议指出的：

① 宗巍：《"中国共产党与中国人权事业发展进步"国际研讨会召开》，2021年4月12日，中国人权网，http://www.humanrights.cn/html/zt2021/2/2/2021/0412/58191.html。
② 参见中华人民共和国国务院新闻办公室《中国共产党尊重和保障人权的伟大实践》，2021年6月，国务院新闻办公室网站，http://www.scio.gov.cn/zfbps/ndhf/44691/Document/1707316/1707316.htm。

"党的根基在人民、血脉在人民、力量在人民，人民是党执政兴国的最大底气。民心是最大的政治，正义是最强的力量。党的最大政治优势是密切联系群众，党执政后的最大危险是脱离群众。党代表中国最广大人民根本利益，没有任何自己特殊的利益，从来不代表任何利益集团、任何权势团体、任何特权阶层的利益，这是党立于不败之地的根本所在。"①

# 一 党为争取中国人民普遍人权而诞生

回顾中国共产党百年奋斗历史，人们不难发现，中国共产党是为争取和实现中国人民的人权而诞生的。

1840 年鸦片战争以后，中国逐步沦为半殖民地半封建社会。国家蒙辱、人民蒙难、文明蒙尘，中华民族遭受了前所未有的劫难。为了拯救民族危亡，中国人民奋起反抗。1915 年，陈独秀作为中国新文化运动的领袖，在《敬告青年》中指出："国人而欲脱蒙昧时代，羞为浅化之民也，则急起直追，当以科学与人权并重。"在中国人民和中华民族的伟大觉醒中，在马克思列宁主义同中国工人运动的紧密结合中，中国共产党应运而生。② 中国共产党诞生之初，就把为中国人民争取普遍人权作为自己的初心使命。

中国共产党在成立之初就明确，要在中国进行社会主义革命，必须先进行民主主义革命，将推翻帝国主义和封建主义的压迫、解放被压迫的劳苦大众作为自己的奋斗目标。1922 年《中国共产党第二次全国代表大会宣言》指出："各种事实证明，加给中国人民（无论是资产阶级、工人或农人）最大的痛苦的是资本帝国主义和军阀官僚的封建势力，因此反对那两种势力的民主主义的革命运动是极有意义的：即因民主主义革命成功，便可得到独立

---

① 《中共中央关于党的百年奋斗重大成就和历史经验的决议》，《人民日报》2021 年 11 月 17 日，第 1 版。
② 习近平：《在庆祝中国共产党成立 100 周年大会上的讲话》，《人民日报》2021 年 7 月 2 日，第 2 版。

和比较的自由。"①《中国共产党第三次全国代表大会宣言》指出:"我们的使命是以国民革命来解放被压迫的中国民族,更进而谋世界革命,解放全世界的被压迫的民族和被压迫的阶级。"②

依据这样的政治目标和工作任务,中国共产党明确要为受剥削受压迫的工农劳苦大众争取人权,强调保障工人阶级和无地农民的生存权、自由权、政治反抗权利。《中国共产党第五次全国代表大会宣言》指出:"无产阶级是民权同盟的先锋。只有在保护他们自己阶级利益之下,才能完成他们的使命。生活程度的提高可以增加他们的战斗力。在领导农民进攻封建势力,保障小资产阶级利益之下,无产阶级不能削弱了自己对资本主义的斗争,如增加工资、缩短工作时间、改良待遇等。"③

在保障工人权利方面,《中国共产党第二次全国代表大会宣言》指出:"改良工人待遇:(甲)废除包工制;(乙)八小时工作制;(丙)工厂设立工人医院及其他卫生设备;(丁)工厂保险;(戊)保护女工和童工;(己)保护失业工人等。"④ 1923 年的《中国共产党党纲草案》指出:"工人利益的特别要求:A. 废除包工制,承认工会的团体契约制(工会议定雇用条件)。B. 实行八小时工作制;禁止做日工者续做夜工。C. 每星期应有三十六小时以上的继续休息。D. 女工与男工之工资待遇一律平等;生产期前后六星期之休息,不扣工资。E. 禁止雇佣十四岁以下的童工;十四岁至十八岁者每日工作不得过六小时。F. 工厂卫生及劳动条件以法律规定,由国家设立监查机关监督执行,但工人有权参与之。G. 制定强迫的劳工保险法(灾病死伤的抚恤

---

① 《中国共产党第二次全国代表大会宣言》(一九二二年七月),中国共产党新闻网,http://cpc. people. com. cn/GB/64162/64168/64554/4428164. html,2021 年 3 月 13 日访问。
② 《中国共产党第三次全国代表大会宣言》(一九二三年六月),中国共产党新闻网,http://cpc. people. com. cn/GB/64162/64168/64555/4428211. html,2021 年 3 月 13 日访问。
③ 《中国共产党第五次全国代表大会宣言》(一九二七年五月),中国共产党新闻网,http://cpc. people. com. cn/GB/64162/64168/64557/4428294. html,2021 年 3 月 14 日访问。
④ 《中国共产党第二次全国代表大会宣言》(一九二二年七月),中国共产党新闻网,http://cpc. people. com. cn/GB/64162/64168/64554/4428164. html,2021 年 3 月 13 日访问。

等），工人有参与办理保险事项之权。H. 救济失业之工人。"①

在保障农民权利方面，1923 年的《中国共产党党纲草案》分五点详细指出了农民利益的特别要求："A. 划一并减轻田赋，革除陋规。B. 规定限制田租的法律；承认佃农协会有议租权。C. 改良水利。D. 改良种籽地质；贫农由国家给发种籽及农具。E. 规定重要农产品价格的最小限度。"②

中国共产党虽然将为工农劳苦大众争取人权作为奋斗目标的重点，但同时也将为全中国人民争取普遍人权作为自己的重要任务。在受教育权方面，1923 年的《中国共产党党纲草案》指出："实行义务教育，教育与宗教绝对分离。全国教育经费应严重保证。教员应享受年功加俸；到相当年龄应享受养老年金。"③ 在住房权方面，1923 年的《中国共产党党纲草案》指出："供给并改良都市贫民之住宅；规定限制房租的法律。"④ 在妇女权利方面，《中国共产党第二次全国代表大会宣言》指出，"废除一切束缚女子的法律，女子在政治上、经济上、社会上、教育上一律享受平等权利"。⑤ 1923 年的《中国共产党党纲草案》指出："公私法上男女一律平权。"⑥ 在自由权利和政治权利方面，《中国共产党第二次全国代表大会宣言》指出："工人和农民，无论男女，在各级议会市议会有无限制的选举

① 《中国共产党党纲草案》（一九二三年六月），中国共产党新闻网，http：//cpc. people. com. cn/GB/64162/64168/64555/4428212. html，2021 年 3 月 13 日访问。
② 《中国共产党党纲草案》（一九二三年六月），中国共产党新闻网，http：//cpc. people. com. cn/GB/64162/64168/64555/4428212. html，2021 年 3 月 13 日访问。
③ 《中国共产党党纲草案》（一九二三年六月），中国共产党新闻网，http：//cpc. people. com. cn/GB/64162/64168/64555/4428212. html，2021 年 3 月 13 日访问。
④ 《中国共产党党纲草案》（一九二三年六月），中国共产党新闻网，http：//cpc. people. com. cn/GB/64162/64168/64555/4428212. html，2021 年 3 月 13 日访问。
⑤ 《中国共产党第二次全国代表大会宣言》（一九二二年七月），中国共产党新闻网，http：//cpc. people. com. cn/GB/64162/64168/64554/4428164. html，2021 年 3 月 13 日访问。
⑥ 《中国共产党党纲草案》（一九二三年六月），中国共产党新闻网，http：//cpc. people. com. cn/GB/64162/64168/64555/4428212. html，2021 年 3 月 13 日访问。

权，言论、出版、集会、结社、罢工绝对自由。"① 1923 年的《中国共产党党纲草案》指出："实行无限制的普遍选举，选举期当在休假日。""保障人民集会、结社、言论、出版之自由权，废止治安警察条例及压迫罢工的刑律。""平民须有建议权、罢官权、撤回代表权及废止法律权；中央、地方重要的国家职员须民选。"在人身权利和公正审判权方面，1923 年的《中国共产党党纲草案》指出："改良司法，废止肉刑及死刑，免除一切诉讼手续费。"②

## 二 党在争取中国人民普遍人权中成熟

在新民主主义革命时期，中国社会主要矛盾是帝国主义和中华民族的矛盾、封建主义和人民大众的矛盾，而中国共产党的主要任务是推翻帝国主义、封建主义、官僚资本主义三座大山，争取民族独立和人民解放。③ 中国共产党在反帝反封建斗争中争取中国人民的人权，在争取中国人民的普遍人权中从幼年时期逐步走向成熟。

在领导人民争取自由解放、实现当家作主的新民主主义革命伟大斗争中，中国共产党始终将保障中国人民普遍人权作为己任。在 1927~1937 年土地革命战争时期，中国共产党领导中华苏维埃政府颁布并实施了土地法，不仅让农民在政治上翻身，而且在经济上分到田地，获得基本生存权利。④《中国共产党第五次全国代表大会宣言》指出："大地主的田地必须没收。民团、团防必须解除武装，绅士的政权必须消除，乡村自治政府，必须

① 《中国共产党第二次全国代表大会宣言》（一九二二年七月），中国共产党新闻网，http：//cpc. people. com. cn/GB/64162/64168/64554/4428164. html，2021 年 3 月 13 日访问。
② 《中国共产党党纲草案》（一九二三年六月），中国共产党新闻网，http：//cpc. people. com. cn/GB/64162/64168/64555/4428212. html，2021 年 3 月 13 日访问。
③ 《中共中央关于党的百年奋斗重大成就和历史经验的决议》，《人民日报》2021 年 11 月 17 日，第 1 版。
④ 中华人民共和国国务院新闻办公室：《中国共产党尊重和保障人权的伟大实践》，人民出版社，2021，第 6 页。

以乡村民权势力为基础而建立起来。"① 中国共产党第六次全国代表大会发布的《告全体同志书》指出："消灭封建势力的主要口号是土地革命，没收地主阶级的土地归农民。打倒帝国主义的主要口号是取消帝国主义一切特权，没收外国资本在华的企业和银行。"② 在革命斗争实践中，党还逐渐意识到，要想取得革命的胜利，就要建立统一战线，联合更多受压迫阶级一起实现革命的目标。《中国共产党第五次全国代表大会宣言》指出："无产阶级保障了小资产阶级的利益，小资产阶级赞助无产阶级反抗资本主义。唯有在这个互助的关系之上，农、工、小资产阶级的政治同盟才能建立起来。"③

随着日本帝国主义的对华侵略和中国抗日战争的展开，中国共产党工作任务的重心也出现了相应的变化。毛泽东在中国共产党第七次全国代表大会开幕式上的讲话中指出："我们的任务不是别的，就是放手发动群众，壮大人民力量，团结全国一切可能团结的力量，在我们党领导之下，为着打败日本侵略者，建设一个光明的新中国，建设一个独立的、自由的、民主的、统一的、富强的新中国而奋斗。"④ 要完成反对帝国主义和封建主义的历史任务，不仅需要团结工人、农民和小资产阶级，而且需要团结知识界和一切反帝反封建人们以及国内各少数民族，形成更广泛的统一战线。中国共产党第七次全国代表大会通过的《中国共产党党章》指出："中国共产党在目前阶段的任务是：对内，组织与团结中国的工人、农民、小资产阶级、知识界和一切反帝反封建人们以及国内各少数民族同自己一道，对外，联合全世界无产阶级、被压迫人民及一切以平等待我之民族，为解除外国帝国主义对于中

① 《中国共产党第五次全国代表大会宣言》（一九二七年五月），中国共产党新闻网，http://cpc.people.com.cn/GB/64162/64168/64557/4428294.html，2021年3月14日访问。
② 《告全体同志书》（一九二八年十一月十一日），中国共产党新闻网，http://cpc.people.com.cn/GB/64162/64168/64558/4428380.html，2021年3月14日访问。
③ 《中国共产党第五次全国代表大会宣言》（一九二七年五月），中国共产党新闻网，http://cpc.people.com.cn/GB/64162/64168/64557/4428294.html，2021年3月14日访问。
④ 毛泽东：《两个中国之命运》，中国共产党新闻网，http://cpc.people.com.cn/GB/64162/64168/64559/4442096.html，2021年3月14日访问。

国民族的侵略，为肃清本国封建主义对于中国人民大众的压迫，为建立独立、自由、民主、统一与富强的各革命阶级联盟与各民族自由联合的新民主主义联邦共和国而奋斗，为实现世界的和平与进步而奋斗。"①

广泛统一战线的建立，使得党对人权保障主体表述也包括了更多的社会阶层。毛泽东在中国共产党第七次全国代表大会上的政治报告指出："我们的这种主张，是和孙中山先生的革命主张完全一致的。孙先生在其所著《中国国民党第一次全国代表大会宣言》里说：'近世各国所谓民权制度，往往为资产阶级所专有，适成为压迫平民之工具。若国民党之民权主义，则为一般平民所共有，非少数人所得而私也。'这是孙先生的伟大的政治指示。中国人民，中国共产党及其他一切民主分子，必须尊重这个指示而坚决地实行之，并同一切违背和反对这个指示的任何人们和任何集团作坚决的斗争，借以保护和发扬这个完全正确的新民主主义的政治原则。"②

在人权保障内容方面，中国共产党在为人民争取基本生存权的基础上，更加强调为人民争取民主权利、自由权利、文化教育权利，为少数民族、妇女、儿童等特定群体争取平等权利。

在为人民争取生存权方面，毛泽东在《论联合政府》中指出："要求救济难民和救济灾荒；要求设立大量的救济基金，在国土收复后，广泛地救济沦陷区的受难人民；要求取消苛捐杂税，实行统一的累进税；要求实行农村改革，减租减息，适当地保证佃权，对贫苦农民给予低利贷款，……要求改善工人生活，救济失业工人……"③ 在抗日战争时期，中国共产党领导陕甘宁边区实行"减租减息"政策。在解放战争时期，中国共产党提出保障人

---

① 《中国共产党党章》（中国共产党第七次全国代表大会一九四五年六月十一日通过），中国共产党新闻网，http：//cpc.people.com.cn/GB/64162/64168/64559/4442095.html，2021年3月14日访问。
② 毛泽东：《论联合政府》，中国共产党新闻网，http：//cpc.people.com.cn/GB/64162/64168/64559/4526988.html，2021年3月14日访问。
③ 毛泽东：《论联合政府》，中国共产党新闻网，http：//cpc.people.com.cn/GB/64162/64168/64559/4526988.html，2021年3月14日访问。

权、解救民生，领导制定《中国土地法大纲》等文件，在拥有 1 亿多人口的解放区开展土地改革，实行耕者有其田，消灭了封建生产关系。中国共产党还积极组织生产运动，确保自给自足，鼓励发展私营工商业，出台社会优抚等政策措施，努力保障民生。[1]

争取人民当家作主是新民主主义革命人权保障的主要任务。毛泽东在《论联合政府》中指出，"要求废止国民党一党专政，建立民主的联合政府和联合统帅部"，"要求取消一切镇压人民的反动的特务机关和特务活动，取消集中营；要求取消一切镇压人民的言论、出版、集会、结社、思想、信仰和身体等项自由的反动法令，使人民获得充分的自由权利；要求承认一切民主党派的合法地位；要求释放一切爱国政治犯；……要求给予中国人民以民主的权利；要求取消压迫人民的保甲制度"。[2] 在中国共产党领导的中央苏区、陕甘宁边区实行普选制度，给长期受到压迫的人民以参政议政的权利。抗战时期，抗日根据地实行"三三制"，建立抗日民主政权，其中共产党员、党外进步人士和中间派各占 1/3。这些政策和制度，大大提高了人民群众参与革命、参与政权管理的热情。[3]

在为人民争取自由权方面，毛泽东在《论联合政府》中指出："国民党区域剥夺人民的一切自由。中国解放区则给予人民以充分的自由。""目前中国人民争自由的目标，首先地和主要地是向着日本侵略者。但是国民党政府剥夺人民的自由，捆起人民的手足，使他们不能反对日本侵略者。不解决这个问题，就不能在全国范围内动员和统一一切抗日的力量。……自由是人民争来的，不是什么人恩赐的。中国解放区的人民已经争得了自由，其他地方的人民也可能和应该争得这种自由。中国人民争得的自由越多，有组织的民主力量越大，一个统一的临时的联合政府便越有成立的可

---

[1] 中华人民共和国国务院新闻办公室：《中国共产党尊重和保障人权的伟大实践》，人民出版社，2021，第 6 页。
[2] 毛泽东：《论联合政府》，中国共产党新闻网，http://cpc.people.com.cn/GB/64162/64168/64559/4526988.html，2021 年 3 月 14 日访问。
[3] 中华人民共和国国务院新闻办公室：《中国共产党尊重和保障人权的伟大实践》，人民出版社，2021，第 7 页。

能。这种联合政府一经成立，它将转过来给予人民以充分的自由，巩固联合政府的基础。然后才有可能，在日本侵略者被打倒之后，在全部国土上进行自由的无拘束的选举，产生民主的国民大会，成立统一的正式的联合政府。没有人民的自由，就没有真正民选的国民大会，就没有真正民选的政府。难道还不清楚吗？人民的言论、出版、集会、结社、思想、信仰和身体这几项自由，是最重要的自由。在中国境内，只有解放区是彻底地实现了。"①

在保障人身权利方面，毛泽东在《论联合政府》中指出："对于敌方投诚的、反正的、或在放下武器后愿意参加反对共同敌人的人，一概表示欢迎，并给予适当的教育。对于一切俘虏，不许杀害、虐待和侮辱。"②

在保障健康权方面，中华苏维埃共和国成立中央防疫委员会，省、县、区三级设立卫生部（科），大力建设工农医院、贫民诊所和公共卫生所，培养医务人员，组织群众性防疫卫生运动，明显改善了人民医疗卫生状况。③

在为人民争取受教育权利和文化权利方面，中国共产党在其领导的地区积极发展文教卫生事业。毛泽东在《论联合政府》中指出，"要求取消国民党的党化教育，发展民族的科学的大众的文化教育；要求保障教职员生活和学术自由"。④ 中央苏区颁布了《中华苏维埃共和国宪法大纲》，明确劳苦大众享有平等的受教育权，并兴建学校，组织各类讲习班，着力提高人民群众文化水平。在陕甘宁边区，政府采取夜校、读报组等方式扫除文盲，并因陋就简开设中小学校，创办鲁迅艺术学院、延安自然科学院等高校与研究机

① 毛泽东：《论联合政府》，中国共产党新闻网，http://cpc.people.com.cn/GB/64162/64168/64559/4526988.html，2021年3月14日访问。
② 毛泽东：《论联合政府》，中国共产党新闻网，http://cpc.people.com.cn/GB/64162/64168/64559/4526988.html，2021年3月14日访问。
③ 中华人民共和国国务院新闻办公室：《中国共产党尊重和保障人权的伟大实践》，人民出版社，2021，第7~8页。
④ 毛泽东：《论联合政府》，中国共产党新闻网，http://cpc.people.com.cn/GB/64162/64168/64559/4526988.html，2021年3月14日访问。

构，努力发展文化科学事业。①

在为妇女、儿童和少数民族争取平等权利方面，毛泽东在《论联合政府》中指出，"要求保护青年、妇女、儿童的利益，救济失学青年，并使青年、妇女组织起来，以平等地位参加有益于抗日战争和社会进步的各项工作，实现婚姻自由，男女平等，使青年和儿童得到有益的学习；要求改善国内少数民族的待遇，允许各少数民族有民族自治的权利；要求保护华侨利益，扶助回国的华侨；要求保护因被日本侵略者压迫而逃来中国的外国人民，并扶助其反对日本侵略者的斗争"。② 中共中央制定了有关妇女解放和改革婚姻家庭问题的政策纲领，各边区政府特别是中央工农民主政府先后制定适用于全苏区的婚姻法和婚姻条例，废除封建包办买卖婚姻，禁止蓄婢纳妾，确立一夫一妻的婚姻制度，实行婚姻自由，婚后所得财产为夫妻共同财产，第一次使广大妇女在人身上、经济上获得了解放，提高了广大妇女的社会地位。③

中国共产党团结带领中国人民，浴血奋战、百折不挠，创造了新民主主义革命的伟大成就，自身也随之发展壮大起来。中共党员数从一大时期的53名，发展到1949年的448.8万名，④增加了84678倍。经过北伐战争、土地革命战争、抗日战争、解放战争，中国共产党领导中国人民推翻了帝国主义、封建主义、官僚资本主义三座大山，建立了人民当家作主的中华人民共和国，实现了民族独立、人民解放。新民主主义革命的胜利，彻底结束了旧中国半殖民地半封建社会的历史，彻底结束了旧中国一盘散沙的局面，彻

---

① 中华人民共和国国务院新闻办公室：《中国共产党尊重和保障人权的伟大实践》，人民出版社，2021，第7~8页。

② 毛泽东：《论联合政府》，中国共产党新闻网，http://cpc.people.com.cn/GB/64162/64168/64559/4526988.html，2021年3月14日访问。

③ 中华人民共和国国务院新闻办公室：《中国共产党尊重和保障人权的伟大实践》，人民出版社，2021，第7页。

④ 孙应帅：《中国共产党党员数量与结构变化及发展趋势》，《北京行政学院学报》2009年第5期。

底废除了列强强加给中国的不平等条约和帝国主义在中国的一切特权。① 这为普遍实现中国人民的各项人权奠定了政治基础。

## 三　党在探索社会主义制度下保障
## 人民普遍人权中发展

在社会主义革命和建设时期，中国共产党的主要任务是实现从新民主主义到社会主义的转变。② 中国共产党团结带领中国人民进行社会主义革命，消灭在中国延续几千年的封建剥削压迫制度，确立社会主义基本制度，推进社会主义建设，战胜帝国主义、霸权主义的颠覆破坏和武装挑衅，实现了中华民族有史以来最为广泛而深刻的社会变革，实现了一穷二白、人口众多的东方大国大步迈进社会主义社会的伟大飞跃，为实现中华民族伟大复兴奠定了根本政治前提和制度基础。③ 中国共产党也在探索社会主义制度下人权保障的伟大实践中不断发展。

在探索社会主义制度下保障中国人民人权的过程中，中国制定了第一部社会主义类型的宪法，为中国人权事业发展奠定了根本政治前提和制度基础。在政治建设方面，建立和巩固了人民民主的政治制度，确立了人民民主原则和社会主义原则，确立了人民代表大会制度，从制度上保障了国家一切权力属于人民。在经济建设方面，在完成了土地改革的基础上，对农业、手工业和资本主义工商业进行了社会主义改造，建立起社会主义的基本经济制度，保证了人民平等参与经济发展和分享劳动成果。在社会建设方面，颁布实施婚姻法，实行男女婚姻自由、一夫一妻、男女权利平等、保护妇女和子女合法利益的婚姻制度；促进教育、医疗卫生事业发展，建立起省、市、县

---

① 习近平：《在庆祝中国共产党成立 100 周年大会上的讲话》，《人民日报》2021 年 7 月 2 日，第 2 版。
② 《中共中央关于党的百年奋斗重大成就和历史经验的决议》，《人民日报》2021 年 11 月 17 日，第 1 版。
③ 习近平：《在庆祝中国共产党成立 100 周年大会上的讲话》，《人民日报》2021 年 7 月 2 日，第 2 版。

和县、乡、村三级医疗预防保健网，建立了劳动保险和社会救济制度。在民族政策方面，反对和否定民族压迫和歧视，坚持民族平等，实行民族区域自治制度。在法制建设方面，依据《中华人民共和国宪法》，制定并实施其他重要法律，保障公民基本权利。[①]

在社会主义基本制度建立后，中国共产党就自觉地以苏联为鉴，探索符合中国国情的社会主义建设道路。在 1957 年发表的《关于正确处理人民内部矛盾的问题》的讲话中，毛泽东强调："人民这个概念在不同的国家和各个国家的不同的历史时期，有着不同的内容。拿我国的情况来说，在抗日战争时期，一切抗日的阶级、阶层和社会集团都属于人民的范围，日本帝国主义、汉奸、亲日派都是人民的敌人。在解放战争时期，美帝国主义和它的走狗即官僚资产阶级、地主阶级以及代表这些阶级的国民党反动派，都是人民的敌人；一切反对这些敌人的阶级、阶层和社会集团，都属于人民的范围。在现阶段，在建设社会主义的时期，一切赞成、拥护和参加社会主义建设事业的阶级、阶层和社会集团，都属于人民的范围；一切反抗社会主义革命和敌视、破坏社会主义建设的社会势力和社会集团，都是人民的敌人。"[②] 在这样广泛的"人民"理念下，中国共产党强调要严格区分和正确处理敌我矛盾和人民内部矛盾，在共产党与民主党派的关系上实行"长期共存、互相监督"的方针，在科学文化工作中实行"百花齐放、百家争鸣"的方针，同时开展整党整风，反对官僚主义、命令主义和贪污浪费，密切党和人民群众的关系。中国共产党也在制定这些保障人权的重大方针和重大举措中进一步得到发展。

遗憾的是，"文化大革命"使中国人权事业发展经历了惨痛的教训。正如《关于建国以来党的若干历史问题的决议》所指出的："'文化大革命'名义上是直接依靠群众，实际上既脱离了党的组织，又脱离了广大群众。"

---

① 中华人民共和国国务院新闻办公室：《中国共产党尊重和保障人权的伟大实践》，人民出版社，2021，第 8~9 页。

② 毛泽东：《关于正确处理人民内部矛盾的问题》，《毛泽东文集》第七卷，人民出版社，1999，第 205 页。

"历史已经判明，'文化大革命'是一场由领导者错误发动，被反革命集团利用，给党、国家和各族人民带来严重灾难的内乱。"①

## 四　党在尊重和保障人民人权中兴盛壮大

十一届三中全会之后，中国共产党团结带领中国人民，解放思想、锐意进取，创造了改革开放和社会主义现代化建设的伟大成就，实现了新中国成立以来党的历史上具有深远意义的伟大转折。② 党确立了社会主义初级阶段的基本路线，坚定不移推进改革开放，实现了从高度集中的计划经济体制到充满活力的社会主义市场经济体制的历史性转变，实现了人民生活从温饱不足到总体小康、奔向全面小康的历史性跨越。

改革开放以来，中国共产党领导中国人民努力探索适合中国国情的人权发展道路，将保障人民的生存权、发展权置于首要地位，将尊重和保障人权写入宪法作为治国理政的一条重要原则，建立和完善各项人权保障制度，初步形成了中国特色人权保障体系。③ 人权保障的主体、促进方式、保障内容、保障方式都发生了显著的变化。

### （一）拨乱反正与人民和人权主体外延的不断扩大

随着党将工作重心从阶级斗争转向经济建设，并逐步建立社会主义市场经济体制，人民和人权的主体逐步扩大到包括全体劳动者和爱国者在内的广大社会成员。

一方面，党拨乱反正，在全国复查和平反了大量的冤假错案，改正了错划右派分子的案件；宣布原工商业者已改造成为劳动者；把原为劳动者的小

---

① 《中国共产党中央委员会关于建国以来党的若干历史问题的决议》，央视网，http://www.cctv.com/special/733/-1/47008.html，2021 年 4 月 5 日访问。
② 习近平：《在庆祝中国共产党成立 100 周年大会上的讲话》，《人民日报》2021 年 7 月 2 日，第 2 版。
③ 中华人民共和国国务院新闻办公室：《中国共产党尊重和保障人权的伟大实践》，人民出版社，2021，第 9~10 页。

商小贩、手工业者从原资产阶级工商业者中区别出来；为已改造成为劳动者的绝大多数原地主、富农分子改订了成分。①

另一方面，党对国内的阶级状况进行了重新评估，确定"我国的社会阶级状况发生了根本的变化"。在全国政协五届二次会议上，邓小平指出："我国工人阶级的地位已经大大加强，我国农民已经是有二十多年历史的集体农民。工农联盟将在社会主义现代化建设的新的基础上更加巩固和发展。我国广大的知识分子，包括从旧社会过来的老知识分子的绝大多数，已经成为工人阶级的一部分，正在努力自觉地为社会主义事业服务。""我国的资本家阶级原来占有的生产资料早已转到国家手中，定息也已停止十三年之久。他们中有劳动能力的绝大多数人已经改造成为社会主义社会中的自食其力的劳动者。"根据上述变化，邓小平认为我国的统一战线已经成为"工人阶级领导的、工农联盟为基础的社会主义劳动者和拥护社会主义的爱国者的广泛联盟"。② 中共十二大通过的《中国共产党章程》进一步规定："中国共产党同全国各民族工人、农民、知识分子团结在一起，同各民主党派、无党派民主人士、各民族的爱国力量团结在一起，进一步发展和壮大由全体社会主义劳动者、拥护社会主义的爱国者、拥护祖国统一的爱国者组成的最广泛的爱国统一战线。"③

中共十六大将"三个代表"重要思想作为党的指导思想写进《中国共产党章程》，明确提出，"中国共产党是中国工人阶级的先锋队，同时是中国人民和中华民族的先锋队"，要"代表中国最广大人民的根本利益"。④ 中

---

① 《关于建国以来党的若干历史问题的决议》（中国共产党第十一届中央委员会第六次全体会议1981年6月通过），中国共产党新闻网，http：//cpc. people. com. cn/GB/64162/64168/64563/65374/4526448. html，2022年6月18日访问。
② 《新时期的统一战线和人民政协的任务》，《邓小平文选》第二卷，人民出版社，1994，第185~187页。
③ 《中国共产党章程》（中国共产党第十二次全国代表大会一九八二年九月六日通过），中国共产党新闻网，http：//cpc. people. com. cn/GB/64162/64168/64565/65448/6415129. html，2022年6月18日访问。
④ 《中国共产党章程》（中国共产党第十六次全国代表大会部分修改，2002年11月14日通过），中国共产党新闻网，http：//cpc. people. com. cn/GB/64162/64168/64569/65444/4429114. html，2022年6月18日访问。

共十六大报告在进一步强调要"巩固和发展最广泛的爱国统一战线"① 的同时，根据社会主义市场经济建立后出现的新情况，将"中国特色社会主义建设者"作为统一战线的重要组成部分，指出："随着改革开放的深入和经济文化的发展，我国工人阶级队伍不断壮大，素质不断提高。包括知识分子在内的工人阶级，广大农民，始终是推动我国先进生产力发展和社会全面进步的根本力量。在社会变革中出现的民营科技企业的创业人员和技术人员、受聘于外资企业的管理技术人员、个体户、私营企业主、中介组织的从业人员、自由职业人员等社会阶层，都是中国特色社会主义事业的建设者。"②

中共十七大报告将人权主体表述为"全体社会成员"，要求"尊重和保障人权，依法保证全体社会成员平等参与、平等发展的权利"。③

### （二）以发展促人权为确立生存权和发展权是首要的基本人权奠定坚实基础

十一届三中全会确立了中国共产党以"一个中心、两个基本点"为主要内容的政治路线，果断地停止使用"以阶级斗争为纲"这个不适用于社会主义社会的口号，否定了中共十一大沿袭的"文化大革命"中的所谓"无产阶级专政下继续革命"，以及"'文化大革命'今后还要进行多次"等"左"倾错误观点。④ 全会要求"把全党工作的着重点和全国人民的注意力转移到社会主义现代化建设上来"。⑤ 十一届六中全会通过的《关于建国

---

① 江泽民：《全面建设小康社会，开创中国特色社会主义事业新局面》，《江泽民文选》第三卷，人民出版社，2006，第 535 页。

② 江泽民：《全面建设小康社会，开创中国特色社会主义事业新局面》，《江泽民文选》第三卷，人民出版社，2006，第 539~540 页。

③ 《胡锦涛在党的十七大上的报告》，全国人大网，http：//www. npc. gov. cn/zgrdw/npc/zggcdd sbcqgdbdh/2012-11/06/content_ 1742192. htm，2022 年 6 月 18 日访问。

④ 《中国共产党十一届三中全会简介》，中国共产党新闻网，http：//cpc. people. com. cn/GB/ 64162/64168/64563/65371/4441896. html，2022 年 6 月 18 日访问。

⑤ 《中国共产党第十一届中央委员会第三次全体会议公报》（一九七八年十二月二十二日通过），中国共产党新闻网，http：//cpc. people. com. cn/GB/64162/64168/64563/65371/4441902. html，2022 年 6 月 18 日访问。

以来党的若干历史问题的决议》指出："在社会主义改造基本完成以后，我国所要解决的主要矛盾，是人民日益增长的物质文化需要同落后的社会生产之间的矛盾。党和国家工作的重点必须转移到以经济建设为中心的社会主义现代化建设上来，大大发展社会生产力，并在这个基础上逐步改善人民的物质文化生活。"① 实践证明，这一工作重点的转移，从根本上改变了中国人民的物质生活和精神生活的条件，人权也由此得到广泛的尊重。就是在这样的实践基础上，中国共产党形成和提出了生存权和发展权是首要的基本人权的思想，并把这一思想写进了第一部中国人权白皮书。

为了促进生产力的发展，党开始探索建立社会主义市场经济体制，逐步实现从计划经济向社会主义市场经济的转型。《关于建国以来党的若干历史问题的决议》指出，"社会主义生产关系的变革和完善必须适应于生产力的状况，有利于生产的发展"，要"发挥市场调节的辅助作用"，"大力发展社会主义的商品生产和商品交换"。② 中共十二大报告提出，"正确贯彻计划经济为主、市场调节为辅的原则，是经济体制改革中的一个根本性问题"。③ 十二届三中全会通过的《中共中央关于经济体制改革的决定》提出"发展商品经济"，认为"商品经济的充分发展，是社会经济发展的不可逾越的阶段，是实现我国经济现代化的必要条件"。④ 中共十四大明确提出建立社会主义市场经济体制，十四届三中全会通过了《中共中央关于建立社会主义市场经济体制若干问题的决定》，要求建立现代企业制度，培育和发展市场

---

① 《关于建国以来党的若干历史问题的决议》（中国共产党第十一届中央委员会第六次全体会议1981年6月通过），中国共产党新闻网，http：//cpc. people. com. cn/GB/64162/64168/64563/65374/4526448. html，2022年6月18日访问。

② 《关于建国以来党的若干历史问题的决议》（中国共产党第十一届中央委员会第六次全体会议1981年6月通过），中国共产党新闻网，http：//cpc. people. com. cn/GB/64162/64168/64563/65374/4526448. html，2022年6月18日访问。

③ 《全面开创社会主义现代化建设的新局面——胡耀邦在中国共产党第十二次全国代表大会上的报告》（一九八二年九月一日），中国共产党新闻网，http：//cpc. people. com. cn/GB/64162/64168/64565/65448/4526430. html，2022年6月18日访问。

④ 《中共中央关于经济体制改革的决定》（中国共产党第十二届中央委员会第三次全体会议一九八四年十月二十日通过），中国共产党新闻网，http：//cpc. people. com. cn/GB/64162/64168/64565/65378/4429522. html，2022年6月18日访问。

体系，转变政府职能，加强法律制度建设。

社会主义市场经济体制的建立和不断完善，极大地促进了社会生产力的发展，为人权保障水平的提升提供了坚实的经济基础。中国人民的生活水平得到了大幅提高，实现了从贫困到温饱和从温饱到小康的两次历史性跨越。从 1978 年到 2008 年，城乡居民恩格尔系数分别下降 20.3 个和 24.6 个百分点，贫困人口减少了 2.3 亿以上，人均预期寿命提高了 5 岁，达到中等发达国家水平。①

### （三）将尊重和保障人权明确为治国理政的基本原则

在全面推进改革开放和社会主义现代化建设过程中，党和政府突破将人权问题视为禁区的"左"的思想束缚，将尊重和保障人权提升为治国理政的重要原则，极大地推进了人权事业的发展。② 党的十一届三中全会公报指出："宪法规定的公民权利，必须坚决保障，任何人不得侵犯。""要保证人民在自己的法律面前人人平等，不允许任何人有超于法律之上的特权。"③1991 年 11 月 1 日，国务院新闻办公室发表《中国的人权状况》白皮书，首次以政府文件的形式肯定人权在中国社会主义政治发展中的地位；明确指出实现充分人权是"长期以来人类追求的理想"，也是中国社会主义建设所要实现的"崇高目标"，"是中国人民和政府的一项长期的历史任务"。④

中共十五大将"尊重和保障人权"写入党的全国代表大会政治报告，将其确立为中国共产党执政和国家民主法制建设的一项重要内容。指出："共产党执政就是领导和支持人民掌握管理国家的权力，实行民主选举、民

---

① 王晨：《中国改革开放与人权发展 30 年》，《人权》2009 年第 1 期，第 3~4 页。
② 王晨：《中国人权事业实现历史性发展的 60 年》，《求是》2009 年第 21 期。
③ 《中国共产党第十一届中央委员会第三次全体会议公报》（一九七八年十二月二十二日通过），中国共产党新闻网，http://cpc.people.com.cn/GB/64162/64168/64563/65371/4441902.html，2022 年 6 月 18 日访问。
④ 中华人民共和国国务院新闻办公室：《中国的人权状况》（1991 年 11 月），国务院新闻办公室网站，http://www.scio.gov.cn/zfbps/ndhf/1991/Document/308017/308017.htm，2022 年 6 月 18 日访问。

主决策、民主管理和民主监督，保证人民依法享有广泛的权利和自由，尊重和保障人权。"① 江泽民在 1998 年 12 月 10 日对中国人权研究会举办的"《世界人权宣言》发表 50 周年纪念会"所致贺信中指出："我们要继续加强民主法制建设，依法治国，建设社会主义法治国家，进一步推进我国人权事业，充分保障人民依法享受人权和民主自由权利。"②

中共十六大报告重申了"尊重和保障人权"的基本原则，并将"人民的政治、经济和文化权益得到切实尊重和保障""促进人的全面发展"等内容纳入全面建设小康社会的目标之中。十六届三中全会通过了《中共中央关于修改宪法部分内容的建议》，建议在宪法中增加"国家尊重和保障人权""公民的合法的私有财产不受侵犯""国家建立健全同经济发展水平相适应的社会保障制度"等条款。

2007 年 10 月 21 日，中共十七大通过关于《中国共产党章程（修正案）》的决议，将"尊重和保障人权"写入党章，并在大会报告中强调要"依法保证全体社会成员平等参与、平等发展的权利"。2008 年 12 月《世界人权宣言》发表 60 周年之际，胡锦涛在致中国人权研究会信中指出，"改革开放 30 年来，党和政府把尊重和保障人权作为治国理政的重要原则，庄严载入中国共产党章程和中华人民共和国宪法，并采取切实有效的措施促进人权事业发展，使广大人民群众物质文化生活水平得到显著提高，政治、经济、文化、社会权益得到切实保障，谱写了中国人权事业发展的新篇章"。③

为表明中国共产党和中国政府尊重和保障人权的政治意愿，中国政府从 1991 年起不定期发表有关人权问题的政府白皮书。截至 2021 年，共发表综合性人权白皮书 14 部，专题性人权白皮书 68 部，平均每年发

① 江泽民：《高举邓小平理论伟大旗帜，把建设有中国特色社会主义事业全面推向二十一世纪》，《江泽民文选》第二卷，人民出版社，2006，第 29 页。
② 张祝基：《〈世界人权宣言〉发表 50 周年纪念会在京举行 江泽民主席致信祝贺》，《人民日报》1998 年 12 月 11 日，第 1 版。
③ 《胡锦涛致信中国人权研究会》，《新华每日电讯》2008 年 12 月 12 日，第 1 版。

表 2.6 部。专题性人权白皮书分别涉及了扶贫开发、工作权利、社会保障、减灾行动、粮食问题、食品药品安全、知识产权保护、环境保护和气候变化、互联网建设、宗教信仰自由、反腐败、法治建设、民主政治、和平发展、少数民族权利、妇女权利、儿童权利、老年人权利、在押罪犯权利等广泛的人权专题。①

在促进中国人权事业发展的过程中，中国共产党不断探索适合中国国情的发展道路。1991 年发表的《中国的人权状况》白皮书提出了"人权首先是人民的生存权"，并提出"发展权应优先受到重视"。② 1995 年发表的《中国人权事业的进展》白皮书进一步提出"将人民的生存权、发展权摆在首位，在改革、发展、稳定的条件下全面改进人权状况"。③ 2000 年发表的《中国人权发展 50 年》白皮书将"真正符合中国国情的促进和发展人权的道路"概括为："在发展人权的基本方向上，坚持发展生产力和共同富裕的原则，立足于改善全国人民的生活和促进全国人民人权的发展；在促进人权的轻重缓急上，强调生存权、发展权的首要地位，同时兼顾公民的政治、经济、社会、文化权利和个人、集体权利的全面发展；在促进和保障人权的方式方法上，强调稳定是前提，发展是关键，改革是动力，法治是保障。"④

2009 年 4 月，中国政府制定发布首份《国家人权行动计划》，对 2009～2010 年中国人权事业的发展作出全面规划。

---

① 参见常健、付丽媛《中国人权白皮书的功能及其实现效果分析》，《人权研究》2021 年第 4 期，第 2～5 页。
② 中华人民共和国国务院新闻办公室：《中国的人权状况》（1991 年 11 月），国务院新闻办公室网站，http：//www. scio. gov. cn/zfbps/ndhf/1991/Document/308017/308017. htm，2022 年 6 月 18 日访问。
③ 中华人民共和国国务院新闻办公室：《中国人权事业的进展》（1995 年 12 月），国务院新闻办公室网站，http：//www. scio. gov. cn/zfbps/ndhf/1995/Document/307995/307995. htm，2022 年 6 月 18 日访问。
④ 中华人民共和国国务院新闻办公室：《中国人权发展 50 年》（2000 年 2 月），国务院新闻办公室网站，http：//www. scio. gov. cn/zfbps/ndhf/2000/Document/307946/307946. htm，2022 年 6 月 18 日访问。

### （四）人权保障方式从政策主导向法治化转变

社会主义市场经济体制的建立和完善，要求对社会成员的人权保障法治化。随着法治国家建设的不断深入，党和国家对人权的保障也从政策主导转向法治主导。

1982 年通过的宪法将"公民的基本权利和义务"由第三章前移到第二章，不仅恢复了 1954 年宪法关于公民各项基本权利的规定，而且增加了有关公民在法律面前一律平等、人格尊严不受侵犯、人身自由不受侵犯、宗教信仰自由、通信自由和通信秘密受法律保护等内容。2004 年第十届全国人大根据中共十六届三中全会关于修改宪法部分内容的建议，通过宪法修改案将"国家尊重和保障人权"写入宪法第 33 条，使得国家尊重和保障人权成为一条重要的宪法原则。

党的十六届六中全会通过的《中共中央关于构建社会主义和谐社会若干重大问题的决定》提出："必须加紧建设对保障社会公平正义具有重大作用的制度，保障人民在政治、经济、文化、社会等方面的权利和利益，引导公民依法行使权利、履行义务。""坚持公民在法律面前一律平等，尊重和保障人权，依法保证公民权利和自由。"①

自 1978 年到 2011 年，中国在人权保障方面共制定了近 160 部法律法规，其中近 60 部涉及经济、社会和文化权利，近 30 部涉及公民权利和政治权利，十几部涉及妇女、儿童、老年人、残疾人权利保障，十几部涉及环境权利保障，近 50 部涉及对人权的司法保障。其中，《中华人民共和国全国人民代表大会组织法》经历了 4 次修订，《中华人民共和国全国人民代表大会和地方各级人民代表大会选举法》经历了 5 次修改，《中华人民共和国刑法》经历了 8 次修订。②

---

① 《中共中央关于构建社会主义和谐社会若干重大问题的决定》（中国共产党第十六届中央委员会第六次全体会议二〇〇六年十月十一日通过），中国共产党新闻网，http：//cpc.people.com.cn/GB/64162/64168/64569/72347/6347991.html，2022 年 6 月 18 日访问。

② 李君如主编《中国人权事业发展报告（2011）》，社会科学文献出版社，2011，第 34 页。

1980 年至 2009 年，中国加入了 23 项国际人权公约，于 1984 年承认了国民党政府于 1930 年至 1947 年批准的 14 项国际劳工公约，还于 1990 年批准了 2 项国际劳工组织的公约。①

## 五　党在普遍提升中国人民人权保障水平中更加强大

中共十八大以来，中国特色社会主义建设进入新时代。② 在以习近平同志为核心的党中央坚强领导下，中国共产党坚持以人民为中心的发展思想，实现了第一个百年奋斗目标，全面建成小康社会，历史性地解决了绝对贫困问题，努力在更高水平上保障中国人民的各项人权。习近平总书记 2021 年 12 月 8 日在向"2021·南南人权论坛"致贺信中强调："中国共产党始终是尊重和保障人权的政党。中国坚持以人民为中心，把人民利益放在首位，以发展促进人权，推进全过程人民民主，促进人的自由全面发展，成功走出一条符合时代潮流的人权发展道路，推动中国人权事业取得了显著成就，14 亿多中国人民在人权保障上的获得感、幸福感、安全感不断增强。"③

### （一）奉行"以人民为中心"的人权理念

以习近平同志为核心的党中央总结促进和保障人权的历史经验，立足中国人权事业发展新的历史时期，提出了"以人民为中心"的人权理念，为中国人权事业发展指明了方向。习近平总书记在 2018 年"纪念《世界人权宣言》发表 70 周年座谈会"的贺信中指出，要"奉行以人民为中心的人权理念，把生存权、发展权作为首要的基本人权，协调增进全体人民的经济、政

---

① 李君如主编《中国人权事业发展报告（2011）》，社会科学文献出版社，2011，第34~36页。
② 《中共中央关于党的百年奋斗重大成就和历史经验的决议》，《人民日报》2021 年 11 月 17 日，第 1 版。
③ 《习近平向 2021·南南人权论坛致贺信》，《人民日报》2021 年 12 月 9 日，第 1 版。

治、社会、文化、环境权利，努力维护社会公平正义，促进人的全面发展"。①
国务院新闻办公室 2019 年发表的《为人民谋幸福：新中国人权事业发展 70
年》白皮书对"以人民为中心"的人权理念作了进一步的概括，其内容包
括：人权是历史的、发展的；生存权、发展权是首要的基本人权；人权是个
人人权与集体人权的有机统一；整体推进各项权利是人权实现的重要原则；
人民的获得感、幸福感、安全感是检验人权实现的重要标准；公正合理包容
是国际人权治理的基本原则；促进人的自由全面发展是人权的最高价值
追求。②

### （二）将对人民各项权利的保障贯穿于法治建设的各个环节

中共十八大以来，尊重和保障人权被置于社会主义法治国家建设更加突
出的位置。习近平强调，要"加强人权法治保障",③ 把维护人民权益"落
实到依法治国全过程",④ "依法保障全体公民享有广泛的权利，保障公民的
人身权、财产权、基本政治权利等各项权利不受侵犯，保证公民的经济、文
化、社会等各方面权利得到落实"。⑤ 中国共产党将依法治国和人权保障有
机结合，将人权保障贯穿于社会主义法治建设全过程，通过科学立法为保障
人权提供了坚实的法律体系，通过严格执法为保障人权提供了良好的法治政
府环境，通过公正司法为保障人权提供了有力的司法救济途径。与此同时，
建立了以党章为本、以若干配套党内法规为支撑的党内法规制度体系，确保
执政党成为维护人民人权的先锋队。

---

① 习近平：《走符合国情的人权发展道路》，《习近平谈治国理政》第三卷，外文出版社，
2020，第 288 页。
② 中华人民共和国国务院新闻办公室：《为人民谋幸福：新中国人权事业发展 70 年》，人民
出版社，2019，第 10~13 页。
③ 中华人民共和国国务院新闻办公室：《为人民谋幸福：新中国人权事业发展 70 年》，人民
出版社，2019，第 4 页。
④ 中华人民共和国国务院新闻办公室：《为人民谋幸福：新中国人权事业发展 70 年》，人民
出版社，2019，第 144 页。
⑤ 中华人民共和国国务院新闻办公室：《为人民谋幸福：新中国人权事业发展 70 年》，人民
出版社，2019，第 136 页。

### （三）协调保障人民的各项权利

中共十八大以来，党在推进人权发展战略上特别强调各项人权的协调保障。习近平在2018年"纪念《世界人权宣言》发表70周年座谈会"的贺信中指出，要"把生存权、发展权作为首要的基本人权，协调增进全体人民的经济、政治、社会、文化、环境权利"。①《国家人权行动计划（2016—2020年）》提出了人权的"协调推进"原则，要"使各项权利全面协调发展"。② 一方面，继续将生存权和发展权作为首要人权，努力提升生存权和发展权的保障水平；另一方面，更加重视各项其他权利的协调保障。例如，通过《中华人民共和国民法典》《中华人民共和国个人信息保护法》等法律文件的制定，进一步保障了人民的人格权、财产权、信息权。通过生态环境保护立法，对环境权利予以了全方位的保障。《国家人权行动计划（2021—2025年）》将"环境权利"单列一章，要求"完善生态环境法律法规制度体系，加快推动绿色低碳发展，改善生态环境质量，不断满足人民群众日益增长的优美生态环境需要，促进人与自然和谐共生"。③

### （四）平等推进全体人民的人权保障

中共十八大以来，中央特别强调人权的平等保障。第三期和第四期国家人权行动计划都明确了"平等推进"人权的原则，要求"保障每个人都能平等享有各项人权"，"充分保障所有社会成员平等参与、平等发展的权利"。④

---

① 习近平：《走符合国情的人权发展道路》，《习近平谈治国理政》第三卷，外文出版社，2020，第288页。
② 中华人民共和国国务院新闻办公室：《国家人权行动计划（2016—2020年）》，人民出版社，2016，第3页。
③ 中华人民共和国国务院新闻办公室：《国家人权行动计划（2021—2025年）》，人民出版社，2021，第32页。
④ 中华人民共和国国务院新闻办公室：《国家人权行动计划（2021—2025年）》，人民出版社，2021，第3页。

平等推进人权事业体现在多个方面。一是权利的平等保障。习近平强调，要"保证公民在法律面前一律平等"，[①]"通过制度安排，依法保障人民权益，让全体人民依法平等享有权利和履行义务"，[②]要"努力克服人为因素造成的有违公平正义的现象，保证人民平等参与、平等发展权利"。[③]二是领导全国人民全力开展脱贫攻坚，使现行标准下农村贫困人口全面实现了脱贫，贫困人群的生存权和发展权获得了充分的保障。三是对特定群体的特殊保护。习近平特别强调对少数民族、妇女、儿童、老年人、残疾人和农村居民的特殊保护，指出："目前，我国农村贫困人口、城市困难群众、进城务工人员、农村留守妇女、儿童、老年人、残疾人，加起来有几亿人。这些都是特别需要关爱的群体。"[④]四是努力实现共同富裕。习近平指出，"在全面建设社会主义现代化国家新征程中，我们必须把促进全体人民共同富裕摆在更加重要的位置"。[⑤]中共十九大报告明确要求，"必须坚持以人民为中心的发展思想，不断促进人的全面发展、全体人民共同富裕"。[⑥]在《中共中央关于制定国民经济和社会发展第十四个五年规划和二〇三五年远景目标的建议》中，要求"全体人民共同富裕取得更为明显的实质性进展"。[⑦]《国家人权行动计划（2021—2025年）》要求"将促

---

① 中共中央党史和文献研究院编《习近平关于尊重和保障人权论述摘编》，中央文献出版社，2021，第136页。

② 中共中央党史和文献研究院编《习近平关于尊重和保障人权论述摘编》，中央文献出版社，2021，第138页。

③ 中共中央党史和文献研究院编《习近平关于尊重和保障人权论述摘编》，中央文献出版社，2021，第32~33页。

④ 中共中央党史和文献研究院编《习近平关于尊重和保障人权论述摘编》，中央文献出版社，2021，第119页。

⑤ 中共中央党史和文献研究院编《习近平关于尊重和保障人权论述摘编》，中央文献出版社，2021，第65页。

⑥ 习近平：《决胜全面建成小康社会，夺取新时代中国特色社会主义伟大胜利》，《习近平谈治国理政》第三卷，外文出版社，2020，第15页。

⑦ 《中共中央关于制定国民经济和社会发展第十四个五年规划和二〇三五年远景目标的建议》，2020年11月3日，中国政府网，http://www.gov.cn/zhengce/2020-11/03/content_5556991.htm。

进人的全面发展、全体人民共同富裕作为人权事业发展的出发点和落脚点"。①

## （五）发展全过程人民民主保障人民民主权利

中共十八大以来，中国共产党坚持推进协商民主，发展全过程人民民主，保障人民真正享有民主参与的权利。习近平指出："人民当家作主是社会主义民主政治的本质和核心。人民民主是社会主义的生命。没有民主就没有社会主义，就没有社会主义的现代化，就没有中华民族伟大复兴。我们必须坚持国家一切权力属于人民，坚持人民主体地位，支持和保证人民通过人民代表大会行使国家权力。要扩大人民民主，健全民主制度，丰富民主形式，拓宽民主渠道，从各层次各领域扩大公民有序政治参与，发展更加广泛、更加充分、更加健全的人民民主。"②

首先，中国共产党将协商民主作为民主建设的重要突破口。在中共十八届三中全会上对《中共中央关于全面深化改革若干重大问题的决定》的说明中，习近平指出："推进协商民主，有利于完善人民有序政治参与、密切党同人民群众的血肉联系、促进决策科学化民主化。全会决定把推进协商民主广泛多层制度化发展作为政治体制改革的重要内容，强调在党的领导下，以经济社会发展重大问题和涉及群众切身利益的实际问题为内容，在全社会开展广泛协商，坚持协商于决策之前和决策实施之中。"③

随着民主实践的发展和深入，中国共产党进一步提出了"全过程人民民主"的理念。习近平指出："我国全过程人民民主实现了过程民主和成果民主、程序民主和实质民主、直接民主和间接民主、人民民主和国家意志相统一，是全链条、全方位、全覆盖的民主，是最广泛、最真实、最管用的社

---

① 中华人民共和国国务院新闻办公室：《国家人权行动计划（2021—2025 年）》，人民出版社，2021，第 2 页。
② 中共中央党史和文献研究院编《习近平关于尊重和保障人权论述摘编》，中央文献出版社，2021，第 13 页。
③ 习近平：《关于〈中共中央关于全面深化改革若干重大问题的决定〉的说明》，《习近平谈治国理政》，外文出版社，2016，第 82 页。

会主义民主。"① 全过程人民民主把选举民主与协商民主结合起来,把民主选举、民主协商、民主决策、民主管理、民主监督贯通起来,涵盖经济、政治、文化、社会、生态文明等各个方面,使国家政治生活和社会生活各环节、各方面都体现人民意愿、听到人民声音。②

### （六）强力反腐确保人民人权不受侵犯

改革开放以后,一度出现管党不力、治党不严问题,有些党员、干部政治信仰出现严重危机,一些地方和部门选人用人风气不正,形式主义、官僚主义、享乐主义和奢靡之风盛行,特权思想和特权现象以及触目惊心的贪腐行为侵犯了人民的权利。以习近平同志为核心的党中央领导全党强力反腐,制定和落实中央八项规定,从中央政治局做起、从领导干部抓起,反对特权思想和特权现象,狠刹公款送礼、公款吃喝、公款旅游、奢侈浪费等不正之风,解决群众反映强烈、损害群众利益的突出问题,刹住了一些过去被认为不可能刹住的歪风,纠治了一些多年未除的顽瘴痼疾,确保党和人民赋予的权力始终用来为人民谋幸福。与此同时,不断完善党和国家监督体系,推动设立国家监察委员会和地方各级监察委员会,构建巡视巡察上下联动格局,构建以党内监督为主导、各类监督贯通协调的机制,加强对权力运行的制约和监督。③

### （七）构建人类命运共同体推动全球人权健康发展

针对一些国家在国际社会大搞霸权主义和强权政治,动辄使用武力或以武力威胁处理国际争端,打着所谓"民主""自由""人权"等幌子肆意干涉别国内政,中国共产党提出了"构建人类命运共同体"的理念,推动全球人权治理朝着公正合理包容的方向发展。习近平指出:"我们要秉持人类

---

① 中共中央党史和文献研究院编《习近平关于尊重和保障人权论述摘编》,中央文献出版社,2021,第 27 页。
② 中华人民共和国国务院新闻办公室:《中国的民主》,《人民日报》2021 年 12 月 5 日,第 5 版。
③ 《中共中央关于党的百年奋斗重大成就和历史经验的决议》,《人民日报》2021 年 11 月 17 日,第 1 版。

命运共同体理念，同国际社会携手应对日益严峻的全球性挑战。"①"面对日益复杂化、综合化的安全威胁，单打独斗不行，迷信武力更不行。我们应该坚持共同、综合、合作、可持续的新安全观，营造公平正义、共建共享的安全格局，共同消除引发战争的根源，共同解救被枪炮驱赶的民众，共同保护被战火烧灼的妇女儿童，让和平的阳光普照大地，让人人享有安宁祥和。"②

在普遍提升中国人民人权保障水平的过程中，中国共产党自身也在不断强大。根据中组部发布的数据，截至 2021 年 6 月 5 日，中国共产党党员总数为 9514.8 万名，比 1949 年新中国成立时的 448.8 万名增长约 20 倍。中国共产党基层组织 486.4 万个，其中基层党委 27.3 万个，总支部 31.4 万个，支部 427.7 万个。③

## 六 中国共产党百年人权奋斗的历史性贡献

中国共产党百年人权奋斗，为人权事业发展作出了历史性贡献。它突出体现在对人权的思想认识、理论建构、道路探索和国际斗争四个方面。

### （一）从提出人权是"人类追求的理想"到把"尊重和保障人权"写进宪法和党章

人权理论的突破，取决于人权思想认识的突破；人权思想认识的突破，又取决于人权实践的突破。中国共产党在国人争取人权、民主和科学的历史潮流中诞生后，为中国人民享有人权进行了艰苦卓绝的新民主主义革命，在新中国成立后进一步创造了一个又一个给人民带来福祉和自由、平等的人权奇迹。但是在"左"的错误思想形成和发展的一段时间里，人权曾经成为理论研究和思想舆论的禁区。拨乱反正和改革开放开始后，从平反冤假错案

① 中共中央党史和文献研究院编《习近平关于尊重和保障人权论述摘编》，中央文献出版社，2021，第 184 页。
② 《习近平在中国共产党与世界政党高层对话会上的主旨讲话》，2017 年 12 月 1 日，新华网，http：//news. xinhuanet. com/world/2017-12/01/c_ 1122045658. htm。
③ 《中组部：中国共产党党员总数为 9514.8 万名》，2021 年 6 月 30 日，央视新闻网，https：//news. cctv. com/2021/06/30/ARTIcz8kyfiITLeYewFWncGL210630. shtml。

到不断完善发展民主法治，从集中力量发展经济到迈向共同富裕的脱贫攻坚战，中国共产党团结带领人民在改革开放中一步一步迎来了人权的春天。

在人权实践不断取得突破的同时，人权的思想认识"禁区"也一步一步被突破。

第一步，邓小平在 1985 年提出，人权有"少数人的人权"和"多数人的人权"之别，我们讲的是多数人的人权，是全国人民的人权，和西方世界的所谓"人权"在本质上是两回事。邓小平多次强调指出，搞强权政治的国家根本就没有资格讲人权，他们拿人权做幌子实际上是要损害我们的国权。

第二步，1991 年为贯彻江泽民批示起草发布了中国第一部"人权白皮书"，提出人权是"人类追求的理想"。1990 年底，美国肯尼迪人权中心致信中国科学院院长周光召，指责中国人权状况。江泽民对周光召呈交的这封信作了一个很长的批示，指出"建议对人权作一番研究，回避不了"。为落实这一重要批示，中宣部立即组织专家开展研讨。刚于 1991 年 1 月组建的国务院新闻办公室，随即组织队伍研究和起草了以《中国的人权状况》为题的白皮书，并于 11 月 1 日以多种文字在世界发表。这部人权白皮书历史性地宣布："享有充分的人权，是长期以来人类追求的理想。"国内外对此反响强烈。

第三步，1997 年 9 月召开的党的十五大，第一次把"尊重和保障人权"写进党代会报告。党的十五大报告明确指出："共产党执政就是领导和支持人民掌握管理国家的权力，实行民主选举、民主决策、民主管理和民主监督，保证人民依法享有广泛的权利和自由，尊重和保障人权。"这意味着，"尊重和保障人权"成为矢志不渝坚持"为中国人民谋幸福、为中华民族谋复兴"这一初心使命的中国共产党的执政理念。

第四步，中国政府分别在 1997 年 10 月和 1998 年 10 月，先后签署了联合国《经济、社会及文化权利国际公约》和《公民权利和政治权利国际公约》。其意义，正如中国政府签署这些人权公约后中国常驻联合国代表指出的，中国签署这一国际公约是经过认真研究后采取的重要行动。它再次表明了中国愿意与世界各国一道在平等和相互尊重的基础上就人权开展对话和合作，为促进人权事业的发展而不断努力。半个世纪以来，特别是经过改革开放以来的发展，中国不仅极大地促进了经济、社会和文化权利的实现，也同样重视公民权利和政治权利，反对一切侵犯公民合法权利的行为。中国作为联合国会员国一贯积极参与联合国在促进和保护人权方面的工作，中国愿意与世界各国一道在平等和相互尊重的基础上就人权开展对话和合作，为促进人权事业的发展而不断努力。

第五步，2004 年 3 月举行的第十届全国人大第二次会议和 2007 年 10 月召开的党的十七大，第一次把"尊重和保障人权"写进《中华人民共和国宪法》和《中国共产党章程》。这意味着，在中国，"尊重和保障人权"在国内有宪法保障，在党内有党章保障。与此同时，也告诉我们，"尊重和保障人权"有三个层次，执政党、政府和公民都要把"尊重和保障人权"意识在思想上牢固地确立起来。

从提出"享有充分的人权，是长期以来人类追求的理想"，到把"尊重和保障人权"写进党代会报告，写进宪法和党章，中国共产党对人权的思想认识取得了历史性的进步。这为我们深化人权理论研究和话语体系建设提供了强有力的思想政治保障。

## （二）从提出"生存权是中国人民的首要人权"到逐步形成中国特色人权理论及其话语体系

中国共产党是一个用辩证唯物主义和历史唯物主义世界观方法论武装起来的马克思主义政党，坚持并善于把人权的普遍性原则和中国实际包括中国历史文化特点结合起来，推进中国的人权理论研究和话语体系建设。

1991 年 11 月发布的中国第一部人权白皮书是中国人权理论创新的起始点；白皮书提出的"生存权是中国人民长期争取的首要人权"是中国人权理论研究及其话语体系建设中的第一个重要观点。这部人权白皮书明确指出，中国人民从自己的历史和国情出发，根据长时期实践的经验，对人权问题形成了自己的观点，并制定了相应的法律和政策。同时，它明确指出中国的人权具有三个显著的特点。一是广泛性。享受人权的主体不是少数人，也不是某些阶级和阶层的一部分人，而是全体中国公民。中国公民享受的人权范围是广泛的，不仅包括生存权、人身权和政治权利，而且包括经济、文化、社会等各方面的权利。国家不仅十分注重保障个人人权，而且注重维护集体人权。二是公平性。中国实行社会主义制度，消灭了剥削制度和剥削阶级，各项公民权利不受金钱和财产状况以及民族、种族、性别、职业、家庭、出身、宗教信仰、教育程度、居住期限的限制，为全社会的公民平等地享有。三是真实性。国家为人权的实现从制度上、法律上、物质上给予保障。就是在这部人权白皮书中，首次提出了"生存权是中国人民长期争取的首要人权"这一重大理论观点。把"生存权"确定为"首要人权"，是我们在人权理论研究及其话语体系建设中的重大创新，也是我们对世界人权理论的重大贡献。

自那时以来，特别是伴随着中国特色社会主义进入新时代，我们在人权理论研究及其话语体系建设上，以中国人民创造性的人权实践为基础，获得了一个又一个人权理论研究及其话语体系建设的重要成果，逐步形成了中国特色人权理论及其话语体系。尤其是党的十八大以来，习近平总书记给"2015·北京人权论坛"、"纪念《发展权利宣言》通过 30 周年国际研讨会"、首届"南南人权论坛"、"纪念《世界人权宣言》发表 70 周年座谈会"发来的贺信，以及他在国内外众多场合发表的关于推进中国人权事业发展的一系列重要论述，集中反映了中国共产党关于中国人权事业的深邃思想，反映了中国特色人权理论及其话语体系的基本观点和核心要义。

重要成果之一，提出了"以人民为中心"的发展思想和人权理念。人权作为人之为人的权利，不是抽象的人的权利，而是现实的人的权利。因此，人权不是少数人的权利，而是全体人民的权利，是能够让全体人民普遍享受到幸福的权利。在防控疫情斗争中，习近平总书记提出的"把人民生命安全和身体健康放在第一位"的"人民至上"的防控疫情思想，最好地诠释了"以人民为中心"的发展思想和人权理念。

重要成果之二，提出了"首要的基本人权"这一科学概念，提出了"生存权和发展权是首要的基本人权"这一重大人权理论观点。这是在对各个方面人权进行科学分析，以及已经提出的"首要人权"这一概念基础上提炼总结出来的人权理论新观点。中国共产党践行这一人权理论观点，取得了明显的成效。自 2020 年以来，中国在人权保障上又取得了两大成就：一是有效控制了新冠肺炎疫情的肆虐，保障了 14 亿多中国人民的生命权和健康权；二是打赢了脱贫攻坚战，9899 万农村绝对贫困人口全部脱贫，保障了中国人民的生存权和发展权。这两大成就是对中国人权理论的最好诠释。与此同时，在国际人权斗争中，中国也公开打出了"生存权和发展权是首要的基本人权"这一人权旗帜，并在地区和国际人权舞台上反复强调这一重大人权理论观点。中国政府在 2008 年向联合国人权理事会提交的国家报告中，提出要"把实现人民的生存权和发展权放在首位"，以后又多次在联合国和其他场合重申和阐发这一观点。我们注意到，在国际社会特别是在广大发展中国家，这一人权观点已经获得广泛赞同。

重要成果之三，提出了"集体人权与个人人权，经济、社会、文化权利与公民、政治权利紧密结合和协调发展"的人权理念。需要指出的是，中国的人权理论是全面发展的人权理论。强调"生存权和发展权是首要的基本人权"，不是只保障个人人权，而是要同时保障集体人权；不仅要保障公民权利和政治权利，而且要首先保障经济、社会、文化权利。个人人权与集体人权是不可分割的，个人人权只有和集体人权统一起来，才能实现人权的最大化。经济、社会、文化权利与公民权利、政治权利也是不可分割的，协调推进这两方面人权，才能让人民享受全面的人权。在中国特色社会主义进入新时代后，中国共产党更是明确意识到，在解决"人民日益增长的美好生活需要和不平衡不充分的发展之间的矛盾"这一社会主要矛盾时，要清醒地看到"人民美好生活需要日益广泛，不仅对物质文化生活提出了更高要求，而且在民主、法治、公平、正义、安全、环境等方面的要求日益增长"。习近平总书记在致"2015·北京人权论坛"的贺信中，就已经明确提出要"努力促进经济、社会、文化权利和公民、政治权利全面协调发展"。与此同时，中国在 2013 年向联合国人权理事会提交的国家报告中也强调指出，要"以促进和保护生存权、发展权为先导，协调推动公民权利、政治权利、社会权利、文化权利和特殊群体权利的保障"。中国共产党是这样说的，也是这样做的。

　　重要成果之四，提出了"人民幸福生活是最大的人权"这一全新人权理念。中国共产党是以全心全意为人民服务为根本宗旨的马克思主义政党，中国共产党的执政理念是习近平总书记强调的"人民对美好生活的向往，就是我们的奋斗目标"。与此相联系，在致"纪念《世界人权宣言》发表70周年座谈会"的贺信中，习近平总书记明确指出："人民幸福生活是最大的人权。""最大人权"和"基本人权"相联系，又高于"基本人权"。这一论断，在世界人权思想发展史上具有开创性的意义。中国共产党正是根据这样的人权思想，着眼于中国人民的幸福生活，领导人民进行革命、建设、改革，推进中国人权事业务实发展，造福于全体中国人民；在全面建成小康社会后，中国共产党领导中国人民开启全面建设社会主义现代化国家的新征程，中国人权事业也由此进入满足人民日益增长的美好生活需要的新阶段。

　　重要成果之五，提出了保护"特定群体人权"的人权理念。在中国人权理论研究及其话语体系建设过程中，十分注意把人权原则贯彻始终，而不以人权保障为名伤害特定群体的人权。比如毛泽东说过"妇女能顶半边天"，但国际社会历来把妇女和未成年人、残疾人、老年人等称为"弱势群体"。我们认为"弱势群体"这一提法本身就带有歧视性，因此把这一群体改称为"特定群体"。这一人权新概念新理念已经写进了中国人权白皮书和蓝皮书。

　　重要成果之六，提出了"人权保障没有最好，只有更好"这一深刻思想。唯物辩证法认为，事物是不断发展的，实践是不断深入的，人们对规律的认识也是不断深化的。在人权问题上，不管人们愿意不愿意，人权事业是不断发展的，人们对人权的认识也是不断深化的。从法国大革命时期颁布的《人权宣言》到第二次世界大战后联合国通过的《世界人权宣言》，以及一个又一个人权文件的诞生，一部世界人权发展史有力地证明了习近平总书记揭示的"人权保障没有最好，只有更好"这一规律性的认识。这一认识具有普遍的意义，同时也是中国特色人权理论在实践中形成并在实践中不断发展的重要思想依据。

　　正是在这些重要人权理论成果的基础上，中国在人权理论研究过程中逐步形成了中国特色人权理论及其话语体系。可以这样说，中国特色人权理论是马克思主义中国化的重要成果，是中国特色社会主义理论体系的重要组成部分，是推进中国人权事业发展的行动指南。

### （三）从强调人权普遍性原则要和中国国情相结合到走出一条中国特色人权发展道路

道路决定命运。中国共产党的一个成功经验，就是无论在领导革命、建设，还是在领导改革开放的伟大实践中，所有的思想解放和理论求索，都致力于寻找和开辟一条适合中国国情的正确道路。在人权理论研究和人权事业发展问题上，也是如此。

将人权的普遍性原则和中国的具体国情包括中华优秀传统文化结合起来，是中国在推进人权理论研究和话语体系建设时长期遵循的基本原则。早在1998年12月10日，江泽民在"《世界人权宣言》发表50周年纪念会"召开致中国人权研究会的贺信中就已经指出："中华人民共和国成立以来，特别是改革开放以来，中国政府和人民将人权的普遍性原则和中国的具体国情结合起来，在促进和保护人权方面作出了巨大的努力，取得了举世瞩目的成就。"[1] 这是因为，中国共产党不仅懂得人权是人类社会必须共同遵循的普遍性原则，也懂得各个国家在推进人权事业发展时要正视自身的国情包括历史文化传统。在中国，重视人的尊严和价值从来就是中华民族的传统美德，中国作为一个拥有众多人口的发展中国家，要让十几亿人民享受人权是一个历史性的伟大事业，我们更重视从中国实际和历史文化传统出发推进人权事业的发展。正如习近平总书记说过的，一方面，"实现人民充分享有人权是人类社会的共同奋斗目标"；另一方面，"人权事业必须也只能按照各国国情和人民需求加以推进"。中国必须始终坚持"走符合国情的人权发展道路"。这是中国的基本经验，也是探索中国特色人权发展道路的基本原则。

可以引以为豪的是，经过中国共产党百年艰辛奋斗，尤其是经过40多年改

---

[1] 张祝基：《〈世界人权宣言〉发表50周年纪念会在京举行 江泽民主席致信祝贺》，《人民日报》1998年12月11日，第1版。

革开放，在中国共产党坚强领导下，我们在创造性的人权实践和人权理论研究中，已经走出了一条中国特色人权发展道路。在致"2015·北京人权论坛"的贺信中，习近平总书记就宣布："长期以来，中国坚持把人权的普遍性原则同中国实际相结合，不断推动经济社会发展，增进人民福祉，促进社会公平正义，加强人权法治保障，努力促进经济、社会、文化权利和公民、政治权利全面协调发展，显著提高了人民生存权、发展权的保障水平，走出了一条适合中国国情的人权发展道路。"① 在致"纪念《发展权利宣言》通过30周年国际研讨会"的贺信中，他再一次强调指出："多年来，中国坚持以人民为中心的发展思想，把增进人民福祉、保障人民当家作主、促进人的全面发展作为发展的出发点和落脚点，有效保障了人民发展权益，走出了一条中国特色人权发展道路。"②

需要指出的是，在习近平总书记的重要论述中，这条道路的全称是"中国特色人权发展道路"。从丰富的中国人权实践和思想理论成果中提炼出这一科学概念，本身就是中国人权理论研究和理论创新的一大成果。在习近平总书记关于这条人权道路的大量论述中，不仅提出了这一科学概念，而且深刻精辟地揭示了这条道路的科学内涵。在他致"纪念《世界人权宣言》发表70周年座谈会"的贺信中，对这条道路的科学内涵及其核心要义作了集中概括。这就是："中国坚持把人权的普遍性原则和当代实际相结合，走符合国情的人权发展道路，奉行以人民为中心的人权理念，把生存权、发展权作为首要的基本人权，协调增进全体人民的经济、政治、社会、文化、环境权利，努力维护社会公平正义，促进人的全面发展。"③

习近平总书记阐述的这一中国特色人权发展道路是中国特色社会主义道路的重要组成部分，我们必须坚定不移地坚持这条道路，在这条道路上推进中国人权事业大发展。

---

① 中共中央党史和文献研究院编《习近平关于尊重和保障人权论述摘编》，中央文献出版社，2021，第4页。
② 中共中央党史和文献研究院编《习近平关于尊重和保障人权论述摘编》，中央文献出版社，2021，第21页。
③ 中共中央党史和文献研究院编《习近平关于尊重和保障人权论述摘编》，中央文献出版社，2021，第22页。

## （四）从"失语挨骂"到逐步争取国际人权话语主动权

在中国第一部人权白皮书发布前，西方敌对势力霸占国际人权舆论场，对中国进行丑化、诋毁、攻击和谩骂。正如习近平总书记所说的那样，"失语就要挨骂"。30多年前人权白皮书发布的一个重大贡献，就是让我们的声音进入了国际人权舆论场。

经验告诉我们，要掌握国际人权话语主动权，人权理论研究就一定要和人权话语体系建设同步推进，打造具有吸引力、感染力的中国特色人权话语体系。在意识形态领域，理论、话语和舆论相互联系、不可分割。30多年来，由于中国的人权白皮书不仅有事实支撑，还有理论支撑，不仅有吸引人们眼球的中国特色人权理论，还有一听就懂并具有浓厚感染力的中国特色人权话语体系，诸如"生存权和发展权是首要的基本人权""以合作促发展，以发展促人权，共同构建人类命运共同体""人权保障没有最好，只有更好"等话语，特别能够赢得人心、赢得人权话语主动权，因此，这几年，我们的声音能够在国际社会特别是在联合国人权理事会产生强烈的反响。

随着全面建成小康社会各项任务的顺利完成，中国继续开启了全面建设社会主义现代化国家的新征程。建设社会主义现代化国家，要求进一步强化人民的主体地位，在巩固和提升生存权、发展权保障水平的基础上，更全面地保障人民的各项权利，特别是保障人民平等参与、平等发展的权利。可以预见，随着全面建设社会主义现代化国家进程的不断深入，人民的各项人权将会得到更全面、更高水平的保障，以保障最广大人民人权为己任的中国共产党也将会进一步发展壮大。

**参考文献**

[1] 习近平：《在庆祝中国共产党成立100周年大会上的讲话》，《人民日报》2021年7月2日，第2版。

[2] 中共中央党史和文献研究院编《习近平关于尊重和保障人权论述摘编》，中央文献出版社，2021。

[3] 中华人民共和国国务院新闻办公室：《中国共产党尊重和保障人权的伟大实践》，人民出版社，2021。

[4] 《中共中央关于党的百年奋斗重大成就和历史经验的决议》，《人民日报》2021年11月17日，第1版。

[5] 李君如：《历史性的进步——中国人权事业70年迈出三大步》，《人权》2019年第3期。

[6] 李君如：《新时代中国共产党人权思想的集中体现——学习习近平总书记关于人权的贺信》，《人权》2019年第1期。

[7] 李君如：《中国人权理论研究和话语体系建设的成就——在人权白皮书发表30周年座谈会上的发言》，2021年10月15日。

[8] 张晓玲：《中国共产党百年人权理论与实践》，《人权研究》2021年第2期。

[9] 常健：《中国共产党人权理念发展中的政治性维度与社会性维度的文献解读》，《人权研究》2021年第2期。

[10] 常健：《人权事业发展的理论探索——学习习近平关于尊重和保障人权论述的体会》，《人权研究》2022年第1期。

[11] 常健：《中国共产党人权理念的人民性及其历史发展》，《理论动态》2021年第36期。

**图书在版编目（CIP）数据**

中国人权轨迹：2011-2022年人权蓝皮书总报告集／
李君如，常健编著 . -- 北京：社会科学文献出版社，
2023.3
ISBN 978-7-5228-0852-9

Ⅰ.①中…　Ⅱ.①李…②常…　Ⅲ.①人权-研究报
告-汇编-中国-2011-2022　Ⅳ.①D621.5

中国国家版本馆 CIP 数据核字（2023）第 032767 号

## 中国人权轨迹
——2011-2022 年人权蓝皮书总报告集

编　　著／李君如　常　健

出 版 人／王利民
组稿编辑／刘骁军
责任编辑／易　卉
责任印制／王京美

出　　版／社会科学文献出版社·集刊分社（010）59367161
　　　　　地址：北京市北三环中路甲29号院华龙大厦　邮编：100029
　　　　　网址：www. ssap. com. cn
发　　行／社会科学文献出版社（010）59367028
印　　装／三河市龙林印务有限公司

规　　格／开　本：787mm×1092mm　1/16
　　　　　印　张：25.75　字　数：391 千字
版　　次／2023 年 3 月第 1 版　2023 年 3 月第 1 次印刷
书　　号／ISBN 978-7-5228-0852-9
定　　价／158.00 元

读者服务电话：4008918866